Bauer · Erkrankungen der Aquarienfische

Tierärztliche Heimtierpraxis

Herausgegeben von Peter C. Berghoff

Band 4

Verlag Paul Parey · Berlin und Hamburg

Erkrankungen der Aquarienfische

Roland Bauer

1991 · Mit 168 Einzeldarstellungen, davon 101 farbig, in 127 Abbildungen und 6 Tabellen

Verlag Paul Parey · Berlin und Hamburg

Tierärztliche Heimtierpraxis

Band 1   Kleine Heimtiere
         und ihre Erkrankungen

         In Vorbereitung:

Band 2   Ziervögel und ihre Erkrankungen
Band 3   Reptilien, Amphibien und ihre
         Erkrankungen

Anschrift des Verfassers:
Dr. Roland Bauer,
Wacholderstraße 28,
D-7305 Altbach/N

CIP-Titelaufname der Deutschen Bibliothek:

Tierärztliche Heimtierpraxis / hrsg. von Peter C.
Berghoff. – Berlin; Hamburg: Parey
NE: Berghoff, Peter C. [Hrsg.]
Bd. 4. Bauer, Roland: Erkrankungen der
Aquarienfische. – 1991
Bauer, Roland:
Erkrankungen der Aquarienfische / Roland
Bauer. – Berlin; Hamburg: Parey, 1991

  (Tierärztliche Heimtierpraxis; Bd. 4)
  ISBN 3-489-52016-5

Umschlag: Buchholz/Hinsch/Hensinger
unter Verwendung eines Fotos von
Friedrich Berger, D-8300 Landshut

© 1991 Verlag Paul Parey, Berlin und
Hamburg. Anschriften:
Lindenstr. 44-47, D-1000 Berlin 61; Spita-
lerstr. 12, D-2000 Hamburg 1

Satz: fotocomp. GmbH, D-1000 Berlin 62
Lithographie: Carl Schütte & C. Behling,
D-1000 Berlin 42
Druck: H. Schlesener, D-1000 Berlin 62
Bindung: B. Helm, D-1000 Berlin 30

ISBN 3-489-52016-5 · Printed In Germany
Gesamtwerk: ISBN 3-489-52116-1

Vorwort

Tropische Zierfische nehmen unter den Haustieren an Beliebtheit ständig zu. Viele Menschen möchten ihr Heim mit diesen bunten, glitzernden Tierchen schmücken und vergessen dabei oft, daß es sich um Lebewesen handelt, die spezielle Ansprüche an Lebensraum, Ernährung und Wasser stellen. Werden diese Ansprüche nicht erfüllt, d.h. werden die Fische nicht artgerecht gehalten, brechen infolge geschwächter Immunsysteme Krankheiten aus, an denen die Fische schließlich sterben. Diesen Zusammenhang zwischen Haltungsbedingungen und Krankheiten habe ich versucht in diesem vorliegenden Buch hervorzuheben.

Aber auch eine exakte Diagnose der Krankheitserreger und genaue Kenntnisse ihrer Lebenszyklen sind für eine erfolgreiche Therapie notwendig. Aus diesem Grunde wurde der Beschreibung der Krankheitserreger und ihrer Lebenszyklen besondere Aufmerksamkeit gewidmet. Um die oft sehr komplizierten Lebenszyklen exakt zu beschreiben, konnte hier auf die wissenschaftlichen Namen der Larven und Larvenstadien nicht verzichtet werden.

Mit diesem Buch soll besonders der Fachwelt, in der Regel speziell ausgebildeten Biologen oder Tiermedizinern ein Hilfsmittel in die Hand gegeben werden, tropische Parasiten in Zierfischen diagnostizieren und bekämpfen zu können. Trotzdem soll dies nicht nur ein Buch für Wissenschaftler und Fischpathologen sein. Gerade durch die ausführliche Beschreibung der Behandlungsmethoden und zahlreicher, praktischer Tips zur Vorbeugung ist dies auch ein Buch für Personen, die täglich mit Zierfischen zu tun haben: Zoofachhändler und Aquarianer.

Besonders bedanken möchte ich bei Herrn Prof. Dr. H. RAHMANN, Hohenheim, für seine Unterstützung und das Überlassen zahlreicher Abbildungen aus dem Nachlaß von Dr. G. SCHUBERT.

Altbach, im Herbst 1990

Roland Bauer

Inhalt

1 Das Verhüten von Krankheiten

In ihrer natürlichen Umgebung sind Fische Lebensbedingungen ausgesetzt, an die sie sich durch Erwerb spezieller Eigenschaften in sehr langer Zeit angepaßt haben. Diese spezifischen Lebensbedingungen sind für jede Art verschieden. Im Aquarium, besonders wenn es sich um sogenannte Gemeinschaftsbecken handelt, werden Fische mit den unterschiedlichsten Bedürfnissen in ein und demselben Wasser gehalten. Aber auch Artbecken, die speziell auf eine oder wenige Fischarten und deren Lebensraum abgestimmt sind, können nicht den Schwimmraum, die Licht-, Wasser-, und Strömungsverhältnisse eines natürlichen Gewässers kopieren. Folglich können die Lebensbedingungen der im Aquarium gehaltenen Fische nicht in jedem Punkt den natürlichen Verhältnissen entsprechen, und hier beginnen die Probleme für den Aquarianer.

In der Natur gibt es kaum ein wildlebendes Tier, das nicht von Parasiten befallen ist; dies gilt auch für Fische aller Art. Es hat sich in sehr langen Zeiträumen ein Gleichgewicht zwischen Wirt und Parasit gebildet; nur die am besten angepaßten Tiere überleben. Da wir diese Bedingungen nur unvollkommen im Aquarium nachbilden können, kommt es hier zu einer Verschlechterung der Kondition der Fische und, damit verbunden, zu einer Schwächung der Immunabwehr. Dadurch wird das natürliche Gleichgewicht zwischen Parasit und Fisch gestört. Die Parasiten nehmen überhand und die Fische sterben.

Es kann allerdings auch der seltenere Fall auftreten, daß durch Störungen des Gleichgewichtes die Parasiten absterben. Davon kann so mancher Wissenschaftler, der versucht hat, für wissenschaftliche Untersuchungen Parasiten zu züchten, ein trauriges Lied singen. Da wir im Aquarium dieses natürliche Gleichgewicht zwischen Parasit und Fisch nicht kontrollieren können, sind wir gezwungen, unsere Aquarienfische steril, d.h. ohne Parasiten zu halten. Wir müssen zu diesem Zweck verhindern, daß durch neu hinzukommende Fische Krankheitserreger eingeschleppt werden.

1.1 Quarantäne und Hygiene

Ein Quarantänebecken gehört zum festen Inventar eines jeden engagierten Aquarianers. Man verwendet am zweckmäßigsten ein geklebtes Glasaquarium mit entsprechender Filteranlage. Es sollte der Größe und Menge der zu beobachtenden Fische entsprechen. Die Wasserqualität ist nach Möglichkeit auf das Aquarium, das später die Fische aufnimmt bzw. aus dem die Fische kommen, abzustimmen. Ein Quarantänebecken enthält grundsätzlich keine Dekoration, keinen Sand und keine Pflanzen. Nur so ist gewährleistet, daß die verabreichten Medikamente nicht von der Dekoration absorbiert oder im Bodengrund abgebaut werden.

Müssen besonders scheue Fische in einem Quarantänebecken gehalten werden, empfiehlt es sich, dieses etwas abzudunkeln und Stücke von PVC-Röhren, Blumentöpfe etc. in das Becken zu legen, damit sich die Tiere verstecken können. Neu hinzukommende Fische müssen mindestens drei Wochen in einem Quarantänebecken gehalten werden. Während dieser Zeit ist ihr Gesundheitszustand regelmäßig zu kontrollieren.

Erkrankte Fische werden nach der Untersuchung mit den entsprechenden Medikamenten behandelt und nachdem die Krankheitserreger beseitigt und eventuelle Wunden abgeheilt sind, in das Gemeinschaftsbecken umgesetzt. Im Quarantänebecken sollten auch erkrankte Fische aus Schauaquarien behandelt werden. Hierbei ist zu beachten, daß manche Parasiten – hier sind verschiedene eierlegende Wurmarten hervorzuheben – auch ohne Fische in Form von Dauerstadien (Eier, Sporen, Larven) einige Zeit im Aquarium überleben können. In solchen Fällen muß das Aquarium, während sich die Fische im Quarantänebecken befinden, ausgeräumt und gereinigt werden.

Auch fakultativ pathogene Bakterien können immer wieder Erkrankungen hervorrufen, da sie ständig im Aquarium vorhanden sind und nur immunschwache Tiere befallen. So kann es in diesen Fällen nach dem Zurücksetzen der Fische aus dem Quarantänebecken ins Gemeinschafts-becken zum erneuten Ausbruch der Krankheit kommen. Während der medikamentösen Behandlung ist der Filter auf jeden Fall vom Quarantänebecken zu trennen, da die in ihm enthaltenen Bakterien die Medikamente absorbieren oder verändern können. Um die Entstehung von Giftstoffen durch anaerobe Prozesse im Filter zu verhindern, darf er nicht einfach nur abgeschaltet werden. Am vorteilhaftesten ist es, den Filter an einen Eimer mit Wasser anzuschließen und so weiterlaufen zu lassen, um ihn nach Abschluß der Behandlung sofort wieder einsatzbereit zu haben. Er darf inzwischen auch nicht an ein anderes Aquarium angehängt werden, da die Gefahr der Übertragung von Krankheitserregern besteht. Nach der Behandlung wird der Filter wieder angeschlossen und ein großer Teil des Wassers gegen gutes, aufbereitetes Wasser ausgetauscht, um das Medikament größtenteils zu beseitigen.

Die Fische bleiben noch einige Tage in der Quarantäne, um sicherzugehen, daß sie die Behandlung gut überstanden haben und Giftstoffe ausscheiden konnten. Und nicht zuletzt ist zu erwähnen, daß ein Quarantänebecken und der daran angeschlossene Filter nach jeder Benützung auszuräumen und zu desinfizieren ist, da trotz der Behandlung mit entsprechenden Medikamenten resistente Wurmeier oder resistente Zwischenstadien (z.B. Cysten, Sporen u.a.) im Becken verbleiben können und später eingesetzte Fische infizieren können.

Die beste Vorsorge gegen Krankheiten und Parasiten sind stets gute hygienische Bedingungen. Dazu gehört peinliche Sauberkeit in den Aquarien. Mulm, Futterreste und tote Fische verschmutzen und belasten das Wasser und müssen sofort entfernt werden. Gute Filter mit ausreichender Kapazität sorgen für klares, sauberes Wasser. Für besonders empfindliche Fische ist es von Vorteil, wenn der Bakteriengehalt des Wassers durch UV-Wasserklärer herabgesetzt wird.

Für Aquarianer mit mehreren Aquarien ist es wichtig zu wissen, daß mit jedem Gegenstand, (z.B. Filter, Kescher, Dekoration, Sand, Wasser, Pflanzen, Schnecken, Fische usw.) der von einem Aquarium ins andere überführt wird, Krankheitserreger verschleppt werden können. Entweder müssen feste Gegenstände in den jeweiligen Aquarien verbleiben oder desinfiziert werden, bevor man sie in ein anderes Aquarium bringt. Dies gilt ebenso für Pflanzen, die umgesetzt werden sollen oder neu gekauft wurden. Kescher taucht man kurz in kochendes Wasser oder in konzentrierte Desinfektionslösung. Anschließend muß man mit viel fließendem Wasser gründlich abspülen, um zu verhindern, daß Desinfektionsmittel ins Aquarium gelangt!

Wenn man diese Hygienegrundregeln beachtet, ist ein Ausbreiten einer Krankheit in einer Aquarienanlage sehr unwahrscheinlich.

1.2   Die gesunde Ernährung

Zu einer artgerechten Haltung gehört eine gesunde, auf die Bedürfnisse der Fische zugeschnittene Ernährung. Durch vitaminreiche, artgerechte Ernährung wird die Widerstandskraft der Fische gegen Krankheiten und Parasiten erhöht.

Grundsätzlich ist Lebendfutter dem im Handel befindlichen Trockenfutter vorzuziehen, aber Vorsicht: Durch Lebendfutter aus Fischteichen oder fischhaltigen Gewässern können Krankheitserreger eingeschleppt werden, aber auch sonst birgt Lebendfutter manche Gefahr (siehe Kapitel 3.1 Todesfälle durch Futter). Für das Lebendfutter sprechen Qualität und Umfang der Inhaltsstoffe lebender Tiere und Pflanzen. Durch keine Konservierung, sei sie noch so aufwendig, lassen sich die Inhaltsstoffe z.B. eines Wasserflohs so erhalten, wie sie im lebenden Floh vorliegen.

Wer keine Möglichkeit hat, Lebendfutter aus fischfreien Teichen zu besorgen, sollte das im Handel befindliche Trockenfutter verfüttern. Ohne dieses Trockenfutter wäre die Aquaristik im heutigen Umfang nicht denkbar. Bis auf wenige Nahrungsspezialisten lassen sich die meisten Fischarten sehr gut damit ernähren.

Ebenfalls ein sehr gutes Futter stellt tiefgefrorenes Lebendfutter dar, das im Fachhandel erhältlich ist. Hier besteht auch kaum die Gefahr Parasiten einzuschleppen, aber trotzdem ist Vorsicht geboten. (siehe Kapitel 3.1.10 Allgemeine Gefahren durch Gefrierfutter). Am besten ergänzt man den Speisezettel nach den Bedürfnissen der Fische mit Pflanzen (Löwenzahn, Vogelmiere usw.), Wasserflöhen, Futterfischen oder Fisch- und Rindfleisch.

Bei den Fischen unterscheidet man zwischen Herbivoren (Pflanzenfresser), Karnivoren (Fleischfresser), Limnivoren (Aufwuchsfresser) und Omnivoren (Allesfresser). Je nach Zugehörigkeit zu diesen Gruppen sollte der Speiseplan für die Fische gestaltet werden.

Meist liegt der Fettgehalt des Futters zu hoch. Er sollte 3% für Pflanzenfresser und 5% für Fleischfresser nicht überschreiten. Das Futter sollte mindestens 2% Rohfasern (Ballaststoffe) enthalten, dieser Gehalt muß aber für Pflanzenfresser bedeutend höher liegen. Zum Eiweißgehalt ist zu sagen, daß die Werte für Pflanzenfresser ca. bei 15–30% und für Fleischfresser bei 45% und mehr liegen sollten. Der Wert für die Limnivoren und Omnivoren liegt ungefähr in der Mitte. Kohlenhydrate sind für reine Pflanzenfresser sehr wichtig und können bis zu 30% im Futter enthalten sein. Die Herbivoren können Kohlenhydrate meist nicht oder unvollständig verdauen und scheiden die nichtverdauten Kohlenhydrate wieder aus, dadurch kommt es zu einer starken Verschmutzung des Wassers.

Sie werden bei der Sektion von Aquarienfischen feststellen, daß der überwiegende Teil der Fische stark verfettet ist. Der Grund dafür ist in erster Linie in der zu reichhaltigen und falschen Ernährung ihrer Pfleglinge zu suchen. Das Futter kann oft, da es zu einseitig ist oder die falsche Zusammensetzung enthält, nicht verwertet werden. Leber-, Gonaden- (Geschlechtsdrüsen) und Darmverfettung sind die Folgen. Bei manchen Fischen geht dies so weit, daß man bei der Sektion in der Leibeshöhle nur weißes, schaumiges Fettgewebe sieht. Die inneren Organe sind vollständig damit umhüllt. Solche Tiere sind natürlich besonders anfällig für alle nur denkbaren Krankheiten. Deshalb sollten Sie nicht am Futter sparen.

Verwenden Sie gutes ausgewogenes Futter, auch wenn der finanzielle Aufwand etwas größer ist. Dieses Geld sparen Sie später durch weniger Ausfälle bei Ihren Tieren wieder ein.

1.3   Der Beckenbesatz

Den meisten Aquarianern sind ihre Aquarien zu klein, egal wie groß die betreffenden Becken nun sind. Jeder möchte so viele Fische wie möglich halten. Daß man den Aquarienfischen nicht den gleichen Schwimmraum wie in der Natur bieten kann, liegt auf der Hand. Hier muß ein guter Kompromiß gefunden werden, so daß die Tiere nur geringem Streß ausgesetzt sind und das Wasser nicht übermäßig belastet wird. Als Richtwert für optimale Besetzung wird von manchen Autoren pro Fisch 5 Liter Wasser angegeben. Ein Aquarium mit 100 Liter Inhalt darf demnach zwanzig Fische beherbergen. Über Größe und Eigenschaften dieser Fische wird jedoch nichts ausgesagt. Ein solches Schema ist wertlos. Wenn Sie Fische in ein Aquarium setzen, müssen Sie berücksichtigen, daß Schwarmfische in größeren Gruppen zu halten sind als revierbildende Cichliden.

Kampffischmännchen bringen sich gegenseitig um und müssen deshalb unbedingt einzeln untergebracht werden, um nur einige Beispiele zu nennen.

1.4   Fische im Streß

Auch beim Fisch spielt Streß eine erhebliche Rolle als Auslöser von Krankheiten. Um unsere Fische gesund zu erhalten, ist es deshalb unbedingt notwendig, eventuelle Streßfaktoren zu vermeiden oder mindestens so klein wie möglich zu halten.

Aquarienfische können den unterschiedlichsten Streßfaktoren ausgesetzt sein. Hier ist es außerordentlich schwer, allgemeingültige Angaben zu machen. Was für den einen Fisch tödlichen Streß bedeutet, kann für den anderen lebensnotwendig sein. Um dies zu verdeutlichen, wollen wir uns den natürlichen Lebensraum unserer Pfleglinge etwas genauer anschauen. Viele unserer Aquarienfische stammen ursprünglich aus tropischen Gewässern, denen die riesigen Regenwälder alle gelösten organischen (mit Ausnahme der Huminsäuren) und anorganischen Bestandteile entziehen. Dies kann soweit gehen, daß der Regen, der über den Urwäldern Südamerikas niedergeht, mehr Nitrat enthält und einen höheren Leitwert besitzt als die Bäche und Flüße in denen sich dieses Wasser sammelt. Das saubere, keimarme Wasser mit niedrigem Leitwert ($<15\mu S$) und hohem Sauerstoffgehalt enthält große Mengen schwer abbaubarer Huminsäuren, die es dunkelbraun färben und stark ansäuern (bis pH 4). Bei diesem pH-Wert ist das Bakterienwachstum stark gehemmt. Der niedrige pH-Wert und die Ionenarmut sind die Gründe, daß diese Gewässer bis zu millionenmal weniger Bakterien enthalten als Aquarienwasser. Es besteht heute zwar die Möglichkeit, mit chemischen Mitteln das Aquarienwasser den Werten der Heimatgewässer der Fische anzupassen, jedoch wird es kaum gelingen, ihren Sauberkeitsgrad zu erreichen. Diese Gewässer stellen einen extremen Lebensraum dar, an den die dort lebenden Fische besonders angepaßt sind. Man kann sich leicht vorstellen, welchen Streß es für diese Tiere bedeutet, wenn sie in einem stark verschmutzten Aquarienwasser mit 20° DGH und 150 ppm Nitrat umherschwimmen müssen und ihr Immunsystem mit einer Unmenge von Bakterien fertig werden muß.

Dabei spielt es für das Immunsystem keine Rolle ob es sich bei diesen Bakterien um Krankheitserreger oder »harmlose« Bakterien handelt. Beide dürfen auf keinen Fall in den Körper gelangen. Es kommen aber nicht nur Aquarienfische aus dem Amazonasbekken Brasiliens, sondern aus allen tropischen Regionen der Erde. Hier bewohnen sie die unterschiedlichsten Gewässer: vom alkalischen und sehr kalkreichen Wasser des Malawisees bis zum fast »destillierten«, extrem sauren Wasser des Rio Negro. Aber nicht nur in der chemischen Zusammensetzung des Wassers unterscheiden sich die Lebensräume unserer Aquarienfische. In ein und demselben Fluß hat jede Fischart ihre ökologische Nische, an die sie besonders angepaßt ist. Diese Nischen können Bereiche mit besonders starker oder ganz langsamer Strömung sein, am Ufer oder in der Flußmitte. Es kann sich aber auch um Oberflächenfische oder Fische aus tiefem Wasser handeln; Fische, die in Pflanzendickichten leben oder nur an pflanzenfreien Stellen. Solche Aufzählungen ließen sich beliebig fortsetzen. Das Fehlen ihrer natürlichen Lebensbedingungen bedeutet für unsere Aquarienfische Streß. Dies sollte man bei ihrem Kauf berücksichtigen. Bei der Zusammenstellung der Beckeninsassen ist nicht darauf zu achten, ob die Tiere farblich zur Tapete passen, sondern aus welchen Gewässern sie stammen und welche Lebensbedingungen sie benötigen. Wenn man z.B. Tiere aus dem Amazonas und dem Malawisee zusammen in einem Aquarium hält, kann dies nur schiefgehen! Gleichgültig welche chemischen Werte das Aquarienwasser besitzt, eine der beiden Fischarten wird sich nicht wohlfühlen und gegenüber Krankheiten und Parasiten anfällig sein.

Sie sollten vor dem Einkauf der Aquarienfische darauf achten, welches Wasser sie Ihren Pfleglingen bieten können und daraus die Entscheidung ableiten, welche Fische Sie kaufen. Informationen darüber welche Fische welches Wasser benötigen, entnimmt man am besten den zahlreichen Fachbüchern, die im Handel erhältlich sind, oder man läßt sich von einem guten Fachhändler beraten. Aber noch andere Faktoren können auf unsere Aquarienfische als Steß wirken, z.B. zu hohe oder zu tiefe Temperaturen oder starke Temperaturwechsel, das heißt aber nicht, daß die Temperatur im Aquarium immer konstant sein soll. Ein starker Temperaturabfall löst z.B. bei Panzerwelsen die Paarung aus, und für viele Aquarienfische (z.B. Diskus) ist es günstiger, wenn sie im Winter kühler gehalten werden und dadurch eine Ruhepause im Laichgeschäft einlegt wird, um sie nicht zu überfordern. Hier bedeutet es

ebenso Streß für unsere Fische, wenn sich Umgebungsfaktoren nicht ändern, als wenn sie sich zu stark ändern. Änderungen der Umgebungsfaktoren sollten sich im physiologischen Bereich abspielen, dann wirken sie sich gesundheitsfördernd aus. Wird dieser Bereich über- bzw. unterschritten, stehen die Tiere unter Streß und werden krank.

Streß kann aber auch von den Fischen selbst ausgelöst werden, z.B. von ihren innerartlichen Verhaltensweisen. Setzt man ein Paar einer Cichlidenart aus dem Malawisee allein in ein Aquarium, kann man darauf warten, bis das Männchen das Weibchen zu Tode getrieben hat. Bringt man aber mehrere Weibchen und ein paar Männchen derselben Art in dasselbe Aquarium verteilen sich die aggressiven Verhaltensweisen des stärksten Tieres auf alle Beckeninsassen und keines der Tiere erleidet Schaden. Es ist also nicht allgemeingültig, wenn man behauptet, daß wenige Fische in einem Aquarium weniger Streß ausgesetzt sind als viele Fische. Hier müssen unbedingt die innerartlichen Verhaltensweisen berücksichtigt werden.

Auch der Aquarianer kann seine Fische übermäßig stressen: durch häufiges Herausfangen und Umsetzen von einem Aquarium ins andere, durch zuviel oder zuwenig Futter, durch zuviel oder zuwenig Licht, durch falsche Zusammensetzung der Beckeninsassen, die sich aufgrund unterschiedlichen Verhaltens nicht vertragen, und nicht zuletzt durch häufiges Erschrecken der Tiere.

Zusammenfassend ist zu sagen: Wie aus den vorangegangenen Beispielen ersichtlich wurde, ist die Definition, was für einen Fisch im einzelnen Streß bedeutet nicht so einfach zu treffen. Hier gilt es, auf die spezifischen, artgerechten Lebensbedingungen jeder einzelnen Art einzugehen. In diesem Zusammenhang unterliegt der Fisch bei einer ihm nicht gemäßen Haltung einem mehr oder weniger starkem Streß. Diesen Streß können wir im Aquarium wahrscheinlich nie ganz ausschließen, aber wir können ihn so klein wie nur irgend möglich werden lassen.

2 Das Erkennen von Krankheiten

Die richtige Diagnose einer Fischkrankheit ist die Voraussetzung für eine erfolgreiche Therapie. Nur aufs Geratewohl ein bestimmtes Medikament ins Wasser zu kippen, weil die Neonfische mal wieder schlecht dastehen und dieses Medikament schon immer gut für Neonfische war, ist nicht nur dumm, sondern grob fahrlässig! Ein Medikament für Neonfische, um bei diesem Beispiel zu bleiben, gibt es nicht. Es gibt nur Medikamente gegen bestimmte Krankheitserreger, und von denen können die unterschiedlichsten Arten auf Ihren Fischen vorkommen. Man nimmt ja auch nicht Aspirin gegen Fußpilz ein, weil man damit bei Schmerzen gute Erfahrungen gemacht hat. Diese unter Aquarianern weitverbreitete Unsitte, Medikamente ohne gesicherte Diagnose wahllos ins Aquarium zu schütten, hat uns die Resistenz einiger Erreger gegen bestimmte Medikamente eingebracht. So wurden viele Bakterienstämme gegen bestimmte Antibiotika resistent, die vorher noch gut wirkten. Außerdem sind in letzter Zeit gegen Clont resistente Darmflagellaten aufgetaucht.

Im Falle der Antibiotika hat die leichtsinnige Verabreichung dieser Medikamente auch für den Menschen schlimme Folgen. Die in der Aquaristik verwendeten Antibiotika stammen meist aus der Humanmedizin. Sie gelangen beim Wasserwechsel ins Abwasser, werden dort stark verdünnt und sind für krankheitserregende Bakterien nicht mehr tödlich. Es kommt zu einer Gewöhnung und schließlich zur Resistenz bestimmter Bakterienstämme. Erkranken nun Menschen an diesen Erregern, wirken die vorher verwendeten Medikamente nicht mehr. Aus diesen Gründen ist es unbedingt notwendig, eine eindeutige Diagnose zu stellen und anschließend die Krankheit mit einem entsprechenden Medikament gezielt zu behandeln.

2.1 Vergiftung oder Krankheit?

Alle Erkrankungen machen sich durch verändertes Aussehen oder Verhalten, im schlimmsten Fall sogar durch Todesfälle bemerkbar. Um durch ein verändertes Aussehen oder Verhalten der Fische auf eine Erkrankung schließen zu können, muß die Voraussetzung gegeben sein, daß der Aquarianer die Lebensgewohnheiten sowie das Aussehen seiner Pfleglinge im gesunden Zustand genau kennt. Diese Erfahrung kann natürlich nur durch regelmäßiges Beobachten erlangt werden.

Grundsätzlich muß zwischen abiotischen und biotischen Erkrankungen unterschieden werden. Unter abiotischen Erkrankungen versteht man Erkrankungen, die nicht von

Krankheitserregern (Parasiten, Bakterien, Viren) hervorgerufen werden wie die biotischen Erkrankungen, sondern durch Vergiftungen, Verletzungen oder ähnliches. *Die gleiche Krankheit kann bei verschiedenen Fischarten unterschiedliche Verhaltensweisen hervorrufen. Ebenso ist es möglich, daß unterschiedliche Ursachen eine identische Verhaltensänderung bewirken können.* Sowohl abnormes Verhalten als auch ungewöhnliches Aussehen zeigen uns lediglich an, daß unsere Fische sich nicht wohl fühlen und krank sind. Die Art der Erkrankung kann nur durch eine Sektion geklärt werden.

Die Frage, ob eine Vergiftung oder eine erregerbedingte Krankheit vorliegt, läßt sich auch nicht dadurch beantworten, daß die Symptome bei allen Fischen oder nur bei einer Art auftreten. Masoten, ein Medikament gegen verschiedene parasitäre Würmer und Krebse, wird von vielen Fischen problemlos vertragen. Bei Welsen und manchen Salmlern – hier sind besonders Piranhas zu erwähnen – wirkt dieses Medikament absolut tödlich, während man ihren unempfindlichen Beckenmitinsassen nicht das geringste anmerkt. Ebenso gibt es Infektionskrankheiten, an denen nur eine Art aus einem Gesellschaftsbecken herausstirbt, wobei die übrigen Fische sich nicht von den tödlichen Parasiten beeindrucken lassen. Es kommt aber auch der andere Fall vor, daß an einer Vergiftung oder Infektion alle Fische eines Beckens, ja einer ganzen Aquarienanlage zugrunde gehen.

Um den Verdacht einer vorliegenden Ver-giftung zu erhärten, geht man am besten folgendermaßen vor: Ein besonders stark erkranktes Tier wird abgetötet und untersucht. Hat eine genaue Untersuchung, d.h. Sektion, keine Ergebnisse gebracht, und fallen die Tiere besonders durch taumelnde Schwimmweise, Gleichgewichtsstörungen, eingeschränkte Wahrnehmungsfähigkeit, Lähmungen, Krämpfe, erschrecktes Umherschießen im Aquarium ausgelöst durch geringste Reize, Erbrechen, schnelle Atmung, Luftschnappen an der Wasseroberfläche oder Verfärbung der Kiemen auf, deutet alles auf eine Vergiftung hin. Diese Symptome können einzeln oder zu mehreren auftreten. Für den Ungeübten ist es nicht leicht, anhand von verändertem Aussehen und verändertem Verhalten zu entscheiden, ob eine Vergiftung vorliegt oder ob es sich um eine erregerbedingte Erkrankung handelt. Jedoch ganz unmöglich ist es, mit bloßem Auge zu entscheiden, welcher Krankheitserreger die Fische befallen hat. Erst nach einer genauen mikroskopischen Untersuchung können wir eine sichere Diagnose stellen.

Selbst erfahrene Aquarianer und Biologen müssen bisweilen nach einer eingehenden Prüfung der Krankheitsursache feststellen, daß ihre anfängliche Vermutung völlig falsch war. Liegt eine Vergiftung vor, und kann die Ursache erkannt und beseitigt werden, so ist eine Besserung des Gesundheitszustandes möglich. Aber in vielen Fällen werden die Tiere so stark geschädigt, daß sie noch lange nach der Gifteinwirkung an den Folgen der eingetretenen Organschäden sterben.

2.2   Die Untersuchung lebender Fische

Die Untersuchung am lebenden Tier beschränkt sich auf Abstriche der Haut und der Flossen. Eventuell kann noch frisch abgesetzter Kot eines Tieres untersucht werden. Eine Gewißheit, ob der Fisch an Darmparasiten erkrankt ist oder nicht, läßt sich dadurch aber nicht gewinnen, da man oft trotz starker Infektion weder Parasiten noch Wurmlarven oder Wurmeier im Kot findet. Entdeckt man Veränderungen der Haut, wie weiße schimmelartige oder milchige Beläge, weiße Pünkt-chen, Verletzungen oder blutunterlaufene Stellen, und/oder scheuern sich die Fische am Boden, kann es sich um Hautparasiten handeln.

Man fängt den betreffenden Fisch zur Untersuchung aus dem Quarantänebecken oder dem Gesellschaftsaquarium heraus und setzt ihn in ein zwei Liter fassendes Plastikaquarium. Hier kann nun die befallene Stelle genau begutachtet werden. Zur mikroskopischen Untersuchung macht man wie folgt einen Hautabstrich. Hierbei ist besonders schnell zu arbeiten, um die bereits durch ihre Krankheit geschwächten Tiere nicht übermäßig zu strapazieren. Bei großen und stacheligen Fischen empfiehlt es sich, die Tiere mit Tricain zu betäuben, da sie mit ihren harten Flossenstrahlen kräftige Wunden schlagen können. Anschließend fängt man den Fisch heraus und nimmt ihn in die Hand. Dabei legt man seine Schwanzflosse auf einen Objektträger und streicht ganz vorsichtig mit einem Spatel oder besser mit einem Deckgläschen von den befallenen Stellen etwas Hautschleim ab. Bitte streichen Sie nur von vorn nach hinten, da Sie das Tier sonst entschuppen, was den sicheren Tod bedeutet. Streichen Sie gleich von mehreren Stellen einschließlich der Schwanzflosse Schleim ab. Dieser Schleim hängt nun am Objektträger und am Deckgläschen. Danach setzen Sie den Fisch sofort zurück ins Wasser. Betäubte Fische werden in Aquarienwasser ohne Tricain gesetzt und erholen sich sehr schnell. Zum abgestrichenen Schleim geben Sie jetzt einen Tropfen Wasser und

Abb. 1: Hautabstrich bei einem Goldfisch. Foto: R. BAUER

legen vorsichtig das Deckgläschen darauf, indem Sie es mit einer Kante auf den Objektträger auflegen und auf den Wassertropfen fallen lassen. Es sollten möglichst wenig Luftblasen unter dem Deckglas sein, was Ihnen mit einiger Übung sicher gelingen wird. Das so entstandene Präparat kann nun bei unterschiedlichen Vergrößerungen im Mikroskop betrachtet werden.

2.3   Das Töten von Fischen

Wir töten Fische nicht leichtfertig, sondern um das Leben der übrigen Fische zu retten. Durch Untersuchungen am lebenden Tier können nur ganz wenige Parasiten und Erreger gefunden werden. Endgültige Gewißheit über den Gesundheitszustand unserer Fische ergibt sich nur durch eine Sektion eines frisch getöteten Fisches. Meist ist es besser, das am stärksten befallene Tier zu opfern und die verbleibenden Fische durch eine gezielte Behandlung zu retten, als durch Ausbreiten der Seuche und falsche Behandlung nach und nach alle Tiere zu verlieren. Ebenfalls sollten verkrüppelte oder degenerierte Tiere aus Nachzuchten abgetötet werden, um ihnen weitere Qualen zu ersparen.

Es darf nur unter Vermeidung von Schmerzen, gegebenenfalls unter Betäubung, getötet werden. Das Töten der Fische geschieht am schnellsten durch einen Genickschnitt. Dazu setzt man eine Schere hinter dem Kopf

an und trennt die Wirbelsäule durch. Das Tier ist sofort tot.

Besonders bei großen Fischen kann es vorkommen, daß es danach zu reflexartigen Muskelzuckungen kommt und der Fisch noch

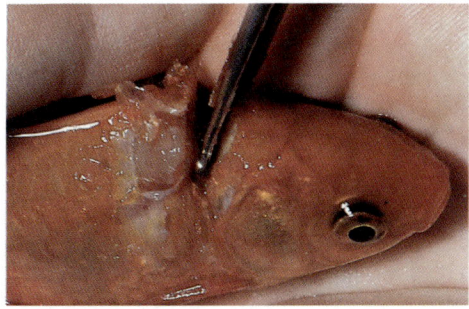

Abb. 2: Töten eines Fisches durch Genickschnitt. Foto: R. BAUER

einige Zeit zappelt. Dies sind aber nur Refle-
xe, die vom Rückenmark ausgehen und von
dem getöteten Tier nicht mehr wahrgenommen werden. Um derartige Zuckungen zu
vermeiden, kann der Fisch vor dem Abtöten
mit Tricain betäubt werden.

2.4   Das Sezieren von Fischen

Bei der Sektion von Fischen müssen einige
Grundregeln beachtet werden, um Mißerfol-
ge ausschließen zu können. Bereits im Aquarium verstorbene Tiere sind grundsätzlich
nicht mehr für eine Sektion geeignet! Aus
den gleichen Gründen sind frisch getötete
Tiere **sofort** zu sezieren. Fische verwesen
bei Zimmertemperatur sehr schnell. Schon
nach wenigen Minuten sind Gewebe und
Organe verändert. Durch die Verwesung sinkt
der Sauerstoffgehalt im Fisch innerhalb kürzester Zeit ab. Das ist der Grund, daß empfindliche Parasiten nach kurzer Zeit absterben oder den Wirt verlassen (z.B. manche
Darmflagellaten oder *Costia*). Andere ver-
meintliche »Parasiten« werden manchmal
auf sterbenden, meist aber auf toten Fischen
angetroffen (z.B. *Tetrahymena*) und für die
Krankheitsursache gehalten. Dadurch können Untersuchungsergebnisse verfälscht
werden.

Bei der Sektion von Fischen ist Sauberkeit
die oberste Regel.

Fischkrankheiten sind meist nicht auf den
Menschen übertragbar, es gibt jedoch einige
Ausnahmen, z.B. die Fischtuberkulose. Diese bei unseren Aquarienfischen sehr weit
verbreitete Krankheit ist auf den Menschen
übertragbar. Allerdings müssen für eine solche Infektion, die durch Mykobakterien verursacht wird, schon eine Reihe unglücklicher
Umstände zusammentreffen. Diese Bakterien können nur über offene Wunden in oberflächennahes Gewebe eindringen. Da diese
Mykobakterien eine Körpertemperatur von
37 °C nicht überleben, können sie nur in
oberflächennahes, kühleres Gewebe der
Extremitäten eindringen. Die Folge sind
schlecht heilende, nässende Wunden oder
Geschwüre, die unbedingt von einem Hautarzt versorgt werden müssen! Infektionen
sind aber leicht zu verhindern, indem Hände
und Arme nach der Sektion mit Alkohol (z.B.
Brennspiritus) desinfiziert werden. Dies gilt
natürlich ebenso für die benützten Instrumente.

Bevor wir den Fisch zur Sektion abtöten,
richten wir alle benötigten Instrumente her
sowie ein Glas mit Wasser oder physiologischer Kochsalzlösung. Dann nehmen wir
einige Objektträger und tragen mit der Pipet-
te auf jeden ein oder zwei Tropfen Wasser
auf, damit wir später bei der Sektion keine
Zeit verlieren. Außerdem empfiehlt es sich,
über das Untersuchungsergebniss einen
Bericht anzufertigen. Dies mag Ihnen vielleicht übertrieben vorkommen, kann aber im
Laufe der Zeit sehr nützlich sein. Anhand
dieser Untersuchungsberichte können Händler, aber auch Aquarianer, sehr genau feststellen, von welchem Lieferanten oder Züchter immer wieder die gleichen Krankheitserreger eingeschleppt werden.

Zu Beginn der Sektion am frisch getöteten
Fisch machen wir einen Hautabstrich wie im
Kapitel 2.2 beschrieben. Hierbei ist beson-
ders auf auffällige Hautpartien (weiße Pünkt-
chen, Geschwüre, Verfärbungen aller Art,
Beläge, Verletzungen) zu achten.

Wichtig: Das gewonnene Präparat wird,
wie jedes weitere, das wir bei der Sektion
erhalten, sofort im Mikroskop begutachtet
und der Befund mit den Beschreibungen der
Krankheitserreger verglichen.

Als weiteres zupfen wir an verschiedenen
Stellen mit einer spitzen Pinzette einige
Schuppen aus und fertigen wie beim Hautabstrich ein Präparat. Wichtig ist immer, daß wir
zu der zu untersuchenden Probe einen Tropfen Wasser oder, bei inneren Organen, physiologische Kochsalzlösung geben, um ein
Austrocknen zu verhindern. Sollte das entstandene Präparat zu viel Wasser enthalten
und dadurch zu voluminös sein, kann dieses
mit Fließpapier (Zeitungspapier) abgesaugt
werden.

Zur weiteren Sektion wird der tote Fisch in
eine Präparationsschale gelegt, dafür sind

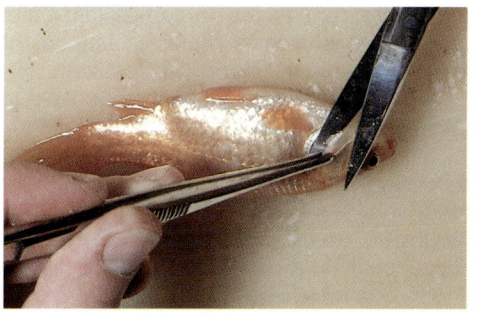

A

B

C

D

E

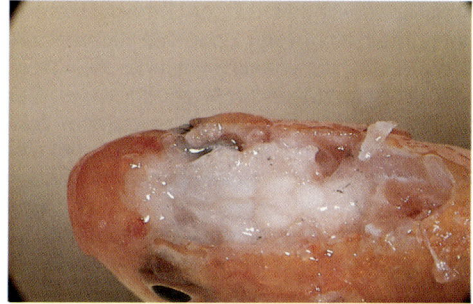

F

Abb. 3: Die Sektion eines Fisches.
A. Entfernen des Kiemendeckels
B–D. Öffnen der Leibeshöhle
E–F. Öffnen des Schädels
Erklärung im Text. Foto: R. BAUER

am besten kleine, mit 2 cm Wachs gefüllte Entwicklerschalen geeignet. Darin wird der Fisch je nach Größe mit zwei oder mehr Präparationsnadeln fixiert. Hierzu durchsticht man den Schwanz (nicht die Schwanzflosse) und den Kopf kurz vor dem Auge des Tieres mit den Präparationsnadeln und drückt sie dann in das Wachs der Schale, dadurch rutscht der Fisch beim Sezieren nicht weg. Als nächstes schauen wir uns die Flossen genauer an. Zu diesem Zweck schneiden wir von den Flossen, möglichst an auffälligen Stellen, kleine Stücke ab und fertigen daraus ebenfalls ein Präparat. Von Geschwüren und offenen Wunden wird mit einem Skalpell oder einer spitzen Pinzette etwas Muskelgewebe herausgezupft und zur Untersuchung gebracht.

Sehen wir bei eingehender Untersuchung

der Haut des getöteten Tieres dunkle Punkte durch die Haut und die Muskulatur hindurchschimmern, versuchen wir, diese vorsichtig mit dem Skalpell aus der Muskulatur herauszupräparieren. Es könnte sich dabei um Trematodenlarven handeln.

Nun wenden wir uns den Kiemen zu. Zu deren Untersuchung wird mit einem scharfen Schnitt der Kiemendeckel beseitigt. Bei kleinen Fischen wird ein Kiemenbogen, bei größeren werden ein paar Kiemenblättchen abgetrennt und wie gewohnt präpariert und untersucht.

Um die inneren Organe des Fisches zu untersuchen, müssen wir die Leibeshöhle öffnen. Dies geschieht mit einer kleinen, spitzen Schere. Der Einfachheit halber stechen wir mit dem spitzen Ende der Schere in den After des Fisches und schneiden ventral, d.h. auf der Bauchseite, zwischen Bauch- und Brustflossen hindurch bis zwischen die Kiemendeckel. Schneiden Sie vorsichtig und nicht zu tief, um die inneren Organe nicht zu zerstören. Es soll lediglich die Bauchdecke durchtrennt werden. Der zweite Schnitt beginnt ebenfalls am After und führt bogenförmig, am oberen Rand der Leibeshöhle entlang, bis zum oberen Ende des Kiemendeckels. Auch hier vorsichtig schneiden, damit die Schwimmblase nicht zerstört wird. Der dritte und letzte Schnitt wird parallel zum Kiemendeckel geführt und trennt die Bauchdecke ab. Jetzt heben wir behutsam den abgeschnittenen Bereich der Bauchdecke hoch und durchtrennen vorsichtig mit der Schere oder dem Skalpell eventuelle Häute, die die Organe umgeben und an der Bauchdecke angewachsen sind.

Der Fisch liegt nun geöffnet vor uns, seine inneren Organe sind sichtbar. Wurden bei der Sektion keine inneren Organe verletzt, tritt meist kein oder nur wenig Blut aus. Zuerst machen wir uns mit der Lage der Organe vertraut und vergewissern uns, daß keine größeren, mit bloßem Auge sichtbaren Parasiten in der Leibeshöhle zu sehen sind. Dann

muß auf jeden Fall die Körperflüssigkeit aus der Leibeshöhle mikroskopisch untersucht werden. Sie kann einzellige Parasiten enthalten. Nun fertigen wir nacheinander von allen Organen – das sind Leber, Galle, Milz, Schlund (Ösophagus), Magen, Dünndarm, Enddarm, After, Herz, Schwimmblase, Niere und Gonaden (Geschlechtsorgane) wie Eierstöcke, Uterus, Hoden – Präparate an. Dazu schneiden wir von diesen Organen kleine Stücke ab, legen sie mit etwas Wasser oder physiologischer Kochsalzlösung zusammen auf einen Objektträger und decken sie mit einem Deckglas ab. Durch leichtes Drücken mit einer Pinzette quetschen wir die Präparate, bis sie so dünn sind, daß wir sie unter dem Mikroskop betrachten können.

Zur Untersuchung vom Magen-Darmtrakt ist es bei großen Fischen zweckmäßig, Stücke von 1 oder 2 cm Länge abzuschneiden und auf dem Objektträger der Länge nach mit einer kleinen Schere zu öffnen.

Relativ selten wird das Gehirn von Parasiten befallen. Um dies zu kontrollieren, müssen wir es freilegen. Dazu verwenden wir eine kräftige spitze Schere. Wir stechen mit den spitzen Enden in die beiden Nasenöffnungen ein und trennen den Nasenknochen durch. Danach wird mit einem Ende der Schere in die entstandene Öffnung eingestochen und erst auf der einen dann auf der anderen Seite des Kopfes mit waagerechten Schnitten der Schädel über dem Auge vorbei bis hin zum Genickschnitt geöffnet. Nun wird das Schädeldach vorsichtig angehoben; die noch intakten Schädelknochen werden durchtrennt, bis sich das Schädeldach abheben läßt. Wenn notwendig, präparieren wir die das Gehirn umhüllende Fettschicht weg und legen das Gehirn frei. Jetzt können wir mikroskopische Präparate anfertigen. Um während der gesamten Sektion ein Austrocknen der offengelegten Organe zu vermeiden, empfiehlt es sich die Leibeshöhle regelmäßig mit Wasser oder besser mit physiologischer Kochsalzlösung zu befeuchten.

2.5   Die Blutuntersuchung

Da Aquarienfische relativ klein sind, besitzen sie natürlich nur eine geringe Menge Blut. Deshalb muß bei Verdacht auf Blutparasiten, etwas anders vorgegangen werden als bei der Sektion. Fischblut gerinnt außerordentlich schnell, deshalb müssen wir schnell und präzise arbeiten. Zur Blutentnahme bereiten wir mehrere Objektträger mit je ein oder zwei Tropfen physiologischer Kochsalzlösung vor. Man sollte kein Wasser dafür verwenden, da sich die Blutzellen dabei stark verändern. Den zu untersuchenden Fisch betäuben wir dann mit Tricain, bis er sich nicht mehr bewegt (ausgenommen die Atembewegung der Kiemen). Grundsätzlich sind für diese Untersuchung nur betäubte Fische zu verwenden, um den Tieren Qualen zu ersparen. Wir nehmen den betäubten Fisch in die Hand und schneiden mit einer kräftigen Schere den Schwanz zwischen After und Schwanzflosse ab. Sofort tritt durch die Arterien und Venen Blut aus, das tropfenweise auf die vorbereiteten Objektträger aufgebracht wird. Jetzt müssen wir schnell handeln, um ein vorzeitigen Gerinnen des Blutes zu verhindern.

Zuerst wird mit einem Genickschnitt der Fisch sofort getötet. Dann wird mit einem Glasstab o.ä. die Blutprobe mit der physiologischen Kochsalzlösung verrührt und sofort ein Deckglas aufgelegt und mit einer Präpariernadel leicht angedrückt. Es ist neben einem guten Mikroskop mit starker Vergrößerung schon etwas Erfahrung nötig, um in dieser Probe zwischen Millionen von Blutkörperchen die sehr kleinen und zudem meist nur wenigen Blutparasiten zu finden.

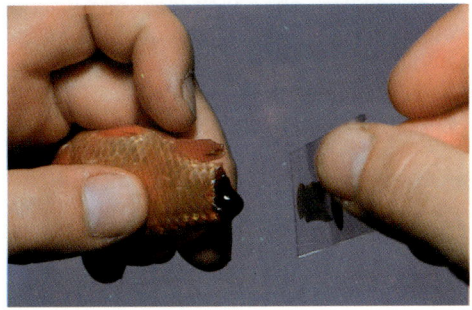

Abb. 4 A (oben) + B (unten): Blutentnahme bei einem frisch getöteten Goldfisch. Erklärung im Text. Foto: R. Bauer

Besonders für große Fische gibt es noch eine weitere Möglichkeit zur Blutentnahme, die Herzpunktion. Für diese Art der Blutentnahme muß man natürlich genau die Lage des Fischherzens kennen. Anfängern ist diese Methode nicht zu empfehlen.

2.6   Der Versand von kranken Fischen

Es gibt viele Gründe, kranke Fische von einem Institut oder einem Fachmann untersuchen zu lassen. Oft werden Fische eingeschickt, bei denen der Aquarianer trotz genauer Untersuchung nichts gefunden hat und sich bei einem Fachmann Hilfe holen möchte. Beachten Sie bitte: Wenn Sie schon den Aufwand treiben, Fische einem Experten zur Untersuchung zuzuschicken, dann nur lebende Tiere, damit eine sichere Diagnose gestellt werden kann. Ich bekam schon die abenteuerlichsten Fischsendungen zugeschickt, die selbst beim besten Willen nicht mehr zur Untersuchung geeignet waren. So kamen z.T. getrocknete Fischmumien in Papiertaschentücher eingewickelt oder stinkende, verfaulte Leichen, bei denen man nicht einmal erkennen konnte, wo einmal der Kopf war. Selbst bei der fein säuberlich in ein Cellophantütchen und dann in einen Briefumschlag (!) gesteckten Fischleiche erübrigte sich die Untersuchung, nachdem der Briefumschlag bei der Post durch die Stempel- und Sortiermaschine gelaufen war.

Vor dem Versand der Fische muß der Empfänger auf jeden Fall telefonisch benachrichtigt und die Untersuchung mit ihm abgestimmt werden. Erkundigen Sie sich bei dieser Gelegenheit jedoch gleich, ob Ihnen durch die Untersuchung Kosten entstehen. Die erkrankten, aber noch lebenden Fische werden einzeln in Plastikbeuteln, die zu einem Drittel mit Wasser und zu zwei Dritteln mit Luft gefüllt sind, in einem gut isolierten Karton verpackt und per Express verschickt. Geben Sie unbedingt auf dem Expresschein die Telefonnummer des Empfängers an, so

daß dieser vom Empfängerbahnhof benachrichtigt werden kann. Sollten Sie in der Nähe des Instituts wohnen, ist es am günstigsten, wenn Sie nach telefonischer Absprache die Fische persönlich überbringen. Sie können dann vielleicht gleich bei der Sektion dabeisein und erfahren so direkt die Diagnose. Trotz telefonischer Absprache sollten Sie der Sendung ein ausführliches Begleitschreiben beilegen, um so dem Institut die Arbeit zu erleichtern. Denn nicht immer untersucht der Gesprächspartner, mit dem Sie telefoniert haben, Ihre Fische selbst, mündlich gegebene Informationen können dann verloren gehen. In diesem Schreiben sollten Angaben über Beckengröße, Fischbesatz, Wasserwechsel und -beschaffenheit, Filteranlage, sowie über das Verhalten der Tiere, eventuelle Todesfälle, welche Arten gestorben sind, eventuell bereits benützte Medikamente und ihre Auswirkungen enthalten sein.

3 Nicht durch Erreger bedingte Krankheiten

Erkrankungen, die nicht von Erregern verursacht werden, treten in unseren Aquarien relativ häufig auf. Dies liegt sicher zum einen an den äußerst komplizierten biologischen und chemischen Prozessen, die in einem Aquarium ablaufen und durch ungünstige Umstände aus dem Gleichgewicht geraten, zum anderen an den vielfältigen Chemikalien, die in unseren Haushalten verwendet werden und durch Zufall ins Aquarium gelangen können. Der Aquarianer ist oft überfordert, wenn er feststellen soll welcher giftige Stoff in sein Aquarium gelangt ist. Aber auch für Biologen und Chemiker ist es fast unmöglich, aus den hunderttausend möglichen chemischen Verbindungen die betreffende herauszufinden.

Es kommt häufig nicht allein durch Stoffe, die nicht ins Aquarienwasser gehören, zu Schädigungen, sondern auch normalerweise ungefährliche, ja sogar lebensnotwendige Stoffe können bei einer Überdosierung

Vergiftungserscheinungen hervorrufen. Auf der anderen Seite kommt es zu Schäden, wenn genau diese Stoffe in allzu geringer Dosierung oder überhaupt nicht vorhanden sind. Auch hier gilt der Grundsatz: In physio-logischen Mengen gesundheitsfördernd, dar-über hinaus gesundheitsschädlich. Oft sind chronische Vergiftungen oder Mangelschä-den die Ursache für ein massenhaftes Auf-treten von Schwächeparasiten.

3.1   Erkrankungen durch Futter

Erkrankungen durch Futter treten vor allen Dingen durch einseitiges oder mangelhaftes Futter auf.

Bei selbstgefangenem Lebendfutter muß darauf geachtet werden, daß grundsätzlich kein Futter aus Fischteichen oder fischhalti-gen Gewässern verfüttert wird. Viele Parasi-ten benützen die Futtertiere der Fische als Zwischenwirte. Es ist für sie die einfachste und sicherste Möglichkeit, neue Fische zu befallen, da die Fische ihre Futtertiere aktiv suchen und fressen und so die Parasiten aufnehmen.

3.1.1   Erkrankungen durch zu fetthaltiges Futter

A. Ursache/Erreger: Liegt der Fettgehalt des Futters für Pflanzenfresser über 3% und bei Fleischfressern über 5%, so kommt es meist zu einer Verfettung der Fische. Aber nicht nur zu fettreiches Futter kann Ursache für eine Verfettung sein, sondern auch ein zu geringes Spektrum an Fettsäuren. Es sollten genügend essentielle Fettsäuren im Futter enthalten sein, hier sind besonders die unge-sättigten Linolensäuren zu erwähnen.

Diese ungesättigten, lebenswichtigen Fett-säuren bergen aber eine Gefahr in sich. Sie oxydieren leicht zu Peroxiden und anderen hochgiftigen Verbindungen. Dies ist leicht am ranzigen Geruch festzustellen. Solches Futter darf auf keinen Fall verfüttert werden. Besonders bei Kaltwasserfischen (unter 10°C Wassertemperatur) kann es vorkommen, daß die Fische keine gesättigten Fette aufneh-men und verarbeiten können. Das bei dieser Temperatur feste, gesättigte Fett passiert den Darm, ohne verarbeitet zu werden und löst Darmentzündungen aus, die zum Tod führen können.

B. Symptome: Bei zu fetthaltigem Futter kommt es infolge mangelnden Abbaus die-ser Fette zur Einlagerung in Leber, Mesente-rien (Darmaufhängebänder) und anderen Organen, so daß in extremen Fällen die inneren Organe zwischen dem schaumigen, weißen Fettgewebe nicht mehr zu erkennen sind. Dies ist schon äußerlich an den »wohl-genährten« Rundungen der Fische auszu-machen. Die Leber solcher Tiere ist gelb verfärbt und gibt aufgeschnitten in einem mit Wasser gefüllten Glas Öltröpfchen ab, die auf der Wasseroberfläche einen Film bilden. Im Quetschpräparat einer solchen Leber sieht man unter dem Mikroskop unzählige, winzi-ge Öltröpfchen, die in einer gesunden Leber nicht sichtbar sind. Solche Tiere sind beson-ders anfällig für alle möglichen Schwächepa-rasiten. Der Befall durch Parasiten ist bei solchen Tieren meist nur sekundär, hier muß die Fettleibigkeit als eigentliche Ursache der Anfälligkeit beseitigt werden.

Ein Mangel an ungesättigten, essentiellen Fettsäuren bewirkt reduziertes Wachstum, fehlende oder geringere Pigmentierung der Haut (blasse Farben) und zerfranste Flos-sen, die allerdings auch auf Bakterien und Pilze infolge geringerer Immunabwehr zu-rückzuführen sind. Ein durch Oxydation der essentiellen, ungesättigten Fettsäuren ran-zig gewordenes Futter kann zu Muskel-schwund (Muskeldistrophie), Nierennekrose und Störungen des Blutbildes führen (verrin-gerter Hämatokritwert und Erythrocytenge-halt). Außerdem kommt es infolge gestörten Leberstoffwechsels zur Einlagerung eines nicht mehr verwertbaren Pigments (Ceroid) in den Leberzellen.

C. Befallene Organe: Als Hauptstoffwech-selorgan ist natürlich in erster Linie die Leber betroffen, aber auch andere Organe wie

Mesenterien, Nieren und Gonaden sind in Mitleidenschaft gezogen.

D. Pathogenität: Zu fettreiches oder ranziges Futter wie auch an essentiellen Fettsäuren armes Futter führt auf die Dauer über eine Verfettung und Schädigung der Leber und Niere zum Tod der Tiere.

E. Untersuchungsmethoden: Eine Untersuchung ist nur am frisch getöteten, sezierten Tier möglich. Hier ist besonders auf weißes schaumiges Fett und eine gelbliche Verfärbung der Leber zu achten.

F. Therapie: Ist die Verfettung noch nicht zu weit fortgeschritten, kommt es bei einer fettarmen Ernährung zum Abbau der eingelagerten Fettsubstanz. Dies wird besonders durch die Aminosäure Cholin begünstigt. Am besten füttert man qualitativ hochwertiges, eiweißreiches Futter, wie z.B. Lebendfutter (schwarze und weiße Mückenlarven), in geringen Mengen. Bei Pflanzenfressern ist es ratsam, einige Zeit nur Pflanzen (Löwenzahn, Vogelmiere, Klee usw.) zu füttern, bis die Tiere abgenommen haben. Außerdem ist es günstiger wenn man einige Male in der Woche alle Fische sattfüttert und die restliche Zeit den Tieren kein Futter gibt. So bekommen alle etwas ab auch die Kleinen und Schwächeren. Füttert man jeden Tag nur sehr wenig, fressen nur die Starken. Stark verfettete und durch Organschäden geschädigte Tiere sind meist nicht mehr zu retten.

G. Prophylaxe: Zur Vorbeugung gegen Verfettung hilft fettarmes, eiweißreiches, ballaststoffreiches Lebendfutter. Den käuflichen Trockenfuttersorten sind Antioxidantien beigefügt, die ein Ranzigwerden der Fette verhindern sollen.

Ohnehin sollte Trockenfutter nur in solchen Mengen gekauft werden, die innerhalb eines Vierteljahres verfüttert werden, um ein Ranzigwerden auszuschließen. Viele Hersteller geben ein Haltbarkeitsdatum auf der Fischfutterpackung an, diese Futtersorten sind solchen ohne Datumsangabe vorzuziehen. Kaufen Sie auf keinen Fall Futter mit abgelaufenem Haltbarkeitsdatum. Es ist nicht mehr geeignet.

H. Besonderes: Die Autoxidation (Selbstoxidation) der ungesättigten Fettsäuren läuft auch bei niedrigen Temperaturen ab (wenngleich langsamer). Deshalb ist Gefrierfutter nicht unbegrenzt haltbar und sollte ebenfalls nach einem Vierteljahr verbraucht sein. Größere Mengen Trockenfutter können durch Einfrieren länger haltbar gemacht werden.

3.1.2 Erkrankungen durch zu kohlenhydrathaltiges Futter

A. Ursache/Erreger: Die Ursache einer solchen Erkrankung liegt in einem zu hohen Gehalt an Kohlenhydraten (Zucker, Stärke) im Futter. Betroffen sind meist reine Karnivoren (Fleischfresser), die normalerweise in der freien Natur eiweißreiche und kohlenhydratarme Kost (Insekten, Fische, Frösche, Mäuse, Vögel) zu sich nehmen und folglich übermäßige Mengen an Kohlenhydraten nicht verarbeiten können.

Reine Herbivoren (Pflanzenfresser) sind kohlenhydratreiche Kost gewohnt (bis zu 30%) und vertragen Kohlenhydrate dementsprechend besser.

B. Symptome: Die Tiere schwimmen träge an der Wasser-oberfläche und verweigern die Nahrung. Es muß mit einer erhöhten Todesrate und mit einer geschwächten Immunabwehr gegen Bakterien, Pilze und Parasiten gerechnet werden. Bei der Sektion fällt eine geschwollene Leber auf, die das dreifache Volumen einer gesunden Leber erreichen kann und große Einlagerungen von Glykogen (bis über 17% des Lebergewichts) enthält. Außerdem besitzen die Tiere einen stark erhöhten Blutzuckerspiegel.

C. Befallene Organe: Als Hauptstoffwechselorgan ist auch hier in erster Linie die Leber betroffen. Durch den überhöhten Blutzuckerspiegel werden aber auch andere Organe geschädigt.

D. Pathogenität: In fortgeschrittene Stadium wird die Immunabwehr der Fische so geschwächt, daß es oft zu einem Massenbefall durch Schwächeparasiten kommt, dem die Fische bald zum Opfer fallen. Tritt keine Sekundärinfektion durch Schwächeparasiten auf, sterben die Fische infolge eines völlig gestörten Stoffwechsels.

E. Untersuchungsmethoden: Eine eindeutige Diagnose ist nur durch Bestimmung des Blutzuckerspiegels und des Glykogengehalts der Leber möglich und somit für den Aquarianer zu aufwendig. Trotzdem läßt sich bei der Sektion eines Fisches mit stark geschwollener Leber eine Diagnose unter Vorbehalt stellen, wenn berücksichtigt wird, wie kohlenhydratreich das Futter war, das der Fisch zu fressen bekommen hat.

F. Therapie: Im fortgeschrittenen Stadium ist keine Rettung mehr möglich.

G. Prophylaxe: Bei Karnivoren ist das Futter auf eiweißreiche Kost umzustellen.

H. Besonderes: Erkrankungen durch zu kohlenhydrathaltiges Futter können eigentlich nur bei völlig falscher Ernährung vorkommen, z.B. wenn reine Fleischfresser längere Zeit mit Kartoffeln oder Teigwaren ernährt werden.

3.1.3 Erkrankungen durch Proteinmangel

A. Ursache/Erreger: Proteine bzw. deren Bausteine, die Aminosäuren, sind zur Synthese von Enzymen, Hormonen (z.B. Thyroxin, Adrenalin), Melaninfarbstoffen, Histaminen und anderen lebenswichtigen Bausteinen unbedingt nötig. Durch Proteinmangel (oder genauer durch Aminosäurenmangel) werden zahlreiche Krankheitssymptome ausgelöst. Hierbei kann es sein, daß es trotz eiweißreicher Nahrung zu einem Mangel an bestimmten Aminosäuren kommt, da unterschiedliche Proteine unterschiedliche Aminosäuren enthalten. Verschiedene Aminosäuren sind für Fische unbedingt notwendig, um Fette und Kohlenhydrate abbauen und im Körper oxidieren zu können. Die daraus gewonnenen Methylgruppen dienen der Synthese von Acetylcholin, Nikotinamid, Purin- und Pyrimidinbasen und vielen anderen lebenswichtigen Stoffen.

B. Symptome: Fische, die unter Proteinmangel leiden, zeigen ein stark reduziertes Wachstum. Ansonsten können ganz allgemeine Symptome, wie bei vielen anderen Mangelkrankheiten, auftreten. Das sind z.B. Blutarmut, Trägheit und herabgesetzte Immunabwehr, um nur einige zu nennen. Fehlt die Aminosäure Tryptophan in der Nahrung kommt es zu Verkrümmungen der Wirbelsäule. Diese Symptome verschwinden innerhalb von einer oder zwei Wochen vollständig, sobald der Nahrung wieder Tryptophan zugesetzt wird.

C. Befallene Organe: Bei Proteinmangel werden infolge fehlender biochemischer Bausteine alle Organe in Mitleidenschaft gezogen. Dies macht sich besonders durch zwergenhaften Wuchs, Unfruchtbarkeit und blasse Farben bemerkbar. Der Organismus ist insgesamt geschwächt.

D. Pathogenität: Akuter Proteinmangel führt sicher zum Tod der Tiere. Fische, die unter Proteinmangel leiden, sind besonders anfällig für alle Krankheitserreger und dadurch stark gefährdet.

E. Untersuchungsmethoden: Aufgrund der unspezifischen Symptome ist es kaum möglich, eine sichere Diagnose zu stellen.

F. Therapie: Umstellung auf verschiedene, eiweißreiche Fischfuttersorten.

G. Prophylaxe: Da man diese Krankheit nicht oder nur sehr schwer diagnostizieren kann, müssen vorbeugende Maßnahmen besonders beachtet werden. Deshalb ist die Verfütterung von verschiedenen guten, eiweißreichen Futtersorten (Lebendfutter, Trockenfutter, tiefgefrorenes Futter) außerordentlich wichtig. Dies gilt besonders für Züchter. Ist einmal bei der Aufzucht von Jungfischen zwergenhafter Wuchs durch Proteinmangel aufgetreten, werden dies die Fische auch nach Wechsel auf eiweißreiches Futter nie wieder ausgleichen können, sie werden Artgenossen, die optimal ernährt wurden, immer in Größe, Farbe, Kraft und Wiederstandskraft gegen Krankheiten unterlegen sein.

H. Besonderes: Einige Aminosäuren können vom Fisch selbst synthetisiert werden und müssen nicht über die Nahrung aufgenommen werden, andere Aminosäuren müssen in der Nahrung enthalten sein, da ein Mangel auf die Dauer unweigerlich zum Tod führt (essentielle Aminosäuren).

3.1.4 Erkrankungen durch Vitaminmangel

A. Ursache/Erreger: Beim Fisch tritt Vitaminmangel nur durch stark einseitige Ernährung auf, ebenso bei der Verfütterung von altem, überlagertem Futter, in dem sich die Vitamine im Laufe der Zeit zersetzt haben.

B. Symptome: Es zeigen sich ganz allgemeine Symptome der Schwäche (Dunkelfärbung, träges Umherschwimmen usw.), geringes Wachstum und Anfälligkeit für Krankheiten. Je nachdem welches Vitamin fehlt, können zusätzlich die unterschiedlichsten Symptome auftreten.

C. Befallene Organe: Da Vitamine zur Synthese der verschiedensten biochemischen Verbindungen notwendig sind, werden alle inneren Organe, Sinnesorgane und Muskulatur in Mitleidenschaft gezogen.

D. Pathogenität: Vitaminmangel führt entweder direkt oder indirekt über Schwächung der Immunabwehr und Ausbruch von Infektionskrankheiten zum Tod.

E. Untersuchungsmethoden: Es besteht für den Aquarianer keine Möglichkeit, einen Vitaminmangel nachzuweisen. Dies ist nur mit sehr komplizierten und aufwendigen Mitteln möglich. Hierzu müssen die Vitamingehalte des Blutes, der Organe (Leber, Niere, Milz) und der Muskulatur analysiert werden. Außerdem sind histochemische und histopathologische Untersuchungen nötig.

Aus der Summe dieser Untersuchungen lassen sich dann Rückschlüsse darüber ziehen, ob ein Vitaminmangel vorliegt.

F. Therapie: Durch Fütterung von vitaminreichem Trocken- und Lebendfutter. Selbstgemischtem Futter müssen zusätzlich Vitamine hinzugefügt werden.

G. Prophylaxe: Da Vitaminmangel nicht zu diagnostizieren ist, empfiehlt es sich, abwechslungsreich zu füttern, um Mangelerscheinungen vorzubeugen. Am besten wird zwischendurch Lebendfutter gegeben. Trockenfutter sollte nicht überaltert sein (Haltbarkeitsdatum beachten).

H. Besonderes: Bei den im Handel befindlichen Futtersorten und bei abwechslungsreicher Kost besteht keine Gefahr eines Vitaminmangels.

3.1.5 Erkrankungen durch Mineralstoffmangel

A. Ursache/Erreger: Fische können sowohl aus dem Futter als auch aus dem Wasser Mineralstoffe bzw. Ionen aufnehmen. Deshalb tritt im Aquarium ein Mineralstoffmangel so gut wie nie auf. Die einzige Ausnahme bildet das Jodid. Im Aquarium kann es unter ungünstigen Verhältnissen zu einem Jodmangel bei Fischen kommen. Diese Krankheit tritt hauptsächlich aufgrund einseitiger, unzureichender Ernährung in Verbindung mit einer genetischen Veranlagung auf. Die Schilddrüse der Fische besteht normalerweise aus mikroskopisch kleinen Follikeln, die locker verstreut zwischen dem ersten und zweiten Kiemenbogen liegen. Ist die Jodversorgung nicht in ausreichendem Maße gewährleistet, kommt es zur Kropfbildung. Die Anfälligkeit der Fische, bei Jodmangel an einer Schilddrüsengeschwulst zu erkranken, kann innerhalb einer Art bei verschiedenen Zuchtreihen unterschiedlich ausgeprägt sein und ist ebenfalls genetisch bedingt.

B. Symptome: Bei Jodmangel bekommen die Fische einen Kropf (Hyperplasie der

Thyreoidea). Die stark vergrößerte Schilddrüse drückt die Kiemen und die Kiemendeckel auseinander. In extremen Fällen ragt sie seitlich unter dem Kiemendeckel hervor.

C. Befallene Organe: Die an der Basis der Zunge bis zum letzten Kiemenbogen reichende Schilddrüse benötigt Jodid zur Synthese von Hormonen (Thyroxin), die zur Steuerung des Stoffwechsels dienen. Bekommt die Schilddrüse nicht genügend Jodid, schwillt sie stark an. Da bei fehlendem Jodid kein Thyroxin synthetisiert werden kann, das für die Steuerung des Stoffwechsels sehr wichtig ist, treten auch Funktionsstörungen bei anderen Organen auf.

D. Pathogenität: Auch eine Schilddrüsenhyperplasie kann durch Beeinträchtigung der Atmung und der Nahrungsaufnahme sowie Störung des Hormonhaushalts zu Ausfällen führen. Es sind aber immer nur einzelne Tiere von dieser Krankheit betroffen. Sie ist im Gegensatz zu parasitär bedingten Hyperplasien nicht ansteckend. Die Veranlagung dazu kann aber vererbt werden. Wenn nichts unternommen wird, führt diese Krankheit sicher zum Tod der Fische. Bei frühzeitiger Behandlung sind die Tiere meist zu retten. Nicht jedes Schilddrüsengeschwulst ist gutartig und auf Jodmangel zurückzuführen, es gibt auch bösartige Schilddrüsentumore, die nicht heilbar sind und rasch zum Tode führen.

E. Untersuchungsmethoden: In extremen Fällen sind die geschwollene Schilddrüse und die abstehenden Kiemendeckel auch beim lebenden Fisch zu sehen. Bei einer Geschwulst in der Kiemenhöhle bringt nur ein Therapieerfolg durch Verabreichen von Jod-Lösung eine eindeutige Diagnose, die sonst nur mit aufwendigen histopathologischen Untersuchungen zu erreichen ist.

F. Therapie: Zur Behandlung der Schilddrüsenhyperplasie werden wöchentlich dem Quarantänebecken pro Liter Wasser 0,5 ml einer Jod/Kaliumjodid-Lösung zugesetzt, die 1g Jod und 100g Kaliumjodid auf 1 l Wasser enthält. Sollte die Behandlung innerhalb weniger Wochen keinen Erfolg bringen, sind die Tiere zu töten.

G. Prophylaxe: Als vorbeugende Maßnahme ist vor allem abwechslungsreiche Ernährung am besten geeignet. Zur Prophylaxe sollte dem Aquarienwasser kein Jod zugesetzt werden, um unerwünschte Nebenwirkungen auszuschließen. Da die Veranlagung zur Schilddrüsenhyperplasie erblich bedingt ist, sollte mit Fischen aus einer Zuchtreihe, in der vermehrt Schilddrüsengeschwulste auftreten, nicht mehr weitergezüchtet werden.

H. Besonderes: Tumorbildung im Maul- und Kiemenbereich muß nicht immer eine Schilddrüsengeschwulst bedeuten. Es treten relativ selten Tumore der Schleimhaut, der Knorpel, der Knochen und der Kiemen auf, die im äußeren Bild nicht oder nur schwer von Schilddrüsengeschwulsten zu unterscheiden sind.

3.1.6 Darmverschluß durch Salinenkrebseier

A. Ursache/Erreger: Bei der Aufzucht von Jungfischen kommt es immer wieder zu plötzlichen Todesfällen, nachdem mit Salinenkrebschen (*Artemia*) gefüttert wurde. Meist wurden die Salinenkrebse nur aus ihrer Zuchtflasche in ein feines Sieb geschüttet und dann verfüttert. Viele Jungfische schnappen nach allem, was im Wasser schwebt, nicht nur nach den Salinenkrebsen, sondern auch nach den leeren Eihüllen oder den noch nicht geschlüpften Eiern. Sie sind jedoch unverdaulich und passieren unverändert den Darm. Hat der Jungfisch zu viele von ihnen gefressen, schafft es der Darm nicht, die Eier weiterzutransportieren. Sie stauen sich und es kommt zum Darmverschluß.

B. Symptome: Nach der Fütterung mit Salinenkrebsen haben die jungen Fische recht dicke Bäuche, man sieht die Krebschen durch die Bauchwand hindurchschimmern. Normalerweise nimmt der Bauchumfang infolge der schnellen Verdauung bei Fischen nach kurzer Zeit wieder ab. Liegt ein Darmverschluß vor, verbleiben die leeren Eierschalen der Salinenkrebse im Darm, und die Bäuche sind auch nach längerer Zeit noch aufgetrieben. Die Fische zeigen Symptome allgemeinen Unwohlseins, wie schnelle Atmung, Verfär-

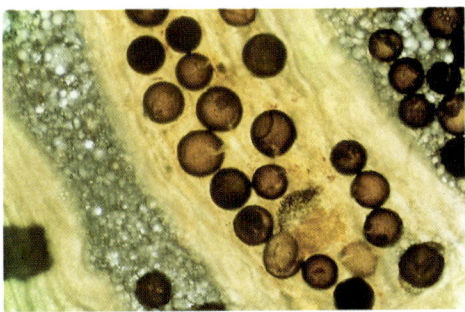

Abb. 5: Darmverschluß bei einem Skalar *(Pterophyllum scalare)* durch Artemia-Eier. Foto: G. Schubert, Zool. Inst. Uni. Hohenheim

bung, Schreckhaftigkeit. Die Tiere verweigern das Futter und gehen allmählich ein.

C. Befallene Organe: Der gesamte Magen-Darmkanal kann mit Eiern oder Schalen von Salinenkrebseiern angefüllt sein, die sich stauen und zum Darmverschluß führen.

D. Pathogenität: Diese Erkrankung tritt nur bei kleinen Jungfischen auf, da die Eier oder Eischalen den Darm großer Fische nicht blockieren können.

E. Untersuchungsmethoden: Bei der Sektion frischgetöteter Fische fallen sofort die großen Mengen von Salinenkrebseiern im Darm auf.

F. Therapie: Keine Therapie möglich.

G. Prophylaxe: Es ist darauf zu achten, daß nur geschlüpfte Salinenkrebse *(Artemia)* verfüttert werden. Die leeren Schalen sind sauber abzutrennen, damit sie nicht mitgefressen werden. Auf keinen Fall sollten Salinenkrebseier verfüttert werden, die noch nicht geschlüpft sind, sie sind für Fische unverdaulich und führen gleichfalls zu Darmverschluß. Am besten ist es, die Eier zu »schälen« bevor diese in einer Flasche zum Schlüpfen angesetzt werden. Dann sind auch die ungeschlüpften Salinenkrebse harmlos, da sie keine harten, unverdaulichen Hüllen mehr besitzen (siehe unten).

H. Besonderes: Im Handel sind Ampullen erhältlich, die geschälte Salinenkrebseier enthalten. Die Krebschen sind darin nur noch von hauchdünnen Eimembranen umgeben, die für die Fische nicht gefährlich sind. Die Zuchtgefäße enthalten nach dem Schlüpfen der Krebse keine harten Schalen. Es genügt, das Zuchtwasser einfach abzusieben, um reine Krebschen zu erhalten. Wem dieses Futter zu teuer ist, der kann die normalen Artemiaeier verwenden und sie selbst von ihrer Schale befreien. Dazu verwendet man eine 5%ige Chlorbleichlauge (Natriumhypochlorit-Lösung), die man im Chemikalienhandel oder in der Drogerie erhält. Hat die gekaufte Chlorbleichlauge eine höhere Konzentration, läßt sich diese mit Leitungswasser mischen und mit Hilfe eines Aerometers auf eine Dichte von 1052 mg/cm^3 einstellen. Man erhält dadurch ebenfalls eine 5%ige Chlorbleichlauge. Zum Entfernen der Schalen nimmt man einen Teelöffel Salinenkrebseier in 100 ml Leitungswasser und wässert die Eier darin eine Stunde lang, um die äußeren Schichten der Eihülle zu benetzen und aufzuweichen. Auf keinen Fall darf dieser Vorgang länger als eine Stunde dauern, um die in den Eiern ruhenden Krebse nicht zum Leben zu erwecken, da sie sonst von der Chlorbleichlauge abgetötet werden. Den ruhenden Krebsen schadet die Lauge nicht. Anschließend gibt man unter ständigem Umrühren 100 ml der 5%igen Chlorbleichlauge hinzu. Die Chlorbleichlauge löst die äußeren, harten Schichten der vielschichtigen Eihülle auf. Zurück bleiben lediglich zwei dünne, weiche Membranen, durch die der Embryo hindurch sichtbar wird. Dadurch erscheinen die Eier nicht mehr braun, sondern hellorange, wie frisch geschlüpfte Salinenkrebse. Dieser Farbumschlag von braun nach orange gibt auch den Zeitpunkt an, nach dem die Eier sofort abgesiebt und gründlich unter fließendem Leitungswasser gespült werden müssen, um alle Reste der Lauge zu entfernen.

Die so erhaltenen Eier können nun in üblicher Weise zum Schlüpfen angesetzt werden, oder sie werden, wenn man sich einen Vorrat davon anlegen möchte, dehydriert, um sie haltbar zu machen und ein Ausschlüpfen zu vermeiden. Dazu gibt man die Eier in eine 30%ige Kochsalzlösung (300 g NaCl/l). Diese Lösung entzieht den Eiern durch osmotische Vorgänge so viel Wasser, daß sie nicht in der Lage sind, auszuschlüpfen. Sie sind in dieser Lösung lange Zeit haltbar, müssen aber unbedingt dunkel gelagert werden, da sie jetzt sehr lichtempfindlich sind. Die geschälten Eier dürfen auf keinen Fall getrocknet werden, da sie ohne schützende Eihülle diese Prozedur nicht überleben.

Ein weiterer Vorteil von geschälten Salinenkrebseiern liegt in der hohen Schlupfrate. Da es den Tieren leichtfällt, die dünnen Eimembranen zu sprengen, ist der Anteil der im Ei verbleibenden Nauplien sehr gering.

3.1.7 Vergiftungen durch rote Mückenlarven

A. Ursache/Erreger: Rote Mückenlarven (Chironomidenlarven), die wie alle Fliegen und Mücken zu den Dipteren gehören, leben in sehr stark verschmutzten teilweise sogar vergifteten Gewässern. Sie sind dank ihres roten Blutfarbstoffes (Hämoglobin) in der Lage, trotz des geringen Sauerstoffgehalts zu überleben. In diesen durch Abwässer stark verschmutzten Gewässern sind stets größere Mengen der verschiedensten Gifte enthalten (Schwermetalle, Insektizide, Herbizide, Fungizide, chlorierte Kohlenwasserstoffe und viele andere). Chironomidenlarven haben für den Aquarianer den großen Nachteil, diese Gifte in ihrem Gewebe zu speichern. Bei der Fütterung mit Roten Mückenlarven nimmt der Fisch diese Gifte auf.

B. Symptome: Nach der Fütterung mit Roten Mückenlarven kann es zu chronischen oder akuten Vergiftungserscheinungen mit unspezifischen Symptomen kommen. Oft tritt aber bei einer Vergiftung zusätzlich eine Darmentzündung auf, dann verweigern die Tiere das Futter und gehen schließlich ein.

C. Befallene Organe: Durch die Giftwirkung wird in erster Linie die Leber geschädigt, aber auch andere Organe werden je nach Gift in Mitleidenschaft gezogen (Darm, Milz, Niere, Gehirn, Nerven, Sinnesorgane).

D. Pathogenität: Für den Fisch ist je nach verabreichten Giftmengen und Giftarten die Gefahr unterschiedlich groß. Oft kommt es zu chronischen Vergiftungen, durch die die Tiere geschwächt und für Krankheiten anfällig werden.

E. Untersuchungsmethoden: Fällt bei Fischen, die regelmäßig mit roten Mückenlarven gefüttert werden, eine Darmentzündung auf, kann dies auf eine Vergiftung durch diese Chironomidenlarven hindeuten. Diese Darmentzündung ist bei der Sektion eines frisch getöteten Tieres an blutunterlaufenen, roten Stellen am Darm zu erkennen.

F. Therapie: Sofortiges Absetzen der roten Mückenlarven vom Speiseplan ist unbedingt notwendig. Ist die Vergiftung zu weit fortgeschritten, sind die Tiere nicht mehr zu retten.

G. Prophylaxe: Da man nicht weiß, woher die im Handel erhältlichen roten Mückenlarven kommen, und keine Möglichkeit besteht, sie auf Giftgehalte zu testen, rate ich von der Fütterung mit roten Mückenlarven grundsätzlich ab. Nur so sind Sie sicher, daß ihre Fische nicht ständig geringe Giftmengen aufnehmen.

H. Besonderes: Beim Fütterungsverbot mit roten Mückenlarven gibt es eine wichtige Ausnahme. Dabei wird die Eigenschaft der Chironomidenlarven, Giftstoffe aus dem Wasser zu speichern, ausgenützt, um kranke Fische zu heilen. Einem Liter Wasser werden 2 g eines Medikaments (Concurat 10%ig) gegen verschiedene darmbewohnende Würmer zugesetzt. Die Chironomidenlarven bleiben in der Lösung, bis sie beginnen, an dem aufgenommenen Gift zu sterben. Dies geschieht bereits nach wenigen Minuten. Dann werden sie zur Wurmbehandlung direkt an Fische verfüttert oder eingefroren. Hierbei ist noch zu erwähnen, daß die gespeicherten Giftstoffe durch Einfrieren oder Trocknen nicht beseitigt werden, dies gilt auch für Gifte aus den Abwässern.

3.1.8 Darmentzündungen durch Tubifex

A. Ursache/Erreger: *Tubifex* sind kleine rotbraune Würmer und gehören mit den Regenwürmern, Enchyträen und anderen zu den Ringelwürmern (Aneliden, Oligochäten). Sie sind ein beliebtes Futter für Fische. *Tubifex* leben wie Chironomidenlarven in stark verschmutzten Gewässern, speichern aber die Giftstoffe nicht in dem Maße wie Chironomidenlarven. Normalerweise werden *Tubifex* im Groß- und Einzelhandel so lange gewässert, daß ihr Darm entleert ist und sie keine Giftstoffe mehr in sich haben. Aber trotzdem Vorsicht! Meist sind die *Tubifex* in den Zoohandlungen in einem sehr schlechten Zustand und zum Teil schon abgestorben. Dies ist leicht am penetranten Geruch zu erkennen. Die abgestorbenen *Tubifex* werden von Bakterien zersetzt, die – wenn sie von Fischen aufgenommen werden – Darmentzündungen auslösen. Neben diesen Bakterien führen Giftstoffe, die bei der Verwesung entstehen, zusätzlich zu Vergiftungserscheinungen.

B. Symptome: Die Fische verweigern das Futter.

C. Befallene Organe: Die Entzündungen können sich vom Darm ausgehend in der gesamten Leibeshöhle ausbreiten. Daneben schädigen die aufgenommenen Gifte die Leber und andere Organe.

D. Pathogenität: Bei regelmäßiger Fütterung von verdorbenen *Tubifex* kommt es zu einer akuten Darmentzündung, der die Fische schnell zum Opfer fallen. Infolge einer geschwächten Immunabwehr treten zusätzlich Schwächeparasiten auf.

E. Untersuchungsmethoden: Bei der Sektion eines frisch getöteten Fisches erkennt man eine Darmentzündung an den blutunterlaufenen, roten Stellen am Darm.

F. Therapie: Meist sind Fische mit Darmentzündung nicht mehr zu retten. Es kann eine Behandlung über das Fischfutter versucht werden. Dazu wird eine Tablette Bactrim zerdrückt und 100 g Agarfutter zugesetzt. Voraussetzung für diese Behandlung ist, daß die Fische noch Futter aufnehmen.

G. Prophylaxe: Um sicherzugehen, daß *Tubifex* den Fischen nicht schaden, sollte folgendes beachtet werden: Die *Tubifex* müssen vor der Fütterung gründlich gewässert werden. Dazu sind sie in einem Eimer mit einem kräftigen Wasserstrahl aufzuwirbeln. Nach dem Absetzen der *Tubifex* ist das überstehende Wasser abzugießen. Dies wird so lange wiederholt bis keine toten *Tubifex* mehr darunter sind. Außerdem sind die *Tubifex* ständig unter fließendem Frischwasser zu halten um ein weiteres Absterben zu verhindern.

H. Besonderes: *Tubifex* sind ein ausgezeichnetes Futter, wenn man obige Ratschläge befolgt; sie werden auch gerne von vielen Fischarten angenommen.

3.1.9 Gefahren durch tiefgefrorenen Krill (Meeresplankton)

A. Ursache/Erreger: Als Krill werden bis zu 2 cm große Krebschen bezeichnet, die in großen Mengen im Meer gefangen werden können. Diese Futtertiere werden nach ver-

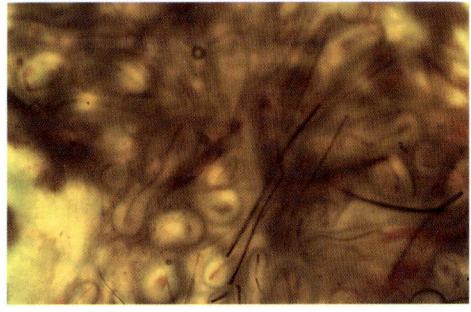

Abb. 6: Mit Bindegewebe umhüllte Stacheln und Borsten von Meeresplankton in der Darmwand eines Diskusfisches *(Symphysodon aequifasciatus)*. Foto: R. BAUER

schiedenen Größen sortiert und tiefgefroren im Handel angeboten. Sie sind ein beliebtes Futter für große Barsche und andere Raubfische. Dieses Meeresplankton hat jedoch große, relativ harte Stacheln, um sich gegen Freßfeinde zur Wehr zu setzen. Meeresfische sind diese harten Stacheln gewohnt, da Meeresplankton zu ihrer natürlichen Nahrung gehört, für sie besteht kaum Gefahr. Bei Süßwasserfischen kommt es aber bei der Fütterung mit Krill zu einer Schädigung des Darms. Die harten, unverdaulichen Stacheln des Krills durchbohren die Darmwand, bleiben in der Darmschleimhaut hängen und werden zur Abwehr vom Körper mit einer Bindegewebshülle umgeben.

B. Symptome: In extremen Fällen verweigern die Tiere das Futter und magern ab.

C. Befallene Organe: Mit Bindegewebe eingehüllte Stacheln des Krills treten nur im Darm auf.

D. Pathogenität: Sind die Stacheln sehr groß und durchbohren, außer dem Darm, auch noch andere Organe, gehen die Tiere meist ein. Werden Stichwunden durch kleine Stacheln hervorgerufen, müßte schon eine Infektion der Wunde hinzukommen, um die Tiere zu töten. In den meisten Fällen sind die Wunden nicht tief, dann werden die Stacheln in Bindegewebe eingeschlossen und können dem Fisch nicht mehr schaden. Bei regelmäßiger Fütterung über längere Zeit mit Krill können so viele Stacheln im Darm liegen, daß die Darmtätigkeit eingeschränkt sein kann.

E. Untersuchungsmethoden: Bei der Sektion kann man in der Darmschleimhaut Stacheln und Dornen des Krills entdecken. Diese wurden, wie man deutlich erkennen kann, vom Fisch aus Abwehrgründen mit Bindegewebe umhüllt.

F. Therapie: Eine Behandlung ist nicht möglich.

G. Prophylaxe: Um eine Schädigung des Darms von Süßwasserfischen zu vermeiden, sollte an sie kein Krill verfüttert werden.

H. Besonderes: Durch Meeresplankton kann *Ichthyophonus* übertragen werden.

3.1.10 Allgemeine Gefahren durch Gefrierfutter

A. Ursache/Erreger: Wenn Fischfutter zu lange eingefroren war, kann es, wie bereits erwähnt, zu Mangelerscheinungen kommen. Meist werden jedoch dadurch Schäden verursacht, daß nicht vollständig aufgetautes Gefrierfutter verfüttert wird.

B. Symptome: Aufgrund chronischer Darmentzündung verweigern die Tiere die Nahrung und magern ab.

C. Befallene Organe: Neben dem Darm ist auch hier die Leber geschädigt, insbesondere, wenn durch zu langes Auftauen verdorbenes Gefrierfutter verfüttert wurde.

D. Pathogenität: Unsachgemäß gegebenes Gefrierfutter führt selten sofort zu Todesfällen. Meist entstehen aber durch falsches Füttern mit Gefrierfutter chronische Erkrankungen, die den Fisch schwächen und für Infektionskrankheiten anfällig machen.

E. Untersuchungsmethoden: Durch Sektion eines frisch getöteten Tieres kann eine Darmentzündung nachgewiesen werden.

F. Therapie: Fütterung sofort auf Lebendfutter oder gutes Trockenfutter umstellen. Eine Behandlung mit antibiotikahaltigem Agarfutter kann zur Ausheilung der Darmentzündung führen. (siehe Kapitel 3.1.8)

G. Prophylaxe: Um Schäden durch Gefrierfutter zu vermeiden, sollte nur ein kleiner Vorrat und dieser nur in kleinen Portionen eingefroren werden. Beim Auftauen ist darauf zu achten, daß das Gefrierfutter einerseits vollständig aufgetaut ist und andererseits nicht zu lange im Warmen liegt und dadurch verdirbt.

H. Besonderes: Eventuell kann man das Futter in einem Mikrowellenherd schnell und schonend auftauen.

3.2 Erkrankungen chemischen Ursprungs

Bei dieser Art von Erkrankungen handelt es sich durchweg um Vergiftungen. Unsere Aquarienfische werden ständig mit einer Flut von verschiedenen Giftstoffen konfrontiert. Dabei unterscheidet man zwei Klassen von Gift: die natürlichen Gifte, die durch biologische und chemisch-physikalische Prozesse in der Natur oder – wie in unserem Fall – im Aquarium gebildet werden, und die synthetischen Gifte, die der Mensch produziert und die über die Luft oder das Wasser über die ganze Welt verteilt werden. Diese synthetischen Gifte kommen in der Natur normalerweise nicht vor, deshalb reagieren viele Organismen sehr empfindlich darauf. Viele von diesen Giften sind biologisch schwer abbaubar, werden von Pflanzen und Tieren gespeichert und reichern sich in der Nahrungskette an.

Beim Menschen kann man einige dieser Gifte ständig im Blut, in der Muttermilch, in den Organen, im Urin und vor allem im Fettgewebe nachweisen. Aber auch unseren Fischen machen diese Eigenschaften der synthetischen Gifte zu schaffen. Chronische Vergiftungen sind die Folge. Die Fische kümmern vor sich hin, und immer wieder kommt es zu Todesfällen. Der Aquarianer übersieht oft die eigentliche Ursache. Bei der Sektion und Untersuchung der Fische treten immer wieder die gleichen Schwächeparasiten auf. Die Tiere fallen durch eine fettig degenerierte Leber und andere Organschäden auf.

Bei den natürlichen Giften handelt es sich überwiegend um Stoffwechselprodukte, die infolge mangelnder Filterung des Aquarienwassers nicht oder nur unvollständig abgebaut wurden. Überschreitet die Konzentration dieser Stoffe einen bestimmten Wert, treten bei den Fischen Vergiftungserscheinungen auf. Auch in unseren Aquarien laufen ständig komplizierte chemische und biologische Prozesse ab. Diese sollte der Aquarianer steuern und im richtigen Gleichgewicht halten, um eine Anreicherung mit Giftstoffen zu vermeiden.

Ob und in welchem Maße ein Stoff für Fische giftig ist, hängt weitgehend von seiner Konzentration im Wasser ab. Bei hoher Konzentration können auch Stoffe giftig wirken, die in geringerer Konzentration sogar lebensnotwendig sind. Als übliches Maß, wie giftig ein Stoff auf bestimmte Tiere wirkt, wird die Menge bzw. die Konzentration an Gift angegeben, bei der 50% der Tiere sterben. Dies bezeichnet man als letale Dosis 50% oder kurz LD_{50}. Die LD_{50} muß für jede Tiergruppe einzeln bestimmt werden, da es viele Stoffe gibt, die für Säugetiere harmlos sind, jedoch Fische selbst in geringer Konzentration sofort umbringen. Es gibt eine Unmenge giftiger Stoffe, sie hier alle aufzuzählen, würde den Rahmen dieses Werkes sprengen. Wir wollen uns hier auf diejenigen Gifte beschränken, die in unseren Aquarien am häufigsten auftreten.

3.2.1 Vergiftungen durch Stickstoffverbindungen

A. Ursache/Erreger: Proteine, die einen erheblichen Teil des Fischfutters ausmachen, bestehen aus Aminosäuren, die mindestens eine Aminogruppe (NH_2-Gruppe) enthalten. Die Fische spalten die Proteine bei der Verdauung in Aminosäuren auf und bauen einen Teil in körpereigene Proteine ein. Der Rest der Aminosäuren wird von der Aminogruppe befreit und dem Stoffwechsel zugeführt. Diese Aminogruppe wird in Ammoniak (NH_3) umgewandelt und größtenteils über die Kiemen, ein geringer Teil über die Niere, ausgeschieden. Ammoniak ist ein starkes Gift, das bereits in geringer Konzentration auf Fische tödlich wirkt (LD_{50} = 0,5 mg/l). Es muß also sofort von der Filteranlage eliminiert werden und sollte eine Konzentration von 0,01 mg/l auf die Dauer nicht überschreiten, da es sonst zu chronischen Schäden bei den Fischen kommt. Die Filterbakterien (Nitrosomonas) oxidieren Ammoniak zuerst zum Nitrit (NO_2^-), das für Fische ab einer Dosis von 1 mg/l tödlich giftig ist und dessen Gehalt im Aquarienwasser auf die Dauer ebenfalls unter der Meßgrenze bleiben sollte. Dieses Nitrit wird von Bakterien (Nitrobacter) in einem zweiten Schritt zu Nitrat (NO_3^-) oxidiert, das relativ ungiftig ist und erst ab einer Konzentration von über 300 mg/l für Fische bedenklich wird. Diesen chemischen Prozeß, der Ammoniak in ungiftiges Nitrat umwandelt, nennt man Nitrifikation. Bei der Nitrifikation werden Wasserstoffionen frei, die zu einem Absinken des pH-Werts führen können (siehe Kapitel 3.2.3 Säure-Laugenkrankheit). Zum Abbau organischer Stoffe und zur Nitrifikation von Ammoniak ist Sauerstoff nötig. Überschreitet die anfallende Menge an oxidierbaren Abfallstoffen die Abbaukapazität der Filteranlage, führt dies dazu, daß organische Abfallstoffe und Ammoniak nicht mehr oder nur noch teilweise oxidiert werden.

Gründe für eine Überlastung des Filters gibt es viele. So kann die Filteranlage zu klein dimensioniert sein oder es gelangt weniger Sauerstoff ins Wasser, als verbraucht wird, oder die Menge der abbaubaren Stoffe ist zu groß, was einerseits an einer Überbesetzung des Aquariums liegen kann, andererseits an zu hohen Futtergaben. Da Fische aber nur unter optimalen Bedingungen maximal die Hälfte der Futtermenge in Körpermasse umwandeln können, wird der Rest automatisch entweder als organische Stoffe (Kot) oder als Kohlendioxid und Ammoniak ausgeschieden. Je mehr die Fische fressen, um so mehr Ammoniak scheiden sie aus. Aus diesem Grund können wenige Fische, die stark überfüttert werden, eine größere Menge an Ammoniak ausscheiden als viele Fische, die angemessen gefüttert werden. Bei einem Sauerstoffdefizit reichert sich giftiges Ammoniak oder das giftige Zwischenprodukt Nitrit im Aquarium an.

B. Symptome: Infolge Sauerstoffmangels stehen die Tiere an der Wasseroberfläche, zeigen eine verstärkte Atmung und schnappen nach Luft. Bei der Sektion eines frisch getöteten Tieres fallen die blassen, zum Teil fleckigen Kiemen auf.

C. Befallene Organe: Besonders gefährdet sind die empfindlichen Kiemen. Bei chronischen Ammoniak- und Nitritvergiftungen wuchert das normalerweise einschichtige Kiemenepithel und wird mehr- bis vielschich-

tig (Hyperplasie des Kiemenepithels). Durch diese erhebliche Verdickung des Kiemenepithels ist der Gasaustausch zwischen Blut und Wasser nicht mehr gewährleistet. Ebenso wird das Ausscheiden von Stoffwechselprodukten über die Kiemen behindert. Die äußeren Teile des vielschichtigen Kiemenepithels stehen nicht mehr direkt mit dem Blut in Verbindung. Sie stellen einen idealen Nährboden für verschiedene Bakterien dar (Flexibacter).

D. Pathogenität: Ammoniak ist bereits in extrem niedrigen Konzentrationen für Fische schädlich (über 0,2 mg/l) und führt bei Konzentrationen von 0,5 mg/l zum Tod (LD_{50} = 0,5 mg/l). Es sollte auf Dauer nicht über 0,01 mg/l im Wasser enthalten sein, da es sonst zu chronischen Kiemenschäden kommt. Die Giftigkeit des Ammoniaks ist vom pH-Wert des Wassers abhängig. Ammoniak ist sehr gut wasserlöslich und bildet dabei ein Gleichgewicht zwischen undissoziiertem, giftigem Ammoniak (NH_3) und ungiftigem Ammonium (NH_4^+).

$$NH_3 + H^+ \Leftrightarrow NH_4^+$$

In welcher Richtung dieses Gleichgewicht verschoben ist, hängt vom pH-Wert ab. Bei pH 9,2 (15 °C) liegt jeweils die Hälfte als Ammonium und Ammoniak vor. Unterhalb dieses Werts ist das Gleichgewicht stark in Richtung Ammonium, oberhalb stark in Richtung Ammoniak verschoben. Ein Zahlenbeispiel soll die Bedeutung für den Aquarianer veranschaulichen: Bei pH 6,5 liegen nur 0,2% als giftiges Ammoniak vor, bei pH 7,5 sind es bereits 2%. Kommt es infolge eines Stromausfalls zum Ansteigen der Konzentration an Ammonium / Ammoniak im Aquarium auf 50 mg/l liegen in dem Aquarium mit pH 6,5 nur 0,1 mg/l als giftiges Ammoniak vor. Die Fische werden diese Konzentration kurzfristig ohne größeren Schaden überleben. In dem Aquarium mit dem pH-Wert 7,5 dagegen liegt der Gehalt an giftigem Ammoniak bei 1,0 mg/l, einer absolut tödlichen Dosis.

Der pH-Wert des Aquarienwassers kann entscheidend für das Überleben der Fische bei zu hohem Ammonium / Ammoniak-Gehalt im Aquarium sein. Nitrit ist ab einer

Konzentration von 1,0 mg/l tödlich. Es gibt aber Fischarten, die kurzfristig bedeutend höhere Konzentrationen Überleben. Nitrat (NO_3^-) als Endprodukt der Nitrifikation ist für Fische nur in sehr hoher Konzentration bedenklich (über 300 mg/l).

E. Untersuchungsmethoden: Treten bei den Fischen Todesfälle in Verbindung mit trübem Wasser und vorausgegangener Atemnot auf, ist der Gehalt an Ammoniak und Nitrit im Aquarienwasser zu messen.

F. Therapie: Kommt es z.B. bei einem Stromausfall zu einer akuten Vergiftung durch Ammoniak oder Nitrit, setzt man die Fische am besten sofort in frisches Wasser um. In überlasteten Aquarien, in denen es über lange Zeit zu einem Anstieg von Ammoniak gekommen ist, haben sich die Fische an diese Bedingungen gewöhnt. Ein Umsetzen in frisches Wasser würde ihren sicheren Tod bedeuten. Durch starke Belüftung und Anbringen zusätzlicher, eingelaufener Filter, werden die giftigen Stickstoffverbindungen langsam in Nitrat umgewandelt und die Fische haben Zeit, sich an die neuen Bedingungen zu gewöhnen. Natürlich darf in dieser Zeit nicht gefüttert werden.

In allen Fällen einer Ammoniak- oder Nitritvergiftung ist nach dem Senken der Giftkonzentration – einerseits durch Wasserwechsel bei akuter Vergiftung, andererseits durch Anbringen zusätzlicher Filterkapazität bei chronischer Vergiftung – das Aquarium und der Filter vollständig auszuräumen und zu reinigen. Dadurch werden die sauerstoffzehrenden Substanzen beseitigt und die Oxidation von Ammoniak unterstützt. Es muß außerdem untersucht werden, welche Gründe es für den Giftanstieg im Aquarium gab. War Stromausfall der Grund, ist dies relativ einfach. Aber oft ist ein Zusammenspiel unterschiedlichster Faktoren (Überbesetzung, Überfütterung, Futterreste oder tote Fische

im Aquarium u.v.a.) der Grund für das »Umkippen« des Aquariumgleichgewichts. Um eine wiederholte Vergiftung durch Ammoniak bzw. Nitrit zu vermeiden, müssen diese Ursachen beseitigt werden.

G. Prophylaxe: Um Vergiftungen durch Ammoniak und Nitrit vorzubeugen, ist die Filterkapazität auf die Beckengröße, den Fischbesatz und die Futtermenge abzustimmen. Futterreste, Detritus und tote Fische sind restlos zu entfernen. Sie tragen ebenfalls zu einem Sauerstoffdefizit bei. Der Abbau organischen Materials im Aquarienwasser ist durch hohen Sauerstoffgehalt, genügend Filterdurchlauf und geeignete Filtermaterialien zu gewährleisten. Außerdem sollte nur so viel gefüttert werden, wie in kurzer Zeit restlos aufgefressen wird.

H. Besonderes: Nitrat als Endprodukt der Nitrifikation ist für Fische relativ harmlos. Trotzdem kann es für empfindliche Fische oder für niedere Tiere im Meerwasser besser sein, wenn sie nitratfreies Wasser zur Verfügung haben. Besonders niedere Meerestiere reagieren sehr empfindlich auf Nitrat und sind nur in nitratfreiem Wasser erfolgreich zu halten und zu vermehren.

Nitrat durch Ionenaustauscher oder Wasserwechsel aus dem Salzwasser zu entfernen, ist eine sehr kostspielige Angelegenheit. Viel billiger und vor allem gründlicher ist der bakterielle Abbau des Nitrats, die sogenannte Denitrifikation (siehe unten).

Sie funktioniert allerdings nur in anaerobem Milieu und in Gegenwart organischer Kohlenstoffverbindungen (siehe auch unter Prophylaxe in Kapitel 3.2.2 Vergiftungen durch Schwefelwasserstoff). Dies hört sich sehr kompliziert an, ist aber mit etwas Geschick leicht zu erreichen. Verwendet man die im Handel erhältliche gepreßte (!) Aktivkohle (normale Aktivkohle funktioniert nicht!) als Filtermaterial in einem handelsüblichen

$$NH_3/NH_4^+ \qquad \rightarrow NO_2^- \qquad \rightarrow NO_3^- \qquad \rightarrow N_2$$

Ammoniak/Ammonium $\rightarrow$ Nitrit $\rightarrow$ Nitrat $\rightarrow$ Stickstoff

Nitrifikation in aerobem Milieu   Denitrifikation in anaerobem Milieu

Motorfilter, so liegen die Kohlepreßlinge in sauerstoffreichem Wasser. Im inneren dieser Preßlinge herrscht aber ein sauerstofffreies Milieu, da der Sauerstoff langsamer durch die sehr feinen Poren in die Kohle eindiffundiert, als er von Bakterien zum Abbau der von der Aktivkohle absorbierten organischen Kohlenstoffverbindungen verbraucht wird. Steht nun kein freier, physikalisch gelöster Sauerstoff mehr zur Verfügung, verwenden die Bakterien zum Abbau der organischen Verbindungen den im Nitrat chemisch gebundenen Sauerstoff. Dabei wird Nitrat zum elementaren Stickstoff reduziert.

Folgende Reaktionsgleichung soll dies verdeutlichen, wobei n ein beliebiger Faktor sein kann.

$$2nNO_3 + 3C_nH_{2n}O_n \rightarrow nN_2 + 3nCO_2 + 3nH_2O.$$

Bei dieser Reaktion muß ein bestimmtes Verhältnis zwischen Nitrat und Kohlenstoff in Form organischer Verbindungen vorhanden sein, da Nitrat sonst nicht zu elementarem Stickstoff reduziert, sondern in giftige Stickstoffverbindungen umgewandelt wird. Dies ist mit der oben beschriebenen Methode fast ausgeschlossen. Die Aktivkohlenpreßlinge absorbieren ständig organische Verbindungen aus dem Wasser und führen sie so der Denitrifikation zu. Sollten diese trotzdem einmal nicht zur Reduktion von Nitrat ausreichen, entstehen die giftigen Stickstoffverbindungen nur im anaeroben Milieu, also im Inneren der Aktivkohle. Sie können nur sehr langsam herausdiffundieren, wobei sie sofort unter Sauerstoffverbrauch wieder zum harmlosen Nitrat oxidiert werden.

3.2.2   Vergiftungen durch Schwefelwasserstoff

A. Ursache/Erreger: Durch übermäßige Fütterung der Fische entsteht im Bodengrund ein durch Futterreste, Detritus und Kot hervorgerufenes, anaerobes Milieu. Wie wir im vorherigen Kapitel gehört haben, wird in einem solchen Milieu Nitrat zu Stickstoff reduziert. Was geschieht aber, wenn durch anaeroben Abbau organischen Materials kein Nitrat mehr vorhanden ist? Dann wird es für die Fische gefährlich! Anaerobe Bakterien bauen organische Verbindungen in sauerstofffreiem Milieu weiter ab. Dabei werden auch Proteine und Aminosäuren abgebaut, die zum Teil Schwefel enthalten. Dieser Schwefel wird zu Schwefelwasserstoff (H_2S) reduziert, einem farblosen, nach faulen Eiern riechenden, stark giftigen und sehr gut wasserlöslichen Gas.

B. Symptome: Bei Schwefelwasserstoffvergiftungen leiden die Tiere durch akuten Sauerstoffmangel unter Atemnot. Sie stehen an der Wasseroberfläche und schnappen nach Luft. Die Fische ersticken. Bei der Sektion eines frisch getöteten Tieres fallen besonders die violett gefärbten Kiemen auf.

C. Befallene Organe: Durch H_2S wird vor allem das Blut geschädigt. H_2S besetzt die Bindungsstellen für Sauerstoff am Hämoglobin, dadurch wird die Sauerstoffaufnahme behindert.

D. Pathogenität: H_2S ist extrem giftig. Die LD_{50} für Jungfische beträgt zwischen 0,0018 mg/l und 0,032 mg/l H_2S. H_2S dissoziiert in Abhängigkeit vom pH-Wert. Bei pH 5 liegt 99% als H_2S und bei pH 9 99% als HS^- vor. Wie beim Ammoniak ist auch hier die Giftigkeit vom pH-Wert abhängig. Bei tieferen pH-Werten steigt die Giftigkeit für Fische.

E. Untersuchungsmethoden: Nach Todesfällen und Erstickungsmerkmalen ist der Gehalt an Schwefelwasserstoff im Aquarium zu überprüfen.

F. Therapie: Wird tatsächlich H_2S im Wasser nachgewiesen, ist das gesamte Aquarium und der Filter auszuräumen und zu reinigen, um die starke organische Verschmutzung zu beseitigen. Beim Ausräumen des Bodengrunds erkennt man die anaeroben Bereiche am schwarzgefärbten Sand (Eisensulfid) und am penetranten Geruch nach faulen Eiern.

G. Prophylaxe: Vorbeugende Maßnahmen gegen Schwefelwasserstoffvergiftungen sind relativ einfach durchzuführen. Wichtig ist auch hier, daß nicht mehr verfüttert werden darf, als in wenigen Minuten gefressen wird. Es darf kein Futter in den Boden gelangen und sich dort zersetzen. Kot, Detritus, Futterreste und tote Fische sind vom Boden abzusaugen, um eine übermäßige Sauerstoffzehrung zu vermeiden. In einem solchen Aquarium werden gelöste Stoffwechselprodukte (Ammoniak, Aminosäuren) sofort zu Nitrat oxidiert. Von diesem Nitrat wird dann gerade soviel durch anaeroben Abbau organischer Verbindungen im Bodengrund zu elementarem Stickstoff reduziert, wie durch Oxidation von Ammoniak im Filter entsteht. Das dabei im Boden freiwerdende CO_2 wird von den Pflanzen verbraucht, und der harmlose elementare Stickstoff wird durch die Belüftung aus dem Wasser ausgetrieben. Das Ergebnis ist ein gesunder Fischbesatz und ein üppiger Pflanzenwuchs.

H. Besonderes: Der Effekt, daß im anaeroben Milieu unter Anwesenheit von Nitrat weder H_2S noch Methan entstehen, kann man durch ein kleines Experiment verdeutlichen. Nehmen Sie zwei Trinkgläser und geben Sie in beide Gläser soviel Trockenfutter, bis der Boden gut bedeckt ist. Füllen Sie sodann beide Gläser bis zu drei Vierteln mit Aquariensand auf. Nun wird ein Glas mit normalem Leitungswasser gefüllt, das andere mit Wasser, in dem zwei gehäufte Kaffeelöffel Natriumnitrat gelöst wurden. Nach einigen Tagen riechen und sehen Sie den Unterschied. Im Glas ohne Nitrat stinkt das Wasser penetrant. Im Glas mit Nitrat sind im Kies Gasblasen (Stickstoff) zu sehen und kein solcher Geruch festzustellen.

3.2.3 Säure-Laugenkrankheit

A. Ursache/Erreger: Zuerst wollen wir den Begriff pH-Wert etwas näher erklären. Chemisch reines Wasser (H_2O) zerfällt (dissoziiert) zu einem ganz geringen Teil in einer Gleichgewichtsreaktion in H^+- und OH^--Ionen. Wegen des äußerst geringen Dissoziationsgrades entspricht die Menge an undissoziiertem H_2O praktisch der Gesamtmenge an Wasser. Das Produkt aus der Konzentration der H^+- und OH^--Ionen beträgt bei 25 °C

lediglich 1×10^{-14}. Deshalb sind in einem Liter reinen Wasser nur ca. 1/10 000 mg freie Wasserstoffionen und die gleiche Menge an Hydroxidionen vorhanden.

$$K_H{^+} \times K_{OH}{^-} = 1 \times 10^{-14}.$$

Laut diesem Ionenprodukt des Wassers beträgt die Wasserstoffionen- (= Hydroxidionen-) Konzentration in reinem Wasser 10^{-7}. Der negative Logarithmus der Wasserstoffionenkonzentration ($-\log 10^{-7} = 7$) wird als pH-Wert, angegeben. Ist die Wasserstoffionenkonzentration kleiner als 10^{-7}, so ist die Hydroxidionenkonzentration entsprechend der obigen Gleichung größer als 10^{-7} und umgekehrt. Entsprechend liegt also bei einem pH-Wert von 1 eine H^+-Ionenkonzentration von 10^{-1} und eine OH^--Ionenkonzentration von 10^{-13} vor. Jede Fischart ist an einen bestimmten pH-Wertbereich angepaßt. Wie groß dieser Bereich ist und ob er in der oberen oder unteren pH-Wertskala liegt, hängt von dem natürlichen Gewässer ab in dem die Fische leben. Die meisten Aquarienfische stammen aus Gewässern mit pH-Werten zwischen 6 (schwach sauer) und 9,2 (schwach alkalisch). Es gibt aber auch Fische, die in Gewässern mit extremen pH-Werten um 4 oder 11 leben. Die Toleranz der einzelnen Fischarten gegen sehr hohe oder sehr niedrige pH-Werte ist artenspezifisch. Schwankt dieser pH-Wert innerhalb physiologischer Grenzen, schadet dies den Fischen nicht. Nur bei schnellen und extremen pH-Wertschwankungen kann sich der Fisch nicht schnell genug umstellen. Er zeigt typische Symptome des Unwohlseins und kann in extremen Fällen auch daran sterben. Chemisch-biologische Prozesse im Aquarium können den pH-Wert des Wassers nach oben und unten stark verändern. So kann das Wasser durch die bei der Nitrifikation frei werdenden Wasserstoffionen sauer werden (pH-Wert sinkt). Bei extremer Sonneneinstrahlung entziehen die Wasserpflanzen dem Wasser alles freie Kohlendioxid (CO_2) und verwenden zur Assimilation Calciumhydrogenkarbonat ($Ca(HCO_3)_2$). Dabei wird dem gelösten $Ca(HCO_3)_2$ Kohlendioxid entzogen und das dabei entstehende, stark alkalische Calciumhydroxid ($Ca(OH)_2$) ausgeschieden.

$Ca(HCO_3)_2 \rightarrow Ca(OH)_2 + 2CO_2$.

Dieses reagiert zum Teil mit dem im Wasser gelösten $Ca(HCO_3)_2$ zu dem schwer löslichen Calciumkarbonat ($CaCO_3$), das dann auf den Blättern und Stengeln der Wasserpflanzen ausfällt und sie mit einer Kalkkruste überzieht.

$Ca(OH)_2 + Ca(HCO_3)_2 \rightarrow 2CaCO_3 + 2H_2O$.

Dieser als biogene Entkalkung bezeichnete Vorgang ist besonders in karbonathärtereichen, stark bepflanzten Gewässern mit starker Sonneneinstrahlung zu beobachten. Durch das dabei entstehende Calciumhydroxid können extrem hohe pH-Werte erreicht werden. Achten Sie besonders beim Umsetzen von Aquarienfischen darauf, daß Sie keine Tiere von einem durch Nitrifikation stark angesäuerten Aquarienwasser in ein durch biogene Entkalkung alkalisch gewordenes Wasser oder umgekehrt einsetzen. Der pH-Wert sollte beim Umsetzen von Fischen in beiden Aquarien ausgeglichen sein, um Verluste zu vermeiden.

B. Symptome: Bei extrem hohen oder niederen pH-Werten wird das Säure/Basen-Gleichgewicht der Fische gestört. Dabei ist der Fisch mit seinem Natriumbikarbonatpuffer im Blut auf die Dauer nicht in der Lage, physiologische pH-Werte im Körper aufrechtzuerhalten. Die Folgen sind gestörte Sauerstoffaufnahme und gestörte Kohlendioxidabgabe. Außerdem besitzen die meisten Enzyme ein pH-Wert-Optimum, d.h. einen pH-Wert, bei dem sie am wirkungsvollsten sind, und können deshalb bei unphysiologischen pH-Werten nicht mehr optimal oder gar nicht mehr arbeiten. Schwere Stoffwechselstörungen sind die Folge. Hält dieser Zustand eines extremen pH-Wertes über längere Zeit an, zeigen die Tiere chronische Schäden in Form von blutunterlaufenen Stellen und Schleimhautschäden an Haut und Kiemen. Es kommt regelrecht zu Verätzungen der Körperoberfläche. Aber auch kurzfristige, extreme pH-Wertschwankungen ertragen die Tiere nicht, dabei zeigen sie große Schreckhaftigkeit, allgemeines Unwohlsein und Dunkelfärbung. In extremen Fällen sterben sie.

C. Befallene Organe: An Kiemen und Haut sind infolge der Verätzungen blutunterlaufene Stellen, vermehrte Schleimbildung und Schleimhautschäden festzustellen. Durch die Verletzungen der Schleimhaut an Kiemen und Körperoberfläche sowie durch den Streß und die damit verbundene Schwächung der Tiere kommt es leicht zu Sekundärinfektionen durch Schwächeparasiten.

D. Pathogenität: Plötzlicher extremer pH-Wertwechsel ist für alle Fische ein erheblicher Streßfaktor und kann entweder direkt oder über den Ausbruch einer bereits latent vorhandenen Infektion zum Tode führen.

Bleibt der pH-Wert konstant und liegt er im Bereich zwischen 6 und 8, gewöhnen sich die meisten Fische daran, auch wenn in ihren natürlichen Gewässern andere pH-Werte vorkommen. Aber trotzdem gilt: Je mehr der pH-Wert vom natürlichen Bereich abweicht und dabei die Toleranz der Fische, die bei jeder Art unterschiedlich groß ist, überschreitet, desto mehr Streß bedeutet dies für die Tiere und um so größer ist die Gefahr einer Erkrankung.

E. Untersuchungsmethoden: Messen des ph-Werts mit entsprechenden Schnelltests.

F. Therapie: Bei extrem hohen oder niederen pH-Werten im Aquarium muß durch vorsichtigen, mehrmaligen Wasserwechsel mit Wasser um den Neutralpunkt (pH 7) ein allmählicher Ausgleich geschaffen werden. Ein großer Wasserwechsel und der damit verbundene pH-Sprung streßt die Fische zu sehr.

G. Prophylaxe: Um pH-Wertschwankungen im Aquarium zu vermeiden, ist es notwendig, daß eine gewisse Konzentration an sogenannten Puffersubstanzen im Wasser enthalten ist. Puffer sind Substanzen, die in wäßriger Lösung den pH-Wert trotz Säure- oder Laugenzusatz recht konstant halten, z.B. die Karbonathärte. Entstehen in einem Aquarium durch Nitrifikation zusätzliche Wasserstoffionen, reagieren diese mit der Karbonathärte folgendermaßen:

$Ca^{2+} + CO_3{}^{2-} + H^+ \rightarrow Ca^{2+} + HCO_3{}^-$.

Durch weitere H^+-Ionen Zugabe entsteht Kohlensäure:

$$Ca^{2+} + HCO_3^- + H^+ \rightarrow Ca^{2+} + H_2CO_3.$$

Wie diese Gleichungen zeigen, werden die H^+-Ionen abgefangen und in der sehr schwach dissoziierten Kohlensäure gebunden. Diese entstehende Kohlensäure steht mit dem freien Kohlendioxid im Gleichgewicht, wobei allerdings nur ca. 0,1% als Kohlensäure (H_2CO_3) und der überwiegende Teil als H_2O und CO_2 vorliegen.

$$H_2CO_3 \Leftrightarrow H_2O + CO_2.$$

Das entstehende CO_2 liegt physikalisch gelöst im Wasser vor und wird bei Überschreiten der Löslichkeit durch starke Belüftung ausgetrieben. Ist die Pufferkapazität der Karbonathärte erschöpft, kommt es bei weiterer Wasserstoffionenzugabe zu einer starken pH-Wertänderung. Bei Hydroxidionenzugabe (z.B. durch biogene Entkalkung) reagiert die Karbonathärte umgekehrt.

$$Ca^{2+} + H_2CO_3 + OH^- \rightarrow Ca^{2+} + HCO_3^- + H_2O$$

$$Ca^{2+} + HCO_3^- + OH^- \rightarrow Ca^{2+} + CO_3^{2-} + H_2O.$$

Wegen dieser Puffereigenschaften muß im Aquarienwasser immer ein geringer Gehalt an Karbonathärte vorhanden sein (0,5–2° DKH), und nur in Ausnahmefällen sollte man Wasser ohne Karbonathärte verwenden. In solchen Fällen muß aber der pH-Wert ständig kontrolliert werden. Wenn Leitungswasser eine extrem hohe Karbonathärte oder Gesamthärte aufweist und Sie mit einem Ionenaustauscher die Karbonathärte entfernen oder das Wasser voll entsalzen wollen, muß dem Wasser anschließend wieder Karbonathärte zugesetzt werden, da sonst dieses Wasser keine Pufferkapazität mehr besitzt und der pH-Wert nicht konstant bliebe.

Um gutes, weiches Wasser zur Zucht und Haltung von empfindlichen Fischen zu erhalten, empfehle ich, voll entsalztes Wasser zu verwenden, dem Sie 7g der nachfolgenden Salzmischung pro 100 Liter Wasser zusetzen.

Salzmischung für 100 l weiches Wasser

Calciumsulfat ($CaSO_4 \cdot 2H_2O$)	3,3 g
Calciumchlorid ($CaCl_2 \cdot 6H_2O$)	1,0 g
Magnesiumsulfat ($MgSO_4 \cdot 7H_2O$)	1,3 g
Natriumhydrogenkarbonat ($NaHCO_3$)	1,4 g

Achten Sie beim Einkauf dieser Chemikalien auf den richtigen Gehalt an Kristallwasser, wie er oben aufgeführt ist, da sonst die angegebenen Salzmengen nicht mehr stimmen und umgerechnet werden müssen. Sie erhalten bei Zugabe von 7g auf 100 l ein Wasser mit einer Gesamthärte von 1,62° DGH und einer Karbonathärte von 0,47° DKH. Wenn Sie härteres Wasser benötigen, müssen Sie entsprechend mehr dieser Mischung zugeben. Dies hat den Vorteil, daß Sie genau wissen, welche Salze Ihr Aquariumwasser enthält, und daß die Zusammensetzung des Aquarienwassers immer konstant bleibt. Trotz der Pufferwirkung der Karbonathärte kann der pH-Wert durch die ständige Nitrifikation, die im Aquarienfilter abläuft, sinken. Die Pufferkapazität Ihres Aquarienwassers ist nach einiger Zeit durch die ständig frei werdenden Wasserstoffionen erschöpft, und dann können weitere Wasserstoffionen nicht mehr abgefangen werden. Aus diesem Grund ist es unbedingt notwendig, daß durch regelmäßigen Wasserwechsel die Pufferkapazität erhalten bleibt.

Bei stark bepflanzten Becken (Holländisches Aquarium) muß zusätzlich mit Kohlendioxid (CO_2) gedüngt werden, um einem Ansteigen des pH-Werts durch biogene Entkalkung vorzubeugen. Die biogene Entkalkung erkennt man leicht an Kalkablagerungen auf den Wasserpflanzen.

H. Besonderes: Viele giftige Substanzen steigern ihre Giftwirkung bei extrem hohen oder niederen pH-Werten und sind dann besonders gefährlich. Dieser Effekt kommt zu der schädigenden Wirkung des unnatürlichen pH-Werts noch hinzu und schwächt die Fische zusätzlich.

3.2.4 Vergiftungen durch Schwermetalle

A. Ursache/Erreger: Schwermetalle können auf sehr vielen Wegen ins Aquarium gelangen. So enthalten manche Farbpigmente in Lacken oder Kunststoffen Blei, Cadmium, Chrom oder Selen. Licht- und Wärmestabilisatoren in Kunststoffen bestehen oft aus Schwermetallverbindungen. Dies spielt besonders in der Meerwasseraquaristik eine Rolle, da Salzwasser alle Materialien sehr stark auslaugt und ihnen damit auch Schwermetalle entzieht. Wasserleitungen werden aus Kupfer- oder verzinkten Eisenrohren (früher Bleirohren) hergestellt. Manche Medikamente enthalten Kupfersulfat, das in der Meerwasseraquaristik gegen Ektoparasiten viel verwendet wird. Und nicht zuletzt bringen viele Aquarianer Schwermetalle gleich grammweise in Form von Bleiband zum Beschweren der Wasserpflanzen in ihre Becken. Diese Unsitte läßt sich offensichtlich nicht ausrotten. Wie man von den Verfechtern dieser Methode oft zu hören bekommt, überzieht sich das Bleiband in hartem Wasser mit einer unlöslichen Bleikarbonat- oder Bleisulfatschicht. Dies ist unbestritten richtig! Je härter das Wasser ist, d.h. je mehr Calciumhydrogenkarbonat und Calciumsulfat ein Wasser enthält, um so weniger wird Blei angegriffen, aber nur unter der Voraussetzung, daß kein freies Kohlendioxid vorhanden ist. Dieses in Wasser schwerlösliche Bleikarbonat und das darunterliegende Blei löst sich unter Anwesenheit von CO_2 als Bleihydrogenkarbonat. In einem Aquarium, in dem Fische ständig CO_2 ausscheiden oder sogar mit Kohlendioxid gedüngt wird, lösen sich fortwährend Spuren von Blei aus dem Bleiband heraus. Deshalb hat Blei in einem Aquarium nichts zu suchen!

Aber auch Futter (Mückenlarven) und Filtermaterialien können giftige Metalle enthalten. Zum Beispiel enthält Aktivkohle produktionsbedingt vor allem große Mengen an Zinkoxid, aber auch andere Metalloxide, die durch ein spezielles Ätzverfahren entfernt werden müssen. Bei Aktivkohle, die für aquaristische Zwecke angeboten wird, sind die Schwermetalle entfernt worden.

B. Symptome: Bei chronischen Schwermetallvergiftungen werden wichtige Enzyme des Stoffwechsels gehemmt. Dadurch ergeben sich eine Fülle verschiedener Symptome, die oft sehr unspezifisch verlaufen. Meist bemerkt man eine Schwermetallvergiftung erst dann, wenn es zu Todesfällen gekommen ist.

C. Befallene Organe: Alle Schwermetalle haben die unangenehme Eigenschaft, vom Körper gespeichert zu werden. Selbst wenn nur geringe Spuren über längere Zeit im Wasser enthalten sind werden diese von den Fischen aufgenommen und in Leber, Niere, Kiemen, Knochen, Muskulatur und Nerven gespeichert. Dadurch kommt es zu einer Akkumulation und schließlich zu einer Schädigung dieser Organe.

D. Pathogenität: Die Giftigkeit der Schwermetalle hängt von sehr vielen Faktoren ab. In hartem Wasser liegen die Schwermetalle oft als unlösliche Karbonatverbindungen vor und verlieren dann ihre Giftigkeit weitgehend. Auch der pH-Wert beeinflußt die Wirkung der Schwermetalle. Bei hohen pH-Werten liegen viele Metalle als unlösliche Hydroxide oder Karbonate vor. Organische Verbindungen, sogenannte Chelatoren, binden Schwermetalle und »maskieren« sie dadurch, d.h. die Metallionen sind immer noch in Lösung, aber weitgehend unwirksam. Diesen Effekt erzielen Sie, wenn Sie Salzwasser mit Kupfersulfat behandeln und vorher ein Wasseraufbereitungsmittel zugegeben haben. Dadurch wird die Giftigkeit der Kupferionen so weit herabgesetzt, daß die Ektoparasiten die Behandlung überleben.

Metalle sind nicht für alle Lebewesen gleich giftig. Kupfer ist für uns Menschen relativ harmlos, für Fische dagegen hochgiftig, und niedere Tiere reagieren noch um ein Vielfaches empfindlicher auf Kupfer als Fische. Diesen Umstand macht man sich bei der Parasitenbekämpfung zunutze: da Fischparasiten viel empfindlicher auf Kupfer reagieren, sterben sie bereits bei Konzentrationen, die die Fische noch ungeschadet überstehen.

E. Untersuchungsmethoden: Bei Verdacht auf Metallvergiftungen sind die Organe und das Blut der Fische, ferner das Wasser, der Bodengrund, Filtermaterialien und das Futter auf giftige Metalle zu prüfen. Für den Aquarianer ist das jedoch viel zu aufwendig. Er muß sich auf die Prüfung des Wassers mittels einfacher Schnelltests beschränken, die für Kupfer und Zink im Fachhandel erhältlich sind.

F. Therapie: Bei Auftreten einer Schwermetallvergiftung muß sofort die Quelle dieser Gifte beseitigt werden: das können Metalle aus der Wasserleitung sein oder vom Filtermaterial, vom Futter, aus der Dekoration usw. Außerdem ist das gesamte Aquarium auszuräumen und Filter, Einrichtung und Dekoration mit heißem Wasser auszuspülen.

Die Fische kann man nur in ein sauberes Aquarium umsetzen und hoffen, daß sie sich wieder erholen. Oft bleiben Dauerschäden wie Unfruchtbarkeit oder Zwergenwuchs bei den Fischen zurück. Eine Behandlung der vergifteten Fische ist nicht möglich.

G. Prophylaxe: Um Vergiftungen durch Metalle vorzubeugen, sollten Sie keinerlei Metallgerätschaften im Aquarium einsetzen. Gegenstände aus Kunststoff sollten Sie nur verwenden, wenn sie ausdrücklich für die Aquaristik hergestellt oder wenn sie lebensmittelecht sind, denn nur dann ist gewährleistet, daß sie keine giftigen Schwermetalle abgeben. Entnehmen Sie Lebendfutter nur aus sauberen Gewässern und lagern Sie es nicht in Metallgefäßen (Aluminiummilchkannen). Die Futtertiere nehmen sonst geringe Mengen an Metallen auf und geben diese beim Verfüttern an Ihre Fische weiter. Kupfer und Zink im Trinkwasser (Wasserleitungen) stellen für Fische eine ständige Gefahr dar, da bei jedem Wasserwechsel neue Metallionen ins Aquarium gelangen. Aktivkohle absorbiert teilweise das Zink, das eine besonders große Hydrathülle besitzt und deshalb von der Kohle aufgenommen werden kann. Andere Metallionen werden jedoch von Aktivkohle nicht entfernt.

Um giftige Metalle (Kupfer, Zink) aus dem Trinkwasser sicher zu entfernen, muß mit einem Ionenaustauscher oder einer Umkehrosmose-Anlage das Wasser vollsalzt werden. Denn nur durch eine Vollentsalzungsanlage kann man Metallionen aus dem Wasser ganz entfernen. Erkranken Ihre Salzwasserfische an Ektoparasiten und wollen sie dagegen mit Kupfersulfat vorgehen, so behandeln Sie diese grundsätzlich im Quarantänebecken! Kupfersulfat fällt im Meerwasser als unlösliches Karbonat aus und ist in kurzer Zeit im freien Wasser nicht mehr nachzuweisen. Aber deshalb ist es nicht verschwunden. Es liegt als feiner Belag auf Sand und Dekorationen und kann unter unglücklichen Umständen wieder in Lösung gehen. Nach mehrmaliger Behandlung kann so viel Kupfer im Aquarium sein, sodaß es wenn es wieder in Lösung geht, zu schweren Vergiftungen bei ihren Fischen kommt. Außerdem können Sie in einem Meerwasseraquarium, in dem mit Kupfersulfat behandelt wurde, keine Algen oder niedere Tiere mehr halten, sie gehen sofort ein.

H. Besonderes: Niedere Meerestiere wie z.B. Seesterne oder Seeigel reagieren deshalb so empfindlich auf Kupfer, weil das ausgefällte Kupferkarbonat in feinen Partikeln auf dem Bodengrund liegt und sie dadurch gezwungen sind, ständig mit ihren Füßchen auf diesem Kupfer herumzulaufen und damit in Berührung zu kommen. Auch viele Filtrierer strudeln diese Kupferpartikel ein und filtern sie dabei aus dem Wasser heraus. Sie reichern das Kupfer dadurch in ihrem Körper an. Verhindert man den direkten Kontakt z.B. eines Seesterns mit dem ausgefällten Kupfer, indem man ihn an einem Faden ins Aquarium hängt, verträgt er bedeutend höhere Konzentrationen an gelöstem Kupfer als sein Kollege, der im gleichen Aquarium auf dem Boden umherspaziert.

3.2.5 Vergiftungen durch Chlor

A. Ursache/Erreger: In vielen Wasserwerken wird dem Trinkwasser Chlor als Desinfektionsmittel zugesetzt. In der BRD darf Trinkwasser bis zu 3 mg/l Chlor enthalten. Chlor kann in unterschiedlicher Form dem Wasser zugesetzt werden. Entweder als elementares Chlorgas, als Chlordioxid oder als hypochlorige Säure (wässrige Lösung von Chlorgas). Die desinfizierende Wirkung beruht auf einer Reihe von Reaktionen des gut wasserlöslichen Chlors oder Chlordioxids beim Einleiten in Wasser. Dabei werden in einer Gleichgewichtsreaktion zwei Chlorverbindungen gebildet. Salzsäure (HCl) mit einer niedrigen Oxidationsstufe des Chlors und hypochlorige Säure (HOCl) mit einer hohen Oxidationsstufe des Chlors. Diesen Vorgang nennt man Disproportionierung.

$$Cl_2 + H_2O \Leftrightarrow HCl + HOCl \quad (A).$$

Die Salzsäure reagiert sofort mit Calciumkarbonat (Karbonathärte) zu Calciumchlorid und Kohlensäure. Die hypochlorige Säure zersetzt sich unter Lichteinwirkung ebenfalls in Salzsäure und in Sauerstoff.

$$HOCl \overset{(Licht)}{\longrightarrow} HCl + O.$$

Dieser Sauerstoff liegt in »statu nascendi« d.h. im Augenblick des Entstehens als atomarer Sauerstoff vor (nicht als O_2). Er ist sehr reaktionsfähig und verbindet sich sofort mit der verbliebenen hypochlorigen Säure zu Chlorsäure.

$$2O + HOCl \rightarrow HClO_3.$$

Diese Chlorsäure ist eines der stärksten Oxidationsmittel und wirkt daher stark bleichend und desinfizierend. Durch den ständigen Zerfall der hypochlorigen Säure in HCl und Sauerstoff wird durch Neueinstellen des Reaktionsgleichgewichts in der Reaktion (A) das Chlor schließlich vollständig in Salzsäure (HCl) umgewandelt und unter Freiwerden von Kohlensäure durch Calciumkarbonat neutralisiert (siehe unter Stichwort »Puffer« im Kapitel 3.2.3).

Die hypochlorige Säure zersetzt sich allerdings in unserem Wasserleitungssystem nur sehr langsam, da sie dort keinerlei Lichtstrahlung ausgesetzt ist. Außerdem wird, um Bakterien auch in den Wasserleitungen abzutöten, Chlor in so hoher Dosierung zugegeben, daß mit unserem Trinkwasser auch noch freies Chlor in unsere Aquarien gelangt und sich dort unter Bildung von Chlorsäure in HCl zersetzt. Diese stark bleichende und oxidierende Chlorsäure greift die Kiemen und die Haut der Fische an und führt zu erheblichen Schäden.

B. Symptome: Fische in chlorhaltigem Wasser zeigen starke Vergiftungserscheinungen, verstärkte Atmung an der Wasseroberfläche und Schreckfärbung. Sie versuchen durch schnelles Umherschwimmen aus dem Bereich des mit Chlor verunreinigten Wassers zu entkommen. Bei extremen Fällen von Chlorvergiftung zeigen die Fische bald eine taumelnde Schwimmweise, die rasch in den Tod übergeht.

C. Befallene Organe: Die stark oxidierende Wirkung von chlorhaltigem Wasser schädigt in erster Linie die empfindlichen Kiemen und das Blut. Durch Oxidation des im Blutfarbstoff (Hämoglobin) enthaltenen zweiwertigen Eisens (Fe^{2+}) zu dreiwertigem Eisen (Fe^{3+}) wird das Blut entfärbt und ist dann nicht mehr in der Lage, Sauerstoff zu binden. Außerdem kommt es zu einer Hyperplasie des Kiemenepithels und zu Störungen des gesamten Stoffwechsels. Die erstickten Fische zeigen gebleichte, blasse Kiemen und Hautschäden.

D. Pathogenität: Chlor ist für Fische extrem giftig. Bei Chlorkonzentrationen von über 0,016 mg/l treten meßbare Schäden auf, und selbst bei Konzentrationen von 0,001 mg/l können bereits Verhaltensänderungen bei Fischen beobachtet werden. Trinkwasser darf bis 3 mg/l Chlor enthalten und ist damit für Fische nicht mehr geeignet.

E. Untersuchungsmethoden: Beim Auftreten obiger Symptome ist das Wasser auf freies Chlor zu prüfen. Die im Handel befindlichen Schnelltests mit einer Nachweisempfindlichkeit von 0,001 mg/l freiem Chlor sind zum Chlornachweis bei chronischen und akuten Chlorvergiftungen gut geeignet.

F. Therapie: Bei schweren, akuten Chlorvergiftungen kann versucht werden, durch Zugabe von Natriumthiosulfat zum Aquarienwasser, welches das Chlor bindet, die Fische zu retten. Häufig kommt aber jede Hilfe zu spät, da die Fische nach kürzester

Zeit bereits erhebliche Schäden an Kiemen und Haut davongetragen haben und diesen meist erliegen.

G. Prophylaxe: Um einer Schädigung Ihrer Fische vorzubeugen, empfehle ich Ihnen, bei Ihrem zuständigen Wasserwerk oder Ihrer Gemeindeverwaltung anzurufen und sich über den Chlorgehalt des Trinkwassers zu informieren. Selbst sehr geringe Mengen sollten Sie entweder durch Zugabe von Natriumthiosufat oder durch eine kleine Wasseraufbereitungsanlage unschädlich machen. Die Natriumthiosulfatmethode hat den Nachteil, daß Sie erstens nicht die Menge kennen, die Sie dem Wasser zusetzen müssen, und daß zweitens die – wenn auch harmlosen – Reaktionsprodukte im Wasser verbleiben. Die Wasseraufbereitungsmethode ist sicher die einfachere. Dazu benötigen Sie lediglich ein großes Gefäß (Kunststoff-Faß, Aquarium o.ä.), in dem Sie das frische Leitungswasser einige Tage über einen gut wirksamen Filter filtern und dabei hell stellen. Wie bereits beschrieben, wird dabei das freie Chlor in harmloses Calciumchlorid umgewandelt, das ohnehin schon in gewissen Mengen durch den natürlichen Kalkgehalt in Ihrem Leitungswasser enthalten ist.

H. Besonderes: Durch Aktivkohle kann ebenfalls freies Chlor aus dem Wasser entfernt werden. Die Aktivkohle absorbiert dabei nicht das freie Chlor, sondern beschleunigt durch Zersetzen der hypochlorigen Säure die Umwandlung von Chlor in HCl. Diese Methode funktioniert allerdings nur unter Druck optimal. Es muß zu diesem Zweck ein stabiler Druckbehälter direkt an die Wasserleitung angeschlossen werden, der die Aktivkohle aufnimmt und in dem der volle Wasserleitungsdruck herrscht.

3.2.6 Vergiftungen durch Ozon

A. Ursache/Erreger: Ozon (O_3) besteht aus drei Atomen Sauerstoff und ist ebenfalls ein starkes Oxidationsmittel. Es wird ebenfalls zur Wasserdesinfektion verwendet. Durch die schnelle und vollständige Zersetzung von Ozon (O_3) in Sauerstoff (O_2) auf dem Weg

vom Wasserwerk in unsere Wohnungen ist es in unserem Trinkwasser nicht mehr vorhanden. Viele Aquarianer verwenden Ozon zum Anheben des Redoxpotentials und zur Desinfektion und damit zur Herabsetzung der Keimzahl im Seewasseraquarium. Ozon wird in kleinen, im Handel erhältlichen Geräten durch stille Entladung gebildet. Dabei wird Luft durch einen Reaktionsraum geleitet, in dem ein starkes elektrisches Feld (mehrere tausend Volt) anliegt. Hierbei kommt es zu »stillen« Entladungen, d.h. Entladungen ohne Funkenbildung, durch die Sauerstoff zu einem geringen Teil in Ozon umgewandelt wird. Wenn man das vom Ozongerät gebildete Ozon direkt ins Aquarium leitet, kommt es zu einer Schädigung und schließlich zum Tod der Fische.

B. Symptome: Fische in ozonhaltigem Wasser zeigen starke Streßsymptome, Vergiftungserscheinungen und Unwohlsein. Bei geringen Mengen von Ozon im Wasser kommt es zu chronischen Veränderungen in den Stoffwechselorganen und im Blut. Erhöhter Blutzuckerspiegel, Anstieg der Lymphocytenzahl im Blut und Hyperplasie der Kiemen (Wucherungen des Kiemenepithels) sind die Folgen.

C. Befallene Organe: Bei akuten Vergiftungen werden durch die stark oxidierende Wirkung organische Verbindungen (Enzyme, Lipide) in den empfindlichen Kiemenepithelien geschädigt und dadurch die Kiemen zerstört. Eine normale Funktion der Kiemen (Exkretion, Atmung) ist nicht mehr möglich. Bei chronischen Vergiftungen sind durch Störung des Stoffwechsels alle Organe in Mitleidenschaft gezogen.

D. Pathogenität: Ozon ist extrem giftig! Eine Konzentration von nur 0,007 mg/l in einem Zeitraum von 96 Stunden verursacht neben einer massiven Kiemenepithelzerstörung eine Störung des gesamten Stoffwechsels. Dies macht sich vor allem durch geänderte Blutwerte bemerkbar. So wird der Natriumgehalt im Blut auf 80% gesenkt, der Hämoglobingehalt (140%) und der Gehalt an Glucose im Blutplasma (1200%) steigen dagegen stark an. Auf die Dauer sollte deshalb der Gehalt an Ozon die Konzentration von 0,002 mg/l nicht überschreiten.

E. Untersuchungsmethoden: Bei akuten Vergiftungserscheinungen sind neben Ozongehalt des Wassers auch physiologische Parameter wie Blut- und Leberwerte der Fische zu messen. Sowohl der Nachweis geringer und geringster Mengen von Ozon im Wasser als auch die Untersuchung der Krankheitssymptome einer chronischen Ozonvergiftung dürften für den Aquarianer nicht möglich sein. Hierzu sind sehr aufwendige Untersuchungsmethoden notwendig. Am besten sind vorbeugende Maßnahmen zu treffen, um eine Ozonvergiftung auszuschließen.

F. Therapie: Sollten akute Vergiftungserscheinungen bei Anwendung von Ozon auftreten, muß die Ozoneinleitung sofort unterbunden werden. Nur dann besteht eine geringe Aussicht, die Fische zu retten. Meist kommt jedoch jede Hilfe zu spät.

G. Prophylaxe: Ozon sollte nur in Ausnahmefällen im Aquarium zur Anwendung kommen; dabei müssen unbedingt Sicherheitsmaßnahmen eingehalten werden. Zu diesen Sicherheitsmaßnahmen gehört es, daß Ozon niemals direkt in das Aquarium eingeleitet wird oder indirekt aus einem Reaktionsgefäß in das Aquarium gelangen kann. Am besten leitet man das Aquariumwasser und das Ozon zusammen in ein Reaktionsgefäß, dem ein Aktivkohlefilter nachgeschaltet wird, um ein vollständiges Zersetzen des im zurücklaufenden Aquarienwasser gelösten Ozons durch die Aktivkohle zu bewirken.

H. Besonderes: Ozon entfernt durch Oxidation auch Stoffe aus dem Wasser, die für ihre Fische von Vorteil sind. So werden z.B. Chelatoren zerstört oder Spurenelemente in unlösliche Oxide umgewandelt. Ozon ist auch für den Menschen extrem giftig und darf nicht eingeatmet werden.

3.2.7 Vergiftungen durch anionische Tenside (Detergentien)

A. Ursache/Erreger: Als anionische Tenside werden Natrium-n-dodecylbenzolsulfonat und dessen Derivate bezeichnet (oft auch unter LAS = linear alkalate sulfonates bekannt), die als waschaktive Substanzen in den meisten Spül-, Wasch- und Reinigungsmitteln enthalten sind. Bei einer Weltproduktion von ca. 1 Million Tonnen jährlich, die vollständig durch Spülen und Waschen in unsere Abwässer gelangt, wird unsere Umwelt erheblich belastet. Das Natrium-n-dodecylbenzolsulfonat ist jedoch leicht abbaubar. So werden in den Kläranlagen innerhalb 8 Stunden 88–95% abgebaut, der 100%ige Abbau in einem natürlichen Gewässer dauert 6–8 Tage. Trotzdem sind in unseren Gewässern ständig 20–100 mg/m³ dieser Substanz nachweisbar.

Auch in unseren Aquarien kommt es immer wieder durch unachtsames Hantieren mit Reinigungsmitteln zu schweren Vergiftungen, so z.B. durch Gegenstände (Schwämme, Bürsten, Lappen), die mit Reinigungsmittel in Berührung gekommen sind und die deshalb niemals in einem Aquarium verwendet werden sollten, da selbst nach gründlichem Spülen mit klarem Wasser immer noch geringe Spuren an waschaktiven Substanzen enthalten sein können.

B. Symptome: Die Fische zeigen Streßsymptome, Atemnot, Unwohlsein und allgemeine Vergiftungserscheinungen. Diese Symptome sind auf eine Schädigung der Kiemen durch Natrium-n-dodecylbenzolsulfonat und eine damit verbundene Störung des Gas- und Ionenaustausches zurückzuführen.

C. Befallene Organe: Die Zellmembran der tierischen Zelle besteht aus zwei Schichten von Lipidmolekülen, deren wasserabstoßende (hydrophobe) Enden zueinander und wasserlösliche (hydrophile) Enden nach außen zeigen. In diese zweischichtige Zellmembran sind Proteine und andere Stoffe eingelagert, die den aktiven Transport von

Ionen regulieren. Durch die besonderen, fettlösenden Eigenschaften der anionischen Tenside werden diese Lipide aus der Zellmembran herausgelöst. Die Zellmembran wird zerstört und die Zelle fließt aus. Besonders gefährdet sind die empfindlichen Kiemen der Fische, die nach einer Schädigung ihre Funktion nicht mehr erfüllen können.

Wie sich die Zerstörung der Zellmembran auswirkt, kann man leicht mit einem kleinen Experiment verdeutlichen. Geben Sie auf einen weißen Teller einige Tropfen Wasser und vermischen Sie damit die gleiche Menge eines Spülmittels. Wenn Sie nun in dieses konzentrierte Spülwasser ein oder zwei Tubifex legen, können Sie nach einiger Zeit beobachten wie sich die Haut auflöst und die Würmer regelrecht zerfließen.

D. Pathogenität: Vor 1965 wurden die weniger giftigen, aber dafür schwer abbaubaren Tetrapropylenderivate von Alkylbenzolsulfonat als waschaktive Substanzen verwendet. Diese Detergenzien wurden nicht oder nur sehr langsam in Kläranlagen oder Gewässern abgebaut und »schmückten« unsere Gewässer an Stauwehren und Stromschnellen mit riesigen Schaumbergen. Über die Nahrungskette wurden diese schwer abbaubaren Stoffe in den Wassertieren angereichert und führten deshalb zum Absterben der Gewässerfauna.

Ab 1965 setzte sich das giftigere, aber dafür leicht abbaubare Natrium-n-dodecylbenzolsulfonat durch, das zum größten Teil bereits in den Kläranlagen abgebaut wird und sich nicht mehr über die Nahrungskette in den Wassertieren anreichert. Je nach Tierart wirkt schon ein Gehalt von 1–10mg/l für Fische bzw. Kleinlebewesen im Wasser tödlich. Konzentrationen an Natrium-n-dodecylbenzolsulfonat sollten 0,2 mg/l nie übersteigen, um akute Vergiftungen zu vermeiden. Für nicht wasserbewohnende Tiere und für den Menschen ist Natrium-n-dodecylbenzolsulfonat nicht oder nur sehr schwach giftig (LD_{50} Maus: 2000 mg/kg Körpergewicht).

E. Untersuchungsmethoden: Zum Nachweis geringster Mengen von Natrium-n-dodecylbenzolsulfonat wird in einem Photometer die Absorption LAS-spezifischer UV-Banden gemessen. Hiermit können Konzentrationen bis in den ppb-Bereich (mg/m^3) gemessen werden. Für den Aquarianer gibt es keine Möglichkeit, Natrium-n-dodecylbenzolsulfonatderivate nachzuweisen.

F. Therapie: Oft werden den Reinigungsmitteln Duftstoffe oder Farbstoffe beigesetzt, an deren typischem Geruch und Farbe man höhere Konzentrationen im Aquarium feststellen kann. Besonders in sehr weichem Wasser kommt es durch Spuren von waschaktiven Substanzen zu leichter Schaumbildung. Riecht dieser Schaum auch noch flüchtig nach Reinigungsmittel, sind die Fische sofort in Quarantänebecken umzusetzen, das Aquarium und der Filter ganz auszuräumen und gründlich durchzuspülen. Je kürzer die Fische mit den anionischen Tensiden in Berührung gekommen sind, um so besser überstehen sie diese Prozedur.

G. Prophylaxe: Um eine Verschmutzung des Aquarienwassers mit Natrium-n-dodecylbenzolsulfonatderivaten zu verhindern, dürfen keine Haushaltsgegenstände, die mit Putzmitteln in Berührung gekommen sind, im Aquarium verwendet werden. Schwämme, Bürsten und Kratzer, die im Aquarium zum Reinigen der Scheiben benützt werden, sollten ausschließlich für diesen Zweck angeschafft und nur im Aquarium verwendet werden. Ebenso dürfen Kunststoffeimer niemals einmal zum Fensterputzen und ein andermal zum Wasserwechseln verwendet werden. *Schaffen Sie sich alle Gerätschaften für das Aquarium gesondert an und benützen Sie diese auch nur dafür.*

H. Besonderes: Natrium-n-dodecylbenzolsulfonatderivate werden durch UV-Strahlung sehr rasch zerstört und damit unwirksam. So werden durch eine 10 Watt starke UV-Strahlung mit einer Wellenlänge von 254 nm 75–80% einer 10^{-4}molaren Lösung innerhalb von 10 Minuten abgebaut. Die dabei entstehenden ungiftigen Bruchstücke werden durch bakteriellen Abbau beseitigt.

3.2.8 Vergiftungen durch Medikamente

A. Ursache/Erreger: Medikamente gegen Fischkrankheiten und Parasitosen zeichnen sich meist durch eine spezifische Giftwirkung gegenüber Krankheitserregern aus; dennoch kommt es durch falsche Anwendung und überhöhte Dosierung immer wieder zu Vergiftungsfällen bei Fischen. Manche Fische sind gegen bestimmte Medikamente besonders empfindlich und sterben sofort, wenn sich geringste Konzentrationen dieser Medikamente im Wasser befinden. Andere Medikamente hinterlassen im Wasser hochtoxische Abbauprodukte, die beim Verweilen der Fische in diesem Wasser zu Schädigungen führen können.

B. Symptome: Da die Fische bereits Krankheitssymptome zeigen – hervorgerufen durch die Erreger und Parasiten gegen die sie behandelt werden – ist es außerordentlich schwierig, Vergiftungen durch Medikamente rechtzeitig zu erkennen. Fische, die während der Behandlung plötzlich taumelnde Bewegungen, Gleichgewichtstörungen und ähnliches zeigen, sind sofort in frisches Wasser umzusetzen. Oft sind die Fische durch die Krankheitserreger so stark geschädigt, daß sie die zusätzliche Vergiftung durch Medikamente nicht überleben.

C. Befallene Organe: Wie bei allen Vergiftungen sind auch hier die Kiemen, die Niere, die Leber und das Nervensystem am meisten geschädigt.

D. Pathogenität: Die Giftigkeit der Medikamente schwankt sehr stark von Fischart zu Fischart. Piranhas, Welse u.a. sind besonders empfindlich gegen Masoten, wogegen andere Fische sehr hohe Konzentrationen dieses Medikaments ertragen.

E. Untersuchungsmethoden: Ob die Fische durch die Medikamente oder an den Krankheitserregern gestorben sind, ist für den Aquarianer nicht nachzuweisen.

F. Therapie: Vergiftungen durch Medikamente machen sich meist erst durch den Tod der Tiere bemerkbar. Wird die Vergiftung rechtzeitig erkannt, hilft nur sofortiges Umsetzen in frisches Wasser.

G. Prophylaxe: Um eine unnötige Belastung des gesamten Fischbestandes zu vermeiden, sollte grundsätzlich nur in einem separaten Quarantänebecken behandelt werden. Es dürfen niemals verschiedene Medikamente zur gleichen Zeit angewendet werden, da sie sich gegenseitig in ihrer Wirkung beeinflussen und zu schweren Vergiftungen führen können.

Sind mehrere, unterschiedliche Krankheiten bei denselben Fischen zu behandeln, wird nach jeder Behandlung das Quarantänebecken geleert und gesäubert. Erst nach einem vollständigen Wasserwechsel kann mit dem nächsten Medikament behandelt werden.

H. Besonderes: Um die Medikamente im Wasser nicht zu zerstören, darf wärend der Behandlung nicht gefiltert werden. Die Bakterien im Filter sind meist in der Lage, die Medikamente zu verändern oder zu absorbieren. Es genügt vollkommen, wenn während der Behandlung das Quarantänebecken gut durchlüftet wird. Nach der Behandlung sind die Fische in frisches Wasser umzusetzen und ein gut funktionierender Filter anzuschließen. So können die Fische die aufgenommenen Giftstoffe am besten ausscheiden.

3.2.9 Vergiftungen durch andere organische Gifte

A. Ursache/Erreger: In unseren Industrienationen wird die Natur ständig durch Unmengen von Herbiziden, Fungiziden, Insektiziden, Lösungsmitteln, Weichmachern, chlorierten Kohlenwasserstoffen und anderen Chemikalien belastet. Diese Chemikalien lassen sich inzwischen permanent in Spuren im menschlichen Körper nachweisen, und da viele dieser synthetischen Gifte schwer abbaubar sind, werden sie im Fettgewebe gespeichert. Auch unsere Aquarienfische bleiben davon nicht verschont, seien dies nun die Weichmacher aus den Aquarienschläuchen oder das Insektenspray gegen Blattläuse: alle diese Gifte gelangen in unser Aquarium und belasten die Fische. Nachfolgend sollen anhand einiger weniger Beispiele die möglichen Quellen solcher Gifte aufgezeigt werden.

Di-(2-ethylhexyl)phtalat (DOP) wird hauptsächlich als Weichmacher in Kunststoffen (Aquarienschlauch) und Lacken verwendet. DOP ist inzwischen weltweit in der Luft und im Wasser nachweisbar. Von der jährlichen Produktionsmenge von ca. 3 Millionen Tonnen gelangen mindestens 150000 Tonnen in die Umwelt. Über die Nahrungskette kommt es zu einer starken Akkumulation bei Wassertieren. Aquarienschläuche geben ständig DOP in Spuren ab und werden dadurch im Laufe der Zeit steinhart.

Hexachlorbenzol (HCB) wird als Holzschutzmittel-Zusatz und als Saatbeize (Fungizid) verwendet. Von der jährlichen Produktionsmenge von 10000 Tonnen gelangen ca. 20% in die Umwelt. HCB wird weder aerob noch anaerob abgebaut! Es wird vom Organismus gespeichert und ist im Fettgewebe nachweisbar (menschliches Fettgewebe: bis zu 13 mg/kg Körpergewicht). Besonders beim Holzschutz in Innenräumen sind HCB-freie Mittel anzuwenden, um eine Vergiftung bei Aquarienfischen zu vermeiden.

Pentachlorphenol (PCP) wird als Fungizid in Holzschutzmitteln sowie als Insektizid und Herbizid angewendet. Weltweit werden jährlich ca. 90000 Tonnen hergestellt. Das giftige und mutagen wirkende PCP ist schwer abbaubar und wirkt schon in geringsten Dosen auf Fische giftig (LD_{50} = 0,04–0,2 mg/l). Besonders beim Holzschutz in Innenräumen sind PCP-freie Mittel anzuwenden, um eine Vergiftung bei Aquarienfischen zu vermeiden.

2-Ethylamino-4-chlor-6-(2-propylamino)-1,3,5-triazin (Atrazin) wird als Herbizid verwendet. Atrazin wird in Oberflächengewässern nicht abgebaut. Es ist für Fische sehr giftig (LD_{50} = 12 mg/l). Chronische Schäden bei Fischen entstehen ab Konzentrationen von 0,01–0,08 ppm. In geringsten Spuren ist es bereits im Trinkwasser nachweisbar. Besonders in den Monaten Juni und

Juli, wenn die Getreidefelder gespritzt werden, steigt die Konzentration in der Umwelt stark an. Trotzdem liegt der Schwellenwert für chronische Vergiftungen um den Faktor 10 bis 100 über den derzeit in Gewässern beobachteten Höchstbelastungen.

Polychlorierte Biphenyle (PCB), nicht zu verwechseln mit PCP, werden in Hydrauliкölen, Wärmetauschern und vielen anderen Anwendungsgebieten eingesetzt. PCB ist sehr schwer abbaubar und reichert sich ebenfalls im Fettgewebe an. Es kann **weltweit** in Fischen nachgewiesen werden. Fische sind weniger durch die akute Toxizität von PCB gefährdet, als vielmehr durch die extreme Anreicherung im Fischkörper und die damit verbundenen chronischen Schädigungen der Organe. PCB kann sich so weit anreichern, bis es im Fisch in einer 100000fach höheren Konzentration vorliegt als im umliegenden Wasser.

B. Symptome: Vergiftungen dieser Art werden durchweg zu spät bemerkt. Die chronischen Vergiftungen machen sich meist nur durch Organveränderungen, wie Fettleber oder Nierenschäden, bemerkbar und sind selten an Verhaltensänderungen festzustellen. Akute Vergiftungen dagegen bedeuten den sicheren Tod der Fische.

C. Befallene Organe: Wie bei allen Vergiftungen sind auch hier die Kiemen, die Niere, die Leber und das Nervensystem am meisten geschädigt.

D. Pathogenität: Oft sind es nicht die akuten, sondern die chronischen Vergiftungen, die in unseren Aquarien auftreten. Durch ständige Konfrontation mit geringen Giftmengen treten bei den betroffenen Fischen Degenerationerscheinungen, Unfruchtbarkeit und Wachstumsstörungen auf.

E. Untersuchungsmethoden: Diese Giftstoffe sind nur mit sehr aufwendigen Apparaturen und Methoden nachweisbar. Am häufigsten werden zum Nachweis die Gaschromatografie, die HPLC (High power liquid chromatography) und der Photometer angewendet. Für den Aquarianer besteht keine Möglichkeit des Nachweises.

F. Therapie: Bei akuten Vergiftungen gibt es keine Möglichkeit mehr, die Fische zu retten. Die viel häufigeren chronischen Vergiftungen werden oft nicht als solche erkannt und sind ebenfalls nicht zu behandeln. Hier besteht nur die Möglichkeit, von vorherein eine Vergiftung zu vermeiden und mögliche Giftquellen zu beseitigen.

G. Prophylaxe: Die Liste der giftigen Chemikalien, die unseren Fischen (und uns) gefährlich werden könnten, ließe sich beliebig erweitern. Ich kann jedem Aquarianer nur raten, in der Wohnung, speziell in dem Raum, in dem das Aquarien steht, keine oder zumindest so wenige Giftstoffe wie möglich zu verwenden. Hierzu gehören alle Spraydosen, alle Farben und Lacke, alle Lösungsmittel und nicht zuletzt alle Pflanzenschutzmittel. Denn bereits durch geringste Spuren, die über die Luft ins Aquarium gelangen und im Fettgewebe der Fische gespeichert werden, kommt es zu einer chronischen Belastung und schließlich zu einer Schädigung der Fische.

Müssen Zimmerpflanzen gegen Schädlinge behandelt werden, sollte dies grundsätzlich außerhalb des Aquarienraumes geschehen. Werden in dem Raum Wände, Boden, Möbel oder Fenster gestrichen, sollte das Aquarium für einige Zeit in einen anderen Raum gestellt werden. *Vermeiden Sie jede Konfrontation Ihrer Fische mit möglichen Giften.*

H. Besonderes: Das Speichern der Giftstoffe in Fettgewebe und Organen kann besonders Raubfischen zum Verhängnis werden, die mit belasteten Fischen gefüttert werden. Fische sind in der Lage, über lange Zeit sehr viele Gifte in ihrem Fettgewebe zu speichern, ohne daran zu sterben, obwohl sie dadurch starke chronische Schäden an Leber und Niere und anderen Organen davongetragen haben. Raubfische, die mit solchen Fischen gefüttert werden, erhalten mit den Futterfischen so große Giftmengen, daß es zu akuten Vergiftungserscheinungen kommt und die Tiere innerhalb kurzer Zeit sterben. Verfüttern Sie grundsätzlich keine Futterfische aus unseren belasteten Gewässern. Verwenden Sie dafür Fische aus Fischzuchtbetrieben, die Satzfische in allen Größen züchten und diese preisgünstig anbieten. Die Gesundheit Ihrer Pfleglinge sollte Ihnen dieses Geld wert sein.

3.3   Erkrankungen physikalischen Ursprungs

Fische reagieren im allgemeinen sehr empfindlich auf Änderungen ihrer Lebensbedingungen, wenn diese Änderungen plötzlich auftreten und ein bestimmtes Maß überschreiten. Sie können sich, falls bestimmte Parameter über längere Zeit allmählich geändert werden, an extreme Werte anpassen und stehen dabei wohl unter erheblichem, physiologischem Streß, sterben aber nicht direkt an diesen unnatürlichen Bedingungen. Die damit verbundene Beeinträchtigung der Immunabwehr führt aber zu einem Massenbefall an Schwächeparasiten, dem die Tiere meist unterliegen.

Viel kritischer ist dagegen ein plötzlicher Wechsel der Umweltbedingungen, den die Tiere nicht oder nur ungenügend ausgleichen konnen. Der Körper ist dabei nicht in der Lage, auf diese Änderungen in entsprechender Weise zu antworten. Es kommt zu einer erheblichen Störung des Stoffwechsels, an der die Fische zugrunde gehen. Dehalb gilt für Fische grundsätzlich, daß eine Änderung von Wasserwerten, welcher Art auch immer, langsam und über lange Zeit zu erfolgen hat.

3.3.1   Temperaturschäden

A. Ursache/Erreger: Die Temperatur in natürlichen Gewässern bleibt im Tag-Nacht-Wechsel infolge der hohen Wärmekapazität des Wassers relativ konstant. In tropischen und subtropischen Gewässern ändert sich die Wassertemperatur auch während des Jahres kaum. Nur in Gegenden, in denen es strenge Winter gibt, kommt es zu einem starken Absinken der Temperaturen wärend der kalten Jahreszeit. Hier kann es besonders bei stehenden oder langsam fließenden Gewässern im Jahresverlauf zu erheblichen Schwankungen kommen, da diese Gewässer sich im Sommer stark erwärmen und im Winter stark abkühlen. Bei schnellfließenden Gewässern in den kühleren Klimazonen und bei beschatteten Gewässern treten ebenfalls nur geringe Schwankungen der Wassertemperaturen im Verlauf eines Jahres auf. Da sich dort das kalte Wasser im Sommer nicht erwärmt, bleiben die Temperaturen während des ganzen Jahres niedrig.

Jede Fischart ist an einen bestimmten Temperaturbereich angepaßt, innerhalb dessen die Fische wachsen, sich wohlfühlen und sich vermehren. Je nach Herkunft der Fische liegt dieser Bereich im oberen oder unteren Teil der Temperaturskala und wird im natürlichen Lebensraum der Tiere normalerweise nicht über- oder unterschritten.

Bachforellen aus einem Gebirgsbach brauchen tiefe Temperaturen unter 17 °C, sonst sterben sie. Tropische Fische können dagegen in einem Forellengewässer nicht überleben. Es darf deshalb dieser für jede Fischart andere Temperaturbereich nicht über- oder unterschritten werden, um die Tiere nicht zu schwächen und für Infektionskrankheiten anfällig zu machen oder – in extremen Fällen – die Tiere zu töten.

Innerhalb eines solchen Temperaturspektrums, das in dem natürlichen Gewässer einer Fischart vorkommt, existieren verschiedene Temperaturoptima, in denen die Fische unterschiedliche Verhaltensweisen zeigen. So gibt es neben der Vorzugstemperatur, die die Fische aufsuchen, sofern sie dazu die Möglichkeit haben und bei der sie sich besonders wohlfühlen, Temperaturbereiche, bei denen sie besonders gut wachsen oder vermehrt Futter aufnehmen oder sich paaren oder besonders wiederstandsfähig gegen Infektionskrankheiten sind. Wie bereits erwähnt, reagiert Wasser infolge einer sehr hohen Wärmekapazität nur sehr langsam auf Temperaturschwankungen der Luft. Dementsprechend reagieren Fische besonders empfindlich auf plötzliche, starke Temperaturänderungen, auch wenn diese innerhalb des natürlichen Temperaturspektrums der Tiere bleiben. Gerade beim Wasserwechsel oder beim Umsetzen der Fische von einem Aquarium ins andere muß darauf besonders geachtet werden.

B. Symptome: Fische, die zu warm gehalten werden, leiden in der Regel an Sauerstoffmangel, da der Sauerstoffgehalt im Wasser mit steigender Temperatur abnimmt und der Sauerstoffbedarf der Fische infolge erhöhten Stoffwechsels zunimmt. Die Fische versuchen dies durch verstärkte Atmung auszugleichen. Fische, die zu kalt gehalten werden, nehmen kein Futter mehr an und bewegen sich nur noch langsam und träge. Bei starken Temperaturschwankungen zeigen die Tiere allgemeine Streßsymptome, wie Dunkelfärbung, verstärkte Atmung und Schreckhaftigkeit.

C. Befallene Organe: Es kommt zu einer Beeinträchtigung aller Organe, vor allen Dingen des Immun- und Nervensystems.

D. Pathogenität: Falsche Wassertemperaturen oder starke Temperaturwechsel sind nicht zu unterschätzende Streßfaktoren, die die Kondition der Fische verschlechtern. Das dadurch geschwächte Immunsystem ist nicht mehr in der Lage, Krankheitserreger erfolgreich zu bekämpfen. Es kann dadurch zu Masseninfektionen durch Schwächeparasiten kommen, die dann zum Tod führen.

E. Untersuchungsmethoden: Die Wassertemperatur im Aquarium ist regelmäßig mit einem geeichten Thermometer zu prüfen.

F. Therapie: Zu warm oder zu kalt gehaltene Fische müssen allmählich auf ihre Vorzugstemperatur gebracht werden, um einen Temperaturschock zu verhindern.

G. Prophylaxe: Beim Umsetzen oder Eingewöhnen von Fischen ist besonders auf Temperaturunterschiede zu achten. Am besten hängt man die Transportbeutel zuerst einige Zeit in das Aquarium, in das die Fische später eingesetzt werden sollen, um die Temperatur anzugleichen und die Fische dadurch zu schonen.

H. Besonderes: Treten beim Umsetzen eines Fisches große Temperaturschwankungen auf, kommt es zu physiologischen Veränderungen in den Zellen und Zellmembranen des Nervensystems, die selbst nach mehreren Tagen noch nachweisbar sind. Erst nach dieser Zeit hat sich der Fisch an seine neue Umgebungstemperatur gewöhnt und sind Veränderungen nicht mehr nachweisbar.

3.3.2   Sauerstoffmangel

A. Ursache/Erreger: Wieviel Sauerstoff sich im günstigsten Fall in Wasser lösen kann, ist in erster Linie vom Luftdruck und von der Wassertemperatur abhängig. Mit steigendem Luftdruck steigt die Löslichkeit des Sauerstoffs im Wasser. Bei steigender Temperatur sinkt dagegen die Löslichkeit des Sauerstoffs im Wasser. Den theoretischen Wert, der den maximal möglichen Anteil des Wassers an gelöstem Sauerstoff unter bestimmten Bedingungen (Luftdruck, Temperatur) angibt, nennt man Sauerstoffsättigung. Den tatsächlich vorhandenen Sauerstoff gibt man in % Sauerstoffsättigung an. Sie liegt in den meisten Gewässern unter 100%, da ständig durch Tiere und Fäulnisvorgänge Sauerstoff verbraucht wird. Sie kann aber in extremen Fällen durch Temperatur- und Luftdruckänderungen vor allem aber durch Photosynthese von Wasserpflanzen und Algen auf Werte von mehreren 100% steigen. Man spricht in solchen Fällen von einer Übersättigung (siehe 3.3.3 Gasblasenkrankheit).

Den Sauerstoffgehalt eines Wassers in % Sauerstoffsättigung anzugeben ist für den Laien oft irreführend, wenn er nicht zugleich Luftdruck und Wassertemperatur berücksichtigt. Trotz gleichbleibenden Sauerstoffgehalts kann sich die Sättigung erheblich ändern, wenn Luftdruck und Temperatur nicht konstant sind. Deshalb berücksichtigt man beim Aquarium statt der Sauerstoffsättigung besser den absoluten Sauerstoffgehalt, der in mg/l angegeben wird und unabhängig von Temperatur und Luftdruck gemessen werden kann.

Wie bereits erwähnt, wird durch Fäulnisprozesse organisches Material unter Sauerstoffverbrauch abgebaut. Je stärker ein Aquarium durch organische Verbindungen, wie z.B. Futter, Kot oder tote Fische belastet wird, um so geringer ist der Sauerstoffgehalt im Wasser. Dies kann dazu führen, daß in schlecht zugänglichen Ecken bereits Sauerstoffmangel herrscht und es zu anaeroben Prozessen kommt. Es muß deshalb durch technische Hilfsmittel für einen guten Gasaustausch zwischen Luft und Aquarienwasser gesorgt werden.

Der Mindestsauerstoffgehalt, bei dem die Fische gerade noch überleben, ist für jede Fischart unterschiedlich. Besonders sauerstoffbedürftig sind Fische aus schnellfließenden Gewässern oder freischwimmende Oberflächenfische. Weniger sauerstoffbedürftig sind dagegen Bodenfische stehender oder langsam fließender Gewässer oder, wie im Fall der Labyrinthfische, Tiere, die mit speziellen Atemorganen zusätzlich atmosphärischen Sauerstoff aufnehmen. Labyrinthfische können so in flachen Reisfeldern überleben, in denen sich das mit organischen Stoffen stark belastete Wasser durch die Sonne sehr stark erwärmt und dadurch fast sauerstofffrei ist.

B. Symptome: Sinkt der Sauerstoffgehalt im Wasser unter einen bestimmten Wert ab, kann nicht mehr genügend Sauerstoff über die Kiemen aufgenommen werden; die Fische leiden unter Sauerstoffmangel. Dies versuchen sie durch verstärkte Atembewegungen auszugleichen. Bis zu einem bestimmten Grad gelingt es den Tieren, ihre Sauerstoffversorgung aufrechtzuerhalten. Durch die größere Muskelaktivität des Atmungsapparates wird allerdings auch mehr Sauerstoff verbraucht als bei der Normalatmung. Dieser Effekt wirkt der vermehrten Sauerstoffaufnahme entgegen. Sinkt der Sauerstoffgehalt im Wasser weiter, so wird durch die verstärkte Muskelaktivität und den Stoffwechsel der Fische mehr Sauerstoff verbraucht, als durch die beschleunigte Atmung aufgenommen wird. Die Tiere ersticken.

C. Befallene Organe: Tritt bei Fischen Sauerstoffmangel auf, kann das Gehirn der Tiere nicht mehr mit lebensnotwendigem

Sauerstoff versorgt werden. Gehirnzellen sterben ab und können die Lebensfunktionen des Körpers nicht mehr aufrechterhalten.

D. Pathogenität: Akuter Sauerstoffmangel ist für Fische tödlich. Liegt der Sauerstoffgehalt nur geringfügig über der Mindestmenge, die für das Überleben notwendig ist, stehen die Tiere unter erheblichem Streß, der zu einer Verringerung der Immunabwehr und zu chronischen Organschäden führen kann. Die dadurch in Mitleidenschaft gezogenen Tiere sind besonders anfällig für Schwächeparasiten und Bakterien, deren Massenvermehrung sie meistens nicht überleben.

E. Untersuchungsmethoden: Der Sauerstoffgehalt des Aquarienwassers kann mit Sauerstoffelektroden oder mit Schnelltests nach Winkler gemessen werden. Diese teuren und aufwendigen Methoden kann sich der Aquarianer sparen, wenn er das Verhalten seiner Fische beobachtet und durch technische Hilfsmittel für einen guten Gasaustausch zwischen Aquarienwasser und Luft sorgt.

F. Therapie: Kommt es trotz aller Vorsichtsmaßnahmen z.B. bei einem Stromausfall zu Sauerstoffmangel im Aquarium, muß sofort durch Belüftung und Wasserbewegung Sauerstoff ins Wasser eingebracht werden. Liegt die Ursache des Sauerstoffmangels an einer Überlastung der Filteranlage durch organische Abfallprodukte, ist nach einem gründlichen Wasserwechsel die Filteranlage zu vergrößern bzw. sind zusätzliche Filter zu installieren.

Um Dauerschäden zu vermeiden, sollten Fische, die unter Sauerstoffmangel leiden, so schnell wie möglich in sauberes, sauerstoffreiches Wasser umgesetzt werden.

G. Prophylaxe: Um einen guten Gasaustausch zwischen Aquarienwasser und Luft herzustellen, muß die Wasseroberfläche ständig in Bewegung sein. Aquarien, in denen sich eine Kahmhaut gebildet hat, können nicht optimal mit Sauerstoff versorgt sein, da diese Kahmhaut den Übergang von Sauerstoff aus der Luft ins Wasser erschwert. Wird

das Auslaufrohr eines Motorfilters in der Weise installiert, daß das zurücklaufende Wasser auf der Wasseroberfläche Wellen schlägt, kommt es zu einem optimalen Gasaustausch zwischen Luft und Wasser. Das mit Sauerstoff angereicherte Wasser wird dann durch die Strömung in tiefere Schichten transportiert, sauerstoffärmere Wasserschichten treten an die Wasseroberfläche und werden ebenfalls mit Sauerstoff angereichert. Dabei wird mehr Gas ausgetauscht als durch einen Ausströmerstein, da hierbei Luft und Wasser gemeinsam nach oben steigen und die Luftblasen relativ zum umgebenden Wasser still stehen.

H. Besonderes: Fische können auch in frischem, sauerstoffreichem Wasser ersticken, wenn durch Krankheit oder Vergiftung die Kiemen so in Mitleidenschaft gezogen wurden, daß der Austausch der Atemgase nicht mehr gewährleistet ist.

3.3.3   Gasblasenkrankheit

A. Ursache/Erreger:
Bei der Gasblasenkrankheit perlen Gase aus Körperflüssigkeiten aus, wenn bei rascher Druckentlastung die Gaslöslichkeit der Körperflüssigkeit abnimmt und dadurch eine Übersättigung eintritt. Der gleiche Fall tritt ein, wenn das umgebende Wasser stark mit Gasen übersättigt ist und durch Diffussion die Körperflüssigkeit entsprechend Gase bis zur Übersättigung aufnimmt. Es spielt dabei keine Rolle, ob es sich um Sauerstoff, Stickstoff oder andere Gase handelt. Der Effekt ist immer der gleiche. Eine Überproduktion von Sauerstoff durch übermäßige Assimilation einzelliger Algen oder höherer Wasserpflanzen führt selten zu einer Übersättigung und damit zu einer Gasblasenkrankheit bei Fischen.

Im Aquarium kann die Gasblasenkrankheit nach einem totalen Wasserwechsel mit frischem Leitungswasser auftreten. Da in der Wasserleitung ein weit höherer Druck vorliegt als im Aquarium, kommt es bei der Druckentlastung durch die zuviel gelösten Gase zu einer Übersättigung, die dann eine Gasblasenkrankheit auslösen kann. Wird vor einem Wasserwechsel dem Leitungswasser die Karbonathärte durch einen Ionenaustauscher entzogen, ist das Wasser stark mit freier Kohlensäure übersättigt. Dies führt zum einen zu einer Kohlensäurevergiftung und zum anderen durch Ausperlen zur Gasblasenkrankheit. Wird bei einer Aquarienanlage durch die Wasserpumpe auf der Saugseite Luft mit angesaugt und nach der Pumpe auf der Druckseite unter hohem Druck gelöst, kann dieses Wasser, wenn es ins Aquarium zurückläuft, durch die dabei entstehende Übersättigung ebenfalls die Gasblasenkrankheit auslösen.

B. Symptome: Symptome auf die der Aquarianer besonders nach einem Wasserwechsel achten sollte, sind feine Luftbläschen an den Aquarienscheiben, Wasserpflanzen und Dekorationen. Sobald diese Bläschen auftreten, ist das Aquarienwasser mit Gasen übersättigt und beginnt an der Oberfläche verschiedenster Gegenstände auszuperlen. Im weiteren Verlauf können die Fische selbst mit feinen Perlen überzogen sein. Gefährlich wird es für die Fische erst, wenn die aufgenommenen Gase zu einer Übersättigung der Körperflüssigkeit und schließlich zum Ausperlen der Gase im Körper führen. Die Tiere zeigen dann allgemeines Streßverhalten wie dunkle Farben, verstärkte Atmung und Schreckhaftigkeit.

C. Befallene Organe: Luftbläschen können sich im gesamten Oberflächengewebe des Fisches, wie Kiemen, Unterhautgewebe, Augen oder Flossen, bilden. Am gefährlichsten sind jedoch Gasbläschen in den Kiemen. Von hier können sie in die Blutbahn gelangen und zu einer Embolie führen.

D. Pathogenität: Je nach Anzahl, Größe und Bildungsort der Gasblasen kann die Krankheit harmlos verlaufen oder durch Embolie bzw. Spätfolgen wie Hämorrhagien und Nekrosen zum Tod der Fische führen.

E. Untersuchungsmethoden: Ob ein Fisch an einer Gasblasenkrankheit gestorben ist, ist später sogar für Fachleute nur in Ausnahmefällen nachweisbar. Der Sättigungsgrad aller gelösten Gase im Aquarienwasser ist

für den Aquarianer nicht bestimmbar, deshalb sollten Vorbeugungsmaßnahmen besonders beachtet werden. Die Krankheit selbst ist nur an den Luftbläschen auf und in der Fischhaut zu erkennen.

F. Therapie: Tritt in einem Aquarium die Gasblasenkrankheit auf, ist das Wasser sofort stark zu durchlüften, um überschüssige Gase auszutreiben. Wenn möglich, sollten die Fische zwischenzeitlich in ein anderes Aquarium umgesetzt werden.

G. Prophylaxe: Um die Gasblasenkrankheit zu vermeiden, sollten Sie Leitungswasser oder entkarbonisiertes Wasser erst einige Tage abstehen lassen, bevor Sie es ins Aquarium schütten. Bei Filteranlagen großer Schauaquarien ist darauf zu achten, daß die meist sehr starken Pumpen mit dem Aquarienwasser keine Luft ansaugen, da diese Luft sich sonst unter dem hohen Druck des Pumpvorgangs im Wasser löst und im Aquarium zu einer Übersättigung führen kann.

H. Besonderes: Die bei einzelnen Fischen auftretenden »Glotzaugen« (Exophthalmus) mit eingeschlossenen Gasblasen in der Augenkammer sind, insbesondere wenn sie bei einzelnen Tieren auftreten, nicht auf eine Übersättigung des Aquarienwassers mit Gasen zurückzuführen, sondern werden von gasproduzierenden Bakterien hervorgerufen, die das betroffene Auge befallen haben.

3.3.4   Schäden durch zu hartes Wasser

A. Ursache/Erreger: Hält man Fische, die an extrem weiches Wasser angepaßt sind, wie z.B. die südamerikanischen Amazonasfische, in sehr hartem Leitungswasser, werden die Exkretionsorgane der Tiere überfordert. Die durch die Nahrung und die Kiemen aufgenommenen Calciumionen können nicht mehr über die Niere ausgeschieden werden. Es bilden sich in den Nierenkanälchen infolge hoher Calciumkonzentrationen Kristalle aus Calciumphosphat, die die Nierenkanälchen verstopfen und über längere Zeit zu einem Ausfall der Nieren führen. Dies wird als Nephrocalcinose bezeichnet. Die Nephrocalcinose kann eventuell auch durch entzündliche Prozesse in der Niere ausgelöst werden und ist dann kaum heilbar.

B. Symptome: Eine Schädigung der Niere ist nicht an äußeren Symptomen feststellbar. Es tritt nur eine allgemeine Verschlechterung des Gesundheitszustandes und eine damit verbundene größere Anfälligkeit für Krankheiten ein.

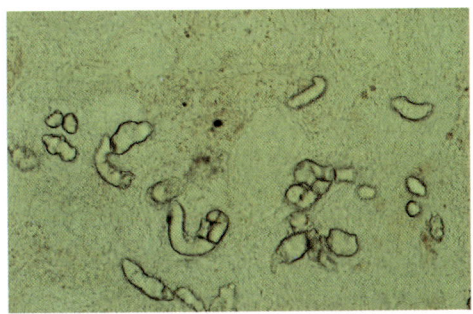

Abb. 7: Quetschpräparat einer Fischniere mit Nephrocalcinose. Die Kalkkristalle in den Nierentubuli sind deutlich zu erkennen. Foto: R. BAUER

C. Befallene Organe: Durch Calciumphosphatkristalle in den Nierenkanälchen wird die Exkretion der Niere unterbunden, dadurch können Stoffwechselprodukte nicht in genügendem Umfang ausgeschieden werden. Eine allgemeine Schädigung des Organismus ist die Folge.

D. Pathogenität: Durch zu hohen Kalkgehalt hervorgerufene chronische Nierenschäden schwächen die Tiere und machen sie für Infektionen anfällig. In extremen Fällen sterben die Fische an Nierenversagen.

E. Untersuchungsmethoden: Bei der Sektion frisch getöteter Fische ist besonders auf die kleinen Calciumphosphatkristalle in den Nierentubuli zu achten. Meist kommt ein Befall an Schwächeparasiten hinzu. Der Kalkgehalt des Aquarienwassers kann leicht und zuverlässig mit den üblichen Schnelltests gemessen werden.

F. Therapie: Durch Umsetzen in extrem weiches Wasser könnten sich die Calciumphosphatkristalle langsam auflösen und die Niere wieder normal arbeiten (Vorsicht, langsam eingewöhnen!). Der Erfolg ist jedoch zweifelhaft, da das Auflösen der Kristalle nicht garantiert werden kann. Auch hier ist es besser, von vornherein für gute Haltungsbedingungen zu sorgen, um ein Auftreten der Krankheit erst gar nicht zuzulassen.

G. Prophylaxe: Um ein Auskristallisieren von Calciumphosphatkristallen in der Fischniere zu vermeiden, sollten Fische unter den Bedingungen gehalten werden, an die sie sich in der Natur in sehr langer Zeit angepaßt haben. Damit ist gemeint, daß man Fische aus dem Malawisee am besten in sehr hartem, leicht alkalischem Wasser und Fische aus dem Rio Negro in weichem, saurem Wasser hält, und nicht etwa umgekehrt! Besonders im Groß- und Einzelhandel sollte auf die geeigneten Wasserwerte geachtet werden, um eine Schwächung der Tiere und Verluste zu vermeiden. Auch in diesem Fall ist zu empfehlen, Leitungswasser durch einen Ionenaustauscher voll zu entsalzen und anschließend 7 g der Rezeptur für weiches Wasser, wie unter »3.2.3 Säure-Laugenkrankheit« beschrieben, hinzuzufügen. Das dabei entstandene Wasser ist bestens geeignet zur Haltung von Fischen, die weiches Wasser benötigen.

H. Besonderes: Fische aus ionenarmen Gewässern können durch zu hohen Kalkgehalt im Aquarium unfruchtbar werden. Dies hängt mit den Vorgängen an der Zellmembran der Eizelle bei der Befruchtung zusammen. Bei Eizellen, die durch eine Spermazelle befruchtet wurden, wird Calcium in die Zellmembran eingelagert, um das Eindringen weiterer Spermazellen zu verhindern. Ist der Kalkgehalt im Aquarienwasser zu hoch, wird bereits im Körper des Fisches Calcium in die Membran eingelagert, dadurch ist es keinem Spermium mehr möglich, die Membran zu durchdringen. Die Eier bleiben unbefruchtet.

3.3.5 Schäden durch falschen osmotischen Druck

A. Ursache/Erreger: In der Körperflüssigkeit der Süßwasserfische liegt eine höhere Salzkonzentration vor als im umgebenden Süßwasser. Da beide Flüssigkeiten bestrebt sind, so lange Wasser und Ionen durch die Körperoberfläche auszutauschen, bis sich die Konzentrationen angeglichen haben, hat dies zur Folge, daß Wasser ständig in den Fisch eindiffundiert und Salze aus dem Körper nach außen dringen. Um dies auszugleichen, nimmt der Süßwasserfisch aktiv durch seine Kiemen Salze aus dem Wasser auf und scheidet ständig überschüssiges Wasser über die Niere aus.

Beim Salzwasserfisch liegen die Verhältnisse anders. Hier liegt im Meer eine höhere Salzkonzentration vor als im Körper des Fisches. Es findet also ständig eine Diffusion von Ionen durch die Körperoberfläche nach innen und von Wasser nach außen statt. Dies wird von den Meeresfischen dadurch ausgeglichen, daß Meerwasser getrunken und das damit aufgenommene Salz über Kiemen und Niere wieder ausgeschieden wird.

Fische haben sich in sehr langer Zeit an bestimmte Wasserbedingungen angepaßt und besitzen deshalb eine relativ geringe Toleranz für Ionenkonzentrationen und damit verbundene osmotische Drücke, die über die natürlichen Grenzen hinaus abweichen. Dies gilt sowohl für Meeresfische wie für Süßwasserfische. Daß man Meeresfische nicht in Süßwasser und Süßwasserfische nicht in Salzwasser hält, dürfte wohl jedem klar sein. Aber auch Fische aus ionenarmen Gewässern des Amazonasbeckens sollte man nicht in Wasser mit hohem Salzgehalt pflegen. Das Aquarienwasser sollte einen Leitwert von 150 µS für diese Fische nicht überschreiten, besser wäre ein Leitwert unter 50 µS. Im Gegensatz dazu benötigen sehr viele afrikanische Fischarten je nach Herkunft sehr hohe Leitwerte.

B. Symptome: Fische in Wasser mit ungeeignetem Salzgehalt und damit verbundenem osmotischen Druck sind auf die Dauer nicht in der Lage, ihren Salzhaushalt aufrechtzuerhalten. Durch den ständigen Streß, unter dem die Tiere stehen, wird ihre Kondition angegriffen und das Immunsystem geschwächt.

C. Befallene Organe: Durch falschen osmotischen Druck kommt es zu einer vermehrten Schleimbildung auf der Haut und den Kiemen sowie zu einer ständigen Überforderung der Ionenpumpen in den Kiemen- und Nierenepithelien. Durch den gestörten Salzhaushalt werden alle biologischen Prozesse im Körper, an denen Ionen beteiligt sind, in Mitleidenschaft gezogen.

D. Pathogenität: Besonders starke Änderungen des osmotischen Drucks, z.B. beim Umsetzen oder beim Wasserwechsel, wirken sich verheerend auf die Gesundheit der Fische aus. Durch starken Wasserverlust oder im anderen Fall durch Ionenverlust sind die Tiere sehr gestreßt und im Extremfall nicht in der Lage, diesen Verlust auszugleichen. Ist dies der Fall, sterben die Fische innerhalb kurzer Zeit. Ist der Salzgehalt bei Süßwasserfischen ständig zu hoch, kommt es zu chronischen Schäden an Kiemen und Nieren, denen, wenn sie nicht an einem Massenbefall von Schwächeparasiten sterben, die Tiere über kurz oder lang zum Opfer fallen.

E. Untersuchungsmethoden: Ein Nachweis eines osmotischen Schocks als Todesursache oder Krankheitsauslöser ist kaum möglich. Es empfiehlt sich regelmäßig die Leitfähigkeit bzw. den Saltzgehalt des Wassers zu messen und gegebenenfalls zu korrigieren.

F. Therapie: Kommt es beim Umsetzen oder beim Wasserwechsel im Meerwasser zu einem osmotischen Schock, sollten für die Fische so schnell wie möglich die Ausgangsbedingungen wieder hergestellt werden. Dies kann durch Einstellen der Leitfähigkeit des Wassers auf die vorhergehenden Werte oder durch Zurücksetzen des Fisches in sein altes Aquarium geschehen.

G. Prophylaxe: Im Süßwasser kommt es

meist nur zu einer chronischen Schädigung der Fische durch falschen osmotischen Druck. Osmotische Schocks dagegen treten fast nur im Meerwasser auf, da hier die Schwankungen des Salzgehaltes viel größer sein können. Um einen solchen osmotischen Schock zu vermeiden, sollten Fische beim Umsetzen sehr langsam an neue Wasserbedingungen gewöhnt werden.

H. Besonderes: Frisch abgelaichte Fischeier enthalten normalerweise einen höheren Salzgehalt als das umgebende Wasser.

Dadurch diffundiert vor dem Aushärten der Eihülle so lange Wasser in die Eier ein, bis es zu einem Konzentrationsausgleich gekommen ist. Sie nehmen dabei erheblich an Umfang zu. Ist der Salzgehalt des Wassers zu hoch, kann nicht genügend Wasser aufgenommen werden, und die Eier sterben ab. Werden Fische aus extrem ionenarmen Gewässern in Wasser mit hohem Salzgehalt gezüchtet, kann es sogar geschehen, daß die Eier noch mehr an Wasser verlieren und einschrumpfen. Ein Absterben und anschließendes Verpilzen der Eier ist die Folge.

3.4   Verletzungen

A. Ursache/Erreger: Beim Fang und Transport tropischer Fische kommt es besonders bei großen Arten immer wieder zu schweren Verletzungen und Hautabschürfungen. Oft werden neu eingesetzte Fische von ihren Artgenossen gejagt, mit der Folge, daß in den meist zu kleinen Aquarien die Tiere nicht ausweichen können und schwere Bißwunden davontragen. Da die gegen Bakterien und Pilze schützende Schleimhaut der Fische bei solchen Verletzungen beschädigt wird, kommt es leicht zu Infektionen durch fakultativ pathogene Bakterien oder Pilze.

B. Symptome: Frische Verletzungen sind leicht zu erkennen. Es kann sich dabei entweder nur um eine Verletzung der Schleimhaut oder in stärkeren Fällen um Verletzungen der Schuppenreihen, des Unterhautgewebes oder sogar der Muskulatur handeln.

C. Befallene Organe: Innere Organe sind bei Verletzungen nur in Ausnahmefällen betroffen. Ist die Verletzung jedoch so groß, daß innere Organe in Mitleidenschaft gezogen wurden, sind die Fische nicht mehr zu retten. Um solchen Tieren langes Leiden zu ersparen, sollten sie schnell getötet werden. Alle peripheren Körperteile wie Flossen, Haut, Muskeln, Augen, Kiemen und Schuppen können durch Verletzungen beschädigt werden.

D. Pathogenität: Ist die Kondition der Fi-

sche gut und treten keine Infektionen auf, werden selbst schwerste Bißwunden gut überstanden. Schwache und kranke Tiere können jedoch den kleinsten Verletzungen infolge einer auftretenden Infektion zum Opfer fallen.

E. Untersuchungsmethoden: Frische Verletzungen sind leicht mit bloßem Auge an den betroffenen Fischen auszumachen.

F. Therapie: Verletzte Fische fängt man vorsichtig aus dem Aquarium heraus, trocknet die verletzten Hautpartien mit einem kleinen Wattebausch ab und bepinselt sie mit Mercurochrom, einem Hautdesinfektionsmittel aus der Humanmedizin. Dabei ist darauf zu achten, daß Mercurochrom nicht auf die Kiemen gelangt, da der Fisch sonst an den Folgen stirbt. Anschließend muß er allein in ein Quarantänebecken gesetzt werden, in welchem die Wunden schnell abheilen können. Bei Bedarf ist die Behandlung nach einigen Tagen zu wiederholen.

G. Prophylaxe: Um Verletzungen beim Fang und Transport zu vermeiden, sollten sehr große Fische vorher betäubt werden. Ruhiges und vorsichtiges Hantieren verhindert ein schreckhaftes Herumjagen der Fische und verringert die Verletzungsgefahr. Beim Einsetzen neuer Fische in ein Aquarium mit rauflustigen Fischen ist es von Vorteil, wenn die neuen Tiere zuerst in einem genügend

Abb. 8: Ein von Artgenossen angefressener Piranha *(Serrasalmus nattereri)*. Solche Tiere sind selbstverständlich nicht mehr zu retten und aus ethischen Gründen sofort abzutöten. Foto: G. Schubert, Zool. Inst. Uni. Hohenheim

großen Netz einige Tage in das Becken gehängt werden, um die Rivalen aneinander zu gewöhnen.

H. Besonderes: Fische reagieren je nach Art sehr unterschiedlich auf mechanische Beanspruchung. Bodenfische, die es gewohnt sind, ständig mit Sand und Steinen in Kontakt zu kommen, sind sehr unempfindlich gegen Berührung und eine Verletzung ihrer Schleimschicht. Freischwimmende Fische, die normalerweise mit keinen festen Gegenständen in Berührung kommen, reagieren dagegen sehr empfindlich auf Verletzungen der Schleimhaut. Bei diesen Fischen reicht ein Anfassen mit der bloßen Hand, um Verpilzungen und Infektionen hervorzurufen.

Das Regenerationsvermögen der Fische ist von Art zu Art sehr verschieden. Bei Piranhas, die sich gegenseitig bei Beißereien ganze Stücke aus Flossen, Haut und Muskulatur regelrecht herausschneiden, heilen die Wunden in kürzester Zeit aus. Abgefressene Flossen werden innerhalb weniger Tage vollständig regeneriert.

3.5 Mißbildungen

A. Ursache/Erreger: Bei der Änderung von Körpermerkmalen während einer Folge von Generationen ist der Übergang zwischen Varianz und Degeneration bzw. Mißbildung fließend. Jede Abweichung der Körperform, der Form der Flossen, der Farbe oder der Körpergröße ist strenggenommen eine Mißbildung, wenn sie ein bestimmtes Maß überschreitet. Wo man dieses Maß ansetzt, muß jeder Aquarianer selbst entscheiden, da im Aquarium bis auf die pathogenen Mißbildungen alle überleben.

Die Natur hat dagegen viel strengere Maßstäbe. Jedes Individuum einer Art, das nicht optimal an seine Lebensbedingungen angepaßt ist, d.h. bestimmte Körpergröße, Körperform, Farbe, Verhalten usw. zeigt, unterliegt im Konkurrenzkampf und wird ausselektiert. Aus diesem Grunde variieren die Merkmale von Tieren einer Population in der freien Natur nur sehr wenig. Durch kostengünstige Massenzucht tropischer Zierfische, bei der möglichst jeder Fisch einer Brut aufgezogen wird, ist auf die Dauer eine Auslese von nicht artgemäßen Merkmalen nicht mehr möglich. Schon nach wenigen Generationen unterscheiden sich die Nachzuchtfische von den sogenannten Wildfängen durch blassere Farben, geänderte Körperformen, Mopsköpfigkeit und andere Degenerationserscheinungen. Auch wird die Toleranz gegenüber den unnatürlichen Aquariumsbedingungen im Laufe der Generationen größer, denn auch im Aquarium findet eine Selektion statt. Nur werden hier ganz andere Merkmale bevorzugt oder unterdrückt als in der freien Natur. Es herrschen im Aquarium eben auch andere Bedingungen. Selbst wenn der Aquarianer keine Kosten und Mühen scheut, wird es ihm nie gelingen, diese Bedingungen vollkommen nachzuahmen.

Im Gegensatz zum fließenden Übergang zwischen Varianz und Mißbildung, bedingt durch endogene Faktoren, ist für eine selbst geringe Varianz bestimmter Merkmale durch exogene Ursachen, wie Vergiftungen oder Schädigungen durch chemische und physikalische Faktoren, immer von einer Mißbildung zu sprechen. Schädliche Einwirkungen durch Schwermetallsalze, Insektizide, Herbizide, Medikamente und andere organische und anorganische Gifte können während der Embryonalentwicklung Mißbildungen hervorrufen. Außerdem sind eine Reihe von parasitären Erkrankungen bekannt; hier sei nur die sogenannte Drehkrankheit der Forellen erwähnt, die die Ursache für Deformationen und Mißbildungen sein können.

Liegen bei der Zucht die chemischen und physikalischen Wasserwerte, wie Temperatur, Härte, pH-Wert usw., im oberen oder unteren Toleranzbereich der gezüchteten Art, ist die Rate der mißgebildeten Nachkommen erheblich größer als bei optimalen Wasserwerten. Auch dies sollte bei der Zierfischzucht Beachtung finden.

B. Symptome: Mißbildungen können sehr unterschiedlich ausfallen. Von stark deformierten Tieren mit Mopsköpfen und S-förmig verbogenen Wirbelsäulen bis zu geringen Deformationen des Knochenbaus, die nur im Röntgenbild zu erkennen sind, oder Abweichungen der Körperfarbe kommen alle Zwischenstufen von Mißbildungen vor.

C. Befallene Organe: Von Mißbildungen können alle Körperteile betroffen sein. Besonders auffällig sind Mißbildungen im Bereich des Kopf- und Wirbelskeletts.

D. Pathogenität: Viele selbst extreme Mißbildungen führen im Aquarium nicht immer zum Tod der Tiere. Da die mißgestalteten Fische vom Aquarianer gefüttert werden, unterliegen sie auch nicht dem Konkurrenzkampf. Auch Freßfeinde, denen sie leichter zum Opfer fallen würden, gibt es im Aquarium nicht. In der Natur dagegen haben mißgestaltete Fische keine Überlebenschance.

E. Untersuchungsmethoden: Stärkere Mißbildungen sind selbst an frisch geschlüpften Jungfischen leicht mit bloßem Auge zu erkennen. Selten sind innere Organe von Mißbildungen betroffen, da dies sofort zum

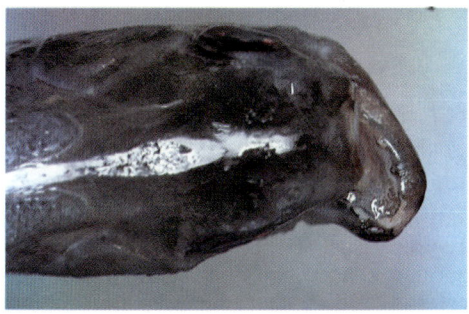

Abb. 9: Schnauzenmißbildung bei einem Piranha *(Serrasalmus nattereri)*. Foto: G. Schubert, Zool. Inst. Uni. Hohenheim

Tod des betreffenden Tieres führt und somit, sollte die Ursache genetischen Ursprungs sein, nicht mehr weitervererbt werden kann.

Die Ursachen von Mißbildungen sind nur sehr schwer festzustellen. Dies gelingt selbst dem Fachmann nur selten. Treten bei einer Brut übermäßig viele Mißbildungen auf, kommt man weniger durch Untersuchen als vielmehr durch Überlegen ans Ziel: Wurden Medikamente verwendet? Können diese Medikamente Mißbildungen auslösen? Liegt eine Vergiftung vor? Ist das Elternpaar einwandfrei? Wie sind die Zuchtbedingungen? Wie sind die Wasserwerte? usw.

F. Therapie: Fische mit Mißbildungen können nicht behandelt werden und sollten aus humanen Gründen getötet werden. Auf keinen Fall darf jedoch mit mißgestalteten Fischen gezüchtet werden, da die Gefahr besteht, daß die Deformationen weitervererbt werden.

G. Prophylaxe: Eine Prophylaxe gegen Mißbildungen gibt es nicht.

H. Besonderes: Auch der Mensch selbst ist Ursache für manche Mißbildung bei Zierfischen. Durch Auslese und Rückkreuzung werden die unterschiedlichsten Farbvarianten, Schleierformen und Deformationen herausgezüchtet. Besonders vom Goldfisch gibt es abartige Zuchtformen, die nichts anderes als gewollt angezüchtete Mißbildungen darstellen.

3.6   Geschwulstkrankheiten

3.6.1   Tumorkrankheiten

A. Ursache/Erreger: Unter Tumoren versteht man übermäßiges, abnormes Wachstum einzelner Zellgruppen, wobei die Vermehrung dieser Zellgruppen außer Kontrolle geraten ist und nach Beseitigung des auslösenden Faktors nicht zum Stillstand kommt. Tumore kommen bei tropischen Zierfischen relativ selten vor. Man kann diese Geschwülste in gutartige und bösartige unterteilen, die sich durch unterschiedliches Wachstum unterscheiden. Gutartige Tumore haben ein langsames Wachstum, ohne das umliegende Gewebe zu schädigen. Bösartige Tumore lösen das umliegende Gewebe auf, bilden in anderen Körperregionen Metastasen und besitzen einen unregelmäßigen Aufbau.

Für die Entstehung von Tumoren gibt es sehr viele unterschiedliche Ursachen. Sie können durch krebserregende Stoffe wie Herbizide, Insektizide, Detergenzien, Azofarbstoffe, Kohlenwasserstoffe und viele andere Gifte hervorgerufen werden. Aber nicht nur Chemikalien bilden die Ursache für Tumore. Auch Strahlung (UV-, Röntgen-, Gammastrahlung) wirkt krebserregend.

Neben diesen Außenfaktoren spielt der genetische Code der Tiere eine erhebliche Rolle bei der Tumorbildung. Nicht alle Fischarten und nicht alle Individuen einer Art sind gleich anfällig für kanzerogene Stoffe. Die Möglichkeit der Tumorbildung aufgrund bestimmter chemischer und physikalischer Außenreize wird durch einen genetischen Faktor bedingt. In manchen seltenen Fällen ist ausschließlich und allein dieser genetische Faktor der Grund für einen auftretenden Tumor. Dies kommt verständlicherweise nur in unseren Aquarien bei unnatürlichen Kreuzungen zwischen zwei verschiedenen Arten vor. Da solche Fische in der freien Natur keine Überlebenschance haben, verschwindet mit ihnen der genetische Faktor als Auslöser der Tumorerkrankung und wird nicht weitervererbt.

Ein Beispiel für erblich bedingte Tumorbildung bei Zierfischen ist der Pigmentzellentumor (Melanosarcom), der bei der Kreuzung von *Xiphophorus helleri*-Weibchen und *Xiphophorus maculatus*-Männchen auftritt. Kreuzt man die F_1-Tochtergeneration mit *Xiphophorus helleri* und die dabei entstandene F_2-Tochtergeneration wieder mit *Xiphophorus helleri* usw., werden die Erbanlagen für die Farbstoffbildung so übersteigert, daß aus einer gutartigen Pigmentzellengeschwulst (Melanom) ein bösartiger Tumor (Melanosarcom) wird. Durch Metastasenbildung breitet sich der schwarze, meist von der Schwanzflossenbasis ausgehende Tumor rasch über den ganzen Körper aus. Durch den bösartigen Charakter dieses Tumors kommt es bald zu Flossenverlust, Augenverlust und Schädigung des Gehirns und der inneren Organe. Die Tiere werden nach Ausbruch eines Melanosarcoms meist nicht sehr alt.

B. Symptome: Die Symptome sind je nach Tumorart sehr verschieden. Melanosarcome sind an der schwarzen Färbung, die sich rasch über den Körper ausbreitet, leicht zu erkennen. Andere Tumore, wenn sie nicht an der Körperoberfläche sitzen und durch Geschwulstbildung nach außen auffallen, müssen nicht unbedingt Krankheitssymptome auslösen. Manchmal ist ein Tumor so groß, daß er den Leib des Fisches um ein Vielfaches aufbläht und dadurch auffällt.

Abb. 10: Pigmentzellentumor (Melanosarkom) bei einem Platy *(Xiphophorus helleri* X *Xiphophorus maculatus)*. Foto: R. BAUER

C. Befallene Organe: Es kommen alle Organe des Fisches für eine Tumorbildung in Frage. Durch Metastasenbildung bei bösartigen Tumoren kann sich die Erkrankung rasch im ganzen Körper ausbreiten.

D. Pathogenität: Gutartige Tumore wachsen sehr langsam und schädigen die Fische nicht sehr, sie können sich zum Teil in bösartige Geschwulste umwandeln (Melanom → Melanosarcom) und führen in solchen Fällen bald zum Tod der Tiere.

E. Untersuchungsmethoden: Tritt der Tumor an der Körperoberfläche auf, ist er leicht mit bloßem Auge als Geschwulst zu erkennen. Befindet er sich in den inneren Organen, ist nur durch die Sektion eines frisch getöteten Tieres eine Diagnose möglich. Dabei kann lediglich festgestellt werden, in welchem Organ sich ein Tumor befindet. Die Art des Tumors und aus welchem Gewebe er ursprünglich hervorging, ist nur durch komplizierte histopathologische Untersuchungen zu bestimmen und lediglich von wissenschaftlichem Interesse. In der Praxis spielt dies keine Rolle.

F. Therapie: Eine Therapiemöglichkeit bei Tumorerkrankungen besteht nicht. Dies ist jedoch nicht von Bedeutung, da in der Regel Tumore selten und nur bei Einzeltieren auftreten. Die betroffenen Fische sollten schnell und schmerzlos getötet werden.

G. Prophylaxe: Da Tumore durch chemische und physikalische Einflüsse ausgelöst werden können, sollte ein Kontakt der Fische mit karzinogenen Stoffen vermieden werden. Verdorbenes Fischfutter sollte auf keinen Fall verfüttert werden. Es kann den Schimmelpilz *Aspergillus flavus* enthalten. Dieser erzeugt das Gift Aflatoxin, welches bereits in geringen Mengen bei Fischen (und beim Menschen) Leberkrebs hervorruft.

H. Besonderes: Die Anlage zur Bildung gutartiger Tumore besonders im Kopfbereich wurde bei verschiedenen Goldfischrassen durch Auslese herausgezüchtet. Zu Zuchtformen des Goldfischs mit solchen gutartigen Tumoren gehören die Löwenköpfe, Tigerköpfe und andere.

3.6.2 Hyperplasien

A. Ursache/Erreger: Auch Viren und Parasiten können Geschwülste auslösen, dann spricht man aber nicht von Tumoren, sondern von Hyperplasien. Unter Hyperplasien versteht man eine Geschwulstbildung, die im Gegensatz zu einem Tumor nach Beseitigung des auslösenden Reizes, wie Parasiten oder chemische und physikalische Reize, wieder verschwindet. Einige Beispiele dafür sind Lymphocystisknoten (Viren), bakterielle Kiemenerkrankung im Anfangsstadium (Ammoniakvergiftung), Blumenkohlkrankheit der Aale (Virus) und Schilddrüsengeschwülste (Jodmangel). Auch Parasitenbefall durch Apikomplexa, Copepoden oder Trematoden können zu Hyperplasien führen.

B. Symptome: Auch bei Hyperplasien sind die Symptome so vielfältig wie die Ursachen der Geschwulste. Bei virusbedingten Hyperplasien sind vor allem Haut und Flossen betroffen und zeigen knotige, seltener flächige, stecknadelkopf- bis mehrere Zentimeter große Geschwulste.

C. Befallene Organe: Von einer Hyperplasie können Kiemen, Haut, Flossen, Knorpel, Muskeln, Bindegewebe, Leber, Niere, Milz,

Abb. 11: Schilddrüsengeschwulst bei einem *Aphyosemion cinnamomeum*. Foto: G. SCHUBERT, Zool. Inst. Uni. Hohenheim

Darm, Drüsen und andere Organe betroffen sein.

D. Pathogenität: Wird der auslösende Faktor der Hyperplasie beseitigt, bildet sich die Geschwulst meist zurück. Trotzdem kann es durch Hyperplasien zu erheblichen Ausfällen bei Zierfischen kommen, wenn Therapiemaßnahmen zu spät durchgeführt werden (z.B. bei der Kiemenhyperplasie).

E. Untersuchungsmethoden: Oft ist es für den Laien sehr schwer oder sogar unmöglich, Hyperplasien von Tumoren zu unterscheiden. Bestimmte virusbedingte Hyperplasien *(Lymphocystis)* können in der Regel an den stark vergrößerten Zellen im mikroskopischen Bild erkannt werden.

Bei parasitär bedingten Hyperplasien kann ein Nachweis des Parasiten durch mikrosko-pische Untersuchungen zur Klärung der Ursache führen.

F. Therapie: Je nach Art der Hyperplasie muß die Ursache beseitigt werden.

G. Prophylaxe:
Für die einzelnen Hyperplasien kommen verschiedene vorbeugende Maßnahmen in betracht. Hierzu gehören in erster Linie gute Haltungsbedingungen, Einhalten der Quarantänevorschriften und Beseitigen von Krankheitserregern.

H. Besonderes: Bei *Astronotus ocellatus* ist eine Hyperplasie im Kopfbereich bekannt, die durch Copepoden ausgelöst wird.

4 Viren

Viren gehören nicht zu den eigentlichen Lebewesen, da sie keinen eigenen Stoffwechsel besitzen. Es handelt sich eigentlich mehr um Makromoleküle aus einer Proteinhülle, die eine Nukleinsäurekette (RNS oder DNS) umschließt. Diese Makromoleküle sind in der Lage, in Zellen einzudringen und den Zellstoffwechsel so zu beeinflussen, daß die Zelle eine Unzahl neuer Viren produziert. Nach Platzen der Zelle werden die Viren frei und befallen neue Zellen. Dadurch kann es zu einer schlagartigen Ausbreitung einer Virusinfektion kommen.

In Nutzfischen wurde eine große Anzahl verschiedener Viren gefunden, die zum Teil schwere Erkrankungen auslösen. Pathogene Viren von Zierfischen sind dagegen weitgehend unbekannt und auch nur mit einem erheblichen Aufwand nachzuweisen, der dem Aquarianer nicht zur Verfügung steht. Deshalb bleibt die Beschreibung von Viruskrankheiten bei Zierfischen in diesem Kapitel auf die Lymphocystis-Krankheit beschränkt, die leicht mit einem einfachen Lichtmikroskop nachzuweisen ist.

4.1   Lymphocystis

A. Ursache/Erreger: Dieses DNS-haltige Virus gehört mit einer Größe von 130–300 nm zu den größten Viren. Es dringt in Zellen der Haut oder Kiemen ein und stellt den Stoffwechsel dieser Zellen um. Dadurch werden unzählige Lymphocystis-Viren in der betroffenen Zelle produziert, und die Fischzelle beginnt, übermäßig zu wachsen. Die Größe einer infizierten Zelle kann im Laufe von mehreren Monaten bis zu dem 100000fachen ihres Ausgangsvolumens ansteigen und ist dann mit bloßem Auge erkennbar. Nach Platzen der Zelle werden die Viren frei und befallen neue Zellen. Betroffen sind viele Fischarten im Süß- und Seewasser, außer Salmoniden und Cypriniden, die gegen *Lymphocystis* immun zu sein scheinen.

B. Symptome: Auf den Flossen und der Haut, seltener in den inneren Organen und der Muskulatur, bilden sich kugelförmige, bis

0,5 mm große, harte Zellen, die einzeln oder in himbeerartigen Gruppen aus dem umliegenden Gewebe herausragen. Die betroffenen Fische zeigen keine abnormen Verhaltensänderungen.

C. Befallene Organe: *Lymphocystis* tritt nicht nur auf der Haut oder den Kiemen auf. Diese Krankheit konnte auch im Maul, in den inneren Organen und in der Muskulatur nachgewiesen werden. Im Körperinneren bilden sich Geschwulste aus stark vergrößerten Körperzellen.

D. Pathogenität: Bei dieser Krankheit handelt es sich um eine gutartige Geschwulstkrankheit, die im Aquarium meist chronisch verläuft und nur selten zu Ausfällen führt. Bei optimalen Haltungsbedingungen kommt es manchmal zur Immunität der betroffenen Fische, die dann von den freiwerdenden Viren nicht wieder befallen werden und genesen.

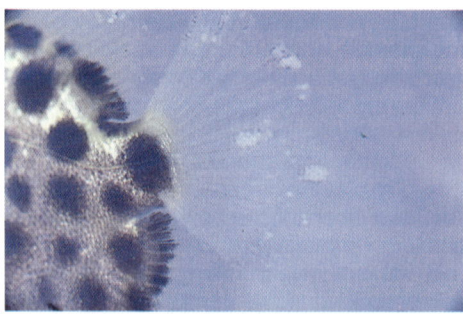

Abb. 12: *Lymphocystis* auf der Schwanzflosse eines Argus *(Scatophagus argus)* Foto: G. SCHUBERT, Zool. Inst. Uni. Hohenheim

Abb. 13: Mit *Lymphocystis* infizierte Zellen an einer Schwanzflosse eines Argus *(Scatophagus argus)*. Foto: R. BAUER

E. Untersuchungsmethoden: Die mit *Lymphocystis* infizierten Riesenzellen fühlen sich hart an und lassen sich im Gegensatz zu vielen, ähnlich aussehenden Ektoparasiten bei einem Hautabstrich nicht abstreifen. Deshalb muß von einem frisch getöteten Fisch infiziertes Gewebe wie Flossen oder Geschwulste abgeschnitten und unter dem Mikroskop untersucht werden. Dabei sind die riesenhaften Zellen mit ihren verdickten Zellmembranen leicht zu identifizieren. Bei genauer Betrachtung fällt auch der ebenfalls stark vergrößerte Zellkern auf.

Lymphocystis kann leicht mit *Epitheliocystis* verwechselt werden. Die mit *Lymphocystis* infizierten Zellen werden aber um ein Vielfaches größer als mit *Epitheliocystis* infizierte Zellen, außerdem enthalten Lymphocystis-Zellen keine granuläre Substanz, dafür aber einen deutlich sichtbaren, hypertrophierten Zellkern.

F. Therapie: Eine Therapie dieser Krankheit ist nicht möglich. Stark infizierte Fische müssen getötet und vollständig vernichtet werden, um eine Übertragung auf andere Fische auszuschließen. Bei leichten Infektionen an den Flossenrändern können die betroffenen Partien durch einem scharfen Schnitt, z.B. mit einer Schere entfernt werden, da die Flossen nach kurzer Zeit wieder regenerieren. Die infizierten Fische sollten aber mindestens zwei Monate in Quarantäne verbleiben, um auszuschließen, daß weitere Zellen infiziert sind.

G. Prophylaxe: Neuzugänge sind in der Quarantäne genau auf Lymphocystis-infizierte Zellen zu untersuchen. Sollte sich dabei

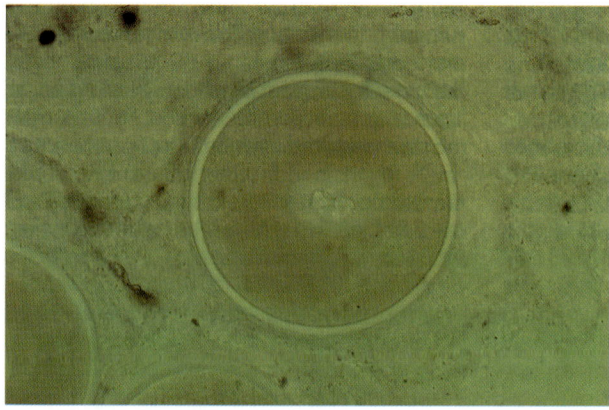

Abb. 14: Durch *Lymphocystis* hervorgerufener Riesenwuchs einer Körperzelle. Leicht zu unterscheiden von anderen Infektionen an der deutlich sichtbaren Zellmembran, dem hellen Zellkern und dem darin liegenden Nukleulus. Foto: R. BAUER

eine Lymphocystis-Infektion nachweisen lassen, dürfen die betroffenen Fische auf keinen Fall in die Schaubecken umgesetzt werden. Wenn die Riesenzellen nicht auf den äußeren Partien der Flossen sitzen und sich nicht mit einer Schere beseitigen lassen, sind die Fische sofort zu vernichten.

H. Besonderes: Aufgrund unterschiedlicher Größen der Viruspartikel bei verschiedenen Wirtsfischen und der zum Teil abweichenden Erscheinungsformen dieser Krankheit liegt die Vermutung nahe, daß es sich hier um eine ganze Gruppe von eng verwandten Viren handelt, die alle einen Riesenwuchs (Hypertrophie) bei infizierten Zellen auslösen. Bei dem südamerikanischen Peru-Kirschflecksalmler *(Hyphessobrycon erythrostigma)* tritt auf den Flossen und der Haut die sog. Silicon-Krankheit auf. Die Fische sehen aus, als hätte man sie mit Silicon eingerieben. Vermutlich handelt es sich dabei um eine Erkrankung mit einem Virus aus der

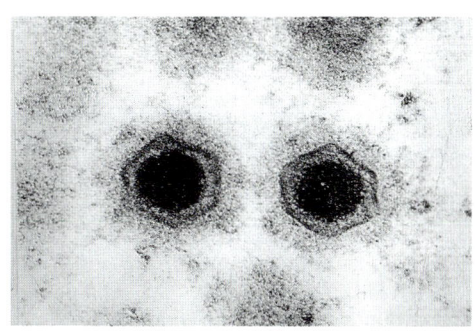

Abb. 15: *Lymphocystis* Viren. TEM Aufnahme. Foto: G. SCHUBERT, Zool. Inst. Uni. Hohenheim

Lymphocystis-Gruppe. Wenn man erkrankte Fische in gutes Wasser setzt, gehen die Symptome von selbst zurück. Ausfälle wurden trotz zum Teil starker Erkrankung nicht beobachtet.

5 Bakterien

Als Bakterien werden einzellige, kernlose Organismen bezeichnet, die sich durch Teilung fortpflanzen. Man unterscheidet nach ihrer äußeren Form Kokken (rund), Bazillen (stabförmig), Vibrionen (kommaförmig) und Spirillen (schraubenförmig). Eine weitere Klassifizierung erfolgt nach biochemischen Eigenschaften, wie Anfärbbarkeit (Färbung nach Gram, daher grampositiv bzw. gramnegativ), Vermehrung in verschiedenen Medien oder Abbau bzw. Synthese bestimmter Substanzen. Auch die Produktion brauner, gelber, orangefarbener, blauer, violetter oder roter Farbstoffe wird zur Klassifikation herangezogen.

Die meisten fischpathogenen Bakterienarten sind mehr oder weniger stabförmig, runde oder kommaförmige Arten *(Streptococcus, Vibrio)* sind seltener, schrauben- oder spiralförmige treten gar nicht als Krankheitserreger bei Fischen auf. Bakterien besitzen bis auf wenige Ausnahmen (Mycoplasmen), die aber keine Fische befallen, eine Zellwand und eine darunter gelegene Zellmembran, die für Nahrungsbestandteile und Stoffwechselprodukte durchlässig ist.

Fischpathogene Bakterien pflanzen sich durch Teilung oder seltener durch Microzysten fort, Sporen werden von ihnen nicht gebildet. Die Bewegung erfolgt mit Hilfe von Flagellen, wenn diese nicht vorhanden sind, durch Kriechen oder Gleiten. Viele von ihnen sind jedoch auch unbeweglich. Bakterien sind sehr tolerant gegenüber schwankenden oder extremen Werten äußerer Bedingungen, wie osmotischem Druck, pH-Wert oder Temperatur. Die fischpathogenen Bakterien leben aerob oder fakultativ anaerob. Es gibt nur einzelne Ausnahmen echter anaerober Krankheitserreger bei Fischen, wie z.B. *Eubacterium tarantellus.*

Viele der bei Fischen krankheitserregenden Bakterien sind fakultativ pathogen und leben normalerweise saprophytisch. Fakultativ pathogen bedeutet, daß diese Bakterien sich normalerweise von organischen Substanzen im Wasser, Mulm oder Schlamm ernähren (Saprophyten) und nur bei Gelegenheit Fische befallen. Hierzu müssen bestimmte Voraussetzungen gegeben sein, das sind in erster Linie schlechte Haltungsbedingungen, wie mangelnde Hygiene, schlechte Filterung, falsches oder ungenügendes Futter, zu hohe oder zu niedere Temperaturen oder falsche Wasserwerte, hinzu kommen ein schwaches Immunsystem, Verletzungen oder ähnliches.

Daß bakterielle Erkrankungen in unseren Aquarien weit verbreitet sind, sollte uns zu denken geben. Bei starken Infektionen durch Bakterien und andere Erreger treten sogenannte »gelbe Körper« in der Leber und vor allem in der Milz auf, das sind kleine, normalerweise nur unter dem Mikroskop sichtbare, gelb-braune Flecken, die gleichmäßig über die betroffenen Organe verteilt sind. Sie bestehen aus retikulogenen, pigmentierten Makrophagen, die die Aufgabe besitzen, abgestorbene rote Blutkörperchen abzubauen. Der gelb-braune Farbstoff besteht aus Hämosiderin, einem eisenhaltigen Abbauprodukt des roten Blutfarbstoffs (Hämoglobin). Um die »gelben Körper« als hämosiderinbeladene Makrophagen zu identifizieren, muß das aus dem Hämoglobin stammende Eisen, das jetzt als dreiwertiges Eisenoxid vorliegt, mit der Berlinerblau-Reaktion nachgewiesen werden. Dazu wird das Deckglas vom Quetschpräparat abgehoben und das zu untersuchende Gewebe mit einem Tropfen einer wäßrigen, 2%igen Kaliumhexacyanoferrat(II)-Lösung versetzt ($K_4[Fe(CN)_6]$, gelbes Blutlaugensalz). Nach 2–3 Minuten überführt man das Präparat in 1%ige Salzsäure. Bei Anwesenheit von Hämosiderinen färben sich die »gelben Körper« durch das entstandene Berlinerblau ($Fe^{III}[Fe^{II}Fe^{III}(CN)_6]_2$) intensiv blau und sind unter dem Mikroskop leicht nachzuweisen.

Die Anwesenheit von Hämosiderin weist nicht auf eine Infektion durch bestimmte Erreger hin. Diese Symptome treten immer dann auf, wenn aus Abwehr gegen eine bakterielle oder andersartige Infektion übermäßig viele rote Blutkörperchen gebildet werden und die überalterten Erythrocyten durch Makrophagen beseitigt werden.

Abb. 16: Indischer Glaswels. Bakterieninfektion auf der Haut. Foto: R. Bauer

Dem Aquarianer, der normalerweise keine Möglichkeit hat, Bakterien nachzuweisen, kann dieser einfache Hämosiderin-Nachweis zumindest einige Hinweise geben: Treten in einem Aquarium regelmäßig Todesfälle auf und können bei der Sektion eines frisch getöteten Fisches keine Parasiten nachgewiesen werden und verläuft der Hämosiderin-Nachweis positiv, kann dies als einfacher Hinweis dienen, daß eine Bakterien- oder Virusinfektion vorliegt. Dies ist natürlich kein schlüssiger Beweis, kann aber in der Praxis unter Berücksichtigung der auftretenden Symptome sehr hilfreich sein.

5.1 Furunkulose (Aeromonas, Pseudomonas)

A. Ursache/Erreger: Im Oktober 1888 war in einer Fischzuchtanstalt Süddeutschlands eine bis dahin unbekannte seuchenhafte Erkrankung unter Bach- und Regenbogenforellen aufgetreten, die sich über den ganzen Winter hinzog und zahlreiche Opfer forderte. Dies wiederholte sich mehrere Jahre hintereinander. 1890 erkannten Emmerich und Weibel vom Hygiene-Institut der Universität München diese Forellenseuche als bakterielle Infektionskrankheit und veröffentlichten ihre Erkenntnisse 1894 in einer wissenschaftlichen Zeitschrift. Nach dem bei Forellen typischen Erscheinungsbild, wie blutige, eitrige Geschwüre und punktförmige Blutungen, nannten sie diese Krankheit »Furunkulose«. Aus den Geschwüren konnten sie kurze, stabförmige, gramnegative, nichtsäurefeste, fakultativ anaerobe, unbewegliche Bakterien isolieren, die keine Sporen bildeten und eine optimale Wachstumstemperatur von 20–22°C besaßen (obere Wachstumsgrenze bei 34,5 °C). *Aeromonas salmonicida* wurde mit größter Wahrscheinlichkeit ab 1882 mit aus den USA importierten Forelleneiern eingeschleppt und breitete sich in Europa und Asien rasch in Zuchtanstalten und freien Gewässern aus. Inzwischen konnten *Aeromonas salmonicida* und nahe verwandte Arten nicht nur aus Salmoniden, sondern aus den verschiedensten Fischarten aus aller Welt isoliert werden. Mit einer Ausnahme: Dank strengster Einfuhrbeschränkungen ist der australische Kontinent frei von *Aeromonas salmonicida*.

B. Symptome: Die Furunkulose ist nicht immer leicht zu diagnostizieren, da sie nicht nur in Form blutiger Geschwüre auftritt. Oft kommt es zu einer Mischinfektion verschiedener Aeromonas- und Pseudomonasarten. Es lassen sich bei einer Erkrankung durch *Aeromonas salmonicida* vier Erscheinungsformen anhand der auftretenden Symptome unterscheiden.

1. Geschwüre: Dabei zeigen sich blutige, beulenartige Geschwüre mit einer Größe von bis zu 3 cm in der Muskulatur. Diese mit Blut und Eiter gefüllten Furunkel können durch die Haut nach außen aufbrechen und ihren Inhalt ins Wasser abgeben. Offene Geschwüre werden meist sekundär von Wasserschimmel (Saprolegniaceae) befallen und sind dann deutlich an den weißen, wattebauschartigen Pilzfäden zu erkennen.

2. Punktförmige Blutungen: Hierbei kommt es nicht zur Furunkelbildung, sondern lediglich zu punktförmigen oder flächigen Blutungen und Rötungen in der Haut (besonders an der Flossenbasis) und in der Muskulatur. Weitere Symptome sind Flossenfäule, Glotzaugen (Exophtalmus) und Blutungen in den inneren Organen. Letzteres besonders bei fettig degenerierter Leber. Leibeshöhle und Schwimmblase können mit Blut oder Lymphflüssigkeit gefüllt sein.

3. Darmfurunkulose: Der Darm ist bei dieser Erscheinungsform der Furunkulose stark gerötet und zeigt punktförmige oder flächige Blutungen. Deshalb lassen sich auch im Darminhalt viele Blutzellen nachweisen. Die den Darm versorgenden Blutgefäße sind sehr vergrößert und der After kann leicht vorgestülpt sein.

4. Symptomlose Form: Diese wohl gefährlichste Erscheinungsform der Furunkulose ist weit verbreitet, wird jedoch selten als solche erkannt. Die Fische sterben in großer Zahl, obwohl sich keinerlei äußere Merkmale einer Erkrankung feststellen lassen. Hohe Verluste innerhalb kürzester Zeit durch diese Form der Furunkulose werden oft anderen Ursachen, wie falschen Wasserwerten, Ver-

giftungen oder ähnlichem, zugeschrieben. Zur genauen Diagnose muß der Erreger, der massenhaft im Blut zu finden ist, nachgewiesen werden; dies ist jedoch sehr aufwendig und für Aquarianer mit üblicher Ausstattung kaum möglich.

C. Befallene Organe: Je nachdem, auf welchem Wege die Fische infiziert wurden, sind unterschiedliche Organe befallen. Durch Verletzungen der schützenden Schleimhaut dringen die Erreger in Haut und Muskulatur ein und verursachen Geschwüre und Blutungen. Werden die Erreger mit der Nahrung aufgenommen, können Darm oder andere innere Organe befallen werden. Ist dies der Fall, kommt es meist zur Darmfurunkulose oder zur symptomlosen Form der Furunkulose.

D. Pathogenität: Die Furunkulose ist sehr gefährlich und kann hohe Verluste fordern, ohne daß diese Krankheit erkannt wird. Nur durch sofortige Behandlung können die Tiere gerettet werden.

E. Untersuchungsmethoden:
Um *Aeromonas salmonicida* nachzuweisen, muß der Erreger auf sterilem Agar in Petrischalen gezüchtet werden. Hierzu nimmt man unter sterilen Bedingungen aus frisch getöteten Fischen Abstriche aus Geschwüren oder, falls nicht vorhanden, aus Niere, Leber, Herzblut oder Kot und überführt sie auf spezielle Nährböden. Besonders geeignet sind Bacto-furunculosis-Agar (Difco), GSP-Agar oder Pseudomonaden- und Aeromonaden-Selektivagar nach Kielwein (Merck). Nach einer Bebrütungsdauer von 20 Stunden bei 20–24 °C auf Furunkulose-Agar wird von den gewachsenen Bakterien eine Probe entnommen und auf Bildung von Cytochromoxidase geprüft. Hierzu streicht man die Probe auf einem Filterpapier aus, das mit einer 1%igen Lösung von N.N.Dimethyl-p-phenylen-diammoniumchlorid getränkt ist (Cytochromoxidase-Teststreifen von Merck). Sind Aeromonaden oder Pseudomonaden vorhanden, färbt sich die Probe sofort rot.

Ist der Nachweis positiv verlaufen, wird mit dem Mikroskop auf Unbeweglichkeit der Bakterien geprüft. Ist dies der Fall, liegt mit großer Wahrscheinlichkeit eine *Aeromonas salmonicida*-Infektion vor. In der Praxis reicht dieser Nachweis vollkommen aus. Darüber hinaus kann wie folgt weiter unterschieden werden: Nach 2–4 Tagen bilden Aeromonaden auf Furunkulose-Agar braune, auf GSP-Agar gelbe Farbstoffe. Pseudomonaden wachsen auf GSP-Agar blauviolett und färben ihre Umgebung rotviolett.

F. Therapie: Zur Bekämpfung von Aeromonas/Pseudomonas-Infektionen werden die zu behandelnden Fische in ein nur mit Wasser gefülltes, leicht abgedunkeltes Quarantänebecken umgesetzt. Das Wasser sollte gut durchlüftet, aber nicht gefiltert werden. Zur Behandlung werden entweder 0,1–0,2 % Aureomicin, Terramycin, Gentamycin oder Chloramphenicol dem Futter beigemischt und über einen Zeitraum von 5 Tagen verfüttert oder es werden wasserlösliche Präparate wie z.B. Bactrim in einer Konzentration von 1 Tablette (400 bzw. 80 mg Wirkstoff) auf 70 Liter Wasser fünf Tage lang jeden Tag dem Aquarium zugegeben. Die Bakterien sind nach dieser Zeit bereits abgetötet. Es kann jedoch bis zu drei Wochen dauern, bis Furunkel und Geschwüre abgeheilt sind, deshalb sollte nach Abschluß der Behandlung am siebten Tag ein großer Teil des Quarantänewassers durch frisches, aufbereitetes Wasser ausgewechselt und ein guter, eingefahrener Filter angeschlossen werden.

Die Fische bleiben bis zur vollständigen Ausheilung der Furunkel im Quarantänebecken. Vor dem Zurücksetzen ins Schaubecken müssen die dort herrschenden Haltungsbedingungen kritisch geprüft und unbedingt

verbessert werden, um den erneuten Ausbruch dieser Krankheit zu verhindern.

G. Prophylaxe: Wie bereits erwähnt, handelt es sich bei der Furunkulose um eine typische Haltungskrankheit. Deshalb sollte auch ohne akute Erkrankung durch Aeromonas jeder Aquarianer seinen Fischen optimale Lebensbedingungen bieten, um weitgehend das Auftreten von Infektionskrankheiten auszuschließen. Dies bedeutet vor allem gute hygienische Verhältnisse durch ausreichende Filterung, Herabsetzen der Keimzahl im Wasser durch UV-Wasserklärer, geringe Besatzdichte und vitaminreiches, proteinreiches Futter in solchen Mengen, daß es in wenigen Minuten gefressen werden kann.

H. Besonderes: Antibiotika sollten nur bei einer offensichtlichen Erkrankung eingesetzt werden, da bereits in verschiedenen Fällen eine Resistenzbildung von Aeromonas gegen bestimmte Medikamente aufgetreten ist. Ganz besonders ist vor einem wahllosen Einsatz von Antibiotika ohne vorhergehende Diagnose zu warnen. Insbesondere die gleichzeitige Verabreichung mehrerer Präparate als prophylaktische Maßnahme über einen längeren Zeitraum in einer Aquarienanlage kann im Falle einer Resistenzbildung gefährlich werden. Da die verabreichten Medikamente in solchen Fällen nicht mehr ansprechen und erst eine Prüfung mehrerer weiterer Präparate notwendig ist, kann bei einer tatsächlichen Erkrankung eine Heilung der Furunkulose nicht oder nur sehr spät erzielt werden.

5.2   Columnaris-Krankheit (Flexibacter)

A. Ursache/Erreger: *Flexibacter columnaris* ist ein langes, stäbchenförmiges, gramnegatives, rein aerob lebendes Bakterium mit einem Wachstumsoptimum bei 28–30 °C. Es ist in der Lage, sich durch Gleiten fortzubewegen. Hohe Temperaturen fördern das Wachstum dieser Bakterienart. Es wächst wohl noch bei Temperaturen bis 4 °C, aber unter 12 °C treten praktisch keine Infektionen

mehr auf. Ebenso wird das Wachstum in Salzwasser gehemmt, dadurch sind Infektionen auf Süßwasserfische beschränkt. Es handelt sich bei *Flexibacter* um einen in Aquarien weitverbreiteten Erreger der besonders Warmwasserfische, wie z.B. unsere tropischen Zierfische befällt.

Bevor *Flexibacter columnaris* Fische befallen kann, muß es auch hier zunächst zu einer Vorschädigung durch schlechte Haltungsbedingungen kommen. Gesunde, kräftige Tiere sind immun und werden nicht infiziert.

B. Symptome: Bei der Columnariskrankheit sind weißliche Stellen, bedingt durch eine verdickte Schleimschicht der Haut, vorwiegend an Kopf, Maul und Lippen festzustellen. Den meisten Aquarianern dürften diese Symptome als »weißes Maul der Lebendgebärenden« bekannt sein, bei welchen die Krankheit häufig auftritt. Diese krankheitsspezifischen Symptome fallen bei dunklen Fischen, wie Black Mollys, besonders auf.

Im weiteren Verlauf der Krankheit werden immer größere Hautpartien befallen, auf denen es schließlich zu runden, blutunterlaufenden Entzündungen und zum Absterben des Gewebes mit sekundärem Pilzbefall kommt. Infolge einer Infektion innerer Organe durch *Flexibacter columnaris* können jedoch auch plötzliche Todesfälle ohne äußerlich sichtbare Schäden auftreten. Erkrankte Fische scheiden große Mengen dieser Bakterien aus, die weitere, geschwächte Fische befallen und für ein schlagartiges Ausbreiten der Krankheit verantwortlich sind. Einzelne Fische können dabei ohne sichtbaren Schaden erkranken und über längere Zeit ständig Erreger ausscheiden. Sie infizieren dadurch neu hinzukommende Tiere.

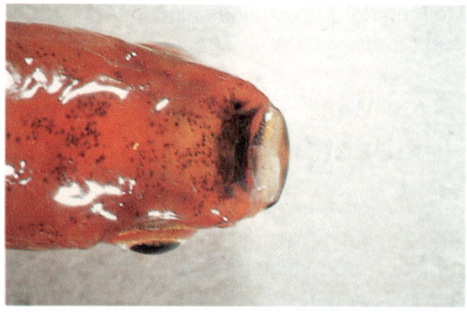

Abb. 17: Platy *(Xiphophorus maculatus)* mit »weißem Maul« hervorgerufen durch *Flexibacter columnaris*. Foto: G. SCHUBERT, Zool. Inst. Uni. Hohenheim

C. Befallene Organe: Erreichen die Krankheitserreger über die Haut oder durch Aufnahme in den Magen-Darm-Kanal die Blutbahn, werden alle inneren Organe und die Muskulatur von den Erregern überschwemmt.

D. Pathogenität: Gesunde, kräftige Fische werden von *Flexibacter columnaris* nicht befallen. Es können jedoch in solchen Tieren Antikörper als Abwehrreaktion gegen diesen Krankheitserreger nach einer überstandenen Infektion nachgewiesen werden. Sind Fische durch zu dichten Besatz oder mangelnde Hygiene in ihrer Immunabwehr geschwächt, fallen sie dieser sich rasch ausbreitenden Krankheit sehr schnell zum Opfer. Die Todesrate liegt dann bei 100%.

E. Untersuchungsmethoden: Für unsere Zwecke ist es ausreichend, *Flexibacter columnaris* mikroskopisch nachzuweisen. Hierzu wird von einem frisch getöteten Fisch aus Bereichen entzündeter oder weißlicher Haut sowie aus inneren Organen etwas Gewebe entnommen und unter einem Phasenkontrastmikroskop bei hoher Vergrößerung betrachtet. Nach einiger Zeit wandern aus dem Gewebe zahlreiche lange, stäbchenförmige Bakterien heraus, die sich an der Unterseite des Deckglases festsetzen. Einige Bakterien haben sich nur mit einem Ende am Deckglas festgeheftet und beginnen mit dem freien Ende kreisförmige Bewegungen auszuführen. Dieses Verhalten ist typisch für *Flexibacter columnaris* und soll uns als »einfacher Nachweis« genügen.

F. Therapie: Eine Behandlung dieser Krankheit mit Antibiotika, Sulfonamiden oder Nitrofuranen ist leicht möglich. Kombinierte Präparate wie Bactrim (Trimethoprim und Sulfonamid) sprechen besonders gut bei dieser Infektion an. Zur Therapie werden alle Fische des betroffenen Aquariums in ein Quarantänebecken (siehe Kap. 1.1 Quarantäne und Hygiene) überführt und mit einer täglichen Zugabe von 1 Tablette Bactrim (400 mg Trimethoprim und 80 mg Sulfonamid) pro 70 Liter Wasser fünf Tage lang behandelt. Da infizierte Fische nicht unbedingt Krankheitssymptome zeigen, müssen alle Fische eines betroffenen Aquariums einer Behandlung unterzogen werden.

Inzwischen sollte aus hygienischen Gründen das Schauaquarium entleert und gereinigt werden. Um ein erneutes Ausbrechen der Krankheit zu verhindern, müssen vor dem Zurücksetzen ins Schaubecken die Haltungsbedingungen für die Fische verbessert werden.

G. Prophylaxe: Die Columnaris-Krankheit kann zu hohen Verlusten bei infizierten Fischen führen, wenn durch Haltungsfehler, wie einseitige, unvollständige Ernährung, falsche Wasserwerte, unzureichende Hygiene oder Streß, die Abwehrkräfte der Fische geschwächt werden. Insbesondere muß vor zu hohen Wassertemperaturen, die einerseits durch geringeren Sauerstoffgehalt des Wassers und erhöhten Stoffwechsel die Fische stressen und andererseits das Wachstum von *Flexibacter columnaris* begünstigen, gewarnt werden. Dies dürfte, neben unzureichender Hygiene, eine primäre Ursache für das gehäufte Auftreten dieser Krankheit bei lebendgebärenden Fischen sein.

Bei wiederholtem Auftreten dieser Krankheit bei »Lebendgebärenden« sollte die Wassertemperatur je nach Art um wenige Grade auf Werte zwischen 18–25 °C gesenkt werden; dies ist für die meisten oovviviparen

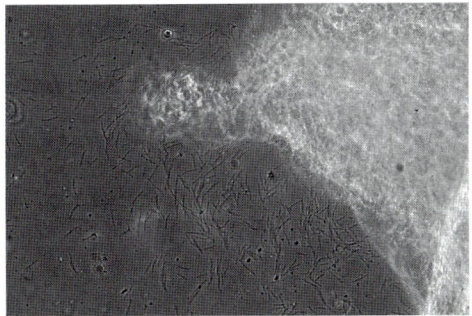

Abb. 18: *Flexibacter columnaris*. Phasenkontrast. Foto: G. SCHUBERT, Zool. Inst Uni. Hohenheim

Fische vollkommen ausreichend. Einzelne Arten wie zum Beispiel der Großflossen-Hochlandkärpfling *(Girardinichthys multiradiatus)* fühlen sich auch noch bei Temperaturen bis zu 10 °C recht wohl.

H. Besonderes: Es hat sich gezeigt, daß Fische durch subcutane oder intramuskuläre Injektion von aus *Flexibacter* isolierten Antigenen immunisiert werden können. Dies dürfte besonders für in Warmwasser gehaltene Speisefische als vorbeugende Maßnahme von Bedeutung sein. Für Aquarianer ist dies zu aufwendig und zu teuer.

5.3   Flossenfäule (Aeromonas, Pseudomonas, Vibrio)

A. Ursache/Erreger: Die Infektion und die damit verbundene Zerstörung der Flossen durch verschiedene Vertreter der Gattungen *Aeromonas, Pseudomonas* und *Vibrio* wird ebenso wie andere Bakterieninfektionen durch schlechte Haltungsbedingungen ausgelöst. Beginnende Flossenfäule ist oft das erste Alarmzeichen, daß in einem Aquarium die Haltungsbedingungen nicht optimal sind.

B. Symptome: Zuerst macht sich die Krankheit als winziger grau-weißer Saum an den Flossenrändern bemerkbar. Dies wird besonders deutlich bei kleinen Fischen mit ungefärbten, durchsichtigen Flossen. Im weiteren Verlauf wird der Saum breiter, die

Flossen beginnen auszufransen und die Flossenstrahlen brechen ab. Im fortgeschrittenen Stadium sind die Flossen vollständig zerstört. Die Infektion greift nun auf die Flossenbasis und schließlich auf die Muskulatur über. Durch Nekrosen wird die Basis der Schwanzflosse und die dazugehörige Muskulatur zerstört und die Wirbelsäule an ihrem hinteren Ende freigelegt. Solche Tiere sind nicht mehr zu retten.

C. Befallene Organe: Besonders häufig werden Brust- und Schwanzflossen zuerst befallen. Im weiteren Verlauf weitet sich die Infektion auf alle Flossen aus. Dann werden Flossenbasis, Muskulatur und schließlich über die Blutbahn die inneren Organe infiziert.

D. Pathogenität: Solange Flossenbasis umd Muskulatur noch nicht befallen sind, sind die Tiere leicht zu behandeln. Oft reichen dann verbesserte Haltungsbedingungen aus, um eine weitere Zerstörung der Flossen zu verhindern und die Krankheit auszuheilen. Sind die Flossen jedoch stark geschädigt oder ist sogar die Flossenbasis und die Muskulatur infiziert, muß, wenn Verluste vermieden werden sollen, unbedingt mit Medikamenten behandelt werden.

E. Untersuchungsmethoden: Die Flossenfäule ist bereits am lebenden Tier mit bloßem Auge sichtbar. Zur Unterscheidung der Flossenfäule von einer eventuellen Flexibacter- bzw. Cytophaga-Infektion ist auf einem abgeschnittenen Stück der betroffenen Flosse unter dem Phasenkontrastmikroskop bei starker Vergrößerung nach stäbchenförmigen Bakterien zu suchen.

F. Therapie: Flossenfäule tritt besonders häufig nach großem Streß (Fang, Transport) oder in überbesetzten Becken mit schlechten hygienischen Verhältnissen auf. Leichte Fälle heilen von selbst aus, vorausgesetzt, es werden gute Lebensbedingungen geboten. Bei starker Infektion muß mit Antibiotika behandelt werden. Eine Therapie mit Sulfonamiden und Nitrofuranen ist ebenfalls sehr erfolgreich.

G. Prophylaxe: Häufig treten nach Streß durch Fang, Transport oder Umsetzen die Symptome einer leichten Flossenfäule auf. Nach einigen Tagen in einem gut gepflegten Aquarium sind jedoch die Flossen wieder ausgeheilt und abgestorbene Teile regeneriert. Unter schlechten Bedingungen kann es zu einer epidemieartigen Ausbreitung und schließlich zum Verlust aller Tiere kommen. Auch bei dieser Erkrankung ist der beste Schutz eine gute Kondition der Aquarienfische durch optimale Haltungsbedingungen.

H. Besonderes: Flossenfäule kommt auch bei Kaltwasserfischen vor (sog. Psychrophila-Krankheit). Sie wird bei diesen Fischen von *Cytophaga psychrophila*, einem langen stäbchenförmigen, gramnegativen, rein aerob lebenden Bakterium (gehört wie *Flexibacter* zu den Myxobakterien), mit einem Wachstumsoptimum von 4–10 °C hervorgerufen. Die Wachstumsgrenze liegt bei 12 °C. Es ist ebenfalls in der Lage, sich durch Gleiten fortzubewegen. Die Symptome dieser Infektion ähneln denen der Flossenfäule. Die Zerstörung der Flossen erfolgt jedoch nicht wie bei der Flossenfäule vom Flossenrand aus nach innen, sondern von der Flossenbasis aus nach außen. Außerdem sind im Anfangsstadium der Krankheit bereits Erreger im Körper nachweisbar. Dies deutet darauf hin, daß die Bakterien über den Magen-Darm-Trakt aufgenommen werden und zuerst die inneren Organe befallen, bevor sie von der Basis her die Flossen zerstören. Bei der Flossenfäule sind erst nach Erkrankung der Flossenbasen und der Muskulatur Bakterien im Körper nachweisbar.

Die Bekämpfung der Psychrophila-Krankheit erfolgt auf gleiche Weise wie die Bekämpfung der Columnaris-Krankheit. Diese Krankheit tritt hauptsächlich bei Temperaturen zwischen 4,4 °C und 10 °C auf. Steigt die Wassertemperatur über 12,8 °C, nehmen die Krankheitssymptome ab und die Fische erholen sich. Im Warmwasser soll es Flexibacter-Stämme geben, die die gleichen Symptome wie *Cytophaga psychrophila* hervorrufen, wobei ebenfalls die inneren Organe mitbefallen sind.

5.4 Bakterielle Kiemenerkrankung (Flexibacter, Cytophaga)

A. Ursache/Erreger: Die eigentliche Ursache dieser Erkrankung liegt in einer Schädigung des Kiemenepithels durch Gifte im Wasser, wie Ammoniak und andere Stoffwechselprodukte. Als Abwehrreaktion des Körpers kommt es zu einer Wucherung dieses normalerweise einschichtigen Epithels. Es wird mehr- bis vielschichtig. Dies kann so weit gehen, daß der Raum zwischen den Kiemenlamellen vollständig durch Epithelzellen ausgefüllt ist. Dieses vielschichtige Kiemenepithel ist ein hervorragender Nährboden für alle möglichen fakultativ pathogenen Bakterien, die sich hier ansammeln und stark vermehren.

Als Erreger kommen eine ganze Reihe von Bakterien in Frage, besonders häufig findet man verschiedene Arten aus den Gattungen *Flexibacter* und *Cytophaga*. Genauere Untersuchungen ergaben, daß es sich bei den Erregern der bakteriellen Kiemenerkrankung und den Erregern der Columnaris-Krankheit um verschiedene Bakterien der Flexibactergruppe handelt.

B. Symptome: Durch das vielschichtige Kiemenepithel ist der Austausch der Atemgase und der Stoffwechselprodukte zwischen Wasser und Blut durch die Oberflächenverkleinerung und durch verlängerte Diffusionswege erheblich erschwert. Die Tiere leiden an akuter Atemnot. Sie schwimmen an der Wasseroberfläche, atmen stark und schnappen nach Luft. Die Kiemen sind durch die Entzündung angeschwollen und der Kiemendeckel steht leicht ab, dadurch erscheint der Kopf leicht vergrößert. Das vielschichtige Kiemenepithel verdeckt das Blut in den Kapillaren. Die Kiemen erscheinen dadurch nicht mehr leuchtend rot, sondern gelb-rot, in schlimmen Fällen weißlich-gelb verfärbt. Bei starkem Bakterienbefall sind außerdem weißlich-graue Punkte und Flecken auf den Kiemen sichtbar.

Bei einer histologischen Untersuchung stellt man zuerst nur eine Verdickung des Kiemenepithels fest. Im weiteren Stadium sind die Hohlräume zwischen den Kiemenla-mellen mit Epithelzellen ausgefüllt. Im fortgeschrittenen Stadium werden dann durch Bakterien zuerst die Kiemenlamellen und dann die Kiemenblättchen bis auf den knorpeligen Stützstab zerstört.

C. Befallene Organe: Bei Vorschädigung durch zu hohen Ammoniakgehalt im Wasser kommt es auf den Kiemen zu einer massiven Bakterieninfektion, die sich im Laufe der Zeit über die Blutbahn im ganzen Körper ausbreitet.

D. Pathogenität: Selbst wenn durch Antibiotika eine Infektion verhindert oder beseitigt wird, ist fraglich, ob sich die Kiemenepithelien, die Kiemenlamellen und die Kiemenblättchen nach einer Erkrankung im fortgeschrittenen Stadium wieder regenerieren können. Dies ist meiner Ansicht nach unwahrscheinlich, es liegen aber keine gesicherten Erkenntnisse darüber vor.

Falls es nicht zu einer Regeneration kommt, können die Kiemen ihre Funktion nicht mehr in genügendem Maße ausführen. Die Fische sind stark beeinträchtigt, und durch erhöhten Streß besteht ständig die Gefahr einer Neuinfizierung durch verschiedene Schwächeparasiten. Leichtere Fälle von bakterieller Kiemenerkrankung heilen oft schon nach Umsetzen in sauberes, keimarmes Wasser aus.

E. Untersuchungsmethoden: Von einem frisch getöteten Fisch werden Kiemen herauspräpariert und unter dem Mikroskop untersucht. Eine Veränderung der Kiemenstruktur ist leicht festzustellen. Liegt eine Flexibacter-Infektion vor, findet man bei starker Vergrößerung viele lange, stäbchenförmige Bakterien.

F. Therapie: Erkrankte Fische sind sofort in klares, gut gefiltertes, sauberes Wasser umzusetzen. Eine Verminderung der Keimzahl im Aquarium durch UV-Wasserklärer fördert den Heilungsprozeß. Gegen die Bakterieninfektion behandelt man mit Antibiotika, Sulfonamiden oder Nitrofuranen wie bei der Columnaris-Krankheit.

G. Prophylaxe: Dieser Erkrankung ist relativ leicht vorzubeugen, wenn man für ausreichende Filterkapazität bei geringer Besatzdichte sorgt. Es darf auf keinen Fall zu einer Anreicherung von Ammonium/Ammoniak oder organischen Stoffen im Aquarium kommen (siehe auch Kapitel 3.2.1 Vergiftungen durch Stickstoffverbindungen). Günstig wirkt sich außerdem eine niedrige Keimzahl auf die Gesundheit der Fische aus. Dies erreicht man durch Einsatz eines UV-Wasserklärers.

H. Besonderes: Fische aus stehenden Gewässern, in denen natürlicherweise ein höherer Gehalt an organischen Abfallstoffen und Stickstoffverbindungen und damit verbunden ein höherer Bakteriengehalt vorliegt, erkranken nicht so leicht wie Fische aus klaren, keimarmen, schnellfließenden, sauerstoffreichen und an organischen Stoffen armen Bächen. Hier ist der Toleranzbereich jeder Fischart gegenüber Wasserverschmutzung und Keimzahl im freien Wasser ebenfalls vom natürlichen Lebensbereich der Tiere geprägt.

5.5   Fischtuberkulose (Mycobacterium)

A. Ursache/Erreger: Die fischpathogenen Mycobakterien gehören zu den nichttuberkulösen Mycobakterien, die im Gegensatz zu den humanpathogenen *M. tuberculosis* und *M. bovis* (Erreger der Lungentuberkulose) nicht so sehr bzw. nur selten hoch infektiös sind. Eine Vielzahl verschiedener Mycobakterien wurden von chronisch und akut erkrankten Süß- und Meerwasserfischen isoliert, wobei noch unklar ist, ob es sich dabei um einzelne Arten oder, bedingt durch verschiedene Temperaturen, Wirtsfische und Befallsorgane, um unterschiedlich ausgeprägte Stämme einer oder weniger Arten handelt. Diese fakultativ pathogenen Mycobakterien sind unbewegliche, nicht sporenbildende, grampositive, säurefeste Stäbchen, die bei Temperaturen um 25 °C ihr Wachstumsoptimum zeigen und ab 35 °C ihr Wachstum einstellen.

Die Infektion mit Mycobakterien bei Fischen ist eine typische Haltungskrankheit, die nur ausbricht, wenn ungünstige Lebensbedingungen herrschen (ähnlich wie bei der Lungentuberkulose beim Menschen), und trotzdem ist sie die gefährlichste aller Infektionskrankheiten bei Aquarienfischen. Fischpathogene Mycobakterien sind weit verbreitet und in fast allen Aquarienfischen nachweisbar. Davon ausgenommen sind frisch importierte Wildfänge, die meist nicht, selten sehr schwach infiziert sind. Nachzuchten bestimmter Fischarten aus Massenzuchtbe-

trieben, (z.B. Schmetterlingsbuntbarsche und manche Salmlerarten) zeigen dagegen oft eine Masseninfektion an Mycobakterien, an denen sie nach zusätzlichem Streß infolge Fang, Transport und Wasserwechsel innerhalb kurzer Zeit eingehen.

Die Infektion durch fischpathogene Mycobakterien, die überall im Schlamm und Mulm als Saprophyten leben, kann durch Aufnahme aus dem Wasser, vom Boden, mit der Nahrung (Lebendfutter wie Wasserflöhe, *Tubifex* und Mückenlarven können Mycobakterien übertragen) oder durch Anfressen toter Fische erfolgen. Dies ist auch der Grund dafür, daß Niere, Leber und Milz zuerst befallen werden.

Es besteht darüber hinaus die Möglichkeit der direkten Übertragung von Mycobakterien von infizierten auf gesunde Fische. Eine Übertragung auf Eier in einem erkrankten Muttertier ist denkbar, wurde aber noch nicht nachgewiesen. Dagegen fand man bei viviparen Fischen mit Mycobakterien infizierte Embryonen in trächtigen Weibchen.

B. Symptome: Die Symptome dieser Erkrankung sind sehr vielfältig. Die Fischtuberkulose verläuft meist chronisch. Als erste Symptome fallen Gewichtsabnahme, Apathie und Schwimmstörungen auf. Bei akutem Ausbruch der Krankheit im späteren Stadium zeigen sich dann Hautentzündungen, Glotzaugen (Exophthalmus), Verlust der Augen,

Wirbelsäulenverkrümmungen, Knochenschäden, Nekrosen und Zysten in den inneren Organen. Bei der Sektion fallen im Anfangsstadium in der Niere, der Leber und der Milz, im akuten Stadium in allen Organen zahlreiche Tuberkel auf, die mit einer Bindegewebshülle vom gesunden Gewebe getrennt sind. Der Organismus des Fisches versucht durch Einkapseln der Mycobakterien mit Bindegewebe diese zu inaktivieren. Oft werden ganze Nester solcher mit Bindegewebe umhüllter Tuberkel als Abwehrreaktion des Fischkörpers nochmals von einer gemeinsamen Bindegewebshülle umschlossen und inaktiviert. Gelingt es dem Fisch, alle Mycobakterien mit Bindegewebe einzuhüllen, sind ferner die äußeren Lebensbedingungen gut und findet keine Neuinfektion statt, kommt es zu einem Stillstand der Erkrankung.

Nach einer abermaligen Verschlechterung der Lebensbedingungen und damit verbundener Schwächung der Immunabwehr kann es jedoch sowohl durch Aufbrechen der Bindegewebshüllen und Freiwerden der darin enthaltenen Mycobakterien als auch durch Neuinfektion wieder zu einer Erkrankung im akuten Stadium kommen.

Oft treten bei einer *Mycobacterium*-Infektion die bereits erwähnten, »gelben Körper« auf, als kleine, normalerweise nur im Mikroskop sichtbare, gelb-braune Flecken, die gleichmäßig über Milz und Leber verteilt sind.

C. Befallene Organe: Im Anfangsstadium sind nur einzelne Zysten in der Niere, der Leber und der Milz nachweisbar. Bei akuten Erkrankungen können diese Organe mit zahllosen Tuberkeln übersät sein. In solchen Fällen findet man auch in Darm, Gonaden, Augen, Muskulatur, Kiemen und allen anderen Organen zahlreiche Zysten; dann sind Blut, alle Organe und die Muskulatur mit Mycobakterien überschwemmt.

D. Pathogenität: Mycobakterien sind fakultativ pathogen, d.h. sie leben normalerweise als Saprophyten im Mulm und Schlamm und sind nur krankheitserregend, wenn schlechte Lebensbedingungen die Fische vorgeschädigt haben. Werden die Lebensbedingungen für schwach infizierte Fische verbes-

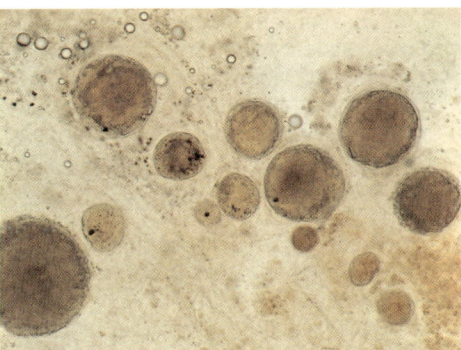

Abb. 19: Leber. Quetschpräparat mit typischen TB-Knoten. Foto: R. Bauer

sert, kann es zu einem Stillstand der Krankheit kommen. Da die Fischtuberkulose die am weitesten verbreitete Krankheit mit den weitaus größten Verlusten unter den tropischen Aquarienfischen darstellt, sollte jeder Züchter, Händler und Aquarianer sein Augenmerk hierauf richten.

E. Untersuchungsmethoden: Bei der Sektion eines frisch getöteten Fisches sind die inneren Organe mikroskopisch zu untersuchen. Besonders in Quetschpräparaten der Niere, der Leber und der Milz ist auf mit Bindegewebe umhüllte Tuberkel zu achten. Da bei einem Befall mit *Ichthiophonus, Nocardia* oder *Pasteurella* ebenfalls Bindegewebshüllen um die Erreger gebildet werden, ist es notwendig, ein Ausstrichpräparat nach Ziehl-Neelsen anzufärben, um Tuberkel eindeutig als Mycobakterienzysten zu identifizieren.

Hierzu werden Gewebeproben bzw. Zysten entnommen und zwischen zwei Objektträger durch kreisende Bewegung sehr dünn gequetscht und anschließend ausgestrichen. Dieses Quetschpräparat wird luftgetrocknet und mit einer Flamme hitzefixiert. Nach Überschichtung des fixierten Gewebes mit Karbol-Fuchsinlösung nach Ziehl-Neelsen wird nochmals drei Minuten mit einer Flamme erwärmt, um die Färbelösung in die Bakterien eindringen zu lassen. Dabei muß gegebenenfalls Färbelösung ergänzt werden, da das Präparat nicht eintrocknen darf. Dann wird unter fließendem Wasser gespült und mit salzsaurem Alkohol 60–90 Sekunden differenziert. Nach Abspülen des Alkohols kann mit Methylenblau-Lösung zwei Minuten gegengefärbt werden. Nach Spülen und Trocknen werden die Mycobakterien im Mikroskop als rote Stäbchen auf blauem Grund sichtbar.

F. Therapie: Saprophytäre und fischpathogene Mycobakterien sind gegen Conteben, p-Aminosalicylsäure, Streptomycin, Polymixin, Penicillin, Chloramphenicol, Sulfamerazin und die meisten anderen Antibiotika, Sulfonamide und Tuberkulostatika vollkommen resistent. In der Praxis hat sich gezeigt, daß eine erfolgreiche Behandlung fast ausgeschlossen ist. Aus diesem Grunde muß die Therapie auf die Optimierung der Lebensbedingungen und die Eliminierung von stark erkrankten Tieren beschränkt bleiben.

G. Prophylaxe: Mycobakteriosen sind typische Schwächekrankheiten, die durch schlechte Haltungsbedingungen gefördert werden. Unzureichende Hygiene, Überbesetzung, schlechte einseitige Fütterung und Sauerstoffmangel begünstigen die Ausbreitung dieser Krankheit. Dementsprechend sind vorbeugende Maßnahmen für ein hygienisch einwandfreies Aquarium zu treffen. Die Keimdichte im Aquarienwasser sollte so niedrig wie möglich sein. Dazu sind Filter mit genügend großer Kapazität und ein geringer Fischbesatz notwendig. Ein UV-Wasserklärer tötet freie, im Wasser befindliche Bakterien ab und setzt die Keimzahl im freien Wasser erheblich herab. Futterreste und Detritus sollten regelmäßig entfernt werden. Vitaminisiertes, proteinreiches Futter, regelmäßiger Wasserwechsel, gute Sauerstoffversorgung und artgerechte Wasserwerte sind gute Voraussetzungen, um dieser Krankheit vorzubeugen.

H. Besonderes: Diese fakultativ pathogenen, nichttuberkulösen (atypischen) Mycobakterien können nicht nur Fische, sondern auch den Menschen befallen! Da infizierte Fische und andere Tiere die Erreger ins Wasser abgeben, bilden Seen, Flüsse, Küstengewässer, Fischteiche, Schwimmbäder(!) und Aquarien eine bedeutende Infektionsquelle. Hierzu sind allerdings kleine Verletzungen der Haut notwendig, in denen sich die Erreger festsetzen können. Deshalb und weil die Mycobakterien Bereiche mit tieferer Körpertemperatur bevorzugen, werden Hände, Ellbogen, Füße und Knie am ehesten befallen. Wenn sich an Händen oder Armen kleine Schnitt- oder Schürfwunden befinden, besteht für Aquarianer beim Hantieren im Fischwasser und beim Reinigen von Aquarien erhöhte Infektionsgefahr.

Ebenso kann durch Stiche mit den harten Rückenflossenstrahlen von Barschen oder durch Bisse von Fischen, durch Verletzungen mit Seeigelstacheln oder Muschelschalen eine Infektion ausgelöst werden. An diesen Verletzungen der Haut entstehen dann nach einer Inkubationszeit von ca. drei Wochen papulöse, knotige und geschwürartige Hautveränderungen, die einem tuberku-

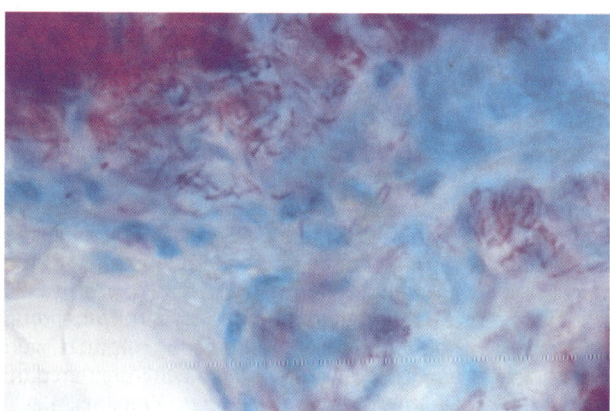

Abb. 20: Säurefeste rote Stäbchen (Mycobakterien) in einem Gewebeausstrich. Ziehl-Neelsen Färbung. Foto: G. SCHUBERT, Zool. Inst. Uni. Hohenheim

loiden Granulom ähneln. Werden die Infektionsherde nicht behandelt, kommt es relativ häufig zu einer selbständigen Ausheilung innerhalb von zwei Jahren. Darauf sollte man sich jedoch, wenn eine Erkrankung vorliegt, nicht verlassen, sondern den Hautarzt aufsuchen, der den Infektionsherd durch örtliche Wärmebehandlung, Medikamente oder in schlimmeren Fällen operativ behandelt.

Besonders gehäuft tritt diese meist harmlos verlaufende Infektion naturgemäß bei Personen auf, die ständig in Aquarien hantieren, wie bei Angestellten im Zierfisch-Groß- und Einzelhandel oder bei Tierpflegern in öffentlichen Aquarien. Bei diesem Personenkreis ist besonders auf die oben geschilderten Symptome zu achten und gegebenenfalls ein Arzt aufzusuchen.

5.6   Vibriose (Vibrio)

A. Ursache/Erreger: Der Erreger der Vibriose konnte aus zahlreichen Meer-, Brack- und Süßwasserfischen isoliert werden. *Vibrio anguillarum* ist ein gramnegatives, nichtsäurefestes, fakultativ anaerobes, kurzes, gebogenes Stäbchen, daß sich mit Hilfe eines Flagellums fortbewegt. Es besitzt ein Temperaturoptimum bei 26 °C, wächst aber auch noch bei 4 °C bzw. bei 37 °C. Sporen werden nicht gebildet. Es können acht verschiedene Stämme dieses Bakteriums anhand unterschiedlicher biochemischer Eigenschaften unterschieden werden. Die meisten dieser Vibrio-Stämme benötigen NaCl für ihre Entwicklung, deshalb werden vor allem Meeres- und Brackwasserfische infiziert. Bei diesen gehören Infektionen durch *Vibrio* zu den häufigsten Ursachen von Hautgeschwüren. Im Süßwasser tritt die Infektion etwas seltener auf, führt aber auch hier zu den gleichen Symptomen. *Vibrio* ist ebenfalls fakultativ pathogen und befällt bevorzugt geschwächte Tiere.

B. Symptome: Die äußeren Merkmale ähneln denen, die durch andere fischpathogene Bakterien wie *Aeromonas, Pseudomonas* oder *Flexibakter* hervorgerufen werden. Blutunterlaufene Stellen an den Ansatzstellen der Flossen, am Maul, an den Kiemendeckeln, am After und der Haut treten zuerst auf. Es folgen dann beulenartige Geschwüre unter der Haut, die später aufbrechen und die Muskulatur freilegen. Meist tritt dann sekundärer Pilzbefall auf. Auch in den inneren Organen, wie Niere, Leber, Darm, Herz, kommt es zu Blutungen und Schwellungen. Bei der Sektion fallen besonders die blutunterlaufenen Darmaufhängebänder (Mesenterien) sowie der entzündete und mit Flüssigkeit gefüllte Darm auf. Die Leber ist meist fettig degeneriert.

C. Befallene Organe: Es gibt keine eindeutigen Erkenntnisse über den Infektionsweg von *Vibrio anguillarum*. Es ist jedoch wahrscheinlich, daß dieser Erreger über den Magen-Darm-Trakt aufgenommen wird und dann die inneren Organe, die Muskulatur und die Haut befällt. Auch ein Eindringen in die Haut an verletzten Stellen oder Schürfwunden ist denkbar.

D. Pathogenität: Vibriose tritt vor allem in Salzwasser-, seltener in Süßwasseraquarien auf. Ohne entsprechende Behandlung mit Antibiotika, Sulfonamiden oder Nitrofuranen breitet sich die Krankheit meist schnell aus und fordert erhebliche Opfer.

E. Untersuchungsmethoden: Eine Unterscheidung zwischen Furunkulose und Vibriose anhand äußerer Merkmale ist nicht möglich, da sich die Symptome sehr stark ähneln. Im Gegensatz zur Furunkulose enthalten die beulenartigen Geschwüre der Vibriose zahlreiche Leukocyten. Bei einer mikroskopischen Untersuchung kann eventuell der kommaförmig gebogene Erreger der Vibriose vom kurzen, geraden *Aeromonas salmonicida* unterschieden werden. Auch die Unterscheidung des Erregers *Vibrio anguillarum* von verschiedenen Aeromonas-Arten in Kulturmedien ist nicht einfach. Beide Gruppen produzieren Cytochromoxydase, beide zersetzen Glykose sowohl oxidativ als auch fermentativ. Weil *Aeromonas salmonicida* im Gegensatz zu *Vibrio anguillarum* unbeweglich ist, kann dieses Merkmal zur Unterscheidung zwischen diesen beiden Arten herangezogen werden. Aber andere Aeromonas-Arten besitzen ebenfalls ein einzelnes Flagellum und sind dadurch gleichfalls beweglich.

Bis auf einige wenige Stämme ist *Vibrio anguillarum* auf die Anwesenheit von mindestens 0,25% NaCl im Kulturmedium angewiesen. Außerdem bildet Vibrio anguillarum Exotoxine mit β-hämolytischen Eigenschaften gegenüber Erythrocyten verschiedener Wirbeltiere. Um *Vibrio anguillarum* nachzuweisen, werden Kulturen auf Nähragar mit einem Zusatz von Kaninchenblut (Merck) bei 26 °C angesetzt. Um die wachsenden Kolonien bildet sich nach 72 Stunden durch Zerstörung des Blutfarbstoffs ein β-hämolytischer Hof.

F. Therapie: Zur Therapie können Antibiotika, Sulfonamide oder Nitrofurane verwendet werden. Die erkrankten Fische werden in einem Quarantänebecken fünf Tage lang mit je 1 Tablette Bactrim (400 mg Trimethoprim und 80 mg Sulfonamid) auf 70 Liter Wasser oder 1 mg/l Furanace behandelt und verbleiben in der Quarantäne bis zum Abheilen der Geschwüre. Tritt nach einer Woche keine Besserung ein, kann die Behandlung wiederholt werden. Eine Desinfektion des Wassers mit einem UV-Wasserklärer unterstützt den Heilungsprozeß.

G. Prophylaxe: Bei Süß- und Meerwasserfischen kann *Vibrio anguillarum* durch Verfüttern von getrockneten, eventuell auch tiefgefrorenen Meerestieren eingeschleppt werden. Es ist sicher ratsam, solches Futter vor dem Verfüttern zu erhitzen. Wie bei anderen bakteriellen Infektionskrankheiten stärken optimale Haltungsbedingungen die Abwehrkräfte der Fische. Bei gesunden und kräftigen Fischen erzeugt *Vibrio* keine Krankheitssymptome.

H. Besonderes: Durch Verabreichung von Impfstoffen aus formalin- bzw. ultraschallabgetöteten Bakterien konnte bei Speisefischen eine Resistenz gegen *Vibrio* ausgelöst werden. Es starben lediglich 10% der geimpften Versuchstiere im Gegensatz zu 90% der Kontrolltiere. Außerdem werden polyvalente Impfstoffe aus inaktivierten Giften von *Vibrio anguillarum* zur Immunprophylaxe mit noch größerem Erfolg eingesetzt.

5.7 »Falsche Neonkrankheit« (Nocordia)

A. Ursache/Erreger: Im Gegensatz zur »echten Neonkrankheit«, die durch ein Sporentierchen *(Pleistophora hyphessobryconis)* verursacht wird, ist die Ursache der »falschen Neonkrankheit« eine Infektion durch Bakterien. Es handelt sich dabei um *Nocardia asteroides*, das auch zuerst auf dem Neon-Fisch von CONROY und VALDEZ 1962 gefunden und beschrieben wurde. Dieses Bakterium befällt aber nicht nur *Paracheirodon innesi*. Es konnte inzwischen auf verschiedenen Süß- und Meerwasserfischen nachgewiesen werden. Bei *Nocardia asteroides* handelt es sich um ein grampositives, unbewegliches, schwach säurefestes, aerobes, verzweigtes Stäbchen, das ebenfalls fakultativ pathogen ist. Es existieren zahlreiche *Nocardia-asteroides*-Stämme im Erdreich und auf Pflanzen. Als Infektionsquelle ist deshalb pflanzenhaltiges Fischfutter oder Erde denkbar.

B. Symptome: Nocardien verursachen ähnliche Krankheitssymptome wie Mycobakterien. Die äußeren Symptome sind Abmagerung, Glotzaugen (Exophthalmus), aufgetriebene Bäuche und verblassen der Farben. Durch das örtlich begrenzte, fädige, verzweigte Wachstum der Nocardien entstehen milchig weiße, trübe Infektionsherde in der Muskulatur und im Unterhautgewebe. Farbpigmente des Wirtstieres werden zerstört, dadurch entstehen die für die Neonkrankheit typischen Symptome: Das rote Farbband von *Paracheirodon innesi* wird stellenweise oder in extremen Fällen ganz zerstört. In den inneren Organen werden zum Teil, wie bei einer Mycokakterieninfektion, bindegewebigen Cysten um die Infektionsherde in den inneren Organen gebildet. Dadurch erscheinen makroskopisch die Niere, Leber und Milz weiß gesprenkelt.

C. Befallene Organe: Befallen werden wie bei der Fischtuberkulose die inneren Organe, wie Leber, Milz, Niere, Darm, außerdem der Mund-Kiefer-Bereich sowie die Augenhöhlen (Exophthalmus). Deutlich erkennbar durch die Zerstörung der körpereigenen Pigmente sind Infektionen der Muskulatur und des Unterhautgewebes.

Abb. 21: Neonsalmler *(Paracheirodon innesi)* mit »Falscher Neonkrankheit«. Das rote Farbband ist blaß und fleckig. Foto: G. SCHUBERT, Zool. Inst. Uni Hohenheim

D. Pathogenität: *Nocardia asteroides* ist nicht sehr infektiös. Mit geeigneten Antibiotika ist eine Heilung leichter Fälle möglich. Bei fortgeschrittener Erkrankung ist der Fisch oft so vorgeschädigt, daß er trotz erfolgreicher Bekämpfung der Bakterien an den Folgen der Infektion stirbt.

E. Untersuchungsmethoden: Zum Nachweis einer Nocardia-Infektion wird einem frischgetöteten Fisch etwas infiziertes Gewebe entnommen und nach Ziehl-Neelsen angefärbt (siehe Fischtuberkulose). Dabei werden im Gegensatz zur Fischtuberkulose fädige, verzweigte und kettenförmige Bakterien sichtbar. In Verbindung mit den äußeren Symptomen (milchig weiße Infektionsherde in der Muskulatur und im Unterhautgewebe) soll uns dieser Nachweis für eine Infektion mit *Nocardia* genügen. Zur eindeutigen, zweifelsfreien Unterscheidung zwischen *Mycobacterium* und *Nocardia* müssen Kulturen angelegt werden.

F. Therapie: Eine Terapie mit Tetracyclin, Neomycin oder Streptomycin ist meist erfolgreich. Die Behandlung erfolgt in einem Qua-

rantänebecken (siehe 1.1 Quarantäne und Hygiene) unter Medikamentenzugabe am ersten, dritten und fünften Tag in üblicher Dosierung. Nach einer Woche kann die Behandlung im Bedarfsfall wiederholt werden.

G. Prophylaxe: Zur allgemeinen Vorbeugung empfiehlt es sich auch hier, für die Fische optimale Lebensbedingungen zu schaffen, um Infektionen zu erschweren oder gänzlich auszuschließen.

H. Besonderes: Die Unterscheidung von der »echten Neonkrankheit« ist relativ einfach. Im mikroskopischen Zupfpräparat werden die mit einer dicken Bindegewebshülle umgebenen Infektionsherde von *Nocardia asteroides* sichtbar, die sich eindeutig von den kugelförmigen Pansporoblasten unterscheiden lassen, die immer zu mehreren mit einer dünnen Bindegewebshülle umgeben sind, wie sie bei einer *Pleistophora hyphessobryconis*-Infektion auftreten.

5.8   Edwardsiella tarda

A. Ursache/Erreger: Bei Süßwasserfischen und vereinzelt auch bei Meeresfischen im Warmwasser tritt eine Krankheit auf, die durch das Bakterium *Edwardsiella tarda* hervorgerufen wird. Besonders häufig ist diese Krankheit beim Marmorwels *(Ictalurus punctatus)*. Bei dem Erreger handelt es sich um ein bewegliches gramnegatives Stäbchen, das keine Sporen bildet. Optimales Wachstum erfolgt bei pH 5,5–9,0 und einer Temperatur von 15–42 °C. Besonders häufig tritt diese Krankheit bei Temperaturen über 30 °C, verbunden mit starker organischer Belastung des Wassers auf.

B. Symptome: Zuerst erscheinen kleine Hautdefekte, später großflächige Abszesse in der Muskulatur. In den entstehenden Geschwüren bildet sich ein stinkender Gewebebrei, der große Gasblasen enthält. Die Körperoberfläche wird dadurch beulenartig vorgewölbt.

C. Befallene Organe: Es werden neben Haut und Muskulatur auch innere Organe befallen.

D. Pathogenität: In Aquarien kann sich die Krankheit schnell ausbreiten und zu erheblichen Verlusten führen.

E. Untersuchungsmethoden: Die Symptome bei der Sektion eines frisch getöteten Fisches sind eindeutig und nicht zu verwechseln.

F. Therapie: Eine Behandlung mit 50–75 mg/l Oxytetracyclin über 48 Stunden, mit einer Wiederholung der Behandlung nach einer Woche, kann die Erkrankung abheilen lassen. Die Therapie muß unbedingt in einem Quarantänebecken erfolgen. Das betroffene Schauaquarium muß inzwischen ausgeräumt und desinfiziert werden.

G. Prophylaxe: Zur allgemeinen Vorbeugung empfiehlt es sich, auch hier für die Fische optimale Lebensbedingungen zu schaffen, um Infektionen zu erschweren oder ganz auszuschließen.

H. Besonderes: Diese Krankheit scheint auf Fischzuchtbetriebe und natürliche Gewässer in Japan und im Süden der USA beschränkt zu sein, kann aber durch Importtiere von *Ictalurus punctatus* jederzeit nach Europa eingeschleppt werden und in entsprechenden Aquarienanlagen auftreten.

5.9   Epitheliocystis

A. Ursache/Erreger: Die *Epitheliocystis*-Krankheit wurde zuerst 1969 von HOFFMAN als chronische Infektion bei Fischen beschrieben. Inzwischen hat sich herausgestellt, daß diese Krankheit sehr pathogen ist und große Verluste unter den gehaltenen Fischen hervorrufen kann. Bei einer Infektion kommt es zu einer Hyperplasie der infizierten Kiemenzellen, die dadurch erheblich an Größe zunehmen (35–100 µm). Die Krankheitserreger sind 1–2 µm lang und 0,3–0,5 µm dick. Ihrer Morphologie und ihrer Vermehrung nach scheinen sie zu den Chlamydien (Chlamydiales) zu gehören. Chlamydien sind sehr kleine, kokkoide, prokariotische Mikroorganismen, die nur intrazellulär in Vertebraten parasitieren. Sie machen einen besonderen Vermehrungszyklus in der Wirtszelle durch, bei dem sich kleinere Elementarkörper in größere Initialkörper umwandeln, sich dann teilen und wieder zu Elementarkörpern werden.

B. Symptome: Erkrankte Fische zeigen auf der Haut und den Kiemen ausgedehnte Epithelhypertrophien. Durch die geschädigten Kiemen leiden die Fische unter Atemnot, in schweren Fällen fallen die leicht abstehenden Kiemendeckel auf. Die Epithelzellen der Kiemenlamellen sind stark vergrößert, und

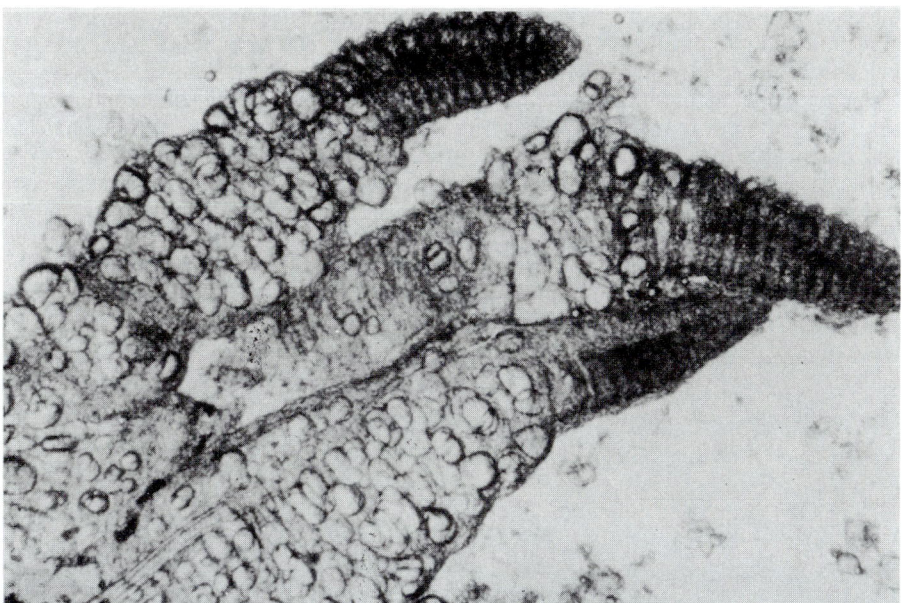

Abb. 22: Starke Epitheliocystis-Infektion auf der Kieme von *Sparus aurata*.
Abb.: W. AHNE, (1980)

damit ist die typische Kiemenstruktur zerstört. Die stark angeschwollenen Kiemenlamellen sind miteinander verwachsen und können durch die verminderte Oberfläche nicht mehr genügend Sauerstoff aufnehmen.

C. Befallene Organe: Bei der *Epitheliocystis*-Krankheit handelt es sich um eine intrazelluläre Infektion der Kiemen und der Haut durch Prokarionten. Die Erreger der Epitheliocystis-Krankheit befallen Süß- und Seewasserfische.

D. Pathogenität: Je nach Kondition der Tiere kann diese Infektionskrankheit chronisch oder akut verlaufen. In dicht besetzten Aquarien breitet sich diese Infektion rasch aus und zerstört weitgehend die Kiemenstruktur der Fische. Dadurch wird der Gas- und Stoffaustausch der Kiemen unterbunden und es kommt zu großen Verlusten unter den betroffenen Fischen.

E. Untersuchungsmethoden: Von einem frisch getöteten Fisch werden befallene Kie-

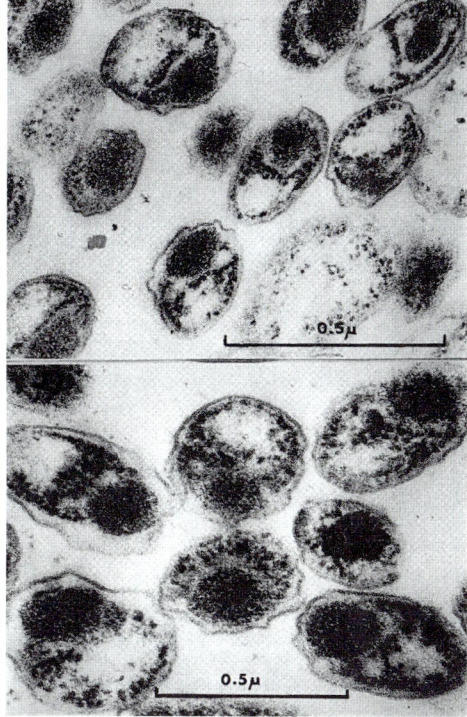

Abb. 23: *Epitheliocystis*. TEM-Aufnahme.
Foto: G. SCHUBERT, Zool. Inst. Uni. Hohenheim

menblättchen oder Hautstücke unter dem Mikroskop untersucht. Diese Krankheit kann leicht mit *Lymphocystis* verwechselt werden. Die Unterscheidungsmerkmale sind einmal die geringere Größe der mit *Epitheliocystis* infizierten Zellen (bis 100 µm) und die bei stärkerer Vergrößerung sichtbare, intrazelluläre, homogene, granuläre Substanz.

F. Therapie: Über eine Therapie ist nichts bekannt. Eine Behandlung mit Breitbandantibiotika (hier vor allem Tetracycline) dürfte jedoch erfolgreich sein.

G. Prophylaxe: Wirksame prophylaktische Maßnahmen sind nicht möglich.

H. Besonderes: Bei der Untersuchung dieser Krankheit wurde in infizierten Fischzellen außerdem ein Virus gefunden, der aber nicht die Ursache für die typischen Symptome der *Epitheliocystis* ist. Infektionsversuche mit diesem Virus riefen keine Symptome hervor. Es handelt sich dabei um einen sog. »Orphan-Virus«, einen Virus ohne dazugehörige Krankheitssymptome. Die Rolle, die dieses Virus bei der Epitheliocystis-Krankheit spielt, ist unbekannt.

6 Pilze

Pilze sind höher organisierte Organismen als Bakterien. Im Gegensatz zu diesen besitzen sie einen echten Zellkern, ihre Zellwand kann Cellulose, Callose oder Chitin enthalten. Pilze sind heterotroph, d.h. sie ernähren sich von organischem Material und sind nicht wie die Planzen zur Photosynthese fähig. Zur Ernährung scheiden sie Nahrungsenzyme durch die Oberfläche aus, die das organische Material, das sie umgibt, auflösen und für die Pilze absorbierbar machen.

Die Erscheinungsformen der Pilze sind sehr vielfältig. Es gibt einzellige Arten (z.B. Hefen) und Arten, die aus vielzelligen, verzweigten, dünnen Fäden, sog. Hyphen bestehen. Die Gesamtheit der Pilzhyphen wird Myzel genannt. Pilze pflanzen sich sexuell und vegetativ fort. Im Wasser vorkommende Pilze können saprophytisch, fakultativ saprophytisch, fakultativ parasitär und rein parasitär leben.

Bei den fischpathogenen Pilzen kann man drei verschiedene Infektionsarten unterscheiden:

1. Externe Mykosen
2. Branchiomykosen
3. Interne Mykosen.

Erkrankungen durch Pilze (Mykosen) können rein äußerlich infolge einer Verletzung oder einer Bakterieninfektion auftreten und sind dann leicht anhand der wattebauschartigen, weißen Pilzfäden auf der Haut zu erkennen, in solchen Fällen spricht man von einer Dermatomykose oder externen Mykose. Externe Mykosen werden von verschiedenen Pilzen der Familien Saprolegniaceae und Peronosporaceae hervorgerufen.

Bei einer Branchiomykose handelt es sich um eine Pilzerkrankung der Kiemen, die auch Kiemenfäule genannt wird (nicht zu verwechseln mit der bakteriellen Kiemenfäule). Diese Erkrankung wird durch Pilze der Gattung *Branchiomyces* verursacht. Und schließlich gibt es die interne Mykosen, bei denen die inneren Organe betroffen sind. Diese Pilze sind nur nach einer eingehenden mikroskopischen Untersuchung feststellbar. Eine eindeutige Diagnose ist nicht leicht. Als Erreger kommen *Ichtyophonus, Aphanomyces* und viele andere Pilze in Frage, die im Kapitel »6.4 Sonstige interne Mykosen« erwähnt werden und nur selten bei Aquarienfischen auftreten.

6.1 Externe Mykosen (Saprolegniaceae, Peronosporaceae)

A. Ursache/Erreger: Die externen oder Dermatomykosen werden nicht nur von Pilzarten der Gattung *Saprolegnia*, sondern auch von verschiedenen, fakultativ parasitären Vertretern der Gattungen *Achlya, Aphanomyces, Dictyuchus* und *Leptolegnia*, alle aus der Familie Saprolegniaceae, hervorgerufen. Die vormalige Gattung *Isoachlya* wur-

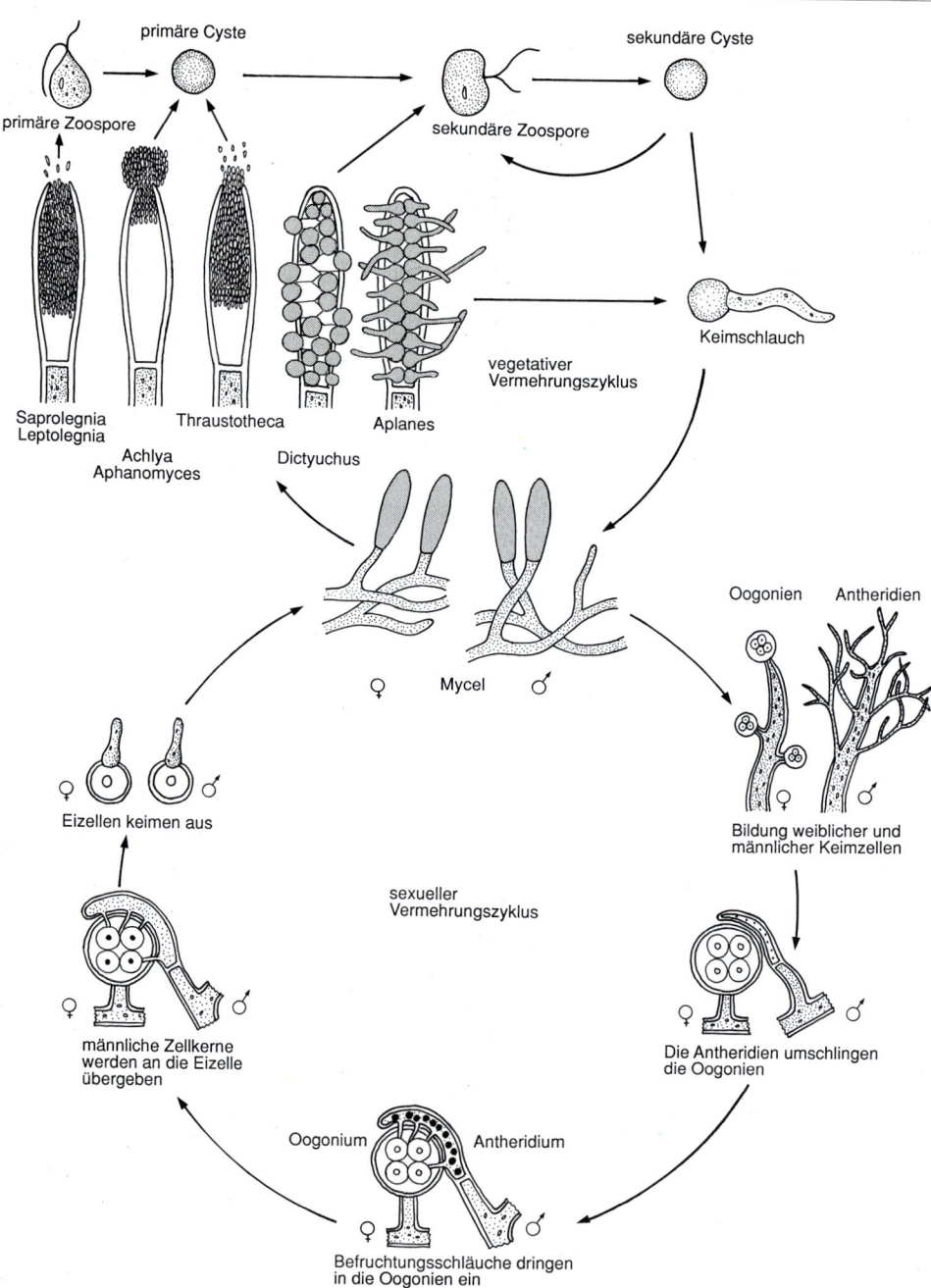

primäre Cyste

primäre Zoospore

sekundäre Cyste

sekundäre Zoospore

Saprolegnia
Leptolegnia

Thraustotheca

Achlya
Aphanomyces

Aplanes

Dictyuchus

vegetativer
Vermehrungszyklus

Keimschlauch

Oogonien   Antheridien

♀   Mycel   ♂

Eizellen keimen aus

Bildung weiblicher und
männlicher Keimzellen

sexueller
Vermehrungszyklus

♀   ♂

männliche Zellkerne
werden an die Eizelle
übergeben

♀   ♂

Die Antheridien umschlingen
die Oogonien

Oogonium   Antheridium

♀   ♂

Befruchtungsschläuche dringen
in die Oogonien ein

Abb. 24: Entwicklungskreislauf der Saprolegniaceae. Erklärung im Text. Abb.: R. BAUER

de mit *Saprolegnia* zusammengelegt. Seltener sind Pilze der Gattung *Pythium* aus der Familie Peronosporaceae die Ursache einer Dermatomykose (siehe unten).

Die Pilze der Familie Saprolegniaceae besitzen schlauchförmige, querwandlose, vielkernige Hyphen und leben meist saprophytisch im Wasser auf faulenden Pflanzen- und Futterresten oder auf toten Fischen und Insekten. Die Zellwand enthält Glucane und Zellulose. Die Vermehrung erfolgt vegetativ und sexuell. Bei der vegetativen Vermehrung bestehen erhebliche Unterschiede zwischen den einzelnen Gattungen innerhalb der Familie Saprolegniaceae. Es ist dabei deutlich eine Entwicklungreihe zu erkennen von Arten mit zwei Schwärmergenerationen hin zu Arten ohne freie Schwärmer, bei denen direkt Hyphen aus den Sporangien auskeimen. So werden bei Pilzen der Gattung *Saprolegnia* keulenförmige Sporangien gebildet, in denen Zoosporen mit zwei ungleich langen Geißeln heranwachsen. Von diesen Zoosporen sind bei *Saprolegnia* zwei unterschiedliche Generationen bekannt. *Saprolegnia* bildet in den Sporangien birnen- bis eiförmige Zoosporen, die an ihrem dünnen Ende zwei, fast gleich lange Geißeln besitzen. Beim Schwimmen wird die kürzere Geißel nach vorn, die längere nach hinten gerichtet. Nach einiger Zeit des Schwärmens werden die Geißeln unter Bildung einer Kapsel eingezogen. Es entstehen primäre Cysten. Aus einer primären Cyste schlüpft dann eine zweite, aber bohnenförmige Zoospore mit zwei unterschiedlich langen, seitenständigen Geißeln, von denen die kürzere beim Schwimmen ebenfalls nach vorn gerichtet ist.

Trifft diese Zoospore auf geeignetes Substrat, bildet sich eine sekundäre Cyste, aus der dann die Hyphe keimt. Wird kein geeignetes Substrat angetroffen, kann aus der sekundären Cyste nochmals eine bohnenförmige Zoospore ausschlüpfen. Im Gegensatz dazu kommen bei der Gattung *Achlya* nur eine Generation und bei der Gattung *Aplanes* gar keine Zoosporen mehr vor. Anhand solcher Unterschiede können zumindest die Gattungen der Familie Saprolegniaceae leicht unterschieden werden (siehe unten). Bei der sexuellen Vermehrung werden

Abb. 25: Zwergfadenfisch *(Colisa lalia)* mit externer Mykose. Foto: G. Schubert, Zool. Inst. Uni. Hohenheim

weibliche und männliche Keimzellen gebildet, die miteinander zu einer Zygote verschmelzen. Die weiblichen Zellen werden in Oogonien gebildet; das sind kugelförmige Gebilde, die aus dem Myzel herauswachsen und anfänglich sehr viele Zellkerne enthalten. Diese Zellkerne gehen während der Eizellenbildung größtenteils zugrunde, worauf das umgebende Zellplasma sich um die verbleibenden Kerne ansammelt und eines oder mehrere nackte Eier bildet.

Als männliches Gegenstück zu den Oogonien bildet das Myzel vielkernige Antheridien aus, diese bilden aber keine männlichen Sexualzellen, sondern wachsen auf die Oogonien zu, umschlingen das Myzel und die daran befindlichen Oogonien und legen sich von außen an diese an. Nach Ausbildung einfacher oder verzweigter Befruchtungsschläuche, die in die Oogonien eindringen, werden männliche Zellkerne direkt an die im Oogonium befindlichen Eier übergeben. Nach der Befruchtung bilden die Eier eine derbe Zellwand, die sie gegen andere Mikroorganismen schützt. Die so entstandenen Cystozygoten keimen nach einer gewissen Ruhepause unter Bildung eines Keimschlauchs aus und bilden neue Myzele.

Sind nur weibliche oder nur männliche Myzele vorhanden, werden keine Oogonien oder Antheridien ausgebildet. Die Vermehrung erfolgt dann nur vegetativ.

Bis auf ganz wenige Ausnahmen muß einer externen Mykose eine Verletzung der Schleimhaut infolge mechanischer Beanspruchung durch Parasiten, Kescher, Hände usw. oder eine Zerstörung der Schleimhaut durch eine Bakterieninfektion vorausgehen. Erst dann sind Zygoten oder Sporen der Pilze in der Lage, den Fisch zu befallen. Ist dies der Fall, keimt aus den Cysten nach Bildung einer Keimhyphe ein Myzel, das sich zwischen den Epidermiszellen ausbreitet und eine Degeneration dieser Zellen bewirkt. Nach kurzer Zeit wächst dieses Myzel auch nach

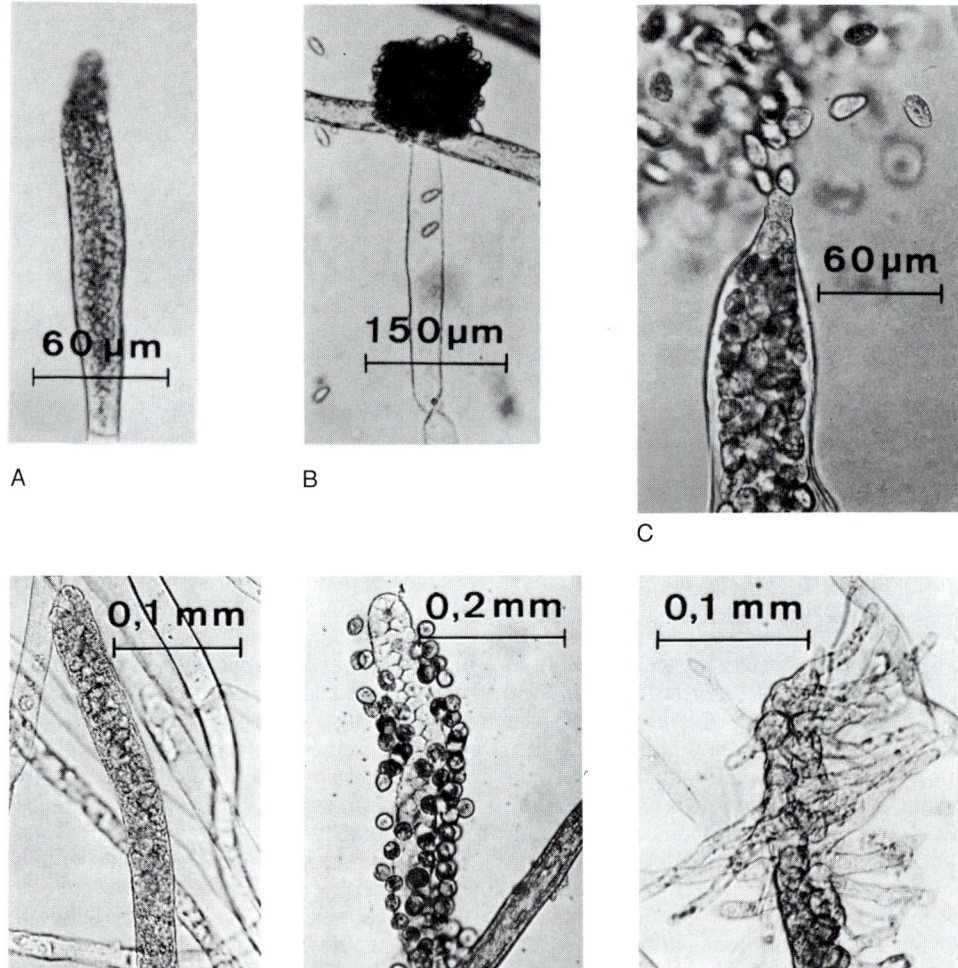

Abb. 26: Verschiedene Sporangienformen aus der Familie Saprolegniaceae.
A. *Achlya ambisexualis*: Junges Plansporangium
B. *Achlya ambisexualis*: Entleertes Plansporangium mit anhaftenden Cysten
C. *Saprolegnia*: Sporangium mit ausschlüpfenden, primären Planosporen
D. *Thraustotheca clavata*
E. *Dictyuchus monosporus*
F. *Aplanes treleaseanus*
Abb.: K. ESSER (1986)

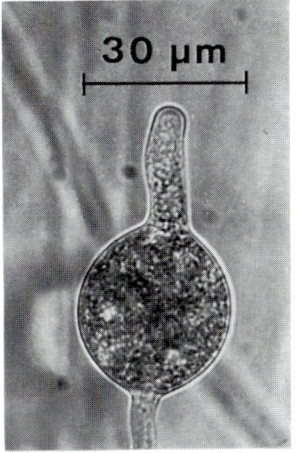
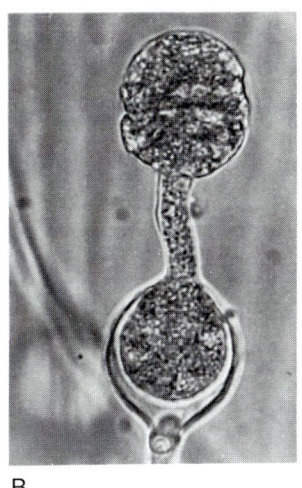
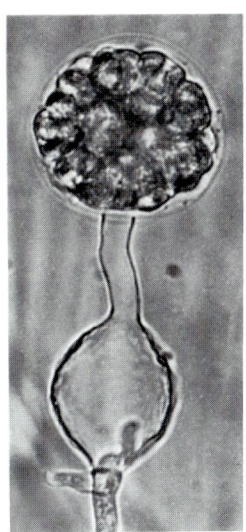

A   B

C

Abb. 27: *Phythium middletonii.*
A. Junges Sporangium mit Keimschlauch
B. Sporangium mit Schwärmblase
C. Schwärmblase enthält Zoosporen
Abb.: K. Esser, (1986)

außen und bildet an der Oberfläche zahlreiche Sporangien. Jetzt ist der Pilz leicht an den weißen, wattebauschartigen Belägen zu erkennen.

In extremen Fällen durchdringt das Myzel die Haut und befällt Muskulatur und Skelett (besonders bei *Aphanomyces*). Die Körperzellen degenerieren dabei und sterben schließlich ab. Besonders gefährlich sind externe Mykosen an den Augen nach einer Corneaverletzung. Hierbei ist der Pilz in der Lage, das gesamte Auge zu durchdringen und zu zerstören. Anschließend kann das Myzel über den Sehnerv (Nervus opticus) ins Gehirn gelangen, was den sicheren Tod des Fisches bedeutet.

Gattungsmerkmale innerhalb der Familie Saprolegniaceae:

Saprolegnia: Das Myzel besteht aus schlauchförmigen, dicken Hyphen, die wenig oder gar nicht verzweigt sind und abgerundete Enden besitzen. Bei der Gattung *Saprolegnia* enthalten die breiten keulenförmigen Sporangien primäre Zoosporen in mehreren Reihen nebeneinander. Diese birnen- bis eiförmigen, primären Zoosporen, die zwei fast gleich lange Geiseln an einem Körperende besitzen, werden durch eine Öffnung am oberen Ende des keulenförmigen Sporangiums entlassen. Nach Encystierung zur primären Cyste und Schlüpfen der bohnenförmigen, sekundären Zoospore wird eine sekundäre Cyste gebildet, aus der schließlich eine Hyphe keimt. In die leere Sporangienhülle wächst von der Basis her ein neues Sporangium ein, welches dicht mit Sporen gefüllt ist (Proliferation). Diese ineinandergeschachtelten Sporangien, bei denen in den leeren Hüllen der alten Sporangien mehrmals von der Basis her neue Sporangien entstehen, ist typisch für die Gattung *Saprolegnia* und dient zur eindeutigen Unterscheidung von der Gattung *Achlya*. Die Oogonien enthalten 3 bis 40, in seltenen Fällen über 40 Eizellen.

Leptolegnia: Das Myzel besteht aus dünnen, langen, wenig verzweigten Hyphen mit stumpf abgerundeten Enden. Die Sporangien der Gattung *Leptolegnia* sind wie die der Gattung *Aphanomyces* dünn, lang und nicht breiter als die tragende Hyphe und enthalten die primären Zoosporen in einer einzigen Längsreihe. Diese verlassen das Sporangium durch eine Öffnung am oberen Ende und schwimmen sofort frei. Es entsteht also im Gegensatz zu der Sporenbildung bei der Gattung *Aphanomyces* kein kugeliges Gebilde aus primären Cysten am oberen Ende des Sporangiums. Die schwärmenden, primären Zoosporen encystieren sich zu primären Cysten, aus denen eine sekundäre Zoospore schlüpft. Nach weiterer Encystierung zur sekundären Sporocyste keimt eine Hyphe aus.

Es werden bei *Leptolegnia* wie bei *Saprolegnia* zwei Schwärmergenerationen, eine birnen- bis eiförmige und eine bohnen- oder nierenförmige, gebildet. Nach dem Schlüpfen der primären Zoosporen wächst wie bei der Gattung *Saprolegnia* ein neues Sporangium aus der basalen Hyphe in die leere Hülle des alten Sporangiums ein (Proliferation). Die Oogonien enthalten nur eine Eizelle. *Leptolegnia* tritt nur sehr selten als Parasit auf.

Achlya: Das Myzel besteht aus kräftigen verzweigten Hyphen, die an den Enden mehr oder weniger zugespitzt sind. Bei der Gattung *Achlya* liegen die Zoosporen in mehreren Reihen nebeneinander in den großen, breiten, keulenförmigen Sporangien. *Achlya* bildet keine freien, beweglichen Schwärmer der ersten Generation aus. Die Zoosporen der ersten Generation schlüpfen durch eine Öffnung am oberen Ende aus dem keulenförmigen Sporangium aus und encystieren sich sofort. Dadurch entsteht ein kugeliges Gebilde aus primären Cysten am oberen Ende des Sporangiums, aus der dann nach kurzer Zeit die bohnenförmigen Zoosporen der zweiten Generation schlüpfen. Diese Zoosporen der zweiten Generation encystieren sich zur sekundären Cyste, aus der dann eine Hyphe keimt.

Bei Achlya-Arten bildet sich im Gegensatz zu den Gattungen *Saprolegnia* und *Leptolegnia* kein neues Sporangium in der leeren Sporangienhülle (keine Proliferation). Hier wächst, nachdem das Sporangium entleert wurde, unterhalb des Sporangiums aus dem basalen Hyphenteil seitlich eine Hyphe heraus, die erneut ein Sporangium bildet. Die Oogonien enthalten acht und mehr Eizellen.

Aphanomyces: Das Myzel besteht aus dünnen, langen, wenig verzweigten Hyphen mit stumpf abgerundeten Enden. Die Sporangien von *Aphanomyces* sind wie bei *Leptolegnia* dünn und lang und nicht breiter als die tragenden Hyphen. Die Sporen liegen in einer Reihe hintereinander im Sporangium. Die Sporenbildung erfolgt wie bei der Gattung *Achlya*. Dabei werden keine primären Zoosporen frei. Die primären Zoosporen wandern ans obere Ende des Sporangiums und treten hier durch eine Öffnung aus dem Sporangium aus und encystieren sofort zu primären Cysten. Auch hier kommt es zu einem kugeligen Gebilde aus primären Cysten am oberen Ende des Sporangiums, aus denen dann die freien, sekundären Zoosporen schlüpfen. Daran ist *Aphanomyces* von *Leptolegnia* leicht zu unterscheiden.

Nach einer kurzen Schwärmzeit werden sekundäre Cysten gebildet aus denen schließlich Hyphen keimen. Die Oogonien enthalten nur eine Eizelle, sehr selten zwei. Pilze der Gattung *Aphanomyces* können interne Mykosen hervorrufen. Sie sind in der Lage, über Verletzungen der Schleimhaut in die Muskulatur und die inneren Organe vorzudringen.

Thraustotheca: Das Myzel besteht aus kräftigen verzweigten Hyphen, die an den Enden mehr oder weniger zugespitzt sind. *Thraustotheca* besitzt kurze, dickkeulige Sporangien, aus denen nach Zerfall der Sporangienhülle direkt primäre Cysten entlassen werden, aus denen sekundäre Zoosporen schlüpfen. Nach Encystierung zur sekundären Cyste keimt daraus eine Hyphe. Das Stadium der primären Zoospore existiert nicht mehr. Die Hyphe wächst nach der Entleerung der primären Cysten wie bei *Achlya* seitlich am Sporangium vorbei und bildet neue Sporangien. Die Oogonien enthalten mehrere Eizellen. Bis jetzt ist noch kein Fall aus der Literatur bekannt, bei dem Pilze der Gattung *Thraustotheca* Fische befallen haben.

Dictyuchus: Das Myzel besteht aus kräftigen, wenig verzweigten Hyphen, die an den Spitzen breit abgerundet sind. Bei *Dictyuchus* entstehen ebenfalls direkt primäre Cysten im Sporangium, diese werden aber nicht entlassen, sondern verbleiben im Sporangium. Dadurch erscheint das schlanke, keulenförmige Sporangium netzartig unterteilt. Aus ihnen schlüpfen dann seitlich durch viele kleine Öffnungen in der Sporangienwand sekundäre Zoosporen, aus denen nach Encystierung zur sekundären Cyste eine Hyphe keimt. Die Oogonien enthalten nur eine Eizelle.

Aplanes: Das Myzel besteht aus schlanken, kräftigen Hyphen. In dieser Gattung entfallen bei der vegetativen Vermehrung beide Zoosporengenerationen und eine Cystengeneration. Hier werden lediglich primäre Cysten in den Sporangien gebildet, aus denen noch im Sporangium Hyphen keimen, die die Sporangienwand durchbrechen. Pilze dieser Gattung gelten als die am höchsten entwickelten der Familie Saprolegniaceae, da sie keine freien Schwärmer mehr ausbilden, sondern direkt im Sporangium aus den primären Cysten Hyphen auskeimen lassen. Die Oogonien enthalten mehrere Eizellen. Bis jetzt ist noch kein Fall aus der Literatur bekannt, bei dem Pilze der Gattung *Aplanes* Fische befallen haben.

Pythium (Familie Peronosporaceae): Die Gattung *Pythium* gehört nicht zur Familie Saprolegniaceae sondern zur Familie Peronosporaceae (falsche Mehltaupilze). Bei *Pythium* werden die primären Zoosporen und Cysten nicht mehr gebildet. Aus den kugeligen Sporangien wächst ein Keimschlauch aus, in den der Sporangieninhalt (Protoplast) auswandert. Am Ende des kurzen Keimschlauchs bildet sich eine Blase, die den gesamten Sporangieninhalt aufnimmt. Hier differenziert sich der Protoplast in zahlreiche bohnenförmige Zoosporen, die seitlich zwei Geiseln besitzen (wie die zweite Schwärmergeneration bei *Saprolegnia*). Nach Ausschwärmen der Zoosporen zerfällt der leere Keimschlauch und die Blase. Die Zoosporen kapseln sich ein und bilden Cysten, aus denen Hyphen keimen. Bei auftretender Trokkenheit encystieren sich die Zoosporen. Kommen sie erneut mit Wasser in Berührung, schlüpft wieder eine gleich gestaltete Zoospore aus. Dieser Vorgang kann sich mehrmals wiederholen. Der Sexualzyklus bei *Pythium* verläuft analog dem bei den Saprolegniaceae.

B. Symptome: Externe Mykosen sind leicht an den weißen, wattebauschartigen Belägen auf der Haut, an den Augen, an den Flossen oder am Maul zu erkennen. Es besteht allerdings eine Verwechslungsmöglichkeit mit *Heteropolaria*, deshalb unbedingt mit dem Mikroskop die Diagnose kontrollieren.

C. Befallene Organe: Es können sämtliche, an der Oberfläche liegenden Körperteile infiziert werden. Im weiteren Verlauf einer Infektion kann aus einer externen Mykose eine interne Mykose werden, da einzelne Pilzarten *(Aphanomyces)* in der Lage sind, ins Körperinnere vorzudringen und Muskulatur, Skelett und innere Organe zu befallen. Bei Infektionen der Augen besteht die Möglichkeit, daß die Pilzhyphen entlang des Nervus opticus ins Gehirn vordringen.

D. Pathogenität: Da die meisten Saprolegniaceae nur auf totem organischen Material wachsen, muß durch eine Verletzung oder durch eine Bakterieninfektion Gewebe absterben, bevor es zu einer Pilzinfektion kommt. Die Pilzinfektion ist also in der Regel sekundärer Natur. Dementsprechend ist sie auch leicht zu bekämpfen. Kann die primäre Ursache beseitigt werden, stellt die Pilzinfektion bei den meisten Fischen kein großes Problem mehr dar. Einige Pilzarten können unsere Aquarienfische jedoch erheblich gefährden. Dies sind in der Regel Pilzarten, die in der Lage sind, ins Körperinnere vorzudringen, wie z.B. *Aphanomyces*. Um größere Verluste durch solche Pilze zu vermeiden, muß sofort behandelt werden. Das gleiche gilt für Infektionen an den Augen, die für die Fische sehr gefährlich werden können.

E. Untersuchungsmethoden: Externe Mykosen können unterschiedliche Erscheinungsformen aufweisen: zum einen die räumlich begrenzt auftretenden »Wattebäusche« auf offenen Wunden oder aufgebrochenen Geschwüren; sie lassen sich leicht mit einer Pinzette abziehen, wobei das darunterliegende, abgestorbene Gewebe sichtbar wird; zum anderen die feinen Pilzhyphen, die über große Bereiche des Körpers nach außen dringen und den betroffenen Fisch wie leicht behaart erscheinen lassen. Hier handelt es sich um eine interne Mykose (z.B. *Aphanomyces*), da das Pilzmycel die Muskulatur durchdringt und lediglich zur Sporangienbildung aus der Körperoberfläche herausragt.

F. Therapie: Bei externen Mykosen muß vor allem die Primärursache beseitigt werden, d.h., es müssen Bakterieninfektionen mit Antibiotika, Sulfonamiden oder Nitrofuranen behandelt werden. Die wattebauschartigen Beläge auf Furunkeln und Geschwüren werden vor der Behandlung mit einer Pinzette vorsichtig abgezupft. Darunter werden dann die offenen, blutigen Hautläsionen sichtbar. Nachdem die Bakterieninfektion ausgeheilt ist, verschwindet die Pilzinfektion meist auch ohne weitere Behandlung.

Bei verpilzten Verletzungen wird ebenfalls das wattebauschartige Pilzmycel mit einer Pinzette entfernt und die Wunde vorsichtig mit Mercurochrom betupft. Die so behandelten Wunden heilen schnell aus.

Vorsicht! Dabei darf kein Mercurochrom auf die Kiemen gelangen, da dies den sicheren Tod für den Fisch bedeutet.

Treten Verpilzungen nach einer Verletzung der Schleimschicht der Haut durch Transport, Fang oder Berührung auf, lassen Dauerbäder im Quarantänebecken mit 0,04 mg/l Malachitgrünoxalat die Pilze schnell absterben. Liegt jedoch als Primärursache der Erkrankung eine Bakterieninfektion vor und ist diese nicht behandelt worden, kommt es nach der Behandlung mit Malachitgrünoxalat, wenn der Fisch bis dahin noch lebt, sehr schnell wieder zu einer Pilzinfektion.

G. Prophylaxe: Vorbeugend muß verhindert werden, daß die Schleimhaut der Fische beschädigt wird. Deshalb ist beim Fang und Transport darauf zu achten, daß die Tiere, die ohnehin einem erheblichen Streß ausgesetzt sind, keine Verletzungen davontragen. Keimarmes Wasser z.B. durch einen UV-Wasserklärer, ist die beste Prophylaxe gegen Bakterien- und Pilzbefall.

H. Besonderes: Einige Pilze *(Achlya bisexualis, Achlya ambisexualis)* der Familie Saprolegniaceae sind getrenntgeschlechtlich, d.h. es existieren männliche Myzele, die nur Antheridien produzieren, und weibliche Myzele, die nur Oogonien produzieren, und das auch nur, wenn der andere Geschlechtspartner in der Nähe ist. Ist nur ein Geschlecht vorhanden, werden keine Sexualzellen gebildet. Beide Geschlechter können Sporangien bilden und sehen völlig gleich aus, sind also nur im Sexualzyklus voneinander zu unterscheiden. Auch die weiblichen und männlichen Zoosporen und Cysten sind mikroskopisch nicht zu unterscheiden. Sowohl die männlichen als auch die weiblichen Myzelien können auf Fischen fakultativ pathogen sein.

6.2 Branchiomykosen (Branchiomyces)

A. Ursache/Erreger: Diese Krankheit wurde zuerst 1912 von Plehn auf Karpfen gefunden. Inzwischen wurde sie auf zahlreichen Fischen nachgewiesen. Es können alle Süßwasserfische infiziert werden, die unter schlechten Bedingungen gehalten werden. Starke Verschmutzung durch organische Verbindungen, Algenblüte und zu hohe Temperaturen begünstigen diese Krankheit.

Die Branchiomykose oder Kiemenfäule kann durch zwei verschiedene Pilzarten der Gattung *Branchiomyces* hervorgerufen werden. Zum einen durch *Branchiomyces sanguinis*, der in den Blutkapillaren der Kiemenlamellen parasitiert und diese verstopft. Dadurch kommt es zu Blutstauungen, Durchblutungsstörungen und zum Absterben der betroffenen Kiemenblättchen, die schließlich abgestoßen werden. *Branchiomyces demigrans* dagegen wächst im und auf dem Kiemenepithel. Beide besitzen verzweigte, unseptierte Hyphen, in denen direkt Sporen gebildet werden. Es existieren keine Sporangien wie z.B. bei den Saprolegniaceae. Entsprechend der Lokalisation der parasitären Pilze auf den Kiemen werden die Sporen von *Brachiomyces sanguinis* in die Blutgefäße der Kiemen abgegeben und von da in die inneren Organe transportiert. Sie konnten im Herz und in der Milz nachgewiesen werden. Von *Branchiomyces demigrans* werden die Sporen an der Kiemenoberfläche ins freie Wasser entlassen. Die Infektion erfolgt entweder direkt durch ausgeschiedene Sporen oder durch Aufnahme abgestorbener und dann abgestoßener Kiemenblättchen, die Sporen und Hyphen enthalten. Das Wachstumsoptimum dieser Pilze liegt zwischen 25 und 32 °C bei einem pH-Wert von 5,8.

B. Symptome: Betroffene Fische leiden unter Sauerstoffmangel und schnappen deshalb an der Wasseroberfläche nach Luft. Oft sind die Fische apathisch und verweigern die Nahrung. Die blassen, grauweiß verfärbten Kiemen zeigen blutunterlaufene Flecken und helle Beläge. Teile der Kiemen sind bereits abgestorben und abgefallen, wodurch die Kiemenblättchen an manchen Stellen verkürzt sind oder ganz fehlen.

C. Befallene Organe: Diese Pilze befallen ausschließlich die Kiemen. Von den Blutgefäßen der Kiemen können Sporen über das Blut im ganzen Körper verteilt werden und die inneren Organe überschwemmen. Hier kommt es in der Regel aber nicht zur Hyphenbildung.

D. Pathogenität: Bei geschwächten und durch schlechte Haltungsbedingungen vorgeschädigten Fischen kann eine Branchiomycose nahezu 100% der befallenen Fische töten. Diese Krankheit ist jedoch bei Aquarienfischen sehr selten und tritt in gut gepflegten Aquarien überhaupt nicht auf.

E. Untersuchungsmethoden: Von einem frisch getöteten Fisch sind die Kiemen herauszupräparieren und unter dem Mikroskop auf Hyphen von *Branchiomyces* abzusuchen.

F. Therapie: Wenn diese Krankheit in einem Aquarium festgestellt wird, müssen die

Fische in ein Quarantänebecken umgesetzt und das betreffende Aquarium ausgeräumt, gereinigt und desinfiziert werden. Die erkrankten Fische werden inzwischen in der Quarantäne mit Malachitgrünoxalat (0,04 mg/l) behandelt.

G. Prophylaxe: Branchiomycosen treten nur in sehr stark verschmutztem Wasser auf; dementsprechend ist auf Sauberkeit und Hygiene im Aquarium zu achten, um diese Krankheit zu verhindern.

H. Besonderes: In europäischen Gewässern sind die Erreger der Branchiomycose weit verbreitet, ohne daß es zu einem Ausbruch dieser Krankheit kommt. Um ein Einschleppen von *Branchiomyces* in Aquarien zu vermeiden, sollte kein lebendes Plankton aus Fischteichen entnommen und verfüttert werden.

6.3 Interne Mykosen (Ichthyophonus, Aphanomyces)

A. Ursache/Erreger: 1893 beschrieb HOFER einen Parasiten als Ursache der Taumelkrankheit der Forellen. Er vermutete, daß es sich bei diesem Erreger um einen Zooparasiten handelte. 1905 fanden CHAULLERY und MESNIL zwei dieser Parasiten in Meeresfischen, sie wurden *Ichthyosporidium gasterophilum* und *Ichthyosporidium phymogenes* genannt, da sie von den Autoren zu den Haplosporidiern gezählt wurden. 1911 erkannten PLEHN und MULSOW einen dieser Parasiten als einen Pilz und nannten ihn zu Ehren HOFERS *Ichthyophonus hoferi*. PETTIT änderte diesen Namen nach den gültigen Nomenklaturregeln in *Ichthyosporidium hoferi*, entsprechend der Namensgebung in der vermeintlichen Erstbeschreibung durch CHAULLERY und MESNIL.

Damit war die Grundlage geschaffen für ein Verwirrspiel, das bis in die heutige Zeit andauert. Die Experten sind immer noch in zwei Lager gespalten, wie dieser Erreger zu benennen ist. 1965 unternahm SPRAGUE einen Versuch, die Namenskonfusion dadurch zu beheben, daß er die Gattung *Ichthyophonus* zu den Pilzen und die Gattung *Ichthyosporidium* zu den Einzellern stellte. Er begründete dies damit, daß es sich in der Erstbeschreibung von CHAULLERY und MESNIL bei *Ichthyosporidium gasterophilum* um einen Pilz und bei *Ichthyosporidium phymogenes* um einen Protozoen gehandelt habe. Nach den gültigen Nomenklaturregeln ist die Zugehörigkeit eines Pilzes und eines Protozoen zu ein und derselben Gattung nicht

zulässig. Da die Erstbeschreiber die Typusart der Gattung *Ichthyosporidium* nicht festlegten, konnte SPRAGUE eine solche Zuordnung vornehmen. Diese Ansicht setzte sich allerdings bis heute nicht bei allen Autoren durch.

Aus den o.g. Erwägungen und um den Leser nicht zu verwirren, wird hier die Gattung *Ichthyosporidium* zu den Sporentierchen und die Gattung *Ichthyophonus* zu den Pilzen gezählt. Demnach ist der hier erwähnte Parasit als »*Ichthyophonus hoferi*« zu bezeichnen. *Ichthyophonus hoferi* wird zu den »Fungi imperfecti« gezählt, da keine sexuellen Fortpflanzungsstadien bekannt sind, diese jedoch bei den Pilzen als Grundlage zur taxonomischen Klassifizierung verwendet werden. Diese Gruppierung der Fungi imperfecti oder Deuteromycetes ist künstlich und spiegelt nicht die natürlichen Verwandschaftverhältnisse wider. In sie werden alle Pilze aus allen natürlichen Gruppen gestellt, die keinen sexuellen Fortpflanzungszyklus mehr besitzen (bzw. über den nichts bekannt ist) und deren Zugehörigkeit zu taxonomischen Gruppen deshalb unbekannt bleibt.

Die systematische Stellung dieser Fungi imperfecti, zu denen sehr viele unterschiedliche, meist parasitäre Pilze gehören, ist demnach nicht geklärt. *Ichthyophonus* pflanzt sich nur vegetativ fort (zumindest ist kein sexuelles Fortpflanzungsstadium bekannt). Die Neuinfektion eines Fisches erfolgt über eine Aufnahme von parasitenhaltigen Tieren. Der Parasit liegt darin als vielkernige

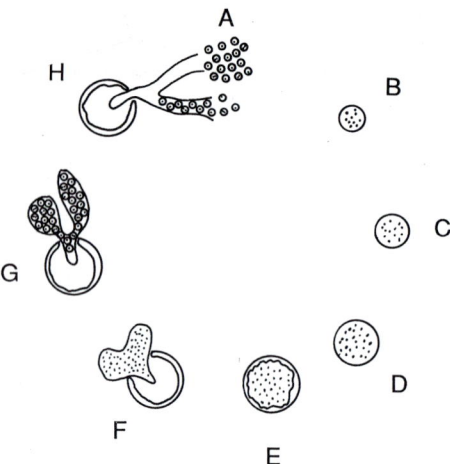

Abb. 28: Entwicklungszyklus von Ichthyophonus.
A: Sporen, **B, C, D**: vielkernige, kugelförmige Entwicklungstadien, **E**: vielkerniges, kugelförmiges Entwicklungsstadium mit verdickter Zellwand kurz vor dem Auskeimen, **F**: Hyphenbildung durch Auskeimen, **G**: Endosporenbildung in den Hyphen, **H**: Freisetzen der Hyphen
Abb.: verändert nach CHIEN (1979)

Cyste in den Organen oder der Muskulatur vor. Ausgelöst durch Absterben des den Parasiten umgebenden Gewebes löst sich die Cystenhülle an einer Stelle auf und das Zellplasma, das jetzt durch eine sekundäre Zellwand umgeben ist, wächst als Keimschlauch nach außen. Zurück bleibt die leere Cystenhülle.

Die aus dem Keimschlauch gebildete, kurze Hyphe differenziert sich durch endogene Teilung in einen Fruchtkörper, der beim Platzen amöboid bewegliche Sporen (Amöboblasten) freigibt, die die Darmwand durchbrechen oder über den Darm ausgeschieden werden. Die Amöboblasten, die in die Darmwand eindringen konnten, werden über die Blutbahn im ganzen Körper verteilt und setzen sich besonders in den stark durchbluteten Organen fest. Hier bilden sie vielkernige Cysten (sog. Kugelkörper) die vom Wirtgewebe durch eine Bindegewebshülle umschlossen werden.

Sind die Cysten gereift, kann es wiederholt zur Auskeimung der Cysten und zur Sporenbildung kommen. Die dabei gebildeten amöboid beweglichen Sporen können sich dann auch in der Muskulatur festsetzen und neue Cysten bilden. Die amöboiden Sporen von *Ichthyophonus* werden auch von marinem Zooplankton aufgenommen und bilden dort ebenfalls Cysten. Dieses Zooplankton dient als Futter und überträgt somit den Erreger auf die Fische. Dieser parasitäre Pilz zeigt optimales Wachstum bei 10 °C, bei Temperaturen über 20 °C wächst er schlecht, über 30 °C gar nicht mehr. Dies ist auch der Grund, warum *Ichthyophonus hoferi* in der Zierfischhaltung nur eine geringe Rolle spielt. Durch seine Cystenbildung, die der bei einer Fischtuberkulose ähnelt, kam es schon häufig zu einer Verwechslung der beiden Krankheiten. So wird die von SCHÄPERCLAUS als Aquarienfisch-Ichthyophonus beschriebene Krankheit nicht von *Ichthyophonus*, sondern von Mycobakterien (Fischtuberkulose) hervorgerufen.

Obwohl *Ichthyophonus* äußerst selten in Aquarien auftritt, wurde er trotzdem hier mit aufgenommen, um Verwechslungen mit der Fischtuberkulose auszuschließen. *Ichthyophonus* kann unter ungünstigen Umständen in Salzwasser- und Süßwasseraquarien zu Erkrankungen führen. Insbesondere wenn rohes Fleisch von Meeresfischen oder marines Zooplankton verfüttert werden, können Erreger eingeschleppt werden.

B. Symptome: Bei schweren Ichthyophonus-Infektionen treten taumelnde Schwimmbewegungen (Taumelkrankheit der Forellen), Abmagerung, Schuppensträube, Wirbelsäulenverkrümmungen und Entzündungen der inneren Organe auf. Bei starken Infektionen können die ursprünglichen Organe fast vollständig durch Granulationsgewebe ersetzt sein. Das eigentliche Organgewebe ist in solchen Fällen auf einen geringen Rest geschrumpft. Wie bei der Fischtuberkulose bilden sich in den inneren Organen, in der Haut und in der Muskulatur zahlreiche Knötchen und Geschwüre.

Der Erreger der Ichthyophonus-Krankheit ist, wie bereits erwähnt, ein Pilz, hat eine meist kugelige Gestalt und ist von einer Bindegewebshülle umgeben. Zusätzlich wird bei *Ichthyophonus* eine zweite Hülle innerhalb des Bindegewebes vom Pilz selbst gebildet. Hierdurch ist *Ichthyophonus* von der Tuberkulose zu unterscheiden.

C. Befallene Organe: Herz, Milz, Niere und Leber sind am häufigsten betroffen. Der Erreger kann aber auch in die Muskulatur und in die Haut vordringen, was eine Abmagerung des Tieres zur Folge hat.

D. Pathogenität: *Ichthyophonus* ist nicht für alle Fischarten gleich gefährlich. Einige Arten sind in der Lage, den Parasiten durch Bindegewebe abzukapseln und dadurch zu inaktivieren (vgl. Fischtuberkulose). Dies ist zum Beispiel beim Schellfisch der Fall. Andere Fischarten sind dazu nicht in der Lage. Bei der Scholle breitet sich die Infektion, ausgehend von der Leibeshöhle, über den ganzen Körper aus und führt dann unweigerlich zum Tod des infizierten Tieres.

Süßwasserfische haben in der Regel nicht genügend Abwehrkräfte gegen *Ichthyophonus* und sind deshalb nicht in der Lage, diesem normalerweise auf Meeresfischen parasitierenden Pilz erfolgreich zu widerstehen. Hier kann es zu großen Ausfällen kommen. Auch bei tropischen Meeresfischen kann diese Krankheit zu erheblichen Verlusten führen.

E. Untersuchungsmethoden: Aus Geschwüren und inneren Organen eines frisch getöteten Fisches sind Gewebeproben zu entnehmen und Quetschpräparate anzufertigen. Unter dem Mikroskop sind diese Präparate auf Knötchen abzusuchen. Sind solche Knötchen vorhanden, muß mit der Ziehl-Neelsen-Färbung (siehe Fischtuberkulose) gefärbt werden, um *Ichthyophonus* eindeutig von der Fischtuberkulose zu unterscheiden. Im Gegensatz zur Fischtuberkulose sind bei *Ichthyophonus* nach der Färbung keine roten Stäbchen sichtbar. Außerdem wird die vom Pilz selbst gebildete und fast farblose Kapsel innerhalb der Bindegewebshülle im gefärbten Präparat deutlich erkennbar.

Für den Aquarianer, der keine Möglichkeit hat, mikroskopische Präparate zu färben, gibt es eine einfache Methode, um *Ichthyo-*

phonus hoferi eindeutig zu identifizieren, indem man im mikroskopischen Präparat die Keimung neuer Hyphen aus den eingekapselten Cysten anregt. Dies geschieht in der freien Natur nach dem Tode eines infizierten Fisches, um Aasfresser leichter infizieren zu können. Deshalb reicht es aus, die frischen, ungefärbten Quetschpräparate mindestens 12 Stunden bei Temperaturen unter 20 °C in einer Petrischale auf feuchtem Filterpapier zu lagern, um die Keimung anzuregen. Das Lagern in Petrischalen auf feuchtem Filterpapier ist notwendig, um ein Austrocknen der Präparate zu verhindern. Während dieser Zeit keimen in dem toten Fischgewebe aus den vielkernigen Cysten kurze Hyphen aus, die sich durch endogene Teilung in viele Sporen differenzieren. Die auskeimenden, keulenförmigen Hyphen neben den leeren Cystenhüllen sind leicht unter dem Mikroskop nachzuweisen.

F. Therapie: Diese Krankheit ist unheilbar! Befallene Fische sind deshalb sofort zu töten und zu vernichten.

G. Prophylaxe: Da eine Behandlung nicht möglich ist, muß auf jeden Fall verhindert werden, daß dieser Parasit eingeschleppt wird. Hierzu sind Fische, Fischfleisch, Fischinnereien und Plankton aus dem Meer grundsätzlich vor dem Verfüttern zu erhitzen. Auf keinen Fall sollten gesunde Fische die Möglichkeit haben, frisch gestorbene Artgenossen anzufressen, da hierdurch der Parasit übertragen wird. Es konnte nachgewiesen werden, daß die Krankheit in Forellenzuchtanstalten durch Verfüttern von infizierten Meeresfischen eingeschleppt wurde. Bei einer Fütterung der Forellen mit Trockenfutter dagegen trat diese Krankheit nicht auf.

H. Besonderes: Interne Mykosen können auch von Pilzen der Familie Saprolegniaceae hervorgerufen werden, die normalerweise nur auf der Hautoberfläche auftreten. Besonders die Gattung *Aphanomyces* ruft interne Mykosen hervor. Hierbei erfolgt die Infektion über Verletzungen der Schleimhaut der Fische, in die die Pilze eindringen und Haut, Muskulatur, innere Organe, Augen und Gehirn durchdringen. Da die Gattung *Apha-*

nomyces externe und interne Mykosen verursacht und zur Familie Saprolegniaceae gehört, wurde sie im Kapitel »6.1 Externe Mykosen« beschrieben.

6.4   Sonstige interne Mykosen

Candida*: Verschiedene einzellige Hefen aus der Gattung *Candida* können bei Fischen schwere Mykosen hervorrufen. Dabei zeigten die betroffenen Fische aufgetriebene Bäuche sowie Entzündungen im Darm und in der Niere. Die Hefepilze konnten in Haut, Kiemen, Blut, Leibeshöhle, Niere und Darm nachgewiesen werden. Gefunden wurden die Arten *C. albicans, C. tropicalis, C. parapsilosis* und *C. sake*. Hefezellen sind rund bis oval und in der Lage, sich durch Vielfachknospung zu vermehren. Die Tochterzellen bleiben längere Zeit an der Mutterzelle hängen und können ihrerseits durch Knospung Tochterzellen hervorbringen. Dadurch entstehen größere Kolonien von zusammenhängenden Hefezellen, diese können sog. Pseudohyphen bilden, indem viele Hefezellen perlschnurartig zusammenhängen.

Die Querwände dieser Pseudohyphen werden von zwei Zellwänden gebildet, nämlich den Zellwänden der beiden zusammenhängenden Hefezellen. Bei den echten Hyphen, die von Candida-Arten ebenfalls gebildet werden können, sind die einzelnen Zellen länger und die Querwände bestehen nur aus einer Zellwand, die durch einen winzigen, nur unter dem Elektronenmikroskop sichtbaren Verbindungsgang durchbrochen wird.

Exophiala*: Aus der Gattung *Exophiala* waren die beiden Arten *E. pisciphila* und *E. salmonis* Ursache verschiedener Mykosen in Süß- und Seewasser. Sie wurden bei Forellen im Gehirn, bei tropischen Meeresfischen und Welsen in den inneren Organen (Herz, Niere, Leber, Bauchspeicheldrüse, Schwimmblase) gefunden. Die infizierten Organe besaßen gelb-weiß verfärbte Flecken.

Die Hyphen dieser Pilze bestehen aus braun pigmentierten, gekammerten, verzweigten Schläuchen, die an einzeln oder paarweise stehenden Seitenzweigen (Conidienträger) ovale, mit einer dicken, weichen, hellen, gelb-braunen Schale versehenen Dauersporen (Conodien) bilden. Die Conidienträger wachsen immer seitlich aus einer Trennwand zwischen zwei Hyphenzellen. Die Conidien sitzen einzeln oder zu mehreren, dann kugelförmig, auf den Conidienträgern und sind von einer Schleimhülle umgeben. Die Conidien von *E. pisciphila* sind nicht oder nur sehr selten gekammert, von *E. salmonis* bestehen sie meist aus zwei bis drei Kammern.

Mycelites ossifragus*: Unter diesem Namen sind verschiedene Pilze zusammengefaßt, die in Zähnen fossiler Fische gefunden wurden. Diese Pilze konnten inzwischen auch

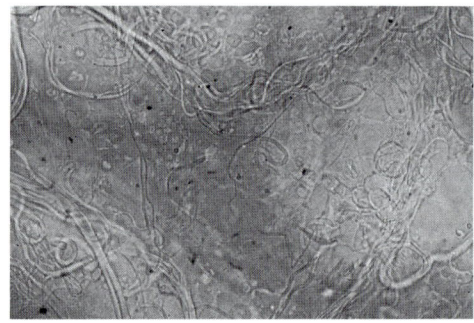

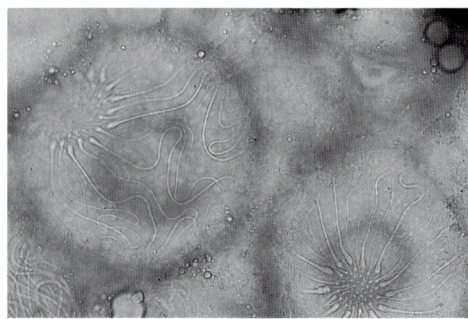

Abb. 29 A (oben) + B (unten): Black Molly *(Poecilia sphenops)*, Ovar mit interner Mykose. Foto: R. Bauer

bei heute lebenden Fischen nachgewiesen werden. Sie wurden bei Rochen, Seewölfen und anderen Meeresfischen gefunden. Im Gegensatz zur diffusen Entkalkung bei der bakteriellen Karies dringt der Pilz aktiv in den Zahn ein und löst dabei die Zahnsubstanz auf.

Eine Infektion ist an weißen Flecken auf den Zähnen und an dem gangförmigen Lochfraß zu erkennen. Die Bohrgänge beginnen mit einem glatten Loch an der Oberfläche und dringen senkrecht in den Zahn ein. Die Kanäle sind im oberflächennahen Bereich des Zahnes stark verzweigt, in tieferen Schichten unverzweigt und verlaufen dort parallel nach innen. Die Bohrkanäle enden abgerundet, seltener in blasenförmigen Erweiterungen. Eine Infektion durch *Mycelites ossifragus* setzt durch die entstehenden Hohlräume die Festigkeit des Zahnes herab und führt zu einer stärkeren Abnutzung.

Ochroconis: *Ochroconis humicola* (syn. *Scolecobasidium humicola*) wurde in Niere und anderen inneren Organen von Fischen gefunden. Die Fische wiesen einen aufge-triebenen, mit wäßriger Flüssigkeit gefüllten Leib und Entzündungen in den inneren Organen auf. Besonders in der Niere fanden sich verzweigte, mit Querwänden unterteilte Hyphen. Die Sporenträger sitzen bei dieser Pilzart immer in der Mitte zwischen zwei Querwänden der Hyphe und sind nicht durch eine Querwand von ihr getrennt. Sie tragen eine bis fünf hellbraune Sporen (Conidien), die einzeln auf kleinen Stielchen befestigt sind. Brechen diese zylindrischen, mit runden Enden versehenen, zweizelligen Conidien ab, sind an einer der zwei annähernd gleich großen Zellen noch die Reste des Befestigungsstiels zu erkennen. Dieser Pilz ist nicht sehr pathogen.

Penicillium piscium: Von REICHENBACH-KLINKE wurde *Penicillium piscium* aus inneren Organen verschiedener Süßwasserfische beschrieben. Dieser Pilz besteht aus verzweigten, durch Querwände aufgeteilten Hyphen, an deren Ende Dauersporen (Conidien) gebildet werden, die aus mehreren Kammern bestehen können.

7 Algen

Algen gehören zu den Pflanzen und ernähren sich autotroph, d.h. durch Photosynthese. Viele Algen wachsen auf Hartsubstrat von Fischen, wie Kiemendeckeln, Flossenstrahlen, Knochenplatten usw. ohne die Fische zu schädigen. So konnten TSUDA et al. 12 verschiedene Algen auf den kräftigen, schnabelartigen Zähnen von Papageienfischen nachweisen. Dabei handelte es sich um verschiedene Arten von Grünalgen, Blaualgen, Braunalgen und Rotalgen. Bei allen 15 untersuchten Papageienfischarten wurden auf Tieren unter 15 cm Körperlänge keine Algen gefunden. Die 6 kleineren Papageienfischarten (15 bis 20 cm Körperlänge) besaßen überhaupt keinen Algenbewuchs auf den Zähnen. Dies könnte laut TSUDA an den Lippen der Fische liegen, die bei kleineren Papageienfischen die Zähne größtenteils bedecken. Bei den größeren Papageienfischen fand TSUDA bis zu 5 Algenarten auf einem Individuum.

Im Bereich der Schneidefläche waren die Zähne algenfrei, da durch die harte Nahrung die Algen hier entfernt werden. An der Basis sind die Zähne der Papageienfische mit einer Schleimschicht überzogen, an der die Sporen bzw. Zygoten der Algen hängenbleiben und einen Bewuchs ermöglichen. Eine Schädigung der Fische konnte nicht festgestellt werden.

8 Protozoa (Einzeller)

Zu den Protozoa werden einzellige Lebewesen mit echtem Zellkern gezählt, die entweder parasitisch· oder frei lebend vorkommen können. Dabei handelt es sich um eine polyphyletische Gruppe, d.h. eine künstliche Gruppierung von Lebewesen unterschiedlichen Ursprungs, die aus praktischen Gründen als Protozoa zusammengefaßt wurden. Die systematische Einteilung der Protozoa mit 65000 bekannten Arten, von denen ca. 10000 Arten parasitisch leben, wurde 1980 vom »Committee on Systematics and Evolution of the Society of Protozoologists« (LEVINE et al. 1980) neu überarbeitet und veröffentlicht. Die Protozoen werden dabei in sieben Stämme aufgeteilt. Diese taxonomische Einteilung wurde in diesem Kapitel für die auf Fischen parasitierenden Arten übernommen.

Der Stamm Labyrinthomorpha beinhaltet keine Fischparasiten und wurde deshalb weggelassen. Die Tabelle 1 zeigt die systematische Stellung der Gattungen mit fischpathogenen Arten innerhalb der Protozoa.

Tabelle 1: Fischpathogene Protozoa (nach LEVINE et al. 1980, verändert und ergänzt)

Reich: Protozoa
Stamm: Sarcomastigophora
  Unterstamm: Mastigophora
    Klasse: Phytomastigophorea
      Ordnung: Dinoflagellida
        Gattung: *Amyloodinium*
        Gattung: *Crepidoodinium*
        Gattung: *Piscinoodinium*
    Klasse: Zoomastigophorea
      Ordnung: Kinetoplastida
        Gattung: *Ichthyobodo*
        Gattung: *Trypanoplasma*
        Gattung: *Trypanosoma*
      Ordnung: Proteromonadida
        Gattung: *Keratomorpha*
      Ordnung: Retortamonadida
        Gattung: *Chilomastix*
      Ordnung: Diplomonadida
        Gattung: *Hexamita*
        Gattung: *Spironucleus*
        Gattung: *Giardia*
        Gattung: *Trimitus*
      Ordnung: Trichomonadida
        Gattung: *Monocercomonas*
        Gattung: *Tritrichomonas*
        Gattung: *Protrichomonas*
  Unterstamm: Opalinata
    Klasse: Opalinatea
      Ordnung: Opalinida
        Gattung: *Protoopalina*
  Unterstamm: Sarcodina
    Überklasse: Rhizopoda
      Ordnung: Amoebida
        Gattung: *Acanthamoeba*
        Gattung: *Entamoeba*
        Gattung: *Schizamoeba*
      Ordnung: Schizopyrenida
        Gattung: *Naegleria*
        Gattung: *Vahlkampfia*
Stamm: Apikomplexa
  Klasse: Perkinsea
        Gattung: *Dermocystidium*
  Klasse: Sporozoea
    Unterklasse: Coccidia
      Ordnung: Eucoccidiida
        Gattung: *Eimeria*
        Gattung: *Goussia*
        Gattung: *Crystallospora*
        Gattung: *Haemogregarina*
        Gattung: *Hepatozoon*
    Unterklasse: Piroplasmia
      Ordnung: Piroplasmida
        Gattung: *Babesiosoma*
        Gattung: *Dactylosoma*
        Gattung: *Haemohormidium*
Stamm: Mikrospora
  Klasse: Microsporea
    Ordnung: Microsporida
        Gattung: *Glugea*

        Gattung: *Loma*
        Gattung: *Mrazekia*
        Gattung: *Nosema*
        Gattung: *Pleistophora*
        Gattung: *Spraguea*
        Gattung: *Tetramicra*
        Gattung: *Thelohania*
Stamm: Ascetospora
  Klasse: Stellatosporea
    Ordnung: Occlusosporida
        Gattung: *Marteilia*
Stamm: Myxozoa
  Klasse: Myxosporea
    Ordnung: Bivalvulida
        Gattung: *Ceratomyxa*
        Gattung: *Chloromyxum*
        Gattung: *Henneguya*
        Gattung: *Myxidium*
        Gattung: *Myxobolus*
        Gattung: *Sinuolinea*
        Gattung: *Sphaeromyxa*
        Gattung: *Sphaerospora*
    Ordnung: Multivalvulida
        Gattung: *Hexacapsula*
        Gattung: *Kudoa*
Stamm: Ciliophora
  Klasse: Kinetofragminophorea
    Unterklasse: Hypostomatia
      Ordnung: Cyrtophorida
        Gattung: *Chilodonella*
        Gattung: *Brooklynella*
    Unterklasse: Suctoria
      Ordnung: Suctorida
        Gattung: *Trichophrya*
  Klasse: Oligohymenophorea
    Unterklasse: Hymenostomatia
      Ordnung: Hymenostomatida
        Gattung: *Cryptocarion*
        Gattung: *Ichthyophthirius*
        Gattung: *Miamiensis*
        Gattung: *Tetrahymena*
        Gattung: *Uronema*
    Unterklasse: Peritrichia
      Ordnung: Peritrichida
        Unterordnung: Sessilina
        Gattung: *Ambiphrya*
        Gattung: *Apiosoma*
        Gattung: *Epistylis*
        Gattung: *Heteropolaria*
        Gattung: *Scyphidia*
        Unterordnung: Mobilina
        Gattung: *Foliella*
        Gattung: *Trichodina*
        Gattung: *Trichodinella*
        Gattung: *Tripartiella*
        Gattung: *Dipartiella*
  Klasse: Polymenophorea
    Ordnung: Heterotrichida
        Gattung: *Nyctotherus*

8.1 Sarcomastigophora (Flagellaten, Amöben)

8.1.1 Phytomastigophorea (Phytoflagellaten)

Diese Gruppe einzelliger Algen enthält auch einige Vertreter, die parasitisch auf Fischen *(Amyloodinium, Piscinoodinium, Crepidoodinium)* oder auf Seescheiden und Polychäten *(Oodinium)* leben. Die Ernährung kann einerseits über Photosynthese in Chloroplasten und andererseits über Phagocytose oder Osmocytose von Wirtsgewebe erfolgen. Spezielle Schwärmerstadien der Dinoflagellaten suchen ihre Wirte aktiv auf. Übertragung dieser Parasiten durch Zwischenwirte findet nicht statt.

8.1.1.1 Amyloodinium ocellatum

A. Ursache/Erreger: *Amyloodinium ocellatum* ist in der Meeresaquaristik als »Seewasser-Oodinium« bekannt und gefürchtet. Unter dem Mikroskop sind die zahlreichen unbeweglichen Erreger als 0,05–0,1 mm große, hell- bis dunkelbraune, birnen- bis kugelförmige Punkte leicht zu erkennen. Dieser Einzeller besitzt eine gut sichtbare Zellmembran, die den undurchsichtigen Zellkörper umgibt. Der helle Zellkern ist meist durch das dunkle, körnige Zellplasma verdeckt und nicht sichtbar. Um den Zellkern von *Amyloodinium* sind zahlreiche Stärkekörnchen angeordnet, die aber nur durch entsprechende Färbemethoden sichtbar werden.

Die Vermehrung dieses gefährlichen Krankheitserregers erfolgt in einem Cystenstadium, das nach Abfallen des Parasiten vom Fisch auf dem Aquarienboden gebildet wird. Nach ca. drei Tagen verlassen über 250 freischwimmende, mit einer Geißel versehene Schwärmer (Dinosporen) die Cyste und befallen neue Fische. Auf den Kiemen und der Haut von Meeresfischen setzen sich diese fest und werfen ihre Geißel ab. Die nunmehr unbeweglichen, geißellosen Parasiten (Trophonten) bilden eine Haftscheibe mit wurzelartigen Fortsätzen (Rhizoid), mit der sie im Kiemenepithel, seltener auf der Haut, veran-

kert sind. Über dieses Rhizoid nehmen sie in Nahrungsvakuolen Zellteile des Kiemenepithels und der Haut auf und verdauen sie. Dadurch werden die Epithelien zerstört. Der Gasaustausch über die Kiemen wird erheblich beeinträchtigt. Außerdem kommt es leicht zu Sekundärinfektionen durch Bakterien. Infektionen mit *Amyloodinium ocellatum* gehören zu den am meisten gefürchteten Krankheiten in einem Meerwasseraquarium, da die Todesrate bei infizierten Fischen sehr hoch ist. *Amyloodinium ocellatum* entwickelt sich besonders gut bei Temperaturen um 25 °C und stellt deshalb eine besondere Gefahr für alle Fische in tropischen Meerwasseraquarien dar.

B. Symptome: Befallene Fische fallen durch verstärkte Atmung, Schreckhaftigkeit und unkoordiniertes Umherschwimmen auf. Besonders bei dunklen Fischen ist eine leichte Hauttrübung gut zu erkennen. Die entzündeten Kiemen sind infolge der Zerstörung des Kiemenepithels blutunterlaufen und fleckig.

C. Befallene Organe: Es werden vor allem Haut und Kiemen befallen, wobei besonders die Kiemen stark in Mitleidenschaft gezogen werden. *Amyloodinium ocellatum* kann aber auch vom Fisch verschluckt werden und heftet sich dann im Schlund an.

D. Pathogenität: *Amyloodinium ocellatum* gilt als einer der gefährlichsten Parasiten in der Meeresaquaristik, da er einerseits in kürzester Zeit zu erheblichen Ausfällen führen kann und andererseits schwer zu bekämpfen ist. Durch seine geringe Größe ist dieser Parasit mit bloßem Auge nicht zu erkennen, dadurch werden Infektionen oft nicht erkannt.

E. Untersuchungsmethoden: Für eine eindeutige Diagnose muß ein Quetschpräparat der Kiemen eines frisch getöteten Fisches unter dem Mikroskop untersucht werden. Dabei fallen die zahlreichen, dunklen Erreger zwischen den Kiemenlamellen auf.

F. Therapie: Im Meerwasser werden viele Medikamente ausgefällt und sind deshalb nach kurzer Zeit nicht mehr im freien Wasser vorhanden. Die im Handel befindlichen Medikamente gegen »Salzwasser-Oodinium« sind dehalb meist nicht sicher wirksam. Am besten hilft immer noch das klassische Kupfersulfatbad. Um ein Versagen dieses Medikaments bei der Bekämpfung von *Amyloodinium ocellatum* zu vermeiden, müssen folgende Punkte beachtet werden:

Normalerweise wird Kupfersulfat in einer Konzentration von 1,5 mg/l gegen *Amyloodinium ocellatum* eingesetzt. Gibt man aber diese Menge an Kupfersulfat in ein eingefahrenes Aquarium, läßt sich schon nach sehr kurzer Zeit kein freies Kupfer mehr im Wasser nachweisen, und somit ist auch keine Wirkung gegen Krankheitserreger mehr gegeben. Das Kupfer wurde einerseits an organische Verbindungen (Chelatoren) angelagert und andererseits als unlösliches Kupferkarbonat ausgefällt. Um dies sicher auszuschließen, muß die Behandlung in einem separaten Aquarium erfolgen. Hierzu wird in einem leeren Quarantänebecken (ohne Einrichtung und ohne Filter!) frisches Meerwasser angesetzt und gut durchlüftet. Nach dem Einstellen der Dichte und der Temperatur werden 1,5 mg/l Kupfersulfat zugegeben und alle Fische aus dem betroffenen Aquarium in dieses Quarantänebecken umgesetzt. Setzen Sie auf keinen Fall dem frischen Meerwasser ein Aufbereitungsmittel zu, da dadurch die Kupferionen gebunden und unwirksam würden.

Nach zwei Tagen wird nochmals frisches Meerwasser angesetzt, mit der entsprechenden Menge Kupfersulfat (1,5 mg/l) versehen und gegen den größten Teil des Wassers im Quarantänebecken ausgetauscht, um die Konzentration des Kupfers im Quarantänebecken konstant zu halten. Diese Prozedur kann nach weiteren zwei Tagen wiederholt werden. Danach sollte der größte Teil des Wassers gegen frisch angesetztes, kupferfreies Meerwasser, dem ein gutes Wasseraufbereitungsmittel zugesetzt wurde, ausgetauscht werden. Darin bleiben die Fische zur Kontrolle noch mindestens eine Woche, besser länger. Inzwischen muß das betroffene Schauaquarium geleert und Einrichtung, Filter und Becken desinfiziert werden (siehe bei Desinfektionsmittel), um Dauerstadien der Cysten sicher zu vernichten.

Die Kupferbehandlung darf nicht im normalen Aquarium erfolgen, da neben der Verminderung der therapeutischen Wirkung von Kupfersulfat durch Chelatoren alle niedere Tiere und Algen abstürben und das ausgefallene Kupferkarbonat Bodengrund und Einrichtungsgegenstände vergiften würde. In einem so behandelten Becken lassen sich nie wieder niederen Tiere oder Meeresalgen kultivieren, außerdem bestünde die Gefahr, daß die Fische mit der Zeit eine chronische Kupfervergiftung bekämen.

G. Prophylaxe: Als beste Vorbeugung gegen *Amyloodinium ocellatum* ist eine gute Quarantänestation zu empfehlen, in der alle Neuzugänge mindestens drei Wochen verbleiben müssen! Während dieser Zeit sind die Tiere genau zu beobachten und gegebenenfalls zu behandeln.

H. Besonderes: Ebenfalls im Meerwasser kommt die Art *Crepidoodinium cyprinodontum* vor. Sie lebt ausschließlich auf den Kiemen von Fischen aus der Familie Cyprinodontidae, erreicht eine Länge bis zu 0,67 mm, ist länglich-rund und besitzt zahlreiche, gut entwickelte Chloroplasten. *Crepidoodinium cyprinodontum* zerstört nicht wie *Amyloodinium* oder *Piscinoodinium* die Epithelzellen seines Wirtsfisches und ist somit bedeutend harmloser. Die Bekämpfung erfolgt wie bei *Amyloodinium*.

8.1.1.2 Piscinoodinium limneticum, P. pillulare

A. Ursache/Erreger: Die Dinoflagellaten der Gattung *Piscinoodinium* befallen ausschließlich Süßwasserfische im Warm- und Kaltwasser und sind allgemein unter dem Namen »Süßwasser-Oodinium« bekannt. Besonders gefährdet sind Labyrinth- und Killifische. *Piscinoodinium* vermehrt sich auf die gleiche Weise wie *Amyloodinium*. Im Entwicklungskreislauf werden unbewegliche, 0,05–0,1 mm große, geißellose Stadien (Trophonten), Cysten und 32–64 Schwärmer (Dinosporen) bei *P. pillulare* bzw. 256 Dinosporen bei *P. limneticum* gebildet. Die Gestalt dieser auf den Fischen unbeweglichen Trophonten ist wie bei *Amyloodinium ocellatum* rund bis birnenförmig. Die gut erkennbare, dicke Zellmembran besteht aus drei Schichten, die allerdings im Lichtmikroskop nicht sichtbar sind. Der große, runde Zellkern ist deutlich zu sehen, da die für *Amyloodinium* typischen Stärkekörner fehlen und das hellbraune, körnige Zellplasma durchsichtiger ist. Mit dem spitzen Ende sitzen sie auf der Fischoberfläche fest und bilden an der Haftscheibe wurzelartige Ausläufer (Rhizoid), die in die Fischzellen eindringen.

Im Gegensatz zu *Amyloodinium* werden bei *Piscinoodinium* aber keine Zellfragmente der Fischzellen in Nahrungsvakuolen aufgenommen. Die Ernährung der Trophonten erfolgt hauptsächlich über Photosynthese in Chloroplasten, wobei allerdings aufgrund der fortgeschrittenen Anpassung an das Leben auf Fischen eine zusätzliche Ernährung durch den Wirtsfisch nicht auszuschließen ist. Da keine Phagozytose stattfindet und keine Nahrungsvakuolen gebildet werden, könnten die Nahrungsstoffe nur über osmotische Vorgänge aufgenommen werden.

Es ist anzunehmen, daß befallene Fischzellen, die durch das Rhizoid des Trophonten geschädigt bzw. zerstört wurden, Stoffe freigeben, die neue Schwärmer (Dinosporen) anziehen. Dies würde das Auftreten des Parasiten auf der Fischhaut in dichtgepackten Gruppen erklären. Die reifen Trophonten fallen vom Fisch ab und bilden eine Cyste, die sich vielfach teilt. Während der ersten Teilung scheidet der Parasit eine gallertartige Hülle aus, die ihn gegen andere Mikroorganismen, aber auch gegen Medikamente schützt. Sämtliche Teilungen finden innerhalb dieser Gallerthülle statt. Die freiwerdenden, mit einer Geißel versehenen Dinosporen besitzen eine Ringfurche und einen roten Augenfleck. Sie müssen innerhalb von 24 Stunden einen Wirt gefunden haben und sich anheften können, sonst sterben sie ab.

B. Symptome: Erkrankte Fische fallen durch Hauttrübung, bei stärkerer Infektion durch einen gelb-braunen Belag auf der Haut auf. Sie scheuern sich an Einrichtungsgegenständen, zeigen schaukelnde Bewegungen,

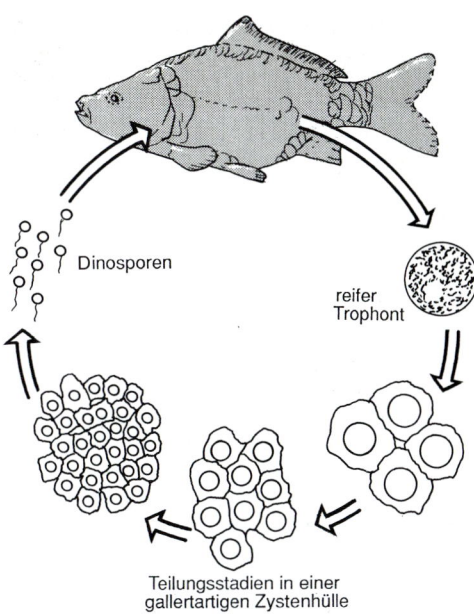

Dinosporen

reifer Trophont

Teilungsstadien in einer gallertartigen Zystenhülle

Abb. 30: Entwicklungszyklus von *Piscinoodinium*. Erklärung im Text. Abb.: R. BAUER

Flossenklemmen und sterben vereinzelt über einen Zeitraum von mehreren Wochen. Bei Jungfischen kann es zu Wachstumsstillstand und Nahrungsverweigerung kommen. Die einzelnen Parasiten sind mit dem bloßen Auge nicht sichtbar.

C. Befallene Organe: Parasiten der Gattung *Piscinoodinium* befallen die gesamte Oberfläche, Haut und Kiemen, von Süßwasserfischen. Sie dringen aber auch über die Mundhöhle in Schlund, Magen und Darm ein und heften sich dort fest.

D. Pathogenität: Die Schädigung des Wirtsfisches durch Dinoflagellaten der Gattung *Piscinoodinium* ist bedeutend geringer als durch Parasiten der Gattung *Amyloodinium*. Dies erklärt sich durch die Tatsache, daß *Piscinoodinium* keine Zellstücke aus der Fischzelle über seine Haftscheibe aufnimmt und die Fischzellen folglich langsamer zerstört werden. Wird eine Piscinoodinium-Infektion nicht behandelt, führt sie ebenfalls,

Abb. 31: *Aphyosemion gardneri*. Rücken-flosse mit *Piscinoodinium pillularis*. Foto: G. SCHUBERT, Zool. Inst. Uni. Hohenheim

0,05–0,1 mm großen hellbraunen Parasiten sind leicht zu erkennen.

F. Therapie: Die Behandlung von Süßwasserfischen, die an »Süßwasser-Oodinium« erkrankt sind, kann ebenfalls, wie im Kapitel *Amyloodinium* beschrieben, mit Kupfersulfat durchgeführt werden. Natürlich wird dazu kein Salzwasser, sondern frisches Süßwasser verwendet. Auch Malachitgrünoxalat in einer Konzentration von 0,04 mg/l über einen Zeitraum von mindestens 14 Tagen in einem leeren (ohne Einrichtung und ohne Filter), abgedunkelten Quarantänebecken führt zum Absterben des Parasiten. Dabei muß alle

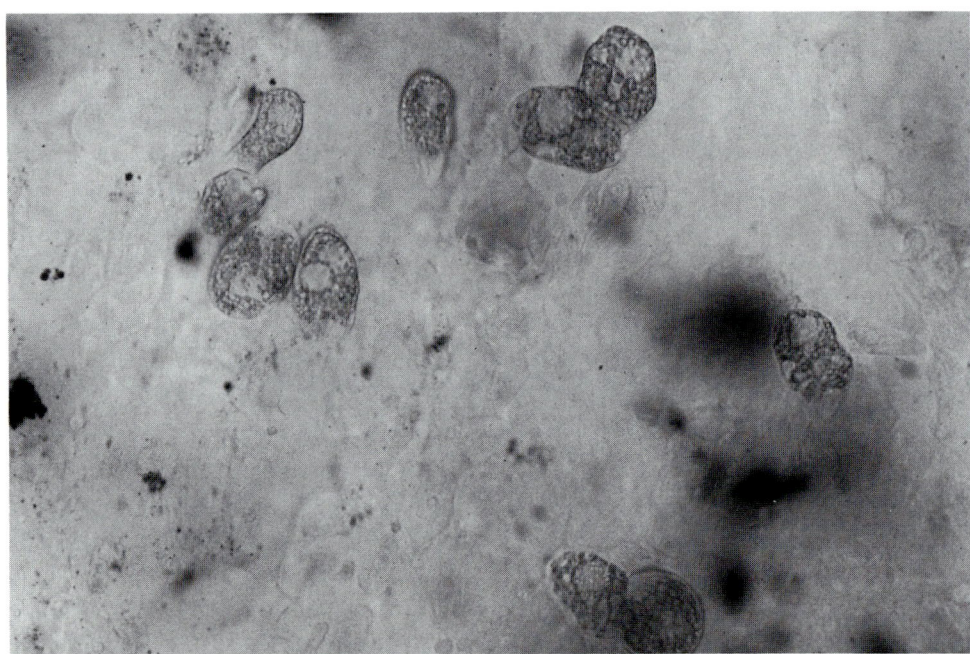

Abb. 32: Hautabstrich mit *Piscinoodinium pillularis*. Foto: R. BAUER

wenn auch erst nach längerer Zeit, zum Tod des infizierten Fisches.

E. Untersuchungsmethoden: Zur Untersuchung wird vom lebenden oder frisch getöteten Fisch ein Hautabstrich angefertigt und im Mikroskop untersucht. Die unbeweglichen,

drei Tage die Hälfte des Aquarienwassers durch frisches ersetzt und mit Malachitgrünoxalat nachdosiert werden.

G. Prophylaxe: Auch bei diesem Parasiten ist eine Quarantäne für Neuzugänge in einem separaten Aquarium von mindestens drei Wochen Dauer die beste Vorbeugung, um diesen Erreger nicht einzuschleppen.

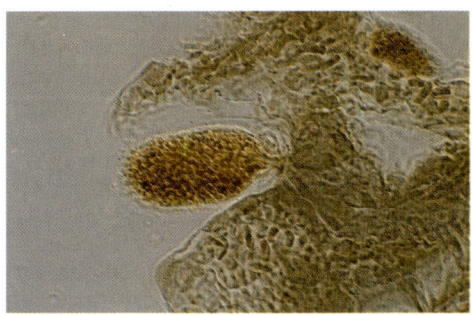

Abb. 33: Piscinoodinium pillularis, ausgewachsener Trophont. Stark vergrößert. Foto: G. SCHUBERT, Zool. Inst. Uni. Hohenheim

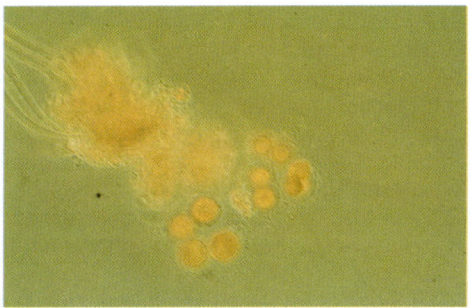

Abb. 34: *Piscinoodinium pillularis*. Teilungsstadien mit gallertartiger Cystenhülle. Foto: G. SCHUBERT, Zool. Inst. Uni. Hohenheim

H. Besonderes: Ob es sich bei dem in Amerika vorkommenden, von JACOBS beschriebenen *Piscinoodinium limneticum* und dem von SCHÄPERCLAUS beschriebenen *Piscinoodinium pillulare* um ein und dieselbe Art oder um verschiedene Arten handelt, muß durch ultrastukturelle Untersuchungen noch geklärt werden.

8.1.2 Zoomastigophorea (Zooflagellaten)

Die Zooflagellaten leben bis auf wenige Gruppen parasitisch. Sie besitzen eine bis viele Geißeln, die bei manchen Arten durch eine undulierende Membran mit dem Körper verbunden ist. Die Ernährung erfolgt ausschließlich heterotroph, d.h. die Tiere ernähren sich von Bakterien, Wirtsgewebe oder anderem organischem Material. Sie besitzen keine Chloroplasten und sind nicht zur Photosynthese fähig. Die Übertragung der parasitischen Arten erfolgt entweder direkt von Wirt zu Wirt oder durch Zwischenwirte (Vektoren). Auf Fischen kommen parasitäre Arten auf der Haut, auf den Kiemen, im Darm, in der Niere oder im Blut vor.

8.1.2.1 Ichthyobodo (Costia)

A. Ursache/Erreger: Diese gefürchteten, einzelligen Krankheitserreger sind weit verbreitet und bei den Aquarianern unter dem Namen *Costia* bekannt. Der Gattungsname *Costia* wurde von LECLERQ aus systematischen Gründen durch den Namen *Ichthyobodo* ersetzt. Aus der Gattung *Ichthyobodo* sind zwei Arten bekannt, *Ichthyobodo necatrix* mit einer Größe von ca. 10–20 μm und *I. pyriformis* mit einer Größe von 9–14 μm.

Bei *Ichthyobodo* handelt es sich um bohnenförmige Hautparasiten mit zwei Geißeln und einer pulsierenden Vakuole im vorderen Teil, die zu Tausenden auf der Fischhaut sitzen können und dann im Gegensatz zu den freischwimmenden Tieren tropfenförmig werden. Dazu bilden sie an ihrem Vorderende einen Fortsatz mit einer flachen Haftscheibe, mit der sie sich auf der Oberfläche einer Hautzelle festsetzen. Von dieser Haftscheibe werden in die Fischzelle hinein fingerförmige Fortsätze gebildet, die Teile der Epidermiszelle in Nahrungsvakuolen einsaugen. Die Vermehrung dieser Geißeltierchen findet durch einfache Längsteilung statt, wobei Tiere, die kurz vor der Teilung stehen, vier Geißeln aufweisen. Freischwimmende Erreger müssen spätestens nach einer Stunde einen neuen Wirt gefunden haben, da sie sonst zugrunde gehen. Befallen werden alle Süßwasserfische im Kalt- und Warmwasser.

B. Symptome: Bei starkem Befall ist mit dem bloßen Auge auf dem Fisch ein bläulichweiß schimmernder Belag zu sehen, der kaum auffällt. Deutlichere Merkmale sind Flossenklemmen, Schaukelbewegungen und Scheuern an Pflanzen und Bodengrund. Die einzelnen Parasiten sind nur unter dem Mikroskop sichtbar.

C. Befallene Organe: *Ichthyobodo* parasitiert auf der Haut der Fische, seltener findet man diese Parasiten auch auf den Kiemen.

D. Pathogenität: Durch die geringe Größe werden diese Parasiten, obwohl weit verbreitet, oft übersehen. Es sind typische Schwächeparasiten, die sich besonders unter für Fische schlechten Bedingungen stark vermehren und dann für ihre Wirte eine große Gefahr darstellen. Treten diese Parasiten vereinzelt auf, so sind sie unbedenklich! Eine solche latente Infektion kann aber der Ausgangspunkt sein für eine schlagartige Vermehrung der Parasiten, verbunden mit großen Verlusten, deshalb sollten auch wenige, einzelne Erreger durch eine gezielte Behandlung beseitigt werden.

E. Untersuchungsmethoden: Von einem lebenden oder frisch getöteten Tier muß ein Hautabstrich unter dem Mikroskop untersucht werden. Die Erreger sind mit bloßem Auge nicht zu erkennen.

F. Therapie: Durch eine Temperaturerhöhung, wie sie in der Literatur erwähnt wird, ist

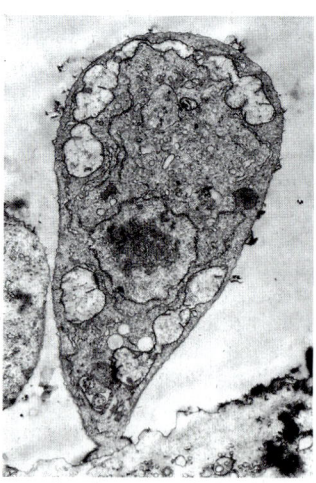

Abb. 35: *Ichthyobodo*. Festsitzender Erreger. TEM-Aufnahme. Foto: G. SCHUBERT, Zool. Inst. Uni. Hohenheim

Ichthyobodo nicht sicher zu beseitigen. Ein Massenbefall kann etwas gedämpft werden, aber es werden nicht alle Parasiten beseitigt. Es besteht immer noch die Gefahr eines erneuten Aufflackerns dieser Infektion.

Am besten werden zur Behandlung die Fische eines infizierten Aquariums in einem Quarantänebecken mit 0,04 mg/l Malachitgrünoxalat über einen Zeitraum von sieben Tagen behandelt. Das Medikament wird am 1., 3. und 5. Tag nach einem jeweiligen Wasserwechsel in voller Dosierung zugesetzt. Falls während der Behandlung keine Fische im Schauaquarium zurückbleiben, sterben darin die Parasiten innerhalb kürzester Zeit ab, da sie ohne ihre Wirte nicht lebensfähig sind.

G. Prophylaxe: Nachdem der Fischbestand gegen *Ichthyobodo* behandelt wurde, muß bei Neuzugängen wärend der dreiwöchigen Quarantäne ein Hautabstrich vorgenommen und untersucht werden. Liegt eine Infektion mit diesen Parasiten vor, muß sie wie beschrieben behandelt werden, auch wenn nur einzelne wenige Parasiten zu sehen sind.

H. Besonderes: Bei einer starken Infektion können sechs und mehr Parasiten auf einer Epidermiszelle sitzen, das sind dann bis zu 600 Parasiten auf einem Quatratmillimeter. Bei einer so großen Befallsdichte wird die Haut der Fische zerstört und Sekundärinfektionen durch Pilze und Bakterien werden möglich.

8.1.2.2   Trypanosoma

A. Ursache/Erreger: Bei der Gattung *Trypanosoma* handelt es sich um Blutflagellaten, die meist durch blutsaugende Tiere übertragen werden. Neben den fischpathogenen Arten gibt es auch Trypanosomen, die im Blut von Amphibien, Vögeln, Säugetieren und vom Menschen vorkommen. Bei den Fischen werden sowohl die echten Knochenfische (Teleostei) als auch Haie und Rochen, Lungenfische oder Störe befallen. 1841 wurden die ersten Blutflagellaten von VALENTIN entdeckt. Danach wurden unzählige Blutflagellaten aus Fischen beschrieben (insgesamt über 150 Arten), bis die Aufmerksamkeit der Parasitologen sich auf die afrikanischen Trypanosomen richtete, die beim Menschen und großen Säugetieren verheerende Krankheiten hervorrufen. Dadurch wurde es um die fischpathogenen Arten etwas stiller, und nur wenige Spezialisten beschäftigten sich mit diesen Parasiten. Dies ist der Grund dafür, daß wir heute sehr wenig über Physiologie, Biochemie und Immunologie der fischpathogenen Trypanosomen wissen.

Die früheren Arbeiten über Blutflagellaten gingen immer von einer Wirtsspezifität dieser Parasiten aus und beschrieben deshalb den gleichen Erreger, der sich nur durch eine andere Körperlänge und einen anderen Wirt unterschied, als neue Art. Aus diesem Grund existiert eine Fülle von Artbeschreibungen, die sich auf die Dauer nicht aufrechterhalten lassen werden. Heute wissen wir, daß ein und dieselbe Art verschiedene Wirtsfische befallen kann und dabei eine unterschiedlich ausgeprägte Morphologie zeigt. Die Erreger können dann in ihrer Größe sehr unterschiedlich sein. Die weitaus größten Arten sind *Trypanosoma gargantua* und *T. gigantea* mit einer Länge bis zu mehr als 0,1 mm. Die meisten anderen Arten sind erheblich kleiner. Die Flagellaten der Gattung *Trypanosoma* besitzen eine Geißel, die am hinteren Körperende entspringt und an der Körperoberfläche nach vorn führt. Mit dem Körper ist sie mit einer undulierenden Membran verbunden, welche wie ein Flossensaum mitschwingt, sobald die Geißel zu schlagen beginnt, dadurch verstärkt sie den Antrieb. Die Geißel ist etwas länger als der Körper und überragt diesen am vorderen Körperende.

Die Übertragung dieser Blutparasiten von Fisch zu Fisch erfolgt zum Teil direkt ohne Zwischenwirt oder durch Blutegel, in denen die Parasiten besondere Vermehrungsstadien durchlaufen. Dazu bilden sie geißellose (amastigote), amöboidartig bewegliche Stadien, die sich durch Vielfachteilung vermehren. Über verschiedene Zwischenstadien (promastigot, epimastigot) wird dann wieder die begeißelte Form mit der undulierenden Membran ausgebildet (trypanomastigot), die mit dem nächsten Biß des Blutegels auf einen Fisch übertragen wird. Dabei spielt die Anzahl der übertragenen Trypanosomen für den weiteren Verlauf dieser Parasitose keine Rolle, da im Fisch eine weitere Vermehrung dieser Parasiten erfolgt.

Die direkt nach der Übertragung erfolgende Entwicklung im Fisch ist noch unbekannt. Die Parasiten verschwinden für einige Zeit aus dem Fischblut, und niemand weiß bis jetzt, wo sie sich in der Zwischenzeit aufhalten. Vermutlich machen sie in dieser ersten Phase eine Entwicklung in den inneren Organen durch. In der zweiten Phase tauchen sie wieder im Fischblut auf. Durch Teilung können sie sich weiter fortpflanzen, und es kommt dadurch zu einem Ansteigen der Infektion. Starke Infektionen, bei denen bis zu $1,6 \cdot 10^6$ Parasiten pro mm^3 Fischblut auftreten, sind selten. Meist kommt es zur dritten Phase einer chronischen Infektion, die je nach Lebensbedingungen und Kondition der Fische beibehalten wird oder in die vierte Phase übergeht. In dieser Phase sind im Fischblut keine Flagellaten nachweisbar. Selten sind einzelne Parasiten in der Niere vorhanden, in den meisten Fällen sind die Fische durch die erworbene Prämunität nahezu parasitenfrei. Je nach Kondition des Fisches und verschiedenen äußeren Faktoren können diese verschiedenen Phasen wechseln.

B. Symptome: Trypanosomeninfektionen können besonders in der vierten Phase ohne jegliche Symptome vorhanden sein. In der dritten Phase sind die Fische geschwächt, magern ab und wachsen nicht mehr. Sie sind dunkel gefärbt und verhalten sich träge und apathisch, bis sie schließlich sterben. Symptome einer akuten Erkrankung liegen hingegen in der zweiten Phase vor. Solche Tiere haben Glotzaugen, blasse Kiemen, aufgetriebenes Abdomen, schwimmen taumelnd und verhalten sich sehr apathisch.

C. Befallene Organe: Bekannt sind lediglich die frei im Blut schwimmenden Parasitenstadien. Ob und welche inneren Organe durch spezielle Entwicklungsstadien befallen werden, ist noch nicht bekannt. Es spricht aber einiges dafür, daß nach einer Infektion die erste Phase der Entwicklung nicht im Blut stattfindet, da dort während dieser Zeit keine Parasiten zu finden sind. Besonders die blutbildenden Organe und die Organe für die Immunabwehr werden geschädigt, also Kopfniere, Milz und Leber.

D. Pathogenität: Trypanosomen sind unter guten Haltungsbedingungen nicht sehr pathogen. Fische können ohne jegliche Symptome mit einer chronischen Infektion leben. Wird die Kondition der Tiere durch Streß, schlechte Haltungsbedingungen oder andere Infektionen geschwächt, kann es zu einem Aufflackern der Trypanosomeninfektion und damit zum Tod der Fische kommen.

E. Untersuchungsmethoden: Von einem betäubten oder frisch getöteten Fisch werden Blutausstriche angefertigt und bei starker Vergrößerung unter dem Mikroskop untersucht. Mit einiger Übung findet man die zwischen den roten Blutkörperchen unruhig umherschwimmenden Trypanosomen.

F. Therapie: Die erkrankten Fische werden in der Quarantäne in einem Dauerbad mit 0,04 mg/l Malachitgrünoxalat behandelt. Die Behandlung erfolgt über einen Zeitraum von sieben Tagen, wobei am 3. und 5. Tag nach einem Wasserwechsel in voller Höhe nachdosiert werden muß.

G. Prophylaxe: Da chronische Infektionen ohne Symptome verlaufen, können diese Erreger jederzeit mit neu erworbenen Fischen eingeschleppt werden, ohne daß dies dem Aquarianer auffällt.

H. Besonderes: Unter Aquarienbedingungen kann auch eine Übertragung dieser Blutparasiten direkt von Fisch zu Fisch erfolgen, ohne daß Fischegel vorhanden sind. In welcher Weise die Parasiten dabei auf den neuen Wirt übertragen werden, ist unbekannt.

8.1.2.3   Trypanoplasma (Cryptobia)

A. Ursache/Erreger: LAVERAN und MESNIL ordneten 1912 die fischpathogenen Arten, die im Blut leben und durch Zwischenwirte (Vektoren) übertragen werden, der 1901 von ihnen aufgestellten Gattung *Trypanoplasma* zu und stellten in die Gattung *Cryptobia* Arten, die in Körperhöhlen von Schnecken leben

Abb. 36: *Cyprinus carpio* mit Schlafkrankheit *(Trypanoplasma)*. Eingefallene Augen infolge starker Abmagerung. Foto: G. SCHUBERT, Zool. Inst. Uni. Hohenheim

und direkt übertragen werden. Die ursprünglich unter dem Gattungsnamen *Cryptobia* beschriebenen fischpathogenen Arten sind demnach der Gattung *Trypanoplasma* zuzuordnen. Die Gattung *Trypanoplasma* unterscheidet sich von der Gattung *Trypanosoma* durch das Vorhandensein einer zweiten Geißel ohne undulierende Membran. Im Blutausstrich scheinen die Tiere deshalb eine Geißel am Vorderende und eine am Hinterende zu besitzen. In Wirklichkeit entspringen beide Geißeln am Hinterende, wobei eine frei nach hinten ragt und eine verbunden durch eine undulierende Membran am Körper entlangläuft und nach vone über den Körper hinausragt.

Im Gegensatz zur Gattung *Trypanosoma* werden bei *Trypanoplasma* während der Entwicklung im Fischegel keine amastigoten Formen gebildet. Hier treten zuerst kugelige, begeißelte Stadien auf, die sich später in lange, dünne, wurmförmige, ebenfalls begeißelte Formen umwandeln. Nach der Übertragung auf einen neuen Fisch werden die gleichen Entwicklungsphasen durchlaufen wie bei der Gattung *Trypanosoma*. Es sind insgesamt über 30 verschiedene Arten aus dieser Gattung bekannt, die alle eine Größe von 10–30 µm aufweisen.

B. Symptome: Die Trypanoplasmen rufen bei Fischen die sogenannte »Schlafkrankheit« hervor. Dabei zeigen die Tiere dunkle Farben und apathisches Verhalten. Bei Malawiseecichliden fällt die besonders dunkle Streifung des Körpers auf (Black stripes disease). Sie hängen ruhig atmend an der Wasseroberfläche und bewegen sich kaum. Mit der Zeit magern sie ab und scheinen zu schrumpfen. Dies kann dazu führen, daß die Rippen, die sich nicht mit verkleinern, für den Körper zu groß werden und die Körperoberfläche durchstoßen. Die Augen solcher Fische liegen tief in ihren Höhlen und scheinen ebenfalls an Größe verloren zu haben.

C. Befallene Organe: Durch diese Blutflagellaten werden die blutbildenden Organe besonders geschädigt. Die Milz kann stark vergrößert sein. Bei akutem Verlauf der Infektion sinken Hämoglobingehalt des Blutes und Glykogengehalt der Leber. Beim Übergang in die Prämunität stellen sich diese Werte wieder auf das Normale ein.

D. Pathogenität: Diese Erreger sind bedeutend gefährlicher als die Trypanosomen. Besonders unter Aquarienbedingungen kann es bei infizierten Fischen zu erheblichen Ausfällen kommen.

E. Untersuchungsmethoden: Von einem betäubten oder frisch getöteten Fisch werden Blutausstriche bei starker Vergrößerung unter dem Mikroskop untersucht.

F. Therapie: Eine Behandlung mit 0,04 mg/l Malachitgrünoxalat über sieben Tage kann zum Erfolg führen, wobei am 3. und 5. Tag nach einem Wasserwechsel in voller Höhe

nachdosiert werden muß. Eine bei Malawiseecichliden aufgetretene Infektion mit Trypanoplasmen, bei der die typischen »Schlafkrankheitssymptome« auftraten, konnte ohne Ausfälle wieder beseitigt werden, indem die Ernährung von reiner Fleischkost (Regenwürmer) auf Mischkost mit Algen, Pflanzen und Plankton umgestellt wurde. Nach kurzer Zeit waren die Fische wieder in der symptomlosen Prämunitätsphase, und bei einer Blutuntersuchung waren keine Erreger mehr nachweisbar (siehe hierzu 8.1.2.2 Trypanosoma).

G. Prophylaxe: Prophylaktische Maßnahmen sind kaum möglich. Neuzugänge sollte man während der Quarantänezeit genau beobachten und beim Auftreten der typischen Symptome das Blut untersuchen und anschließend behandeln.

H. Besonderes: Auf den Kiemen von Süßwasserfischen kommt die Art *Trypanoplasma branchialis* vor, die das Kiemenepithel schädigt und zu erheblichen Verlusten führen kann. Dieser Parasit benötigt keine Zwischenwirte, sondern wird direkt von Fisch zu Fisch übertragen.

8.1.2.4 Hexamita (Octomitus), Spironucleus

A. Ursache/Erreger: Bei den Erregern aus der Gattung *Hexamita* handelt es sich um 6–10 µm lange, ovale bilateral-symmetrische Flagellaten mit zwei kugelförmigen Zellker-

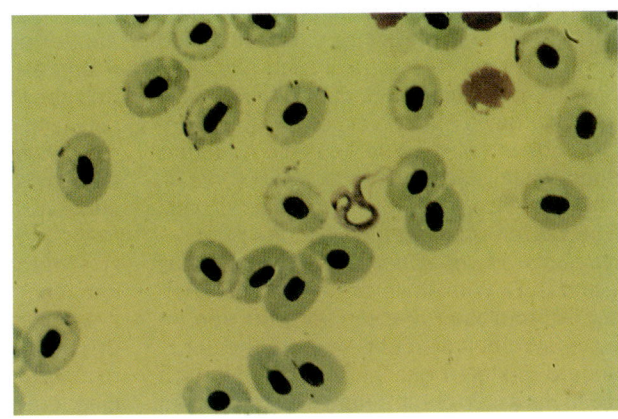

Abb. 37: Gefärbter Blutausstrich eines Malawicichliden mit *Trypanoplasma spec.* Foto: G. Schubert, Zool. Inst. Uni. Hohenheim

nen am Vorderende. Sie besitzen acht Geißeln, von denen sechs (2 Gruppen zu je 3) am Vorderende entspringen und zwei Geißeln in röhrenartigen Einstülpungen der Zelloberfläche quer durch den Körper zum Hinterende führen und dort aus zwei trichterförmigen Öffnungen nach außen ragen. Im lichtmikroskopischen Bild scheinen die Tiere deshalb sechs Geißeln am Vorderende und zwei am Hinterende zu haben. Zwischen den auf Ratten parasitierenden Flagellaten der Gattung *Octomitus* und den fischpathogenen Arten mit demselben Namen bestanden erhebliche Unterschiede, so daß die fischpathogenen Arten in die Gattung *Hexamita* übernommen wurden und der Name *Octomitus* für diese Arten somit ungültig wurde.

Die Gattung *Spironucleus* ist der Gattung *Hexamita* sehr ähnlich und unterscheidet sich von dieser durch die mehr birnenförmige Körperform und die beiden wurstförmigen Zellkerne, die mit ihrer Spitze enger zusammen und extrem weit vorn liegen. Außerdem fehlen die trichterförmigen Öffnungen am hinteren Körperende. Die Erreger der Gattung *Spironucleus* leben normalerweise im Darm von Amphibien, können jedoch auch Fische befallen. So konnten KULDA und LOM (1964) *Pterophyllum scalare* mit Spironuclien aus Amphibien infizieren. Die Infektion erfolgte durch frei schwimmende Parasiten über das Maul sowie über infiziertes Futter. Die Infektion kann aber auch anal erfolgen, indem die freischwimmenden Parasiten aktiv über den After in den Darm eindringen.

Es wurden neben einigen anderen Arten der Gattung *Hexamita* aus Meeresfischen vier fischpathogene Arten aus dem Süßwasser beschrieben, die in ihrem Aussehen und Verhalten einander sehr ähnlich sind. Die Arten *H. salmonis* und *H. truttae* werden von verschiedenen Autoren als eine Art angesehen. Ebenso wird die Art *H. symphysodonis* angezweifelt und ist vermutlich mit *H. intestinalis* identisch. Demnach handelt es sich bei Süßwasserfischen nur um die drei Arten *H. salmonis, H. intestinalis* und *Spironucleus elegans*. Die Hexamiten leben normalerweise als harmlose Parasiten im Darm von Fischen. Werden die befallenen Fische durch andere Faktoren geschwächt, können sich diese Parasiten durch einfache Längsteilung

massenhaft vermehren und den Tod der Fische herbeiführen.

B. Symptome: Erkrankte Fische färben sich dunkel und verweigern das Futter. Sie scheiden einen weißen, fädigen Kot aus, in dem nicht immer Hexamiten nachweisbar sind. Nach längerer Krankheit sind die Tiere eingefallen und abgemagert.

C. Befallene Organe: Infiziert wird zuerst der Darm. Von hier breitet sich die Infektion auf die Gallenblase, die Leber, die Milz und das Blut aus. Daß Darmflagellaten in die Blutbahn ihrer Wirte eindringen können und dann in der Lage sind, als Blutparasiten zu leben, zeigen Beispiele bei Reptilien und Amphibien, bei denen Flagellaten der Gattungen *Trichomonas, Eutrichomastix* und *Giardia* im Blut nachgewiesen wurden.

D. Pathogenität: Diese Parasitose wird von Aquarianern sehr gefürchtet, da sie bei empfindlichen Fischen zu großen Verlusten führt. Die Infektion kann trotz Behandlung immer wieder ausbrechen, und manche Stämme dieser Erreger sind bereits gegen die üblichen Medikamente resistent.

E. Untersuchungsmethoden: Der Darm und der Darminhalt eines frisch getöteten Tieres müssen bei starker Vergrößerung untersucht werden. Dabei fallen sofort die Unmengen von schnell durcheinanderschwimmenden Erregern in der Darmflüssigkeit auf. Da die Parasiten im toten Fisch nach wenigen Minuten absterben, kann die Untersuchung nur an einem frisch getöteten Tier erfolgen. Auch im mikroskopischen Präparat sterben die Erreger nach kurzer Zeit ab. Jetzt kann man bei den sterbenden, sehr langsam schwimmenden Hexamiten gut die sechs Geißeln am Vorderende und die beiden Schleppgeißeln am Hinterende erkennen.

F. Therapie: Erkrankte Fische werden in der Quarantäne über einen Zeitraum von einer Woche mit einem Dauerbad von 4 mg/l 2-Amino-5-Nitrothiazol oder 2-Methyl-5-Nitroimidazol-1-Athanol behandelt. Die Behandlung kann gegebenenfalls nach dieser Zeit wiederholt werden. Bei *Hexamita* handelt es sich um typische Schwächeparasiten, deshalb sollten auch nach Ausbrechen dieser Krankheit die Haltungsbedingungen kritisch überprüft werden. Dabei ist besonders auf ausreichende Filterung, artgerechte Wasserwerte und gute abwechslungsreiche Ernährung zu achten.

G. Prophylaxe: Die besten Vorsorgemaßnahmen sind optimale Haltungsbedingungen. Besonders für die erfolgreiche Haltung südamerikanischer Barsche aus dem Amazonasbecken ist weiches, keimarmes Wasser unerläßlich. Hinzu kommt die Notwendigkeit einer abwechslungsreichen Kost aus verschiedenen Futtersorten, um die Kondition der Fische zu stärken.

H. Besonderes: DAVIS (1926) beschreibt für die Entwicklung von *Hexamita* ein intrazelluläres Schizontenstadium bei dem zahllose Merozoiten gebildet wurden und Cysten auftraten. Es dürfte sich dabei um Stadien einer Coccidieninfektion gehandelt haben, da diese Stadien von anderen Autoren nicht mehr gefunden wurden. Nur durch weitere Untersuchungen kann diese Frage geklärt werden.

Die sogenannte »Lochkrankheit«, die besonders bei südamerikanischen Barschen, wie Diskus, Skalar, Uaru, Cichlasoma u.a. sowie bei Meeresfischen auftritt, wird ebenfalls den Erregern aus der Gattungen *Hexamita* und *Spironucleus* zugeschrieben. Dies muß angezweifelt werden und kann ebenfalls nur durch weitere Untersuchungen geklärt werden. Die »Lochkrankheit« wird eindeutig durch falsche Haltungsbedingungen ausgelöst. Die Tiere kommen aus keimarmen, sauberen, extrem weichen und sauren Gewässern und sind den meist unhygienischen Verhältnissen in unseren Aquarien nicht gewachsen. Durch den bis zu millionenfach höheren Bakteriengehalt des Aquarienwassers gegenüber Wildgewässern, einschließlich falscher Wasserwerte und einseitiger, vitamin- und mineralstoffarmer, unzureichender Ernährung, fallen die Fische dieser Krankheit zum Opfer.

Die Lochkrankheit verläuft meist schleichend. Sie beginnt an den Poren der Seiten-

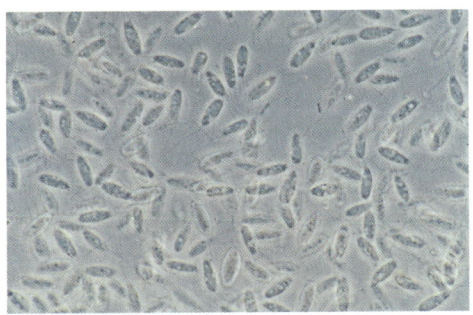

Abb. 38: *Spironucleus symphysodonis* aus dem Darm eines Diskus *(Symphysodonis aequifasciatus)*. Phasenkonstrast. Foto: G. SCHUBERT, Zool. Inst. Uni. Hohenheim

linienorgane. Hier bilden sich, besonders am Kopf, milchig-weiße Höfe. Im weiteren Verlauf kommt es zu einer flächenhaften Ausbreitung dieser Bereiche und schließlich zum Verschmelzen einzelner weißer Flächen zu einer großflächigen, muldenartig aussehenden Verfärbung der Haut. In diesen Bereichen sind Teile der Unterhaut (Chorium) einschließlich der Pigmentschicht zerstört. Die Schuppen und die darüberliegende Epidermis sind noch intakt, aber infolge der zerstörten Pigmentschicht vollkommen farblos, so daß die darunterliegenden, milchigweißen Bindegewebs- und Muskelschichten sichtbar werden. Ganze Bereiche des Kopfes und der Kiemendeckel können von diesen muldenartig aussehenden Bereichen überzogen sein. Dabei werden auch Knochenplatten der Kiemendeckel aufgelöst und durchlöchert. Bei genauerer Untersuchung mit einer Binokularlupe sieht man, daß diese Bereiche tatsächlich nicht so tief eingefallen sind, wie es auf den ersten Blick scheint. Dies wird nur durch die totale Entfärbung der Unterhaut vorgetäuscht.

Sekundärer Pilzbefall durch Saprolegniaceae tritt bei der »Lochkrankheit« nicht auf, da die Epidermis und die schützende Schleimschicht noch vorhanden sind und eine Infektion verhindern. Bei der Sektion solcher Tiere fällt in der Leibeshöhle eine gallertartige Flüssigkeit auf, die Fibroblasten und verschiedene fischpathogene Bakterien enthält. Eine Sekundärinfektion mit Hexamita kann vorliegen, oft sind jedoch keine Flagellaten im Darm nachweisbar. In den »Löchern« am Kopf sind niemals Hexamita oder Spironucleus nachzuweisen. Es spricht einiges dafür, daß diese Krankheit nicht durch Hexamiten hervorgerufen wird. Vielmehr muß die Ursache für diese Krankheit in einem Vitamin- und Mineralstoffmangel aufgrund einseitiger Ernährung gesehen werden. Die Krankheit kann sich über mehrere Jahre hinziehen, ohne daß die Fische sterben. Während dieser Zeit breiten sich die »Löcher« immer weiter aus und können den gesamten Kopf bedecken. Solche Fische sind sehr anfällig gegen Schwächeparasiten (z.B. *Hexamita*) und fallen diesen leicht zum Opfer. Im Anfangsstadium ist eine Behandlung mit Ospolvit sehr erfolgreich. Dabei werden in einem Quarantänebecken die betroffenen Fische zuerst von Schwächeparasiten befreit und anschließend mit ospolvithaltigem und vitaminisiertem Futter behandelt.

8.1.2.5   Sonstige Zooflagellaten

Chilomastix: Die Flagellaten dieser Gattung sind 5–30 μm lang, tropfenförmig und besitzen vier Geißeln am vorderen stumpfen Ende, von denen drei nach vorn ragen und die vierte, sehr kurze mit dem Körper durch eine undulierende Membran verbunden ist. Am vorderen Körperende liegen der einzelne Zellkern und der große Zellmund (Cytostom), der auf einer Seite von der undulierenden Membran der vierten Geißel begrenzt wird. Erreger dieser Gattung wurden im Darm von Seequappen und anderen Meeresfischen gefunden.

Keratomorpha *(= Tetramastix):* Diese Erreger sind 10–20 μm lang, 2–6 μm breit, spindelförmig und besitzen zwei Paar Geißeln am Vorderende. Ein Cytostom ist nicht vorhanden. Der Zellkern befindet sich im vorderen Körperdrittel.

Giardia *(= Lamblia):* Diese tropfenförmigen Flagellaten haben eine Größe von 5–20 μm. Die acht Geißeln sitzen, paarweise oder einzeln, symmetrisch auf dem Körper verteilt. An dem abgerundeten Vorderende sind keine Geißeln vorhanden. Das geißeltragende Hinterende ist spitz ausgezogen. Die abgeflachten Tiere sind bilateral–symme-

trisch, besitzen zwei Zellkerne und eine Haftscheibe in der vorderen Körperhälfte. Die Art *G. denticis* wurde im Darm und im Blut von Meeresfischen gefunden.

Monocercomonas *(= Eutrichomastix):* Diese 5–25 μm großen Einzeller sind oval und besitzen vier freie Geißeln am Vorderende. Beim Schwimmen werden davon drei nach vorn gestreckt und eine etwas längere Geißel nachgezogen. Jene ist aber nicht mit einer undulierenden Membran mit dem Körper verbunden. Ein kräftiger Achsenstab (Axostyl) reicht vom vorderen Ende bis weit über das Hinterende hinaus. *M. motellae* wurde im Darm von Seequappen, *M. salpae* im Darm von Mittelmeerbrassen gefunden.

Protrichomonas: Der Körper dieser Flagellaten ist rundlich und besitzt am vorderen Ende drei gleich lange Geißeln, die einem Blepharoplasten entspringen. Sie haben keine undulierende Membran und nur einen Zellkern. Die Art *P. legeri* lebt in der Speiseröhre des Meeresfisches *Box boops.*

Trimitus: Diese tropfenförmigen Flagellaten haben drei Geißeln, von denen zwei nach vorne gestreckt werden und eine nachgezogen wird. Sie haben keine undulierende Membran und nur einen Zellkern. Die Art *T. motellae* lebt im Darm von Seequappen.

Trichomonas: Diese Arten besitzen fünf Flagellen am Vorderende, von denen eine mit einer undulierenden Membran mit dem Körper verbunden ist. Die undulierende Membran ist immer kürzer als der Körper. Sie haben einen Zellkern in der vorderen Körperhälfte und ein Axostyl, das von hier bis weit über den Körper hinausragt. Verschiedene Arten wurden im Darm von Fischen gefunden.

Tritrichomonas: Diese Parasiten besitzen vier Geißeln, von denen drei frei nach vorn ragen und eine Geißel mit einer undulierenden Membran verbunden am Körper entlang führt und am Hinterende über den Körper hinausragt. Ein kräftiger Achsenstab (Axostyl) reicht bis weit über das Hinterende hinaus. Einige Arten kommen im Darm von Meeresfischen vor.

8.1.3   Opalinata

Diese Gruppe von Einzellern unterscheidet sich erheblich von anderen Gruppen innerhalb der Protozoa. So sind die fibrillären Strukturen der Kinetosomen anders aufgebaut, es existiert nur eine Art von Zellkernen (keine Makro- und Mikronuclei), und am vorderen Ende ist ein aus Basalkörpern gebildeter Falx vorhanden. Die Tiere sind vollkommen mit Cilien bedeckt und besitzen keinen Zellmund. Die Nahrung wird durch modifizierte Pinocytose aufgenommen. Exkremente werden durch Exocytose ausgeschieden. Der überwiegende Teil dieser Tiere lebt als Kommensalen im Darm von Amphibien.

Vier Arten wurden aus dem Darm von Reptilien und eine Art aus einer Schnecke beschrieben. Aus dem Darm von Fischen existieren bis jetzt neben *Protoopalina symphysodonis* nur drei Artbeschreibungen von Opaliniden: *Protoopalina saturnalis* aus *Box boops*, *Protoopalina duboscqui* aus *Gadus capelanus* und *Zelleriella piscicola* aus dem südamerikanischen Wels *Pimelodus maculatus*. SANDON (1949) erwähnt darüber hinaus noch Funde aus afrikanischen Glaswelsen (Schilbeidae) und Fiederbartwelsen (Mochocidae) sowie Geradsalmlern (Citharinidae) aus der Umgebung von Khartoum und vom oberen, weißen Nil, ohne jedoch die Arten der gefundenen Opaliniden näher zu beschreiben.

8.1.3.1   Protoopalina symphysodonis

A. Ursache/Erreger: 1972 wurde dieser Erreger von SCHUBERT zum ersten Mal entdeckt und als »Diskusparasit« erwähnt. 1979 folgte von FOISSNER, SCHUBERT und WILBERT eine exakte Artbeschreibung von *Protoopalina symphysodonis*. Dieser einzellige, 90–100 µm lange und 10–25 µm breite, drehrunde Darmparasit ist auf der gesamten Körperoberfläche gleichmäßig mit 10–15 µm langen Cilien bedeckt. An seinem hinteren Körperende besitzt er einen 10–20 µm langen, geraden stachelartigen Fortsatz, durch den er sich von anderen Protoopalina-Arten unterscheidet. Die zwei in der vorderen Hälfte liegenden Zellkerne sind bei manchen Tieren

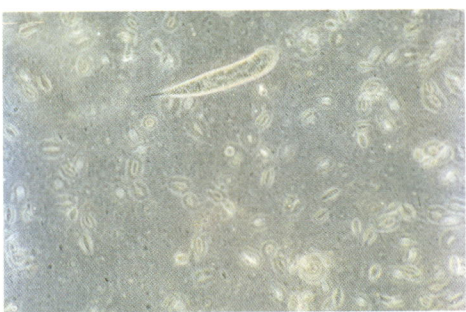

Abb. 39: *Protoopalina symphysodonis* und *Spironucleus symphysodonis* aus dem Darm eines Diskus *(Symphysodonis aequifasciatus)*. Phasenkontrast. Foto: G. SCHUBERT, Zool. Inst. Uni. Hohenheim

durch eine fadenförmige elastische Brücke verbunden. Die vordere Körperhälfte ist leicht korkenzieherartig gewunden, so daß die Tiere sich schraubend, unter Rotation um die Längsachse, vorwärtsbewegen. Der Stachel wird dabei nachgezogen und dient nicht dem Eindringen in das Wirtsgewebe.

Während des komplexen Entwicklungszyklus wechseln sich vegetative (Zweiteilung) und sexuelle Vermehrung ab. Dabei werden nach der Zellteilung Cysten gebildet (Gamontocysten), aus denen Gamonten schlüpfen. Diese teilen sich in Mikro- und Makrogameten, um unter Bildung einer Zygote wieder miteinander zu verschmelzen (Syngamie). Die Zygote encystiert sich zur Zygo-

Abb. 40: *Protoopalina symphysodonis* aus dem Darm eines Diskus *(Symphysodonis aequifasciatus)*. Foto: R. BAUER

cyste, aus der ein Stadium (Agamont) schlüpft, das sich wieder durch Zweiteilung vermehrt. *Protoopalina symphysodonis* lebt im Darm von Diskusfischen *(Symphysodon aequifasciata)* und ist meist mit *Spironucleus* vergesellschaftet. Der Parasit ist trotz seiner Größe nicht leicht zu entdecken, da er sich tief zwischen den Schleimhautfalten des Darmes aufhält.

B. Symptome: Befallene Diskusfische zeigen typische Streßsymptome. Sie sind dunkelbraun gefärbt und haben aufgetriebene Bäuche. Starke Infektionen sind selten, führen aber zum Tod der Fische.

C. Befallene Organe: *Protoopalina symphysodonis* lebt zwischen den Schleimhautfalten im Darm von Diskusfischen.

D. Pathogenität: Diese Parasiten scheinen nicht sehr gefährlich zu sein und sind meist mit *Spironucleus* vergesellschaftet. Oft sind in den Aquarien nur einzelne Tiere damit infiziert. Es können allerdings, wenn auch selten, starke Infektionen ausschließlich mit *Protoopalina* auftreten, die dann den Fischen gefährlich werden können.

E. Untersuchungsmethoden: Bei der Sektion eines frisch getöteten Fisches wird ein Stück Darm der Länge nach aufgeschnitten und die Schleimhaut mit einem Deckglas abgestrichen. Dadurch werden die zwischen den Schleimhautfalten sitzenden Erreger mit abgestreift und unter dem Mikroskop leichter sichtbar. In Kot der Fische sind die Erreger nur ganz selten nachweisbar. Eine eindeutige Diagnose ist nur am sezierten Fisch möglich.

F. Therapie: Erkrankte Fische werden in der Quarantäne über einen Zeitraum von einer Woche mit einem Dauerbad von 4 mg/l 2-Amino-5-Nitrothiazol oder 2-Methyl-5-Nitroimidazol-1-Äthanol behandelt. Diese Behandlung spricht normalerweise gut an und muß nicht wiederholt werden. Ob im Aquarium Cysten (Zygocysten und Gamontocysten) gebildet werden und wie lange diese Cysten ohne Fische überleben können, ist nicht bekannt.

G. Prophylaxe: Ein Einschleppen dieser Darmparasiten kann nur durch eine prophylaktische, medikamentöse Behandlung verhindert werden. Diese ist jedoch bei guten Haltungsbedingungen nicht nötig.

H. Besonderes: Die Opaliniden gelten als typische Parasiten von Amphibien, und möglicherweise ist der Diskus für *Protoopalina symphysodonis* nur ein Irrwirt, wie für *Spironucleus elegans* auch. Eventuell werden die Fische in der Natur über Amphibienkot infiziert. Dafür spricht auch das gleichzeitige Auftreten beider Parasiten im Darm von Diskusfischen.

8.1.4   Rhizopoda (Amöben)

A. Ursache/Erreger: Amöben sind als Krankheitserreger bei Fischen sehr umstritten, meist handelt es sich um harmlose Kommensalen ohne pathogenen Effekt. Es sind Einzeller, die sich mit Hilfe von Pseudopodien oder bruchsackartigen Ausstülpungen fortbewegen. Bei Untersuchungen konnten auf der Haut und den Kiemen fast aller untersuchter Fische wenige Exemplare verschiedener Arten nachgewiesen werden. Für die Bestimmung wurden Abstriche gemacht und die Amöben auf Agarplatten vermehrt und bestimmt. Es handelte sich dabei um freilebende Amöben, unter anderem um Acanthamöben (WEISHAAR, mündl. Mitteilung).

Der Nachweis durch mikroskopische Untersuchungen der Haut und der Kiemen gelingt sehr selten und nur bei Vorliegen einer Masseninfektion. Bei mikroskopischen Untersuchungen findet man immer wieder auf den Kiemen und der Haut von *Symphysodon aequifasciata* einen Massenbefall mit Acanthamöben. Es handelt sich bei den Fischen meist um Wildfänge aus Manaos, die kurz nach dem Import untersucht wurden. Dabei fielen auf den Kiemen unzählige stark lichtbrechende runde bis ovale Gebilde auf, die sich scheinbar nicht bewegten. Erst nach längerer Beobachtung sah man, daß einzelne Amöben plötzlich auf einer Körperseite eine bruchsackartige Ausstülpung bildeten, um dann in dieser Richtung nachzufließen und sich sofort wieder abzurunden. Danach saßen sie wieder minutenlang still, ohne jede Bewegung. Die Art der Amöben konnte nicht bestimmt werden.

B. Symptome: Oft treten keine Symptome durch Amöben auf. Im Fall der Infektion bei *Symphysodon aquifasciata* kam es zu einer Hypertrophie des Kiemenepithels, so daß die Kiemenlamellen vollständig miteinander verwachsen waren. Es ist allerdings nicht bekannt, inwieweit diese Symptome durch die Amöben selbst hervorgerufen wurden. Es könnte sich dabei auch um eine bakterielle Kiemenerkrankung, ausgelöst durch schlechte Wasserbedingungen während Fang und Transport mit sekundärem Befall bakteriophager Amöben, gehandelt haben.

C. Befallene Organe: Amöben wurden auf der Haut, den Kiemen und selten in den inneren Organen gefunden.

D. Pathogenität: Amöben scheinen für Fische nicht sehr pathogen zu sein. Es sind nur sehr wenige Amöbeninfektionen mit tödlichem Ausgang aus der Literatur bekannt, wobei einige dieser Erkrankungen, wie sich inzwischen herausstellte, gar nicht auf Amöben zurückzuführen waren.

E. Untersuchungsmethoden: Bei der mikroskopischen Untersuchung von Kiemen frisch getöteter Fische kann man gelegentlich stark lichtbrechende, sich selten und langsam bewegende Amöben feststellen. Die

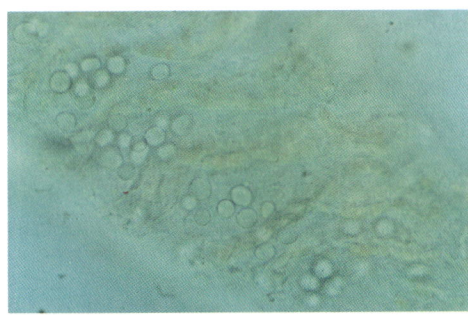

Abb. 42: Amöbeninfektion auf einer Diskuskieme *(Symphysodon aequifasciatus)* Detailvergrößerung. Foto: R. BAUER

exakte Bestimmung kann nur erfolgen, wenn die Amöben in Kultur genommen werden, und ist nur dem Spezialisten möglich.

F. Therapie: Oft reicht eine Verbesserung der Wasserqualität aus, um die Amöben zu beseitigen. Sind die Fische stärker erkrankt, werden sie in der Quarantäne über einen Zeitraum von einer Woche mit einem Dauerbad von 4 mg/l 2-Amino-5-Nitrothiazol oder 2-Methyl-5-Nitroimidazol-1-Äthanol behandelt.

G. Prophylaxe:
Prophylaktische Maßnahmen sind nicht möglich und normalerweise auch nicht nötig.

H. Besonderes: Amöben sind sehr leicht mit anderen Erregern oder mit den amöboidbeweglichen Blutzellen der Fische zu verwechseln. Eine eindeutige Unterscheidung ist sehr schwierig und nur durch Spezialisten möglich. Die bei Forellen auftretende PKD (Proliferative Kidney Disease) wurde ursprünglich auf eine Amöbeninfektion zurückgeführt. Neuere ultrastrukturelle Untersuchungen (SEAGRAVE et al. 1980) haben aber Erreger nachgewiesen, die Haplosporen bilden, und damit gezeigt, daß es sich dabei um einen Haplosporidier (Ascetospora, Stellatosporea), vermutlich aus der Verwandtschaft der Gattung *Marteilia* handelt.

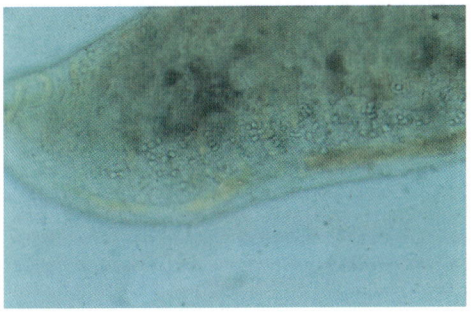

Abb. 41: *Symphysodon aequifasciatus.* Kieme mit starker Amöbeninfektion. Foto: R. BAUER

8.2   Apicomplexa

Apicomplexa sind einzellige Parasiten, die an ihrem Vorderende einen apikalen Komplex besitzen, der nur unter dem Elektronenmikroskop sichtbar wird und dessen Bedeutung noch unbekannt ist. Die rein parasitisch lebenden Apicomplexa sind während ihrer Fortpflanzung eng an ihre Wirte gebunden und können sich in diesen sowohl sexuell als auch vegetativ vermehren. Hierzu haben sie einen komplizierten Vermehrungszyklus entwickelt. Einige benötigen für ihre Entwicklung Zwischenwirte, die die infektiösen Stadien auf andere Fische übertragen. Fischparasitäre Apicomplexa findet man unter der Haut, auf den Kiemen, im Darm und in allen inneren Organen, selbst die Blutzellen der Fische werden befallen.

8.2.1   Gewebeparasitäre Coccidien (Eimeria)

A. Ursache/Erreger: Bei Fischen sind über 130 verschiedene Coccidien der Gattung *Eimeria* bekannt, hinzu kommen mehrere in der Literatur erwähnte Arten ohne exakte Artbeschreibung. Außerdem wurde je eine Art aus den Gattungen *Epieimeria, Cryptosporidium* und *Sarcocystis* auf Fischen gefunden. Die Gattungen *Goussia* und *Crystallospora* wurden von Doflein 1909 zu Synonymen der Gattung *Eimeria* (Schneider 1875) erklärt. Dykova und Lom (1981) regen aufgrund großer morphologischer Unterschiede eine Abtrennung und Aufspaltung der fischpathogenen Eimerien in verschiedene Gattungen an. Es sind jedoch weitere Untersuchungen nötig, um diese Trennung zu untermauern.

Die meisten Erreger der Gattung *Eimeria* benötigen keine Zwischenwirte und können sich deshalb auch in Aquarienanlagen ausbreiten. Sie befallen die inneren Organe, vor allem den Darm, der Fische und führen zu erheblichen Verlusten. Bei der Entwicklung der fischpathogenen Coccidien unterscheidet man sechs verschiedene Entwicklungsmodi (Dykova und Lom 1981).

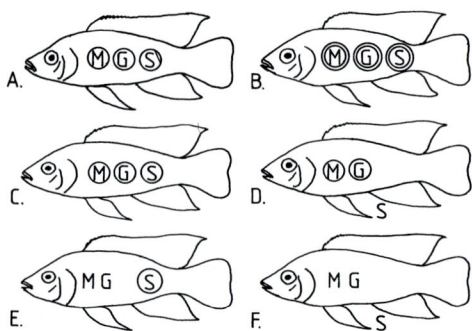

Abb. 43: Die sechs bisher bekannten Entwicklungsmodi der fischparasitären Coccidien.
M: Merogonie, **G**: Gametogonie, **S**: Sporogonie
Symbol ohne Kreis: epicelluläre Entwicklung
Symbol mit Kreis: intracytoplasmatische Entwicklung
Symbol mit Doppelkreis: intranucleare Entwicklung
Symbol außerhalb des Fisches: exogene Entwicklung
Erklärung im Text. Abb.: Nach Dykova & Lom (1981) verändert.

1. **Intracytoplasmatische Merogonie, Gametogonie und Sporogonie.** Dies ist der am meisten verbreitete Entwicklungszyklus bei fischpathogenen Coccidien (über 100 Arten). Bei den meisten Arten erfolgt die Entwicklung im Magen-Darmtrakt der Fische. Bei über dreißig Coccidien-Arten findet jedoch diese Entwicklung in anderen inneren Organen statt (Leber, Niere, Milz, Schwimmblase, Pankreas, Ovarien, Gallenblase). Das infektiöse Stadium von *Eimeria*, das neue Fische infizieren kann, ist der Sporozoit. Er dringt in die Wirtzelle ein und entwickelt sich in einer Vakuole zum Schizonten, eine Zelle, die in der Lage ist durch Zerfallsteilung (Schizogonie oder Merogonie, vegetative Fortpflanzung) in sehr viele Merozoiten zu zerfallen. Diese Merozoiten dringen in neue Zellen ein, um erneut eine Schizogonie durchzumachen oder entwickeln sich dort zu Makro- und Mikrogameten. Die männlichen Mikrogameten suchen aktiv die weiblichen Makrogameten auf, verschmelzen mit diesen und bilden eine Zygote (Gametogonie, sexuelle Fortpflanzung). Diese Zygote wandelt sich in eine charakteristische Oocyste um, die vier

Sporocysten mit je zwei Sporozoiten enthält (Sporogonie, vegetative Fortpflanzung). Diese Sporocysten können entweder im Wirt die Sporocysten verlassen und wieder in Zellen eindringen oder die Sporocysten verlassen den Wirt und bleiben außerhalb lange lebensfähig bis sie von einem anderen Fisch aufgenommen werden und der Entwicklungsvorgang sich wiederholt. Ein Sonderfall ist *E. brevoortiana* Hardcastle, 1944 aus *Brevoortia tyrannus*. Hier findet die Merogonie und Gametogonie in den Pylorusanhängen statt, wärend die Sporogonie nur in den Hoden abläuft.

2. **Intranucleare Merogonie, Gametogonie und Sporogonie.** Diese Entwicklung wurde bis jetzt nur bei *E. quentini* BOULARD, 1977 gefunden. Die Art parasitiert auf dem Rochen *Aetobatis narinari*.

3. **Endogene, eventuell intracytoplasmatische Merogonie und Gametogonie.** Die Sporogonie läuft teilweise endogen und teilweise exogen ab. Dieser Entwicklungszyklus wurde bisher bei vier Arten gefunden: *E. zygaenae* MANDAL und CHAKRAVARTY, 1965 im Hammerhai, *E. micropteri*, *E. etheostomae* und *E. pungitii* alle von MOLNAR und HANEK (1974) aus nordamerikanischen Süßwasserfischen beschrieben.

4. **Intracytoplasmatische Merogonie und Gametogonie mit exogener Sporogonie.** Diese Entwicklung tritt bei vier Arten auf: *E. dogieli* Davies, 1978 aus *Blennius pholis*, *E. raiarum* VAN DEN BERGE, 1937 aus *Raja batis*, *E. squalli* FITZGERALD, 1975 aus *Squalus acanthias* und *E. aurati* HOFFMAN, 1965 aus *Carassius auratus*.

5. **Epizelluläre Merogonie und Gametogonie und intracytoplasmatische Sporogonie.** Sie kommen bei *E. anguillae* LEGER und HOLLANDE, 1922 aus *Anguilla anguillao* vor.

6. **Epizelluläre Merogonie und Gametogonie und exogene Sporogonie.** Sie findet man bei *E. pigra* LEGER und BORY, 1932 aus *Scardinius erythrophalmus*. Darüber hinaus gibt es Hinweise, daß einige fischparasitären Coccidien für ihre Entwicklung Zwischenwirte bzw. Vektoren benötigen. Als Beispiel sei hier nur *E. carpelli* erwähnt. Bei dieser Art vermutet MOLNAR Tubificiden als Zwischenwirte oder Vektoren.

B. Symptome: Stark infizierte Fische haben eingefallene Augen und sind abgemagert. Der Kopf der Tiere scheint im Verhältnis zum mageren Körper vergrößert zu sein. Die Fische verhalten sich träge und apathisch und verweigern das Futter. Da die Entwicklung aller Merozoiten während der Schizogonie synchron abläuft, wird der Fisch in regelmäßigen Abständen von zahllosen Erregern überschwemmt. Dadurch kann es zu zyklisch auftretenden Todesfällen kommen.

Bei der Sektion eines frisch getöteten Fisches fällt sofort der kräftig grünlich-gelb verfärbte Darm auf. Leber, Milz und Darm sind stark verkleinert. Dabei kann der Darm nur noch aus einem dünnen Häutchen bestehen und die Leber auf einen Bruchteil ihrer Normalgröße geschrumpft sein. Die Leibeshöhle ist oft mit einer grünlich-gelben Flüßigkeit gefüllt. Auch blutunterlaufene Stellen in der Muskulatur und in den Flossen können auftreten. Bei leichten Infektionen zeigen die Fische meist keine Symptome.

C. Befallene Organe: *Eimeria* kommt in verschiedenen inneren Organen vor. Je nach Art des Erregers ist der Darm, die Leber, die Niere, die Milz, die Mesenterien, die Gallenblase, die Gonaden oder die Schwimmblase betroffen. Weit am häufigsten wird jedoch der Darm befallen, wobei meist die typischen Symptome mit einer Gelbfärbung des Darms auftreten.

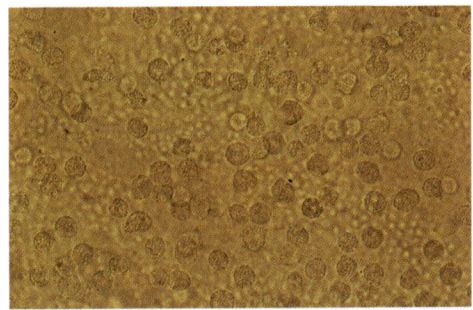

Abb. 44: Fischdarm mit Coccidieninfektion. Sporenlose Oocysten. Foto: R. BAUER

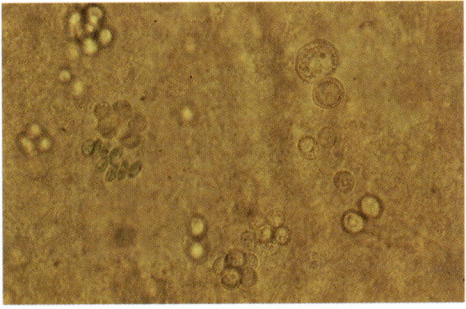

Abb. 45: Fischdarm mit Coccidieninfektion. Oocysten mit Oosporen. Foto: R. BAUER

D. Pathogenität: Eimeria-Infektionen führen zum Tod der Fische, wenn nicht rechtzeitig behandelt wird. Die Krankheit ist sehr ansteckend und kann sich schnell ausbreiten.

E. Untersuchungsmethoden: Die Untersuchung erfolgt an einem frisch getöteten Tier. Dabei wird von dem grünlich-gelben Darm eine Gewebeprobe entnommen und bei starker Vergrößerung untersucht. Je nach Zeitpunkt im Entwicklungszyklus können unterschiedliche Stadien vorherrschen. Artspezifisch haben diese Stadien unterschiedliche Form und Größe. So können entweder 10–60 µm großen Oocysten vorhanden sein, die vier Sporocysten mit je zwei Sporozoiten enthalten, oder kleinere Schyzonten, die zahlreiche, winzige Merozoiten enthalten. In seltenen Fällen findet man im Blut und im Darm der Tiere zahlreiche, sehr kleine Merozoiten.

F. Therapie: Eine Behandlung im Dauerbad mit 1 mg/l Furazolidon über 10 Tage, wobei am 1., 4. und 7. Tag nach einem Wasserwechsel in voller Höhe nachdosiert wird, kann die Erreger abtöten. Eventuell ist die Behandlung zwei- bis dreimal zu wiederholen. Während der Therapie, die auf jeden Fall im Quarantänebecken erfolgen muß, ist das betroffene Zucht- oder Schaubecken auszuräumen und zu desinfizieren, um die Dauerstadien (Sporocysten) zu entfernen.

G. Prophylaxe: Außer optimalen Lebensbedingungen ist eine wirksame Prophylaxe nicht möglich, da eine geringe Infektion während der Quarantänezeit leicht übersehen wird und in die Aquarienanlage eingeschleppt werden kann. Ein Nachweis der Erreger ist nur bei einer Sektion möglich. Als Prophylaxe gegen alle Sporozoen-Infektionen empfiehlt sich die Installation eines UV-Wasserklärers.

H. Besonderes: Aufgrund morphologischer Unterschiede wird es bald zu einer Trennung von den auf Landwirbeltieren parasitierenden Eimerien und zu einer Aufspaltung der fischpathogenen Eimerien in mehrere Gattungen kommen. Eventuell werden die Gattungen *Goussia* und *Crystallospora* (jetzt noch Synonyme von *Eimeria*) wieder als selbständige Gattungen geführt.

8.2.2 Blutparasitäre Coccidien (Haemogregarina, Hepatozoon)

A. Ursache/Erreger: 1901 wurden die ersten fischpathogenen Blutparasiten aus dieser Gruppe von LAVERAN und MESNIL in einem Meeresfisch gefunden. Seither wurden immer wieder neue Arten entdeckt. Für die Entwicklung benötigen diese Erreger Zwischenwirte, in denen die Sporogonie abläuft. bevor die Sporozoiten neue Fische befallen. Als Zwischenwirte kommen parasitäre Egel und Asseln in Frage. Für viele Arten sind jedoch Entwicklungszyklus und Zwischenwirte noch nicht vollständig bekannt. Bei der Gattung *Haemogregarina* werden 8–18 Sporozoiten ohne Sporocysten in der Oocyste gebildet. Bei der Gattung *Hepatozoon* bilden sich bis zu 100 Sporocysten mit je 6–40 Sporozoiten in einer Oocyste. Im Fisch findet die Vermehrung durch Schizogonie und Gametogonie in Blutzellen (Erythrocyten, Leucocyten) statt.

B. Symptome: Durch die intrazelluläre Entwicklung im Fischblut werden die Blutzellen (Erythrocyten, Leucocyten) zerstört. Es kommt zur Blutarmut und damit zu einer Schwächung der infizierten Fische.

C. Befallene Organe: Neben einer Zerstörung der Blutzellen kommt es auch zu einer Schädigung der blutbildenden Organe und der an der Immunabwehr beteiligten Organe.

D. Pathogenität: Diese Blutparasiten scheinen nicht sehr pathogen zu sein. Bei infizierten Fischen kommt es zu einer Verringerung der Blutzellen und damit zu einer Schwächung der Fische. Dies kann infolge einer Immunschwäche zu Sekundärinfektionen durch andere Erreger führen. Meist zeigen infizierte Fische jedoch keine Symptome.

E. Untersuchungsmethoden: Von einem

lebenden oder frisch getöteten Fisch ist ein Blutausstrich anzufertigen und auf Einschluß-körper in den roten Blutkörperchen (Erythro-cyten) zu untersuchen.

F. Therapie: Über eine Therapie ist nichts bekannt. Eventuell ist die gleiche Behand-lung wie gegen Eimeriainfektionen erfolg-reich.

G. Prophylaxe: Es empfiehlt sich als Pro-phylaxe gegen alle Sporozoen-Infektionen die Installation eines UV-Wasserklärers.

H. Besonderes: Der weltweit in allen Mee-ren verbreitete Erreger *Haemogregarina bi-gemina* wurde in über 60 verschiedenen Fischarten aus unterschiedlichen Familien nachgewiesen.

8.2.3   Dermocystidium

A. Ursache/Erreger: Ebenfalls zu den Api-komplexa (vermutlich Klasse Perkinsea) werden Erreger aus der Gattung *Dermocy-stidium* gerechnet. Die systematische Stel-lung dieser Fischparasiten war lange Zeit umstritten. Zuerst wurden sie zu den Haplo-spora, dann zu den Pilzen und schließlich zu den Apikomplexa gestellt. Dies konnte nur aufgrund umfangreicher, ultrastuktureller Untersuchungen geschehen, bei denen ein apikaler Komplex nachgewiesen wurde. *Der-mocystidium* entwickelt sich besonders gut bei tiefen Temperaturen und ist deshalb auf Kaltwasserfische des Süßwassers be-schränkt. So berichten McVicar und Woo-ten (1980) von einer Dermocystidium-Infek-tion in jungen Lachsen, bei der die inneren Organ mit weißen Cysten durchsetzt waren. Innerhalb dieser Cysten besaßen die mei-sten der 2,5–8,0 µm großen Zellen einen großen, zentral gelegenen Kern. Diese va-kuolenfreien Zellen entwickelten sich zu viel-kernigen Mutterzellen, die dann innerhalb der Zellmembran in entsprechend viele Toch-terzellen zerfielen (Rosettastadium). Im weiteren Verlauf der Entwicklung traten charakteristische Zellen auf, die große Va-kuolen enthielten (Siegelringstadien). Diese

Siegelringstadien findet man besonders im Inneren der Cysten, während an der Cyste-noberfläche die Rosettenstadien und die einkernigen, vakuolenfreien Zellen vorherr-schen.

B. Symptome: Die Erreger verursachen auf verschiedenen Süßwasserfischen kugelige oder längliche, ovale, mehrere Millimeter große, weiße Cysten, in denen verschiedene Entwicklungsstadien gefunden werden kön-nen. Im Aquarium tritt manchmal *D. gastero-stei* auf Stichlingen auf *(Gasterosteus acu-leatus)* und verursacht mehrere Millimeter lange, stäbchenförmige, weiße Cysten auf der Haut und den Flossen.

C. Befallene Organe: Diese Cysten kön-nen auf der gesamten Körperoberfläche, einschließlich der Flossen, verteilt sein oder nur auf den Kiemen auftreten. Ein Befall der inneren Organe mit diesen Cysten ist relativ selten und für diese Krankheit nicht typisch.

D. Pathogenität: *Dermocystidium* ist nicht sehr pathogen. Todesfälle sind selten. Es muß darauf geachtet werden, daß es nicht zu Sekundärinfektionen durch Bakterien, Pilze oder Schwächeparasiten kommt.

E. Untersuchungsmethoden: Bereits am lebenden Tier fallen die mehrere Millimeter großen, weißen Cysten auf der Körperober-fläche auf. Ein stark erkranktes Tier wird abgetötet und das Cystenmaterial auf die typischen Entwicklungsstadien hin unter-sucht, um eine Verwechslung mit Myxospo-ridiern, die ähnliche Cysten bilden, auszu-schließen.

F. Therapie: Über eine medikamentöse Behandlung ist nichts bekannt. Infizierte Fische werden am besten in ein Quarantäne-becken gesetzt, an dessen Filterkreislauf ein UV-Wasserklärer angeschlossen ist. Dieser tötet die im Wasser befindlichen Sporen ab und bewirkt dadurch eine Ausdünnung der Erreger und schließlich ein Abklingen der Infektion. Um einen optimalen Effekt zu er-zielen, muß die Leistung der Umwälzpumpe und der UV-Lampe stark genug sein. Mit dieser Methode liegen sehr gute Erfahrun-

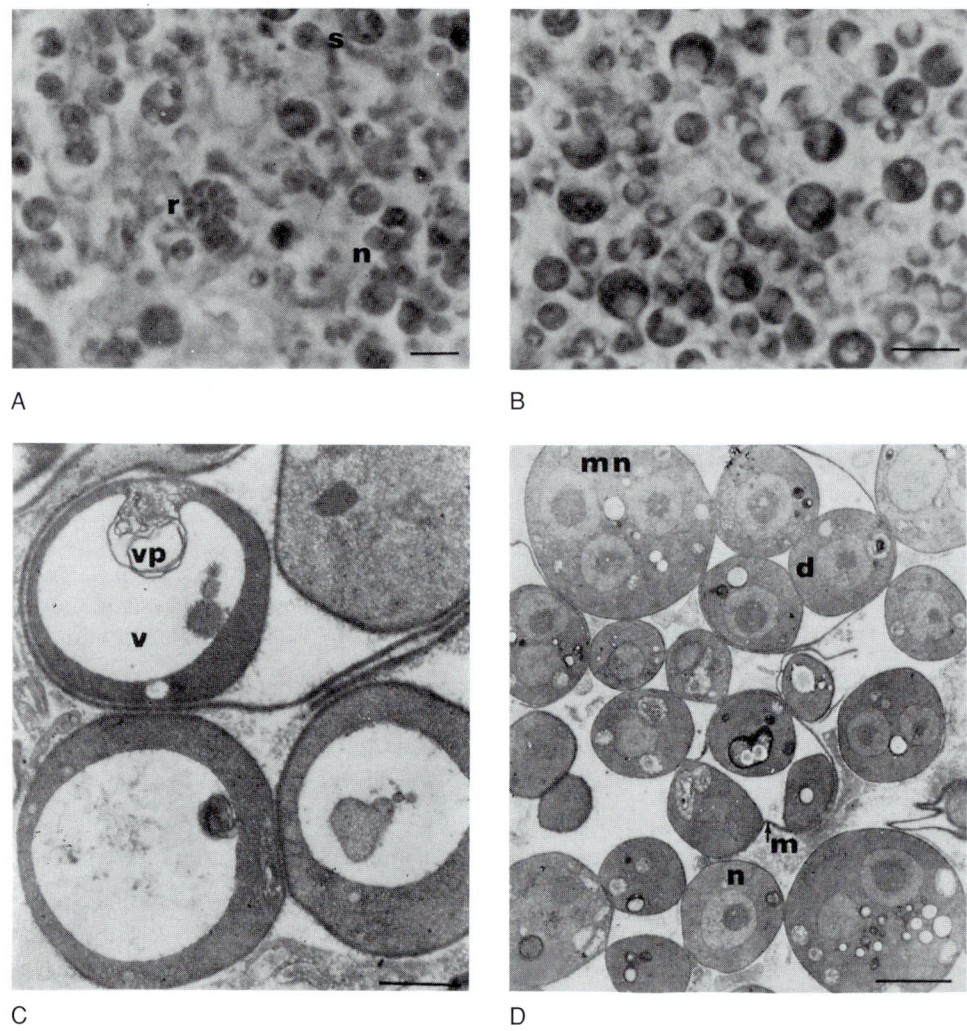

A

B

C

D

Abb. 46: *Dermocystidium* aus einem Lachs *(Salmo salar)*.
A. Entwicklungsstadien aus der Peripherie einer Cyste. Vakuolenlose Zellen (n), Rosettenstadien (r) und Siegelringstadien (s). Balken 10 μm
B. Im Zentrum der Cyste befinden sich vorwiegend Siegelringstadien. Balken 10 μm
C. TEM Vakuolenlose Zelle (n), Mutterzelle kurz vor der Teilung mit mehreren Zellkernen (mn), Abgerundete Tochterzellen innerhalb einer Zellmembran → Rosettenstadium (d), freiwerdende Tochterzellen (m) Balken 5 μm

D. TEM Siegelringstadien mit Vakuole (v) und Vakuoplast (vp). Balken 1 μm
Foto: McVicar & Wooten aus W. Ahne (1980)

gen vor und wurden schon verschiedene Sporozoen-Infektionen erfolgreich behandelt.

G. Prophylaxe: Es empfiehlt sich als Prophylaxe gegen alle Sporozoen-Infektionen die Installation eines UV-Wasserklärers im Filterkreislauf.

H. Besonderes: Hier ist noch zu erwähnen, daß LEVINE (1978) die auf Austern parasitierenden Dermocystidien aufgrund der begeißelten Schwärmer in die neue Gattung *Perkinsus* stellte. Inwieweit diese Trennung von den auf Fischen und Amphibien parasitierenden Dermocystidien gerechtfertigt ist, müssen weitere Untersuchungen zeigen. Da bis jetzt keine freien, beweglichen Stadien bei den fischpathogenen Dermocystidien gefunden wurden, kann über das verwandtschaftliche Verhältnis dieser beiden Gruppen noch nichts gesagt werden.

8.2.4 Sonstige fischparasitäre Apicomplexa

Piroplasmen: Die Piroplasmen sind ebenfalls intrazelluläre Blutparasiten bei Wirbeltieren. Während sie bei Säugetieren schwere Krankheiten hervorrufen, sind sie bei Fischen harmlos und relativ selten. Sie haben eine tropfenförmige (piriforme) Gestalt, bilden keine Oocysten, Sporocysten oder Pseudosporen. Piroplasmen parasitieren in roten Blutkörperchen (Erythrocyten), seltener in anderen Blutzellen. Die Vermehrung erfolgt in Fischen durch Schizogonie und in Zwischenwirten durch Sporogonie, bei der Sporozoiten gebildet werden. Sowohl vollständige Entwicklungszyklen als auch die Zwischenwirte der meisten Arten sind unbekannt. Fischpathogene Gattungen sind *Babesiosoma*, *Haemohormidium* und *Haemotractidium*. Eine Behandlung mit Tetracyclin kann eventuell wirksam sein.

8.3 Microspora

Die Mikrosporidien sind einzellige Lebewesen, die als intrazelluläre Parasiten vom Einzeller bis zum Säugetier in allen Tiergruppen zu finden sind. Am meisten befallen sie jedoch Gliedertiere (Arthropoden) und Fische. Das infektiöse Stadium dieser Parasiten sind die relativ kleinen (2–12 µm), einfach gebauten Sporen, die einen Polfaden und einen Amöboidkeim enthalten. Wenn Fische diese Sporen mit der Nahrung aufnehmen, wird der Polfaden bei Berührung mit dem Darm ausgeschleudert und heftet die Spore an der Darmwand fest. Der Polfaden ist ein hohler Schlauch, durch den der Amöboidkeim ausschlüpft und in die Darmwand eindringt. Von hier wird er über die Blutbahn in das für ihn spezifische Gewebe transportiert.

Als Entwicklungsort innerhalb des Fisches kommen je nach Art des Parasiten alle nur denkbaren Organe in Frage. Hier dringen sie in Körperzellen ein und vermehren sich durch Zwei- oder Vielfachteilung (Schizogonie). Die Wirtszelle und ihr Zellkern nehmen dabei stark an Größe zu (Hypertrophie) und sind vollkommen mit Schizonten angefüllt. Während dieser Entwicklung sind die vegetativen, vielkernigen Stadien (Trophozoiten) unter dem Lichtmikroskop nicht sichtbar. Erst später bei der Sporenbildung kann man die Parasiten wieder erkennen. Während der Sporenbildung (Sporogonie) entstehen in den Trophozoiten viele sogenannte Sporonten (Pansporoblasten), die eine für jede Gattung charakteristische Anzahl von Sporen enthalten.

Anhand der Anzahl der in Sporonten entstehenden Sporen kann man die Gattungen *Nosema* (eine), *Glugea* (zwei), *Thelohania* (acht) und *Pleistophora* (über sechzehn) unterscheiden. Alle Erkrankungen durch Mikrosporidien sind medikamentös nicht heilbar. Befallene Fische müssen getötet und die betreffenden Aquarien ausgeräumt und desinfiziert werden, um ein Ausbreiten der Krankheit zu verhindern.

8.3.1 Pleistophora hyphessobryconis (Echte Neonkrankheit)

A. Ursache/Erreger: *P. hyphessobryconis* wurde 1941 von Schäperclaus auf dem Neonfisch gefunden und beschrieben. Der Erreger ist wohl der bekannteste Mikrosporidier, der in unseren Aquarien auftritt. Er befällt nicht nur den Neonfisch *Paracheirodon innesi* (syn: *Hyphessobrycon innesi*, daher der Name *P. hyphessobryconis*), sondern auch andere Fische, darunter auch den Roten Neon. Der Erreger durchläuft die für die Mikrosporidien typische Entwicklung in der Rumpfmuskulatur der Fische. Aus den ca. 30 µm großen, kugelförmigen Pansporoblasten, die immer in Gruppen von 3–30 Stück zusammenliegen und gemeinsam von einer dünnen Bindegewebshülle umgeben sind, werden jeweils mindestens sechzehn Sporen entlassen. Diese Sporen infizieren neue Fischzellen oder verlassen den Fisch entweder über Muskulatur und Haut oder über die Niere. Durch die ständige Selbstinfektion der Fische breitet sich die Krankheit im Fisch rasch aus.

B. Symptome: Bei Neonfischen wird oft das rote Farbband an den Körperseiten unterbrochen. Es bilden sich einzelne farblose Stellen, die bald um sich greifen und miteinander verschmelzen, bis der rote Farbstoff voll-

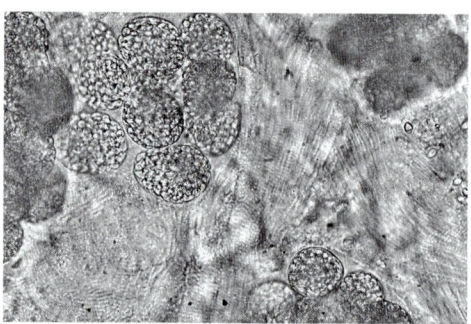

Abb. 48: *Pleistophora hyphessobryconis*, Plansporoplasten mit Sporen in der Muskulatur eines roten Neon *(Paracheirodon axelrodi)*. Foto: R. Bauer

kommen verschwunden ist. Außerdem kommt es zum Abmagern und zu eingefallenen Bäuchen bei betroffenen Tieren. Darüber hinaus treten Verhaltensänderungen bei infizierten Fischen auf. So konnte Thieme (1956) bei Neonfischen eine Absonderung aus dem Schwarm und unruhiges Umherschwimmen während der Nacht beobachten.

C. Befallene Organe: *Pleistophora hyphessobryconis* befällt die Rumpfmuskulatur von Fischen. Andere Pleistophoraarten findet man in den inneren Organen und der Muskulatur sehr vieler Süß- und Seewasserfische.

D. Pathogenität: Diese gefährliche Krankheit führt zu erheblichen Verlusten unter den infizierten Aquarienfischen. Durch die ständige Selbstinfektion und Ausscheidung von Sporen breitet sich der Erreger rasch aus. Erkrankte Fische sind nicht mehr zu retten.

E. Untersuchungsmethoden: Von einem frisch getöteten Fisch wird Muskulatur entnommen und unter dem Mikroskop untersucht. Zur Differentialdiagnose gegenüber der falschen Neonkrankheit müssen die typischen Pansporoblasten nachgewiesen werden.

Abb. 47: *Paracheirodon innesi* mit »echter Neonkrankheit« *(Pleistophora hyphessobryconis)* Foto: G. Schubert, Zool. Inst. Uni. Hohenheim

F. Therapie: Eine effektive Therapie ist nicht möglich. Medikamente hemmen nur die Sporenbildung, töten aber vorhandene Sporen nicht ab. In der Praxis ist diese Methode undurchführbar; außerdem besteht ständig die Gefahr, den Erreger in andere Aquarien zu verschleppen. Auch eine Therapie mit einem UV-Wasserklärer, wie unter 8.2.3 beschrieben, ist in diesem Fall nicht ratsam, da es sich hier um eine gefährliche Infektionskrankheit handelt, die, sofern sie nicht vollständig beseitigt wird, zu großen Verlusten führt. Tritt in einem Aquarium eine Erkrankung durch *Pleistophora hyphessobryconis* auf, müssen alle Fische sofort getötet und vernichtet werden, da auch Fische ohne die typischen Symptome bereits Erreger enthalten! Dies gilt insbesondere für Aquarien bei Züchtern, Groß- und Einzelhändlern. Das Aquarium und alle Geräte müssen anschließend nach Vorschrift desinfiziert werden, um die Sporen vollständig zu beseitigen. Werden diese Ratschläge nicht befolgt, bricht die Krankheit immer wieder aus und wird in andere Aquarienanlagen verschleppt.

G. Prophylaxe: Eine eigentliche Prophylaxe ist nicht möglich. Züchtern sowie Groß- und Einzelhändlern sind regelmäßige Kontrollen zu empfehlen, um ein Ausbreiten der Krankheit innerhalb der Aquarienanlage zu verhindern.

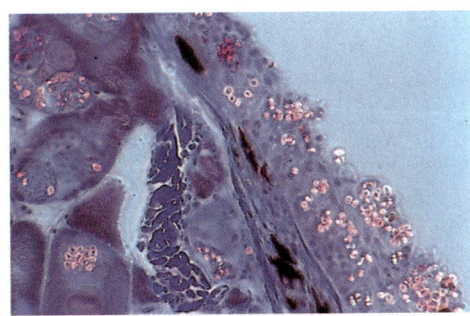

Abb. 49: *Pleistophora hyphessobryconis*. Sporen werden aus den Plansporoplasten frei und wandern durch die Muskulatur zu Körperoberfläche über die sie den Körper verlassen. Fluoreszenzmikroskopische Aufnahme. Foto: G. SCHUBERT, Zool. Inst. Uni. Hohenheim

H. Besonderes: Die »echte Neonkrankheit« hervorgerufen durch *Pleistophora hyphessobryconis* ist im Gegensatz zur »falschen Neonkrankheit«, einer Bakterieninfektion, nicht heilbar. Deshalb ist die genaue Diagnose bei dieser Krankheit sehr wichtig.

8.4 Mixosporea

A. Ursache/Erreger: Die Mixosporidien sind mehrzellige Parasiten auf kaltblütigen Wirbeltieren, vor allem auf Fischen. Aus praktischen Gründen werden sie trotzdem zu den Einzellern gezählt. Sie bilden Sporen mit 1 oder 2 Sporoblasten und 1 bis 6 Polkapseln (meist 2), die je einen Polfaden enthalten. Die Sporen sind mit 1- bis 6teiligen (meist 2teiligen) harten Schalen umgeben. Jedes Schalenteil, jede Polkapsel und jeder amöboide Sporoblast besteht aus einer separaten Zelle. Die Infektion erfolgt durch Aufnahme mit der Nahrung, eventuell auch durch Kontakt mit der Haut oder den Kiemen. Dabei werden die Polfäden ausgeschleudert, dringen ins Gewebe ein und verankern die Spore. Im Gegensatz zu den Polfäden der Mikrosporidien dient der Polfaden hier lediglich der

Abb. 50: *Cyrtocara moori* mit offenem Geschwür hervorgerufen durch *Myxobolus spec.* Foto: G. SCHUBERT, Zool. Inst. Uni. Hohenheim

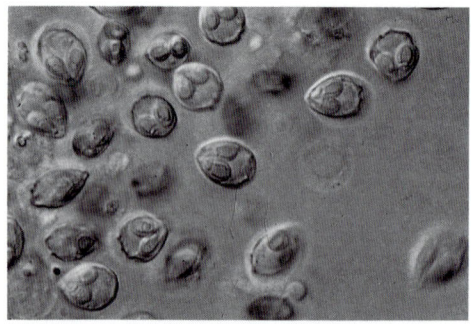

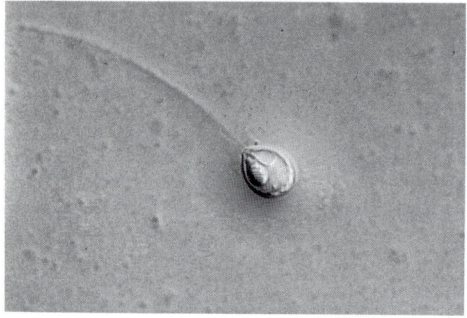

Abb. 51: *Myxobolus* aus *Cyrtocara moori.*
A (oben). Frisch entnommene Sporen
B (unten). Spore mit ausgeschleudertem
Polfaden. Phasenkontrast
Foto: G. SCHUBERT, Zool. Inst. Uni. Hohenheim

Verankerung im Wirtsgewebe und nicht der Übertragung des Sporoblasten. Nachdem die aus mehreren Teilen bestehende Sporenschale an den vorgebildeten Verbindungsnähten aufgesprungen ist, schlüpfen die amöboid beweglichen Sporoblasten aus. Sie dringen ins Gewebe ein und entwickeln sich dort oder werden über das Blut in andere Organe transportiert. Dann bildet sich durch Kernteilung ein vielkerniger Trophozoit, der sich durch Knospung weiter vermehrt.

Die Zellkerne in jedem Tochtertrophozoiten differenzieren sich in solche mit vegetativer und generativer Funktion. Die generativen Kerne grenzen Plasmabezirke um sich ab und bilden zahlreiche generative Zellen. Diese Zellen lagern sich paarweise zusammen, wobei die eine Zelle die andere umhüllt.

Dabei entsteht ein Pansporoblast. Die äußere Zelle teilt sich mehrmals und bildet die Pansporoblastenhülle mit dem sogenannten Residualkörper. Die zentrale Zelle differenziert sich in mehrere Schalenzellen, Polkapselzellen und Sporoblastenzellen und bildet dadurch eine oder mehrere Sporen. So entstehen innerhalb des Trophozoiten eine große Zahl von Pansporoblasten, die jeweils eine oder mehrere Sporen enthalten.

Anhand der Form der Sporen, der Anzahl der Polkapseln und der Sporoblasten lassen sich über 30 Gattungen mit einigen hundert Arten unterscheiden. Die zahlreichen Arten befallen sowohl Süß- als auch Seewasserfische.

B. Symptome: Myxosporidien können unterschiedliche Krankheitsbilder hervorrufen. Einige Arten erzeugen auf der Haut, auf den Flossen und den Kiemen runde, seltener ovale oder wurmförmige, weiße Knoten mit einer Größe von 0,5 bis 3 mm. Diese Erscheinungsform ist relativ harmlos und führt kaum zu Ausfällen. Von anderen Arten werden diese Knoten in den inneren Organen gebildet und können damit zu einer erheblichen Schädigung des betroffenen Organs führen. Auch blutunterlaufene Geschwüre in der Muskulatur, die nach außen durchbrechen, können durch bestimmte Myxosporidien hervorgerufen werden.

C. Befallene Organe: Bei Fischen werden alle Organe und Gewebe von Myxosporidien befallen. So sind neben der Körperoberfläche (Haut, Flossen, Kiemen) die inneren Organe (Darm, Niere, Leber, Milz, Herz, Gehirn, Gonaden) und die Muskulatur betroffen.

D. Pathogenität: Wenn die Symptome der Knötchenkrankheit auftreten (weiße Knoten auf der Körperoberfläche), handelt es sich um eine harmlose Form einer Myxosporidieninfektion. Offene Geschwüre oder Infektionen innerer Organe durch Myxosporidien schädigen die Fische dagegen erheblich. Besonders Infektion mit Arten, die muskelzersetzende Eigenschaften besitzen, führen zu erheblichen Verlusten.

E. Untersuchungsmethoden: Die Knötchenkrankheit auf der Haut und den Flossen kann bereits mit bloßem Auge erkannt werden. Zur eindeutigen Diagnose wird vorsichtig ein solcher Knoten von der Haut oder den Flossen mit einem Skalpell abgestreift. Dabei platzt meist die Cystenhülle, und die Sporen ergießen sich nach außen. Unter dem Mikroskop werden die typischen Sporen mit den zwei (selten mehr) Polkapseln sichtbar. Liegt eine Infektion der inneren Organe oder der Muskulatur vor, wird bei der Sektion eines frisch getöteten Fisches eine Gewebeprobe entnommen und auf Cysten untersucht, die die typischen Sporen enthalten.

F. Therapie: Eine medikamentöse Behandlung ist nicht möglich. Tritt die Knötchenkrankheit bei größeren Fischen auf, können die Cysten vorsichtig mit einem Skalpell abgestreift werden. Danach wird der Fisch mit viel frischem Wasser abgespült, um ein Anhaften der Sporen auf der Haut zu verhindern. Die Knötchenkrankheit breitet sich im Aquarium nicht weiter aus. Eventuell sind für die Übertragung Stapelwirte notwendig.

Besonders Myxosporidien, die sich in der Muskulatur entwickeln und diese zersetzen, sind besonders gefährlich. Hier können gesunde Fische nur gerettet werden, wenn die erkrankten Artgenossen sofort vollständig beseitigt werden. Bei manchen Infektionen kann der Einsatz eines UV-Wasserklä-

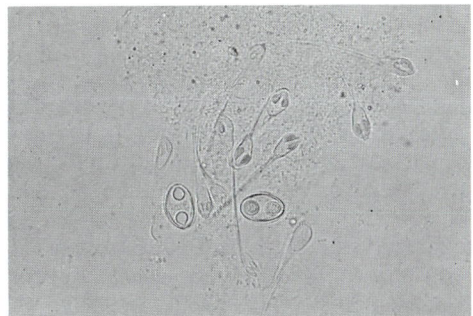

Abb. 53: Sporen von *Henneguya spec.* (starre, fadenförmige Anhänge) und von *Myxidium spec.* (oval, eiförmig). Foto: G. SCHUBERT, Zool. Inst. Uni. Hohenheim

rers gute Heilungserfolge bringen. Die erkrankten Tiere werden in ein Quarantänebecken gesetzt, an dem ein starker Filter und ein UV-Wasserklärer installiert sind. Die UV-Lampe sollte mindestens eine Leistungsaufnahme von 30 Watt haben, um die Sporen vollständig abzutöten. Außerdem sollte der Beckeninhalt mindestens zwei- bis dreimal in der Stunde durch den UV-Wasserklärer hindurchgepumpt werden. Die vom Fisch ausgeschiedenen Sporen werden im Filterkreislauf abgetötet und sind nicht mehr infektiös. Dadurch kommt es zu einer Ausdünnung der Erreger und schließlich zum Abklingen der Infektion. Diese Methode ist sehr langwierig und bringt nicht in jedem Fall den gewünschten Erfolg, ist aber besonders bei wertvollen Tieren die einzige Möglichkeit, die Fische zu retten.

G. Prophylaxe: Als gut wirksame Prophylaxe empfehle ich die Installation eines UV-Wasserklärers im Filterkreislauf. Die frei im Wasser schwimmenden Sporen werden durch die UV-Strahlung abgetötet und damit unwirksam.

H. Besonderes: Einige Arten können mit *Tubifex* oder Süßwasserplankton übertragen werden. Das Einschleppen der Erreger über Futtertiere kann nicht verhindert werden, spielt aber als Infektionsquelle im Aquarium kaum eine Rolle.

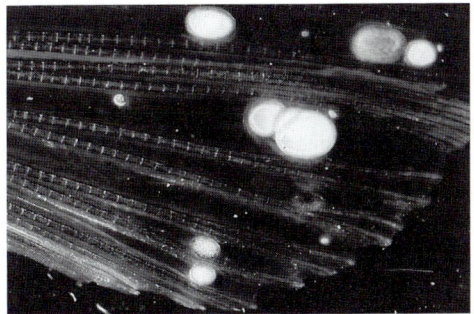

Abb. 52: Cysten von *Henneguya spec.* und *Mixidium spec.* auf der Schwanzflosse eines Buschfisches *(Ctenopoma kingsleyae).* Foto: G. SCHUBERT, Zool. Inst. Uni. Hohenheim

8.5   Ciliophora (Wimperntierchen)

Die Wimperntierchen sind charakterisiert durch zahlreiche Wimpern (Cilien) und zwei unterschiedliche Zellkerne (Makro- und Mikronucleus). Die Cilien dienen der Fortbewegung und der Nahrungsaufnahme. Jedes Tier besitzt mindestens einen Makronucleus und einen Mikronucleus. Der Makronucleus reguliert den Stoffwechsel der Zelle. Bei der sexuellen Rekombination (Konjugation) ist er nicht beteiligt, sondern wird sogar dabei aufgelöst. Er entsteht neu durch Polyploidie aus dem Mikronucleus. Der viel kleinere Mikronucleus ist an der sexuellen Rekombination beteiligt und sorgt als Speicher der genetischen Information für die Vererbung der Gene. Von den ca. 8200 bekannten Ciliaten leben ungefähr 2500 parasitisch auf und in verschiedenen Tiergruppen. Für fischpathogene Ciliaten ist besonders anzumerken, daß als Gegenstück zu den auf Süßwasserfischen parasitierenden Ciliaten auf Meerwasserfischen entsprechende Formen anderer Gattungen existieren, die in der Lebensweise und der Pathogenität weitgehend den Süßwasserformen gleichen. Auch hinsichtlich ihrer Morphologie und ihrer äußeren Form sind sie auf den ersten Blick mit diesen zu verwechseln. Erst bei genauer Untersuchung fallen die Unterschiede zu den Süßwasserformen auf. In der Tabelle 2 werden entspre-chende Formen von Cilliaten von Meer- und Süßwasserfischen gegenübergestellt

8.5.1   Ichthyophthirius multifiliis

A. Ursache/Erreger: Der weithin wohl bekannteste Fischparasit ist der unter den Aquarianern als »Ichthyo« bezeichnete Ciliat *Ichthyophthirius multifiliis*. Er ist im kalten und warmen Süßwasser weltweit verbreitet und ein gefährlicher Krankheitserreger, der große Verluste unter den befallenen Fischen hervorruft. Mit seiner Größe von 0,1 bis 1 mm gehört er zu den großen Ciliaten und ist mit bloßem Auge bereits sichtbar. Unter dem Mikroskop sieht man bei diesem kugelförmigen Einzeller im grobkörnigen Zellplasma, das durch aufgenommene Nahrungspartikel undurchsichtig wird und deshalb dunkelbraun erscheint, den hellen, hufeisenförmigen Makronucleus durchschimmern. Daneben liegt der Mikronucleus, der erheblich kleiner ist und kaum auffällt. Auf der Körperoberfläche ist dieser Parasit mit sehr vielen Cilien ausgestattet, die ihn ständig in Bewegung halten, so daß der Erreger auf dem Fisch – dieses Entwicklungsstadium wird Trophont genannt – sich immer um seinen Mittelpunkt

Tabelle 2: Fischparasitäre Ciliaten im Süß- und Meerwasser (nach LOM und NIGRELLI 1970, verändert und ergänzt)

Ciliaten der Süßwasserfische	Ciliaten der Meeresfische
Ichthyophthirius multifiliis	Cryprocaryon irritans
Chilodonella cyprini (C.hexasticha)	Brooklynella hostilis
Tetrahymena corlissi	Uronema marinum
Tetrahymena corlissi	Miaminensis avidus
Trichodina spec.	Trichodina spec.
Tripartiella spec.	Tripartiella spec.
Trichodinella spec.	Trichodinella spec.
Ambiphrya spec.	Ambiphrya spec.
Apiosoma spec.	Scyphidia spec.
Heteropolaria colisarum	Zoothamnium spec.
Trichophrya spec.	–

drehend fortbewegt. Dieser Einzeller vermehrt sich nicht auf dem Fisch, sondern verläßt dazu seinen Wirt. Dies kann gut zu seiner Bekämpfung im Aquarium genützt werden (siehe F. Therapie).

Die Dauer des gesamten Entwicklungskreislaufs ist temperaturabhängig. Bei einer Temperatur von 27 °C fallen die Trophonten nach einer Entwicklungszeit von 4 bis 5 Tagen vom Fisch ab und kapseln sich auf dem Bodengrund ein. Bei 10 °C dauert die Entwicklung auf dem Fisch vier Wochen und länger. Die auf dem Boden entstehende Cyste (Tomont) teilt sich in vier Teile (Quadranten), die sich innerhalb der Cystenhülle abrunden und dann wie vier zusammengefügte Cysten aussehen. Jedes dieser vier Teile bildet später eine eigene Schlupföffnung für die Schwärmer. Durch weitere Teilungen entstehen insgesamt bis zu 1024 Teilungsstadien (Tomiten) in den vier Quadranten. Die gesamte Entwicklung in der Cyste ist nach 18 bis 20 Stunden (27 °C) abgeschlossen, dann schlüpfen die birnenförmigen Schwärmer (Theronten) aus. Die vollkommen bewimperten, 30 μm großen Schwärmer können sehr schnell schwimmen und müssen spätestens nach 55 Stunden einen Wirt gefunden haben, da sonst ihre Energiereserven aufgebraucht sind und sie absterben.

Haben sie einen Fisch gefunden, bohren sie sich in die Oberhaut (Epidermis) ein und setzen sich zwischen Epidermis und Corium fest. Die Parasiten sitzen also nicht auf, sondern unter der Haut, wodurch die medikamentöse Behandlung erschwert wird. Besonders bevorzugt werden die Epithelien der Flossen und der Kiemen, dort wachsen sie zu reifen Trophonten heran. *Ichthyophthirius multifiliis* ernährt sich durch Aufnahme von Gewebe und Körperflüssigkeit. Nach der Reifung des Trophonten durchbricht der Erreger die Epidermis und fällt ab. Bei Massenbefall wird dadurch die Oberhaut regelrecht durchlöchert und der Fisch erheblich geschädigt.

B. Symptome: Erkrankte Fische zeigen zuerst auf den Flossen, später auf dem ganzen Körper kleine, unregelmäßige, weiße Pünktchen. Die Anzahl der Pünktchen kann innerhalb weniger Tage rapide anwachsen. Bei einem Befall der Kiemen tritt durch die Zerstörung des Kiemenepithels starke Atemnot auf. Unter geschwächten Fischen kommt es bald zu großen Verlusten.

C. Befallene Organe: *Ichthyophthirius multifiliis* befällt die Haut und die Kiemenepithelien von Süßwasserfischen. Hier sitzt dieser Erreger unter der obersten Epithelschicht in einer mit Körperflüssigkeit gefüllten Hauttasche.

D. Pathogenität: Fische, die eine gute Kondition besitzen überstehen eine Ichthyophthirius-Infektion ohne Behandlung und erwerben dabei eine Immunität gegen diesen Erreger, so daß bei erneuter Infektion die Krankheit nicht mehr ausbricht. Die meisten Aquarienfische, geschwächt durch unzurei-

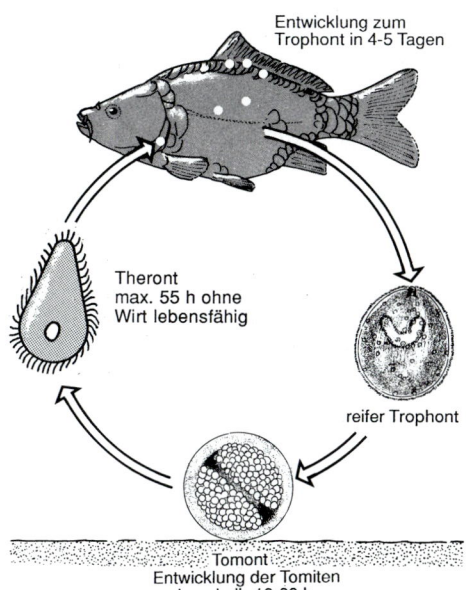

Entwicklung zum Trophont in 4-5 Tagen

Theront max. 55 h ohne Wirt lebensfähig

reifer Trophont

Tomont Entwicklung der Tomiten innerhalb 18-20 h

Abb. 54: Entwicklungskreislauf von *Ichthyophthirius multifiliis*. Entwicklungszeiten bei 27 °C (siehe Text).
Abb.: verändert nach W. BAUR & J. RAPP, (1988)

chende Haltungbedingungen, werden jedoch einer Ichthyophthirius- Infektion zum Opfer fallen, wenn nicht rechtzeitig behandelt wird.

Wie gefährlich eine »Ichthyo«-Infektion sein kann, soll folgender Fall verdeutlichen. Bei jungen Skalaren traten nach Umsetzen in ein anderes Aquarium plötzlich sehr viele Todesfälle auf. Wie sich später herausstellte, befanden sich in diesem Aquarium zahlreiche reife Cysten von *Ichthyophthirius multifiliis*. Die riesigen Mengen an freiwerdenden Schwärmern wurden mit dem Atemwasser in die Kiemen der jungen Skalare gespült und setzten sich dort fest. Die Fische zeigten nach 12 Stunden starke Atemnot, aber keine Pünktchen auf der Haut. Bei der Untersuchung der Tiere wurde auf den Kiemen ein Massenbefall mit ganz jungen Trophonten gefunden, die das Kiemenepithel zerstört

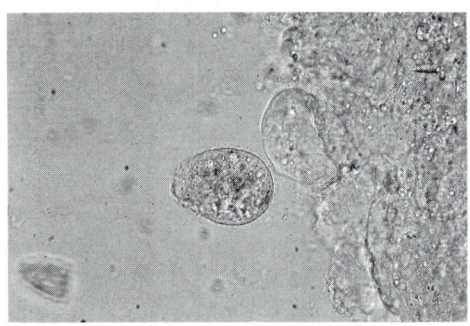

Abb. 55: *Ichthyophthirius multifiliis.*
A (oben). Trophonten mit typischem hufeisenförmigen Zellkern auf einer Fischflosse. Rechts ist der Rand der Hauttasche zu sehen, in der die Erreger sitzen. Foto: G. Schubert, Zool. Inst. Uni. Hohenheim
B (unten). Theront, stark vergrößert.
Foto: O. Funk.

hatten und die Fische infolge Atemnot und Stoffwechselstörungen sterben ließen. Auf der Haut wurden bei der Untersuchung fast keine Erreger gefunden. Die Fische konnten trotz sofortiger Behandlung nicht mehr gerettet werden.

E. Untersuchungsmethoden: Die Parasiten sind bereits mit bloßem Auge auf der Haut sichtbar. Trotzdem muß durch mikroskopische Untersuchung eines Hautabstrichs die Diagnose bestätigt werden, um Verwechslungen auszuschließen. Ein Befall der Kiemen kann nur am sezierten Fisch diagnostiziert werden.

F. Therapie: Da die eigentliche Vermehrung des Erregers nicht auf dem Fisch stattfindet, kann eine Behandlung ohne Medikamente erfolgen, indem der Entwicklungskreislauf unterbrochen wird. Dadurch kann die Krankheit sicher beseitigt werden. Von besonderer Bedeutung für eine medikamentenlose Behandlung ist die Dauer der einzelnen Phasen des Entwicklungskreislaufs.

Umsetzmethode: Zur Behandlung mit der Umsetzmethode benötigt man zwei Quarantänebecken. Die erkrankten Fische werden bei einer Temperatur von 27 °C in eines der beiden Quarantänebecken gesetzt. Hier bleiben sie 12 Stunden. Während dieser Zeit fallen reife Trophonten ab und beginnen sich zu teilen, können aber ihre Entwicklung zum Schwärmer in dieser kurzen Zeit nicht abschließen, da die Entwicklung der abgefallenen Trophonten bis zum Freiwerden der Schwärmer bei 27 °C ca. 18 bis 20 Stunden dauert. Nach 12 Stunden werden die Fische in das zweite Becken in parasitenfreies Wasser umgesetzt, während das erste Becken geleert, gereinigt und umgekehrt zum Trocknen aufgestellt wird. Diese Prozedur wird mindestens 6 Tage lang alle 12 Stunden wiederholt, bis alle Trophonten vom Fisch abgefallen sind. Bei tieferen Temperaturen dauert die Behandlung entsprechend länger.

UV-Bestrahlung: Zur Behandlung werden die Fische in einen Einhängekasten mit Siebboden in das Quarantänebecken gesetzt. An dieses Quarantänebecken ist, neben einem guten Filter mit ausreichender Kapazität, eine starke Kreiselpumpe angeschlos-

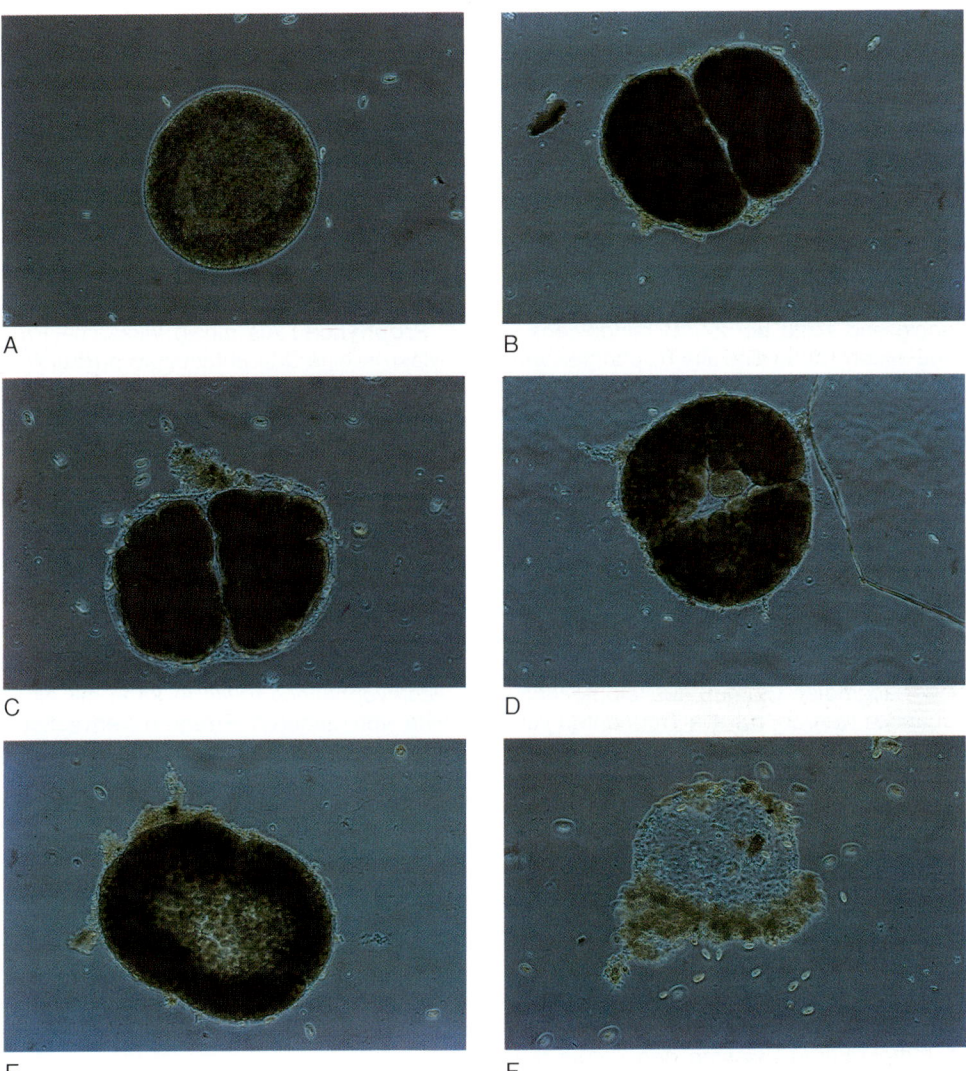

Abb. 56: *Ichthyophthirius multifiliis*. Tomont mit Tomiten in unterschiedlichen Entwicklungsstadien.
A. Frisch abgefallener Trophont mit beginnender Enzystierung. Der Zellkern hat bereits seine hufeisenförmige Gestalt verloren
B. Tomont im 16-Zellstadium. Deutlich sind zwei der vier Quatranten zu erkennen
C, D. Tomont mit fortgeschrittener Teilung
E. Tomont mit fertig ausgebildeten Tomiten
F. Von den Theronten (Schwärmern) verlassene Cystenhülle. Phasenkontrast
Foto: R. BAUER

sen, die das Aquarienwasser aus dem Quarantänebecken absaugt und über einen mindestens 30 Watt starken UV-Wasserklä-rer in den Einhängekasten pumpt. Dabei ist wichtig, daß die Pumpenleistung groß genug ist, damit eine kräftige Strömung durch den

Siebboden hindurch nach außen entsteht. Dadurch werden abfallende Trophonten durch den Siebboden geschwemmt, und es wird verhindert, daß Schwärmer in den Einhänge-kasten eindringen können. Im abgepumpten Wasser werden die Schwärmer von Ich-thyophthirius durch das UV-Licht abgetötet. Die Fische schwimmen deshalb im Einhän-gekasten immer in parasitenfreiem Wasser. Die Behandlung mit UV-Strahler ist ebenfalls von der Dauer des Entwicklungszyklus ab-hängig und sollte bei 27 °C mindestens 6 Tage dauern, dann sind alle Trophonten vom Fisch abgefallen. Zu beachten ist dabei, daß nach einer Behandlungsdauer von 6 Tagen im Quarantänebecken und im Filter noch infektiöse Schwärmer vorhanden sein kön-nen, da diese bis zu 55 Stunden infektionsfä-hig bleiben.

Chemotherapie: Für eine medikamentö-se Behandlung wird Malachitgrünoxalat ver-wendet. Dieses Medikament wirkt aber nur sicher gegen freie Schwärmer, die Stadien unter der Haut der Fische werden damit nicht sicher abgetötet. Es muß deshalb so lange behandelt werden, bis alle Trophonten vom Fisch abgefallen sind und durch Teilung Schwärmer gebildet haben. Wie wir wissen, ist die Entwicklung dieses Parasiten tempe-raturabhängig. Der gesamte Entwicklungs-kreislauf dauert bei 27 °C 5 bis 6 Tage, bei tieferen Temperaturen entsprechend länger. Bei Kaltwasserfischen (10 °C) kann deshalb eine Behandlung von 6 Wochen und länger notwendig werden. Bei Warmwasserfischen ist es ratsam, die Behandlung bei einer Temperatur von 27 °C durchzuführen. Höhe-re Temperaturen belasten den vorgeschä-digten Fisch zu sehr und sind deshalb nicht zu empfehlen. Tiefere Temperaturen verlän-gern die Behandlungsdauer entsprechend und setzen den Fisch über zu lange Zeit dem Medikament aus.

Zur Behandlung werden alle Fische eines infizierten Aquariums in ein Quarantänebec-ken gesetzt, dem 0,04 mg/l Malachitgrün-oxalat zugesetzt werden. Am 3. und 5. Tag der Behandlung wird nach einem Wasser-wechsel in voller Höhe nachdosiert. Das Wasser darf während der Behandlung auf keinen Fall gefiltert werden. Nach dem 7. Tag sind die Fische parasitenfrei und können ins

Schauaquarium zurückgesetzt werden. Die Erreger, die sich im Schauaquarium befan-den, sind in der Zwischenzeit alle abgestor-ben. Die Behandlung sollte nie im Schaua-quarium selbst erfolgen, da das Medikament Fische und Pflanzen belasten und schädigen kann. Bei der Behandlung von Kaltwasserfi-schen muß die Temperatur so weit, wie es für die Fische verträglich ist, erhöht werden, um die Behandlungsdauer abzukürzen.

G. Prophylaxe: Als einzig wirksame Pro-phylaxe ist eine Quarantänezeit von drei Wo-chen für Neuzugänge zu empfehlen. Wäh-rend dieser Zeit kann eine Infektion festge-stellt und entsprechend behandelt werden. Auch mit neuen Wasserpflanzen, an denen Cysten kleben, wird *Ichthyophthirius* einge-schleppt. Deshalb müssen Pflanzen aus fisch-haltigen Aquarien mindestens vier Tage ohne Fische in einem Quarantänebecken bleiben, dann sind alle Erreger abgestorben.

H. Besonderes:
Ichthyophthirius multifiliis kann mit einer Reihe von anderen Erregern verwechselt werden, deshalb ist eine mikroskopische Un-tersuchung anzuraten. Für eine Verwechs-lung kommen *Cryptocarion, Lymphocystis*, verschiedene Mikrosporidier, verschiedene Myxosporidier und *Dermocystidium* in Fra-ge. In ihrer typischen Ausprägung sind diese Erreger von *Ichthyophthirius* gut zu unter-scheiden. Aber besonders im Anfangssta-dium einer Infektion sehen sich die kleinen, weißen Punkte auf der Haut zum Verwech-seln ähnlich.

8.5.2   Cryptocarion irritans

A. Ursache/Erreger:
Als Gegenstück zum »Süßwasser-Ichthyo« parasitiert auf tropischen Meeresfischen der etwas kleinere (0,5 mm) Erreger *Cryptoca-rion irritans*. Sowohl makroskopisch als auch mikroskopisch sieht dieser Erreger, der von Aquarianern als »Seewasser-Ichthyo« be-zeichnet wird, wie Ichthyophthirius aus. *Ich-thyophthirius multifiliis* unterscheidet sich aber von *Cryptocarion irritans* durch den deutlich sichtbaren, hufeisenförmigen Zellkern, der

bei Cryptocarion nicht sichtbar ist. Der Entwicklungskreislauf und die Lebensweise von *Cryptocarion irritans* entspricht denen von *Ichthyophthirius multifiliis*. Auch hier spielt die Temperatur eine wichtige Rolle für die Dauer der einzelnen Entwicklungsphasen. Die reifen Trophonten fallen vom Fisch ab und beginnen nach 30 Minuten mit dem Einkapseln. In den Cysten (Tomonten) entstehen 200 und mehr Tomiten, die bei 20 °C nach 12 Tagen aus den Cysten schlüpfen und andere Fische befallen. Bei 25 °C dauert die Entwicklung vom Trophonten zum Schwärmer 9 Tage und bei 30 °C 7 Tage. Bei Temperaturen von 7 °C und weniger finden in den Cysten keine Zellteilungen mehr statt. Die Erreger sterben ab. Bei Temperaturen von 37 °C und mehr entstehen in den Cysten Schwärmer; diese sind allerdings nicht in der Lage auszuschlüpfen. Auch bei diesen sehr hohen Temperaturen sterben die Erreger ab. Die Schwärmer sind nur 24 Stunden ohne Wirt lebensfähig.

B. Symptome: Erkrankte Fische sind mit zahlreichen, bis 0,5 mm großen, weißen Pünktchen übersät. Die Infektion beginnt an den Flossen und geht später auf den Körper über.

C. Befallene Organe: *Cryptocarion irritans* befällt die Haut und die Kiemenepithelien von Meeresfischen. Hier sitzt dieser Erreger unter der obersten Epithelschicht in einer mit Körperflüssigkeit gefüllten Hauttasche.

D. Pathogenität: Dieser Erreger ruft aufgrund derselben Lebensweise die gleichen Schäden hervor wie *Ichthyophthirius multifiliis*.

E. Untersuchungsmethoden: Die zahlreichen weißen Pünktchen sind bereits mit bloßem Auge zu erkennen. Wenn möglich, sollte die Diagnose durch einen Hautabstrich bestätigt werden.

F. Therapie: Zur Bekämpfung dieser Krankheit sind die Umsetzmethode, die UV-Bestrahlung oder eine Chemotherapie wie bei *Ichthyophthirius* zu empfehlen. Auch eine Behandlung mit 1,5 mg/l Kupfersulfat (siehe

8.1.1.1) kann diese Krankheit beseitigen. Bei allen diesen Behandlungsmethoden werden nur die freien Schwärmer sicher abgetötet, deshalb muß die Behandlung so lange durchgeführt werden, bis alle Parasiten ihren Entwicklungskreislauf zum freien Schwärmer durchgemacht haben. Die Behandlungsdauer ist deshalb temperaturabhängig (15 Tage bei 27 °C, 20 Tage bei 20 °C) und richtet sich wie bei *Ichthyophthirius* nach der Dauer der einzelnen Entwicklungsphasen. Durch tägliche Kurzzeittauchbäder (5 bis 15 Minuten) in reinem Süßwasser über einen Zeitraum von drei Tagen werden die Trophonten auf den Fischen direkt abgetötet.

Die Fische sollten danach 2 Wochen in einem Quarantänebecken zur Beobachtung gehalten werden. Während dieser Zeit sind im Schauaquarium aus allen Cysten die Schwärmer geschlüpft und mangels Wirt abgestorben. Voraussetzung dafür ist, daß das infizierte Schauaquarium keine Fische enthält.

G. Prophylaxe: Als wirksame Prophylaxe kann für Neuzugänge nur eine Quarantänezeit von 3 Wochen empfohlen werden.

H. Besonderes: Der Name *Cryptocarion* bezieht sich auf den unsichtbaren Zellkern dieses Parasiten und bedeutet soviel wie bedeckter oder versteckter Kern.

8.5.3 Chilodonella

A. Ursache/Erreger: Diese bei den Aquarianern als »herzförmige Hauttrüber« bekannten Ciliaten sind 50 bis 60 µm lang, farblos, durchsichtig, oval rund und auf einer Seite eingekerbt, dadurch entsteht das typische herzförmige Aussehen. Auf der Unterseite des abgeflachten Körpers liegt links und rechts je ein Wimpernfeld, das aus mehreren Cilienreihen besteht, mit dessen Hilfe der Parasit über die Oberfläche des Fisches gleitet. Der sichtbare, runde Makronucleus liegt ungefähr in der Mitte des Körpers. Typisch für diese Erreger sind neben den herzförmigen Körperumrissen zwei runde, pulsierende Vakuolen, die in charakteristischer Weise angeordnet sind (hinten links und vorn

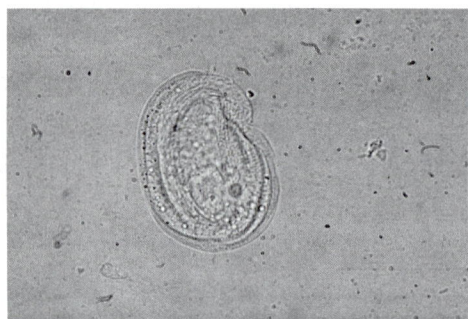

Abb. 57: *Chilodonella spec.* Foto: R. BAUER

rechts) und besonders mit Phasenkontrast gut sichtbar sind. Die Vermehrung erfolgt durch Zweiteilung.

Chilodonella cyprini lebt auf Kaltwasserfischen und bevorzugt Temperaturen zwischen 5 und 10 °C. Bei Temperaturen über 25 °C wird seine Vermehrung gehemmt, eine bestehende Infektionen geht zurück. Auf Warmwasserfischen und besonders auf tropischen Aquarienfischen kommt eine andere Art aus der Gattung *Chilodonella* vor. Eventuell handelt es sich dabei um die Art *Chilodonella hexasticha*. Einige Autoren sind der Meinung, daß die Chilodonella-Arten *C. hexasticha* und *C. unicata* nur Varianten der Art *C. cyprini* darstellen. Diese Frage ist jedoch noch nicht eindeutig geklärt. *Chilodonella* ist ein typischer Schwächeparasit, der die Fische vor allem dann befällt, wenn sie durch ungünstige Lebensbedingungen vorgeschädigt wurden. Die Krankheitserreger aus der Gattung *Chilodonella* können nur parasitär leben und kommen ausschließlich im Süßwasser vor.

B. Symptome: Infizierte Fische scheuern sich an Steinen und Pflanzen und klemmen die Flossen. Bei genauer Betrachtung fällt eine weiß-blaue Trübung der Haut auf. Die Erreger schädigen die Haut und die Kiemenepithelien, wodurch es zu Atemnot und Stoffwechselstörungen kommt.

C. Befallene Organe: *Chilodonella* befällt die Haut und die Kiemen von Süßwasserfischen.

D. Pathogenität: Gesunde, kräftige Fische werden von *Chilodonella* nicht getötet. Es tritt bei solchen Tieren nur ein schwacher Befall durch einzelne Parasiten auf, der die Fische nicht besonders schädigt. Sind die Fische jedoch durch andere Faktoren vorgeschädigt, kommt es zu einem Massenbefall auf der Haut und den Kiemen. Dies bedeutet den sicheren Tod der infizierten Fische, wenn nicht sofort behandelt wird.

E. Untersuchungsmethoden: Um *Chilodonella* von anderen Hauttrübern zu unterscheiden, müssen die Parasiten mikroskopisch in einem Hautabstrich nachgewiesen werden. Dies kann nur bei einem lebenden oder frisch getöteten Fisch erfolgen, da die Parasiten tote Fische schnell verlassen und dann in einem Hautabstrich nicht mehr gefunden werden können.

F. Therapie: Zur Behandlung werden die erkrankten Fische in ein Quarantänebecken gesetzt, dem 0,04 mg/l Malachitgrünoxalat zugesetzt wurden. Nach spätestens zwei Tagen sind die Fische parasitenfrei und können ins Aquarium zurückgesetzt werden.

G. Prophylaxe: Neuzugänge sollten grundsätzlich drei Wochen in Quarantäne gehalten werden. Während dieser Zeit kann zur sicheren Diagnose von einem lebenden Fisch ein Hautabstrich angefertigt werden.

H. Besonderes: Unter ungünstigen Lebensbedingungen kann *Chilodonella* Ruhecysten bilden, die lange ohne Fische lebensfähig bleiben.

8.5.4   Brooklynella hostilis

A. Ursache/Erreger: Als Gegenstück zu *Chilodonella* im Süßwasser wurde von LOM und NIGRELLI (1970) auf Meeresfischen die Art *Brooklynella hostilis* beschrieben. Dieser Erreger sieht *Chilodonella* zum Verwechseln ähnlich, und erst bei genauer Untersuchung können die eindeutigen Unterschiede festgestellt werden. *Brooklynella hostilis* ist zwischen 56 und 86 µm lang und 32 bis 50 µm breit. Er ist wie *Chilodonella* herzförmig und leicht abgeflacht und gleitet mit seiner flachen, bewimperten Unterseite über die Oberfläche des Fisches. Die Vermehrung erfolgt durch Zweiteilung.

Folgende Merkmale unterscheiden diesen Erreger von *Chilodonella*: Die Unterseite von *Brooklynella* ist gleichmäßig bewimpert, wobei die auf der linken Seite gelegenen Cilienreihen vor dem hinteren Körperende asymmetrisch enden, während die rechten Cilienreihen an beiden Körperenden nach links umgebogen sind. Neben dem 15 bis 20 µm großen Makronukleus existieren zahlreiche Mikronuklei, die gleichmäßig über den Körper verteilt sind. Auf der Unterseite im hinteren Körperdrittel sitzt eine Haftdrüse, mit deren Hilfe sich die Parasiten auf der Fischoberfläche festhalten können. Von den zahlreichen pulsierenden Vakuolen, mit denen *Brooklynella* ausgestattet ist, sind lediglich zwei deutlich sichtbar, eine am vorderen und eine am hinteren Körperende. Auch *Brooklynella hostilis* ist ein typischer Schwächeparasit, der vor allem vorgeschädigte Fische befällt. Er lebt nur im Meerwasser.

B. Symptome: Einzelne Erreger können auf Meeresfischen vorkommen, ohne Krankheitssymptome auszulösen. Erst wenn die Fische durch schlechte Wasserbedingungen, einseitige Ernährung oder andere Infektionen vorgeschädigt sind, ist *Brooklynella hostilis* in der Lage, sich massenhaft zu vermehren und die Fische zusätzlich zu schädigen. Solche Fische leiden unter Atemnot und zeigen Unwohlsein und Streßverhalten. Bei der Sektion fallen die blassen, rot gefleckten Kiemen auf. Als Reaktion auf den Parasiten ist das entzündete Kiemenepithel hypertrophiert, wodurch die Kiemenlamellen miteinander verwachsen sind. Verminderter Gas- und Ionenaustausch durch die Kiemen in Verbindung mit Stoffwechselstörungen sind die Folgen. Der für *Chilodonella* typische weiß-blaue Belag auf der Haut tritt bei *Brooklynella* nicht auf.

C. Befallene Organe: *Brooklynella hostilis* parasitiert auf den Kiemen von Meeresfischen. Auf der Haut der Fische kommt dieser Parasit im Gegensatz zu *Chilodonella* nur sehr selten vor.

D. Pathogenität: Bei gesunden, kräftigen Fischen kommt es durch *Brooklynella* nicht zu Ausfällen. Erst wenn die Fische in ihrer Kondition geschwächt werden, bricht eine Masseninfektion aus, die die Fische stark schädigt und der sie leicht zum Opfer fallen.

E. Untersuchungsmethoden: Auf den Kiemen eines frisch getöteten Fisches findet man unter dem Mikroskop zahlreiche schnellschwimmende, herzförmige Ciliaten.

F. Therapie: Eine Behandlung mit 1,5 mg/l Kupfersulfat oder 0,04 mg/l Malachitgrünoxalat tötet die Erreger sicher ab (siehe 8.1.1.1).

G. Prophylaxe: Die beste Vorsorge gegen alle Schwächeparasiten sind gute Lebensbedingungen, wie sauberes Wasser, abwechslungsreiche Ernährung und artgerechte Haltung.

H. Besonderes: In gefärbten Präparaten sind in den Parasiten zahlreiche Nahrungsvakuolen sichtbar, die Blutzellen und Epithelgewebe des Wirts enthalten. Dies erklärt die pathogene Wirkung dieser Parasiten.

8.5.5 Heteropolaria colisarum

A. Ursache/Erreger: Diese zu den Glockentierchen zählenden Einzeller sitzen auf einem 15 bis 20 µm breiten Stiel, der bis 2 mm lang werden kann. Er ist baumartig verzweigt und trägt an jedem Ende ein 180–260 µm langes und 30–50 µm breites Einzeltier (Zooid). Dadurch entstehen Kolonien aus vielen Dutzend Tieren. Jeder Zooid besitzt an seinem oberen Körperende einen Wimpernkranz, der bis tief in eine trichterförmige Öffnung reicht, an deren Ende der Zellmund (Cytostom) sitzt. Dieser Wimpernkranz ist ständig in Bewegung und strudelt Nahrung ein. Auf der übrigen Körperoberfläche ist der Zooid nicht bewimpert. Die Einzeltiere können sich blitzschnell zusammenziehen und sind dann nur noch halb so lang. Der Stiel wird dabei aber nicht wie bei anderen Glok-

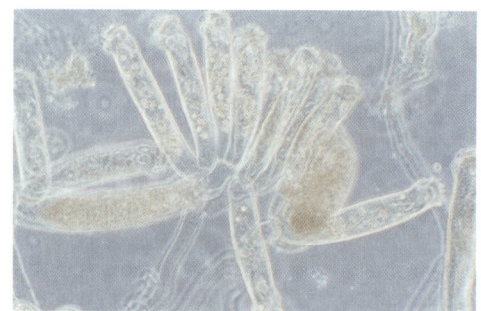

Abb. 58: A. *Colisa fasciata* mit *Heteropolaria colisarum*. Foto: G. Schubert, Zool. Inst. Uni. Hohenheim

kentierchen (z.B. *Vorticella*) schraubenförmig verkürzt, sondern bleibt gestreckt.

Die Vermehrung erfolgt durch Schwärmer. Dazu kugelt sich ein Zooid ab und bildet auf der Höhe seines Körper-Äquators einen weiteren Wimpernkranz. Nachdem sich das Tier scheibenförmig abgeflacht hat, schnürt sich der Stiel an der Ansatzstelle ein. Durch Rotation um seine Längsachse wird der flache, ovale bis eiförmige Schwärmer frei und schwimmt mit sehr großer Geschwindigkeit davon. Nachdem er sich mit der Skopula auf einer festen Unterlage angeheftet hat, wandelt sich der Schwärmer wieder in einen bestielten Zooiden um. Eine neue Kolonie entsteht durch einfache Längsteilung des Zooiden, so daß danach zwei Individuen auf einem Stiel sitzen. Anschließend werden von beiden Zooiden neue Stiele gebildet. Dieser Vorgang wiederholt sich so lange, bis große Kolonien mit vielen Dutzend Einzeltieren entstanden sind. Die Art *Heteropolaria colisarum* wurde mehrmals auf *Colisa fasciata*-Nachzuchten unbekannter Herkunft festgestellt.

B. Symptome: Die mit *Heteropolaria colisarum* befallenen Fadenfische enthielten am Maul, über den Augen und an den Spitzen der Flossen bis 1 cm große weißliche, watteartige Gebilde. Die befallenen Stellen waren stark entzündet. Die Fische atmeten schnell und zeigten Streßsymptome. Glockentierchen anderer Gattungen sitzen meist einzeln auf Kiemen und Haut.

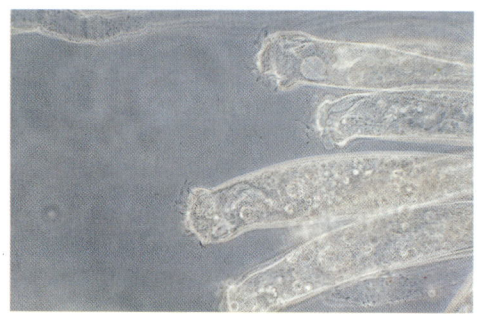

Abb. 59: A (oben). Kolonie von *Heteropolaria colisarum*.
B (unten). Detailvergrößerung. Foto: G. Schubert, Zool. Inst. Uni. Hohenheim

C. Befallene Organe: *Heteropolaria colisarum* befällt nur die Haut von Fadenfischen. Andere parasitäre Glockentierchen aus den Gattungen *Ambiphrya, Apiosoma, Scyphidia, Epistylis* und *Heteropolaria* fand man auf den Kiemen und der Haut verschiedener Süßwasser- und Meeresfische aus dem Warm- und Kaltwasser. Jones und Job (1938) berichten von einer *Zoothamnium*-(?)Infektion bei dem Meeresfisch *Acentrogobius neilli*. Die bäumchenartig verzweigten Kolonien der Erreger saßen auf und zwischen den Zähnen des Unter- und Oberkiefers und ragten als weiße, watteartige Gebilde aus dem Maul der Fische. Eine genaue Beschreibung der Erreger erfolgte nicht.

D. Pathogenität: Unklar ist, ob es sich um eine Sekundärinfektion durch *Heteropolaria colisarum* nach einer Bakterieninfektion oder aufgrund einer mechanischen Reizung, handelte oder ob *Heteropolaria* primär die Fische befallen konnte. Über eine schädigende Wirkung von Heteropolaria ist nichts bekannt. FOISSNER und SCHUBERT (1977) berichten, daß nach Ablösen einer Heteropolaria-Kolonie von einem *Colisa fasciata* sich die Einzeller tagelang in Glasschalen am Leben erhalten konnten. Dies wirft die Frage auf, inwieweit diese Einzeller auf einen Fisch als Festheftungssubstrat überhaupt angewiesen sind. In der Regel kann man von auf Fischen sitzenden Glockentierchen, die feste Teilchen aus dem Wasser einstrudeln und den Fisch nur als Transportmittel benutzen, nicht von Parasiten sprechen, sondern man muß von *Symphorionten* sprechen. Selbst bei starkem Befall schädigen sie ihre Wirte nicht. Manche symphoriontisch lebenden Glockentierchen sind streng trägerspezifisch und kommen nur auf einer Fischart vor.

E. Untersuchungsmethoden: Die wattebauschartigen Gebilde werden vorsichtig mit einer Pinzette abgezupft und unter dem Mikroskop untersucht. Um eine Verwechslung mit Wasserschimmel (Saprolegniaceae) auszuschließen, muß der mikroskopische Nachweis der Erreger durchgeführt werden. Glockentierchen aus anderen Gattungen können im Hautabstrich oder auf den Kiemen gefunden werden. Zur Untersuchung sind nur lebende bzw. frisch getötete Fische geeignet.

F. Therapie: *Heteropolaria colisarum* und andere auf Fischen sitzende Glockentierchen sind leicht mit 0,04 mg/l Malachitgrünoxalat zu bekämpfen. Nach zwei Tagen sind die Erreger verschwunden. Eventuell ist vorher mit Antibiotika gegen eine primäre Bakterieninfektion vorzugehen. Beide Behandlungen sollten im Quarantänebecken erfolgen. Glockentierchen der Gattung *Apiosoma* bevorzugen sauerstoffreiches, mit organischen Substanzen verschmutztes, kaltes Wasser und reagieren besonders empfindlich auf Detergentien.

G. Prophylaxe: Prophylaktische Maßnahmen sind gegen Glockentierchen normalerweise nicht nötig. In Aquarienanlagen fehlt

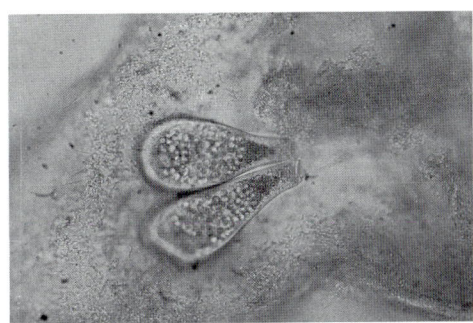

Abb. 60: *Epistylis spec.* im Hautabstrich eines Argus *(Scatophagus argus)*. Foto: R. BAUER

es den Erregern an geeignetem Futter, dadurch treten sie relativ selten auf, führen dann aber nie zum Verlust der Fische. Bei Wildfängen und Freilandnachzuchten können Glockentierchen manchmal nachgewiesen werden.

H. Besonderes: Aufgrund heteropolarer Schwärmerbildung (azentrale Lage der Skopula) wurde von FOISSNER und SCHUBERT die neue Gattung *Heteropolaria* gegründet. Diese Gattung enthält bis jetzt drei Arten: *Heteropolaria horizontalis, H. lwoffi* und *H. colisarum.*

8.5.6 Urceolaridae

A. Ursache/Erreger: Erreger aus der Familie Urceolaridae sind unter den Aquarianern als Trichodina bekannt. Die Gattung *Trichodina* wurde jedoch von BYKHOVSKAYA (1962) revidiert und in die Gattungen *Trichodina, Trichodinella, Tripartiella, Dipartiella* und *Foliella* aufgeteilt. Diese Gattungen unterscheiden sich durch unterschiedlich aufgebaute Hakenkränze und Zellkerne. Für den Laien sind diese Gattungen nur sehr schwer zu bestimmen. In der Praxis spielt die Gattungszugehörigkeit dieser Parasiten keine Rolle, da Unterschiede in der Pathogenität der einzelnen Gattungen nur gering sind. Diese runden, scheibenförmigen, 20–80 µm großen Ciliaten besitzen einen kompliziert aufgebauten Hakenkranz, dessen Funktion umstritten ist.

Es wurden bereits mehrere hundert Arten beschrieben, die nicht nur auf Fischen, sondern auch auf Amphibien, Krebsen, Mollusken, Insekten und Coelenteraten vorkommen. Obwohl sie sich von Wirtsgewebe ernähren und bei Massenbefall die Fische erheblich schädigen, sind diese Einzeller nur als Schwächeparasiten anzusehen. Einzelne Individuen schädigen die Fische kaum. Die Vermehrung erfolgt durch Zweiteilung. Auch sexuelle Vorgänge (Konjugation) sind bekannt. Je nach Art sind Urceolarien unterschiedlich lang in der Lage (bis zu 36 Stunden), ohne ihre Wirte zu überleben, und können so leicht von Fisch zu Fisch direkt übertragen werden.

B. Symptome: Bei starkem Urceolarien-Befall scheuern sich die Fische an festen Gegenständen, klemmen die Flossen und zeigen abnormes Verhalten. Die Haut kann einen milchig-weißen Belag aufweisen. Auf den Kiemen kommt es durch Zellwucherung zu einer Verschmelzung der Kiemenlamellen, dadurch wird die Atmung und der Stoffaustausch behindert.

C. Befallene Organe: Die meisten Urceolarien befallen die Haut und die Kiemen von Süßwasser- und Meeresfischen. Einige Arten kommen im Harnleiter und der Harnblase von Fischen vor.

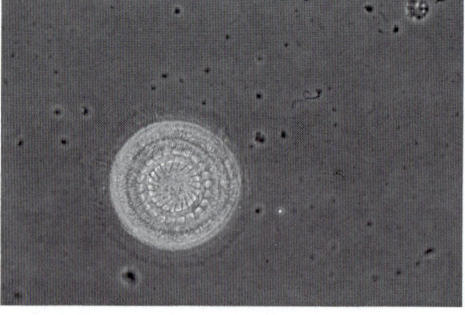

Abb. 61: *Trichodina spec.* Phasenkontrast. Foto. G. Schubert, Zool. Inst. Uni. Hohenheim

D. Pathogenität: Diese Parasiten sind nicht sehr pathogen. Einer Masseninfektion müssen schlechte Kondition, ungünstige Haltungsbedingungen oder andere Bakterien- und Parasiteninfektionen vorausgegangen sein. Einzelne Urceolarien schaden den Fischen nicht.

E. Untersuchungsmethoden: Im Hautabstrich findet man unter dem Mikroskop scheibenförmige Einzeller mit typischen Hakenkränzen. Tote Fische sind zur Untersuchung nicht geeignet, da die Parasiten solche Fische schnell verlassen.

F. Therapie: Eine Behandlung im Quarantänebecken mit 0,04 mg/l Malachitgrünoxalat beseitigt die Parasiten innerhalb eines Tages vollständig. Beim Auftreten von Masseninfektionen ist auf Primärinfektionen durch Bakterien oder andere Parasiten sowie auf schlechte Haltungsbedingungen zu achten.

G. Prophylaxe: Bei Neuzugängen kann zur Vorsorge während der Quarantänezeit ein Hautabstrich angefertigt werden. Auch ein geringfügiger Befall sollte durch gezielte Behandlung beseitigt werden, um diese Erreger nicht in die Aquarienanlage einzuschleppen.

H. Besonderes: Manchmal werden in Planktonproben massenhaft Urceolarien gefunden, die auf Wasserflöhen und Hüpferlingen leben und mit Lebendfutter ins Aquarium gelangen können. Ob sie Fischen gefährlich werden, ist nicht bekannt.

8.5.7 Tetrahymena

A. Ursache/Erreger: Ciliaten aus dieser Gattung sind vermutlich mit die ersten Einzeller, die von Menschen beobachtet und beschrieben wurden. Vor mehr als 300 Jahren (1676) beschrieb Antony van Leeuwenhoek einzellige Lebewesen, bei denen es sich wahrscheinlich um freilebende *Tetrahymena* gehandelt hat. Inzwischen wurden unzählige Veröffentlichungen über die Gattung *Tetrahymena* geschrieben, dadurch gehört sie zu den am besten erforschen

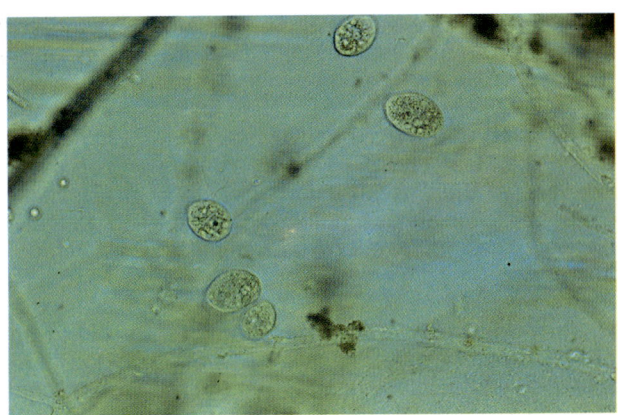

Abb. 62: *Tetrahymena corlissi* mit zahlreichen Nahrungsvakuolen und einer langen Schleppgeißel. Foto: O. FUNK.

Ciliaten-Gattungen überhaupt. Nicht alle Arten dieser Gattung sind parasitär. Innerhalb der Gattung *Tetrahymena* können bezüglich ihrer Lebensweise vier verschiedene Gruppierungen aufgestellt werden, wobei selbstverständlich die Übergänge zwischen den einzelnen Gruppen fließend sind.

Freilebende Arten: *T. setifera, T. patula, T. vorax* und *T. paravorax.*

Fakultativ parasitäre Arten: Die Art *T. pyriformis* wurde in Insektenlarven und die Art *T. rostrata* in *Tubifex* gefunden.

Fakultativ freilebende Arten: Die Arten *T. chironomi* und *T. corlissi* kommen in Chironomiden-Larven (Rote Mückenlarven) vor. *T. corlissi* parasitiert als einzige Art auch auf wasserbewohnenden Wirbeltieren (Fische, Amphibien).

Obligat parasitäre Arten: Zu ihnen gehören *T. stegomyiae* in Moskitolarven (Schwarze Mückenlarven) und *T. limacis* in Landschnecken.

Obwohl nur *Tetrahymena corlissi* auf Fischen parasitiert, können auch andere *Tetrahymena*-Arten auf Fischen gefunden werden. Dies kommt dann vor, wenn Fische untersucht werden, die schon einige Zeit tot im Aquarium lagen. Neben anderen Einzellern können durch Lebendfutter (Rote und schwarze Mückenlarven, *Tubifex*) eingeschleppte, freilebende *Tetrahymena*-Arten sterbende oder tote, in Verwesung übergehende Fische in großer Zahl besiedeln und führen bei der Untersuchung solcher Fische zu einer falschen Diagnose. Dies ist neben

der falschen Bestimmung der Art der Grund dafür, daß *Tetrahymena pyriformis* immer wieder als Parasit auf Fischen erwähnt wird.

Die einzige auf lebenden Fischen parasitierende *Tetrahymena*-Art ist *Tetrahymena corlissi*. Dieser Erreger ist ein typischer Schwächeparasit, der nur vorgeschädigte Fische befällt. Der Ciliat ist 50 bis 60 µm lang, schlank birnenförmig, im Querschnitt rund und mit zahlreichen dunklen Nahrungsvakuolen angefüllt. Andere Zellorganellen werden durch die dunklen Nahrungsvakuolen verdeckt und sind schlecht sichtbar. An seiner Oberfläche ist der Parasit gleichmäßig bewimpert. Am hinteren Ende des Körpers besitzt er eine deutlich sichtbare lange Schleppgeißel. Der Zellmund sitzt auf der Unterseite im vorderen Viertel des Körpers. Er ist auf der rechten Seite durch eine undulierende Membran und auf der linken Seite durch drei parallele Membranellen begrenzt (daher Tetrahymena). Die Vermehrung des Erregers erfolgt in einer Cyste (Tomont). In ihr wachsen zwischen zwei und acht Schwärmer (Tomiten) heran, die neue Fische befallen und bei geeigneter Nahrungsquelle (geschwächter Fisch) sehr rasch zur erwachsenen Form (Trophont) heranwachsen.

B. Symptome: Ein gesunder Fisch wird durch *Tetrahymena corlissi* nicht angegriffen. Nur geschwächte und vor allem verletzte Fische fallen diesem Ciliaten zum Opfer. Die Symptome entsprechen denen einer Chilodonella-Infektion. Die Fische scheuern sich an festen Gegenständen, atmen verstärkt und zeigen Kiemen- und Schleimhautschäden.

C. Befallene Organe: *Tetrahymena corlissi* befällt die Haut und die Kiemen von geschwächten Süßwasserfischen. Dieser Erreger kann auch als Sekundärinfektion infolge eines Bakterien- oder Parasitenbefalls auftreten.

D. Pathogenität: Auf vorgeschädigten, geschwächten Fischen kann sich *Tetrahymena corlissi* rasch vermehren und durch Gewebefraß an der Haut und den Kiemen die infizierten Tiere zusätzlich schädigen. Es kann dadurch leicht zu großen Verlusten unter den infizierten Fischen kommen. Für gesunde kräftige Fische stellt *Tetrahymena corlissi* kaum eine Gefahr dar.

E. Untersuchungsmethoden: Zum Nachweis auf der Haut kann ein Abstrich von einem lebenden Fisch angefertigt werden. Zum Nachweis auf den Kiemen muß ein lebender Fisch frisch abgetötet und seziert werden. Tote Fische sind prinzipiell nicht zur Untersuchung geeignet, da sie schnell in Verwesung übergehen und dann von zahlreichen nichtparasitären Ciliaten (z.B. freilebende *Tetrahymena*) besiedelt werden.

F. Therapie: Eine Behandlung im Quarantänebecken mit 0,04 mg/l Malachitgrünoxalat tötet die Parasiten rasch ab. Das Medikament wirkt sicher gegen die Parasiten auf dem Fisch und gegen die freien Schwärmer. Eventuell wirkt es nicht gegen die Cysten (siehe 8.5.1). Um alle aus den Cysten freiwerdenden Schwärmer abzutöten, sollte die Behandlung mindestens drei Tage dauern. Nach der Behandlung sind die Haltungsbedingungen der Fische zu verbessern, um neue Infektionen zu vermeiden. Eventuell muß auf Primärinfektionen durch Bakterien oder anderen Parasiten geachtet werden.

G. Prophylaxe: Durch Lebendfutter können immer wieder *Tetrahymena*-Arten eingeschleppt werden, einschließlich *Tetrahymena corlissi*. Um Infektionen mit diesem Schwächeparasiten zu verhindern, sollten Fische unter optimalen Lebensbedingungen gehalten werden, dann besteht für die Fische kaum eine Gefahr.

H. Besonderes: EPSTEIN (1926) berichtet von einer Infektion des Nervensystems bei Fischlarven *(Abramis brama)* durch Infusorien. Nach seiner Beschreibung könnte es sich um *Tetrahymena corlissi* gehandelt haben. Die Infektion trat bei 2–3 % der Fischlarven in der ersten Lebenswoche auf. Die Erreger breiteten sich über das ganze Rückenmark von der Schwanzspitze bis in den Schädel hinein aus. Auch innere Organe und die Augen waren von einzelnen Infusorien befallen. Im Darm und im Dottersack konnten keine Einzeller gefunden werden. Verletzungen an der Haut traten nicht auf. Die Fischlarven lagen unbeweglich am Aquarienboden und zeigten eine milchige Verfärbung der Kopfregion. Nach 2 bis 3 Tagen starben die Larven und wurden bis auf die festen Bestandteile aufgefressen.

8.5.8   Uronema marinum

A. Ursache/Erreger: Als marines Gegenstück zu *Tetrahymena corlissi* wurde auf verschiedenen Meeresfischen von CHEUNG et al. (1980) *Uronema marinum* beschrieben. Der Parasit befiel Meeresfische im Warm- und Kaltwasser (8–28 °C). Die 32 bis 38 µm langen und 13 bis 20 µm breiten, leicht tropfenförmigen Ciliaten sind auf ihrem drehrunden Körper gleichmäßig bewimpert. Die Cilien sind in 10 bis 13 Reihen angeordnet. An dem etwas dickeren Körperende sitzt eine 34 µm lange Schleppgeißel. Auf der Unterseite im vorderen Körperteil liegt der Zellmund, der wie bei *Tetrahymena* auf der rechten Seite durch eine undulierende Membran und auf der linken Seite durch drei Membranellen begrenzt wird. Ob bei der Vermehrung ein Entwicklungskreislauf wie bei *Tetrahymena* durchlaufen wird, ist nicht bekannt.

B. Symptome: Infizierte Fische verhalten sich apathisch und haben blutunterlaufene und abgestorbene Bereiche auf der Haut und in der Muskulatur. Die Haut besitzt darüber hinaus durch vermehrte Schleimbildung einen weiß-grauen Belag. Wenn dieser Erreger in den Blutkapillaren der Kiemen auftritt, kommt es zum Blutstau und zu vermindertem Gasaustausch.

C. Befallene Organe: In den meisten infizierten Meeresfischen wurde *Uronema marinum* in der Haut, der Muskulatur und in der Niere gefunden. Bei dem Seepferdchen *Hippocampus erectus* wurden darüber hinaus die Harnblase, das Blut und die Blutkapillaren der Kiemen infiziert.

D. Pathogenität: Dieser gefährliche Schwächeparasit kann in kurzer Zeit unter erkrankten Fischen große Opfer fordern. Es ist allerdings eine Schwächung der Kondition durch schlechte Haltungsbedingungen notwendig, um *Uronema marinum* die Infektion zu ermöglichen. Nach der Infektion kommt es rasch zu Gewebeschäden, an denen die erkrankten Fische innerhalb kurzer Zeit sterben. Besonders wenn über den Blutstrom die Blutkapillaren der Kiemen infiziert werden, kommt es durch Atemnot und Stoffwechselstörungen zu großen Verlusten.

E. Untersuchungsmethoden: Bei der Sektion eines frisch getöteten Fisches sind in der Haut und der Muskulatur zahlreiche Parasiten nachweisbar.

F. Therapie: Eine Behandlung mit 0,04 mg/l Malachitgrünoxalat über einen Zeitraum von einigen Tagen kann erkrankte Fische retten, wenn die Infektion noch nicht zu weit fortgeschritten ist. Auf jeden Fall sollte das betroffene Aquarium geleert, gereinigt und desinfiziert werden.

G. Prophylaxe: Als vorbeugende Maßnahmen müssen eine Quarantänezeit von drei Wochen für Neuzugänge und optimale, artgerechte Haltungsbedingungen eingehalten werden.

H. Besonderes: Als weiterer Vertreter aus der Familie Uronematidae wurde von MOEWUS (1962) sowie THOMPSON und MOEWUS (1964) der Ciliat *Miamiensis avidus* als fakultativer Parasit auf Seepferdchen beschrieben.

8.5.9 Trichophrya piscium

A. Ursache/Erreger: Bereits 1889 wurde von BÜTSCHLI *Trichophrya piscium* auf den Kiemen von Süßwasserfischen nachgewiesen. Der Einzeller ist über Europa und Nordamerika verbreitet. Dieser zwischen 10 und 130 µm große Suctorida hat am vorderen Ende seines unregelmäßigen tropfenförmigen Körpers 10 bis 35 Tentakel, mit denen er andere Einzeller einfängt und aussaugt. Die Tentakel variieren in der Länge und können bis zur doppelten Körperlänge erreichen. Sie bestehen aus einem dünnen Röhrchen, das an seinem Vorderende ein Köpfchen trägt. Der Körper dieser Einzeller ist mit feingranuliertem Plasma gefüllt und kann bei manchen Tieren Melanin enthalten. Dadurch sind die Tiere gelb-braun gefärbt. Am hinteren Körperende besitzen die Einzeller eine Saugscheibe, mit der sie sich auf den Kiemen von Kaltwasserfischen festsetzen (symphorionte Lebensweise). Die Vermehrung erfolgt durch Knospung.

B. Symptome: Meist treten keine Krankheitssymptome auf.

C. Befallene Organe: Die Suctorien *Trichophrya piscium* sitzen auf den Kiemen von Kaltwasserfischen.

D. Pathogenität: *Trichophrya piscium* schädigt den Fisch nicht. Selbst bei starkem Befall tritt keine Schädigung des Kiemenepithels auf. Es kann lediglich bei dichtem Besatz zwischen den Kiemenlamellen zu einer Behinderung des Wasserdurchflusses und der Sauerstoffaufnahme kommen.

E. Untersuchungsmethoden: Bei der mikroskopischen Untersuchung eines frisch getöteten Fisches fallen die mit Tentakeln ausgestatteten Einzeller zwischen den Kiemenlamellen sofort auf.

F. Therapie: Mit 0,04 mg/l Malachitgrünoxalat sind diese harmlosen Einzeller leicht zu bekämpfen.

G. Prophylaxe: Besonders mit Kaltwasserfischen aus Freilandhaltung können diese harmlosen Einzeller eingeschleppt werden. Eine besondere Prophylaxe ist nicht nötig.

H. Besonderes: Von verschiedenen Autoren wurden weitere *Trichophrya*-Arten auf Kaltwasserfischen beschrieben. CULBERTSON und HULL (1962) zweifeln diese Arten jedoch an. Es dürfte sich in allen Fällen, bei denen Suctorien auf Fischkiemen gefunden wurden, um Ökophänotypen von *Thrichophrya piscium* BÜTSCHLI 1889 gehandelt haben, da dieser Einzeller in seiner Größe und seinem Aussehen stark variieren kann.

9 Coelenteraten (Hohltiere)

Die Coelenteraten, zu denen die Hydrozoa (Polypen), die Scyphozoa (Quallen), die Anthozoa (Korallen) und die Ctenaphora (Rippenquallen) gehören, haben auch parasitische Formen hervorgebracht. Insbesondere im Meerwasser treten einige dieser sehr seltenen Parasiten auf. Die Arten sind nur sehr schwer zu unterscheiden. Die Wirtspezifität dieser Parasiten ist umstritten, da einige auf verschiedenen Fischarten gefunden wurden. Außerdem gibt es im Meer eine Reihe von parasitären Hydrozoa, die als Superparasiten auf fischparasitären Copepoden sitzen. Zum Beispiel sitzt der Coelenterat *Ichthyocodium sarcotretis* auf dem Copepoden *Sarcotretes scopeli*, der auf dem Fisch *Scopelus glaciale* parasitiert. Solche Superparasiten kennt man auch aus anderen Tiergruppen (z.B. Monogenea). Da sie die Fische nicht direkt schädigen, sondern auf anderen Fischparasiten parasitieren, sollen sie hier nicht weiter besprochen werden. Oft werden am Boden lebende Meeresfische wie Drachenköpfe, Dornhaie und Steinfische von den verschiedensten Coelenteraten besiedelt. Diese Hohltiere ernähren sich von Plankton und schaden den Fischen nicht. Sie dienen den Fischen neben Bryozoen und Algen als »Tarnkappe«, um nicht entdeckt zu werden.

Im Süßwasser sind, als echte Parasiten, lediglich Arten aus der Gattung *Polypodium* bekannt, die in Stören parasitieren. Für den Aquarianer sind allerdings weitere Hydrozoen von Bedeutung. Die nicht parasitisch lebenden Arten der Gattung *Hydra* können in der Fischzucht unter kleinen Jungfischen großen Schaden anrichten.

9.1 Polypodium

A. Ursache/Erreger: Bereits 1885 wurde von Ussov ein Coelenterat in Stören gefunden und als *Polypodium hydriforme* beschrieben. Vertreter der Gattung *Polypodium* konnten inzwischen in *Polyodon spatula* (Löffelstör), in *Acipenser ruthenus* (Sterlet), *A. sturio* (Stör), *A. stellatus* (Sternhausen) und *A. fulvescens* (Roter Stör) gefunden werden. Sie parasitieren an den Eierstöcken weiblicher Störe. Dort befallen sie die Störeier (Kaviar) und entwickeln sich in den Eiern. Die Befallsrate der weiblichen Störe ist sehr hoch.

So fanden Suppes und Meyer (1975) 88% infizierte Weibchen bei dem nordamerikanischen *Polyodon spatula*. Ähnlich hohe Befallsraten werden auch von *Acipenser ruthenus* aus dem Wolgabecken berichtet. Die Menge der infizierten Eier innerhalb eines Weibchens ist jedoch vergleichsweise gering. Bei *Polyodon spatula* waren lediglich 0,04 bis 0,37% der Eier eines Weibchens infiziert. In den Stören *Acipenser sturio* und *A. stellatus* fand man bis zu 300 infizierte Eier pro Weibchen. In den Eiern bildet *Polypo-*

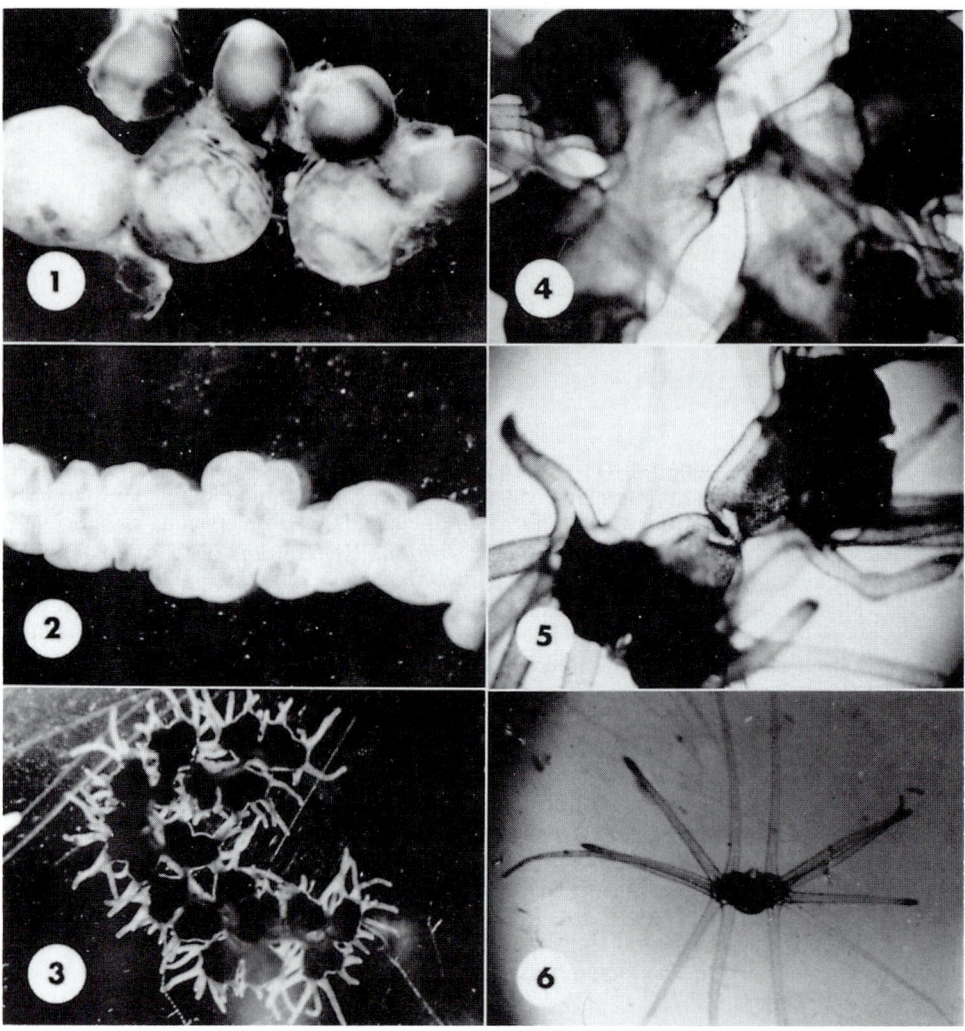

dium zwischen 2,4 und 3 cm lange Kolonien (Stolonen) aus 44 bis 60 zusammenhängenden Polypen. Wie RAIKOVA (1983) berichtet, entwickeln sich diese Stolone immer in einer parasitophoren Vakuole, die von einer Hülle, dem Trophamnion, umgeben ist. Dieses Trophamnion besteht aus einer riesigen Zelle, die einen polyploiden (>500n), bandförmigen, verzweigten Zellkern enthält. Mit dem Eidotter ist das Trophamnion durch lange cytoplasmatische Auswüchse verbunden.

Besonders im Herbst, wenn die Störeier heranreifen und Dottermaterial einlagern, ist das Trophamnion aktiv und nimmt Material

Abb. 63: *Polypodium sp.* aus Löffelstöreiern.
1. Normale und infizierte Eier
2. Unreifes Stolon mit eingezogenen Tentakeln
3. Reifes Stolon mit ausgebreiteten Tentakeln
4. Durch Längsteilung entstehen vier einzelne Polypen mit je 12 Tentakel
5. Zwei fertig ausgebildete Polypen hängen noch an ihrer Basis zusammen
6. Freier Polyp mit 12 Tentakel.
Abb.: V. C. SUPPES & F. P. MEYER, (1975)

über diese Auswüchse aus dem Dotter auf. Im Frühjahr degeneriert das Trophamnion und die entodermalen Zellen der Polypen übernehmen die Ernährung. Wenn die Stolonen beim Ablaichen der Störe frei werden, enthalten alle entodermalen Zellen große Mengen an Dottermaterial aus den Störeiern. Die Stolonen zerfallen während oder kurz nach dem Laichakt in einzelne Polypen und leben einige Zeit nichtparasitisch im Wasser. Diese hydra-ähnlichen Polypen sind 0,5 mm dick, 1,3 mm lang und besitzen 12 Tentakel.

B. Symptome: Infizierte Störweibchen werden von diesen Parasiten nicht geschädigt. Äußere Symptome sind nicht vorhanden.

C. Befallene Organe: *Polpodium hydriforme* parasitiert in den Eiern verschiedener Störarten.

D. Pathogenität: Für die infizierten Störweibchen besteht keine Gefahr. Befallene Eier sterben schnell ab. Das gesamte Dottermaterial wird von den Parasiten zur Ernährung genutzt.

E. Untersuchungsmethoden: Bei der Sektion eines Störweibchens fallen die infizierten Eier sofort auf, sie sind leicht an ihrer hellen, weiß-grauen Farbe und ihrem größeren Durchmesser zu erkennen.

F. Therapie: Eine Behandlung ist nicht möglich.

G. Prophylaxe: Im Aquarium kann es kaum zu Infektionen durch Polypodium kommen. Nur durch Wildfänge kann dieser Parasit eingeschleppt werden.

H. Besonderes: SUPPES und MEYER (1975) berichten, daß freie Polypen sich bis zu 35 Tage lebend halten ließen, ohne zu fressen, obwohl genügend Plankton angeboten wurde und die Polypen aktiv waren. Wahrscheinlich ernährten sich die Polypodien durch den von RAIKOVA erwähnten Eidotter, mit dem die entodermalen Zellen nach dem Freiwerden der Stolonen aus den Fischeiern ausgestattet sind.

9.2   Hydrichthys und Nudiclava

A. Ursache/Erreger: Diese parasitisch lebenden Hydrozoen bilden auf der Haut und den Flossen von Meeresfischen kleine Kolonien mit einer Ausdehnung von 12 mm^2 und einer Höhe von 2,5 mm. Bei der Gattung *Hydrichthys* besitzen die Kolonien eine massive Basalplatte, von der aus verzweigte Fortsätze in das Gewebe eindringen und es absorbieren (WARREN 1916). Dadurch kann sich die Basalplatte bis auf das Muskelgewebe des Fisches einsenken. Auf der Basalplatte sitzen bis zu 50 schlauchförmige, tentakellose Polypen und verzweigte Gonostylen. Die bis zu 1 mm großen Polypen, deren Mundöffnung immer geschlossen ist, sind sehr beweglich. Die Ernährung erfolgt ausschließlich durch Fischgewebe und Blut. Dazu beugen sich die Polypen zur Fischoberfläche und saugen sich mit der Mundscheibe fest. Mit dem weit geöffneten Mund nehmen sie

Hautgewebe und Blut vom Fisch auf. Durch das aufgenommene Blut sind die Kolonien rötlich gefärbt.

Die ebenfalls aus der Basalplatte entspringenden, verzweigten Gonostylen bestehen aus einem geraden Hauptast, an dem in unregelmäßigen Abständen kurze Seitenzweige entspringen. Sowohl am Hauptast als auch an den Seitenzweigen entstehen durch Knospung zahlreiche, 0,1 mm lange Gonophoren (Medusenknospen). Aber auch direkt auf der Basalplatte können sich einzelne Gonophoren bilden. Die ersten Gonophoren bilden sich bereits im frühen Entwicklungsstadium des Gonostyls und wachsen mit diesem gemeinsam heran. Während des Wachstums der Gonostylen werden immer neue Medusenknospen gebildet, so daß Medusen in unterschiedlichen Entwicklungsstadien vorliegen. Im Laufe der Zeit werden

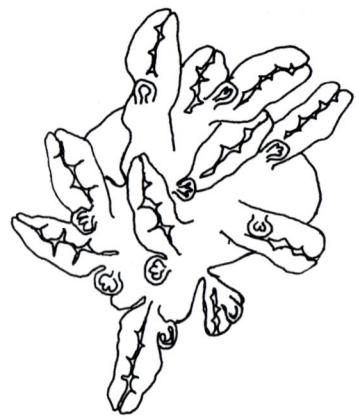

Abb. 64: Kolonie von *Nudiclava monocanthi*. Aus einer Basalplatte wachsen tentakellose Polypen. An der Polypenbasis sitzen einzelne Medusenknospen.
Abb.: R. BAUER, nach LLOID (1907) neu gezeichnet

tausende von winzigen, männlichen und weiblichen Medusen frei, mit zwei oder vier bis zu 15 mm langen Tentakeln am Mantelrand (FEWKES 1887). Da die Medusen im Aquarium nur eine Woche am Leben erhalten werden konnten, ist der weitere Entwicklungskreislauf bis jetzt noch unbekannt. Die Gattung *Nudiclava* unterscheidet sich von *Hydrichthys* dadurch, daß keine Gonostylen gebildet werden. Die männlichen und weiblichen Gonophoren entwickeln sich einzeln an der Basis jedes Polypen (LLOID 1907).

B. Symptome: Befallene Fische zeigen am Körper oder auf den Flossen kleine, mit einer Fläche bis zu 12 mm^2 und 2,5 mm hohe, rötliche Kolonien aus Hydroidpolypen. Im Bereich dieser Kolonien kann das Hautpigment der Fische zerstört sein, wodurch ein heller, milchig-weißer Hof entsteht. Bei mikroskopischer Untersuchung erkennt man auf den Kolonien die zahlreichen schlauchförmigen, tentakellosen Polypen. Die Gonophoren sitzen entweder einzeln an der Basis der Polypen oder in großer Zahl, in verschiedenen Entwicklungsstadien auf verzweigten Gonostylen. Verwechslungsmöglichkeiten gibt es keine.

C. Befallene Organe: Parasiten der Gattungen *Hydrichthys* und *Nudiclava* befallen die Haut und die Flossen von Meeresfischen. Sie wurden in indischen, afrikanischen, europäischen, amerikanischen und asiatischen Gewässern nachgewiesen.

D. Pathogenität: Es wurde niemals über Todesfälle durch parasitäre Hydroidpolypen berichtet. Infizierte Fische enthalten immer nur einzelne Kolonien, die ihnen keinen großen Schaden zufügen. Da diese Parasiten sich im Aquarium nicht fortpflanzen, können sie nur bei Wildfängen auftreten.

E. Untersuchungsmethoden: Die Kolonien sind leicht mit bloßem Auge nachzuweisen. Mit einer starken Lupe kann man bereits die einzelnen Polypen sehen. Zum mikroskopischen Nachweis kann von der betroffenen Stelle ein Hautabstrich genommen werden.

F. Therapie: Durch ein eintägiges Kupfersulfatbad mit einer Konzentration von 1,5 mg/l sterben die Parasiten sicher ab. Die Behandlung sollte auf jeden Fall in einem Quarantänebecken erfolgen, um das Schauaquarium nicht mit Kupfer zu verseuchen. Nach der Behandlung können die Fische ins Schauaquarium zurückgesetzt werden. Da der Entwicklungskreislauf im Aquarium unterbrochen ist, findet eine Neuinfektion nicht statt.

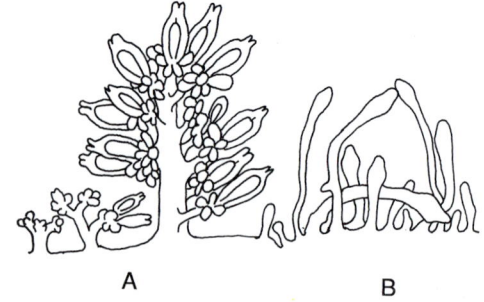

A   B

Abb. 65: *Hydrichthys*.
A. Gonostyl in verschiedenen Entwicklungsstufen mit Medusenknospen
B. Tentakellose Polypen
Abb.: R. BAUER, nach WARREN (1916) und MIYASHITA (1941) neu gezeichnet

G. Prophylaxe: Diese Parasiten sind äußerst selten. Während der üblichen Quarantäne fallen die rötlichen Kolonien dieser Parasiten sofort auf.

H. Besonderes: Aufgrund morphologischer Gegebenheiten ist zu vermuten, daß die von W. E. MARTIN (1975) beschriebene Art *Hydrichthys pietschi* MARTIN, 1975 der Gattung *Nudiclava* zuzurechnen ist.

9.3   Hydra

A. Ursache/Erreger: In unseren einheimischen Gewässern leben verschiedene Hydrozoenarten der Gattung *Hydra*. Diese mehrere Millimeter großen Polypen sitzen auf festem Substrat und ernähren sich von Plankton. Jeder Polyp besitzt am unteren Ende des flaschenförmigen Körpers eine Haftscheibe, mit der er in der Lage ist, langsam auf der Unterlage zu gleiten. Am oberen Körperende sitzt die Mundöffnung, die von einer unterschiedlichen Anzahl von Fangarmen umgeben ist. Die Fangarme sind mit Nesselzellen ausgestattet, mit der die Beute dieser räuberisch lebenden Tiere festgehalten und getötet wird. Medusen, als planktonische Lebensformen, werden von ihnen nicht gebildet. Diese meist festsitzenden Polypen sind allerdings in der Lage, auch planktonisch zu leben. Dabei lösen sie sich von der Unterlage ab, breiten ihre Fangarme aus und werden mit der Wasserströmung davongetragen. Einige Arten können in ihrem basalen Körperteil kleine Gasblasen bilden, die ihnen einen zusätzlichen Auftrieb verschaffen (BURNETT 1973).

Fängt man in einem Teich oder See mit einem Planktonnetz Wasserflöhe und Hüpferlinge als Lebendfutter, so fängt man diese planktonisch schwimmenden Hydren mit ein und bringt sie mit dem Lebendfutter ins Aquarium. In Aquarien, in denen man nur gelegentlich lebendes Plankton füttert, vermehren sich die Hydren nicht und gehen mangels Futter bald zugrunde. In Zuchtbecken, in denen oft mit lebenden Wasserflöhen, Hüpferlingen oder Salinenkrebsen gefüttert wird, herrschen für Polypen ideale Lebensbedingungen. Hier vermehren sie sich rasch durch Knospung und überziehen bald Scheiben, Pflanzen und Steine der betreffenden Becken. Diese Hydren parasitieren nicht auf Fischen und sind für große Fische keine Gefahr. Aber in Zuchtbecken, in denen kleine und kleinste Fische gehalten werden, können sie mit ihren Fangarmen Fische verletzen und töten.

B. Symptome: An den Aquarienscheiben sind zuerst einzelne, später viele kleine, hellbraune oder grüne Polypen zu sehen.

Abb. 66: *Hydra viridissima*. Foto: Zool. Inst. Uni. Hohenheim

Die grünen Hydren enthalten symbiontische Zoochlorellen (Algen).

C. Befallene Organe: Fische werden von Polypen der Gattung *Hydra* nicht befallen.

D. Pathogenität: Besonders für kleine Jungfische stellen Hydren eine große Gefahr dar. Mit Hilfe der Nesselzellen auf ihren Fangarmen sind sie in der Lage Fischbrut zu fangen, zu töten und zu fressen. Auch größere Jungfische, die aufgrund ihrer Größe nicht mehr gefressen werden können, tragen durch das Nesselgift Lähmungen und Verbrennungen davon, wenn sie mit den Nesselzellen der Fangarme in Berührung kommen.

E. Untersuchungsmethoden: An den Scheiben von Aquarien in denen regelmäßig Plankton gefüttert wird, können die Polypen von *Hydra* schon mit bloßem Auge nachgewiesen werden.

F. Therapie: Man kann diese Hydrozoen aushungern, indem man kein lebendes Plankton mehr füttert. Nach einiger Zeit sind die Polypen verschwunden. Nachteil dieser Methode ist, daß *Hydra* sofort wieder auftaucht, wenn die Fütterung mit Plankton fortgesetzt wird. Am sichersten ist es, wenn das betroffene Aquarium ausgeräumt und desinfiziert wird.

G. Prophylaxe: Man kann nicht verhindern, daß man mit lebendem Plankton (Wasserflöhe, Hüpferlinge) *Hydra* ins Aquarium einschleppt. Durch tiefgefrieren des Planktons kann *Hydra* abgetötet werden.

H. Besonderes: In Seen kommt es manchmal zu einem massenhaften Auftreten von planktonischen Hydren. Dabei konnten über 5000 Polypen pro Kubikmeter Wasser gefunden werden (BURNETT 1973).

10 Plathelminthes (Plattwürmer)

Die Plathelminthes sind mehr oder weniger abgeflachte Würmer, die fast immer Zwitter sind. Sie besitzen keinen After, keine Blutgefäße und keine Atmungsorgane. Das Protonephridialsystem (Exkretionssystem) ist gut entwickelt. Sinnesorgane können vorhanden sein. Bei den Plattwürmern gibt es parasitäre und freilebende Formen. Auf Fischen parasitieren verschiedene Formen der Turbellaria, der Cercomeromorpha und der Trematoda. In Tabelle 3 ist eine systematische Übersicht über die fischpathogenen Plathelminthes bis zu den Ordnungen bzw. Unterordnungen (nach verschiedenen Autoren kombiniert) aufgeführt. Die zahlreichen Gattungen konnten hier nicht mit aufgenommen werden.

10.1 Turbellaria (Strudelwürmer)

A. Ursache/Erreger: Bis vor kurzem wurden verschiedene Strudelwürmer (Tricladida, Polycladida, Rhabdocoela u.a.) als Turbellaria zusammengefaßt. Neuere Untersuchungen belegen jedoch, daß es sich hierbei nicht um eine monophyletische Gruppe handelt und es deshalb nicht gerechtfertigt scheint, die oben genannten Taxa als Turbellaria zusammenzufassen (EHLERS 1985). In den Aquarien können vor allem die Tricladida Schaden anrichten. Diese platten, einige Millimeter bis zwei Zentimeter großen, weißen oder braunen Würmer besitzen einen ausstülpbaren Schlund (Pharynx) und einen dreiästigen Darm. Mit Hilfe eines Flimmerepithels, das den gesamten Körper überzieht, sind sie in der Lage, schnell über Oberflächen zu gleiten. In der Haut der Strudelwürmer sitzen sogenannte Rhabditen – kleine Stäbchen, die sie gegen Feinde oder Beute ausschleudern können. Diese Rhabditen erzeugen bei den getroffenen Tieren Lähmungen und Wunden. Die freilebenden Arten, die in unseren Aquarien auftreten (*Stenostomum leucops, Planaria maculata, Dentrocoelium lacteum, Polycelis tenuis* u.a.) sind bei den Aquarianern als »Scheibenwürmer« bekannt. Sie treten massenhaft vor allem in Aquarien mit unzureichenden hygienischen Bedingungen auf. Mit Futterresten,

Tabelle 3: Fischpathogene Plathelminthes (nach verschiedenen Autoren kombiniert)

Stamm: Plathelminthes
  Unterstamm: Turbellarimorpha
    Klasse: Turbellaria
      Ordnung: Tricladida
      Ordnung: Rhabdocoela
  Unterstamm: Cercomeromorpha
    Klasse: Monogenea
      Ordnung: Microbothriida
      Ordnung: Dactylogyrida
      Ordnung: Gyrodactylida
      Ordnung: Monocotylida
      Ordnung: Polyopisthocotyla
        Unterordnung: Chimaericolina
        Unterordnung: Diclybothriina
        Unterordnung: Mazocraeina
    Klasse: Cestodea
      Unterklasse: Cestodaria
      Ordnung: Amphilinida
      Ordnung: Gyrocotylida
      Unterklasse: Caryophyllinea
      Ordnung: Caryophyllida
      Unterklasse: Eucestoda
      Ordnung: Pseudophyllida

Ordnung: Proteocephalida
Ordnung: Nippotaeniida
Ordnung: Spathebothriida
Ordnung: Trypanorhyncha
Ordnung: Lecanicephalida
Ordnung: Tetraphyllida
  Unterstamm: Trematoda
    Klasse: Aspidobothrii
    Klasse: Malacobothrii (=Digenea)
      Ordnung: Amphistomida
      Ordnung: Notocotylida
      Ordnung: Echinostomatida
      Ordnung: Azygiida
      Ordnung: Hemiurida
      Ordnung: Didymozoida
      Ordnung: Opisthorchiida
      Ordnung: Clinostomida
      Ordnung: Brachylaimida
      Ordnung: Plagiorchiida
      Ordnung: Schistosomatida
      Ordnung: Holostomida
      Ordnung: Gasterostomida

Kot oder toten Fischen verschmutze Aquarien stellen ideale Lebensräume für Strudelwürmer dar. Wird in solchen Aquarien gezüchtet, machen sich diese Räuber über frisch abgelegten Fischlaich her und können ganze Gelege vernichten. Auch Jungfische können durch die Rhabditen geschädigt werden. Neben freilebenden Formen gibt es auch einige parasitäre Formen. Auf Rochen leben die zu den Rhabdocoela gehörenden Arten *Micropharynx parasitica* und *M. murmanica* als Ektoparasiten. Die ebenfalls zu den Rhabdocoela gehörenden Arten der Gattung *Fecampia* leben endoparasitisch in Hummern. Im Gegensatz zu den Tricladida besitzen Rhabdocoela einen geraden unverzweigten Darm.

B. Symptome: In Aquarien spielen vor allem die freilebenden Strudelwurmer eine Rolle. Sie sind leicht mit bloßem Auge an der Scheibe, auf Steinen und Planzen als wenige Millimeter große, weiße oder hellbraune Würmer zu erkennen. Typisch für Turbellarien ist die gleitende Bewegungsweise mit Hilfe ihres Flimmerepithels.

C. Befallene Organe: Die freilebenden Strudelwürmer machen sich über Laich und eventuell auch über noch nicht frei schwimmende Fischbrut her und bringen diese zum Absterben.

D. Pathogenität: Frei schwimmenden Fischen können die Strudelwürmer nichts anhaben, aber Laich und nicht frei schwimmende Fischlarven werden bei Massenauftreten von Strudelwürmern geschädigt.

E. Untersuchungsmethoden: Unter dem Mikroskop ist bei den Strudelwürmern der auffällig verzweigte Darm und das Flimmerepithel auf der Körperoberfläche leicht zu erkennen.

F. Therapie: Die Bekämpfung der Strudelwürmer ist schwierig. Die harten Eikapseln sind gegen Medikamente resistent. Masoten tötet die Strudelwürmer, aber nicht die Eier. Am besten werden betroffene Aquarien ausgeräumt, gereinigt und desinfiziert. Da Strudelwürmer nur in Aquarien mit unzureichenden hygienischen Verhältnissen massenhaft auftreten, ist eine Reinigung solcher Aquarien die wirkungsvollste Methode. Von einer Köderung mit geschabtem Rindfleisch rate ich unbedingt ab. Durch den freiwerdenden Fleischsaft wird das Aquarium zusätzlich verschmutzt und den Strudelwürmern noch bessere Vermehrungsgrundlagen geboten. Auch das Einbringen von Kupferpfennigen oder Kupferdraht ist wegen der Vergiftungsgefahr für Fische, Schnecken und Krebse keine brauchbare Lösung.

G. Prophylaxe: Saubere Aquarien sind die wirkungsvollste Prophylaxe, in ihnen können Strudelwürmer nicht überhand nehmen.

H. Besonderes: In Meerwasseraquarien können räuberische, ekto- und endoparasitische Strudelwürmer auf Muscheln, Schnecken, Stachelhäutern, Hornkorallen und Hydrozoen verheerende Schäden anrichten.

10.2 Cercomeromorpha

Innerhalb der Plathelminthes werden die Taxa, die bewimperte, hakentragende Larven bilden, als Cercomeromorpha zusammengefaßt. Zu diesen Taxa gehören die Monogenea (Kiemen- und Hautwürmer) und die Cestoden (Bandwürmer). Die Cercomeromorpha leben alle parasitisch.

10.2.1 Monogenea (Kiemen- und Hautwürmer)

Bei den Monogenea, eine früher mit den Digenea als Trematodes zusammengefaßte Gruppe von parasitären Plathelminthen, handelt es sich zum überwiegenden Anteil um Fischparasiten. Allerdings werden auch andere niedere Wirbeltiere wie Amphibien und Reptilien befallen. Außerdem wurden Monogenea auf Crustaceen und Cephalopoden und sogar im Auge eines Säugers, dem Flußpferd, gefunden. Auf Fischen leben Monogenea meist auf den Kiemen und der Haut, seltener als Endoparasiten.

Die klassischen taxonomischen Systeme der Monogenea gehen von den beiden, nach der Morphologie der Haftorgane und dem Fehlen oder Vorhandensein eines Genitointestinalganges (Verbindungsgang vom Darm zum Ootyp) zu unterscheidenden Gruppen der Monopisthocotylea und Polyopisthocotylea aus. Diese Einteilung ist jedoch nicht mehr aufrechtzuerhalten (LLEWELLYN 1970). Während die Polyopisthocotylea als eine monophyletische Gruppe erscheinen, trifft dies für die Monopisthocotylea nicht zu. Nach

LLEWELLYN (1970) werden die fischpathogenen Monogenea folgendermaßen eingeteilt:
Ordnung: Microbothriidea
Ordnung: Dactylogyridea
Ordnung: Gyrodactylidea
Ordnung: Monocotylidea
Ordnung: Polyopisthocotylea.

Die tätsächlichen phylogenetischen Zusammenhänge sind jedoch noch weitgehend unbekannt, und ihre Klärung scheitert am Fehlen umfassender morphologischer und ultrastruktureller Untersuchungen (BAUER 1986). Aus Gründen der einfacheren Handhabung werden in den nachfolgenden Kapiteln die ersten vier Ordnungen als »monopisthocotyle Monogenea« zusammengefaßt und der fünften Ordnung Polyopisthocotylea gegenübergestellt. Im Aquarium spielen die monopisthocotylen Monogenea als Krankheitserreger die größere Rolle. Polyopisthocotylea treten im Aquarium relativ selten auf.

Da die Monogenea aufgrund ihrer außerordentlich großen Wirtsspezifität (LLEWELLYN 1956, BYCHOWSKY 1957, KEARN 1967) in besonderer Weise von den biotischen und abiotischen Verhältnissen auf ihren Wirten abhängig sind, zeigen sich bei ihnen zahlreiche, durch Anpassung an ihre spezifischen Lebensräume geprägte Merkmale. Dies gilt natürlich besonders für die vielfältigen Ausprägungen der innerhalb der Monogenea entwickelten Haftorgane, auf die ein besonders großer Selektionsdruck wirkt, da durch sie ein sicheres Anklammern an den Wirt gewährleistet sein muß. Durch diesen Selektionsdruck ist auch die große Bedeutung der

Haftorgane für die Artbestimmung innerhalb der Monogenea begründet. Allgemein existieren bei den Monogenea neben Haftdrüsen (Kopforgane) am vorderen Körperende (KRITSKY 1978, EL-NAGGAR und KEARN 1979, 1983) komplizierte Haken- und Klammerapparate aus Strukturproteinen am hinteren Körperende, in die zum Teil elastische Fasern eingelagert sind (LYONS 1966, RAMALINGAM 1973). Chitin, wie immer wieder fälschlicherweise angegeben wird, kann von Monogenea nicht gebildet werden.

10.2.1.1 Monopisthocotyle Monogenea

A. Ursache/Erreger: Die Monogenea dieser Gruppe sind sehr vielfältig gestaltet. Ihnen gemeinsam ist ein einfacher Haptor am hinteren Körperende, der mit zwei bis vier großen Haken ausgestattet ist, die meist von 14 bis 18 kleinen Randhäkchen umgeben sind. Außerdem fehlt ihnen der Genitointestinalgang (Verbindungsgang vom Darm zum Ootyp). Sie sind normalerweise sehr klein (0,1–5 mm) und farblos. Es werden 4 Ordnungen mit mehr als 17 Familien mit entsprechend vielen Gattungen und weit über tausend Arten zu den monopisthocotylen Monogenea gezählt. Die Monogenea sind bis auf wenige Ausnahmen außerordentlich wirtsspezifisch, d.h. jede Fischart besitzt ihre eigenen Kiemenwürmer, die jeweils nur auf dieser einen Art vorkommen und andere Fische nicht befallen (LLEWELLYN 1956, BYCHOWSKY 1957, KEARN 1967). Manche Kie-

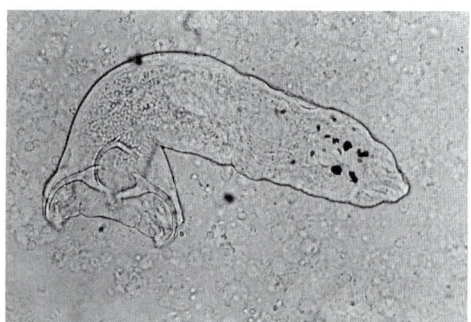

Abb. 67: *Trianchoratus acleithrium*, ein Kiemenwurm vom »Küssenden Gurami« *(Helostoma temminckii).* Foto: R. BAUER

menwurmarten haben sich sogar soweit spezialisiert, daß sie auf ihrer Fischart nur auf einem bestimmten Kiemenbogen leben oder nur an der Basis bzw. an den Enden der Kiemenplättchen sitzen.

Die Tiere sind Zwitter und besitzen sowohl männliche als auch weibliche Geschlechtsorgane. Eine Selbstbefruchtung findet jedoch nicht statt. Fast alle Monogenea sind eierlegend mit Ausnahme einer Familie der monopisthocotylen Monogenea, den Gyrodactylidae. Die Arten dieser Familie sind lebendgebärend. Im Gegensatz zu den eierlegenden Arten besitzen die Gyrodactylidae keine Dotterstöcke, hier übernimmt der Uterus die Ernährung der Embryonen. Durch eine außergewöhnliche Fortpflanzungsmethode bei den lebendgebärenden Gyrodactylidae entstehen komplizierte Verwandtschaftsverhältnisse, die es möglich machen, daß ein Tier seine Geschwister als Embryonen in sich trägt. Aus einer befruchteten Eizelle entstehen vier Embryonen, wobei ein Embryo den anderen umwächst, so daß in einem Muttertier vier ineinandergeschachtelte Geschwister vorliegen, vergleichbar den berühmten russischen Holzpuppen.

Nach der Geburt des äußersten Embryos wachsen seine in ihm enthaltenen drei Geschwister weiter heran. Das erste Tier wird geschlechtsreif und bringt den zweiten Embryo, sein jüngeres Geschwister, zur Welt, der noch zwei weitere Geschwister enthält. Dies wiederholt sich so lange, bis der innerste vierte Embryo das Licht der Welt erblickt hat. Inzwischen können die ersten beiden Tiere befruchtet worden sein und wieder vier ineinandergeschachtelte Embryonen enthalten. So kann man bei trächtigen Tieren zwei Gruppen unterscheiden: die halbwüchsigen, noch nicht geschlechtsreifen Tiere, die bis zu drei Embryonen ihrer eigenen Generation (Geschwister) enthalten können, sowie die erwachsenen Gyrodactyliden, die immer vier, ineinandergeschachtelte Embryonen einer Tochtergeneration enthalten.

Da bei dieser Fortpflanzungsmethode während der postlarvalen Entwicklung, d.h. bei der Entwicklung von der Larve zum geschlechtsreifen Tier, bereits Embryonen (nämlich die eigenen Geschwister) ausgetragen werden, können innerhalb eines bestimmten Zeitraums mehr Nachkommen gebildet werden als bei eierlegenden Arten, die den Zeitraum der postlarvalen Entwicklung nicht zur Vermehrung ausnützen. Auf diesen oft nicht beachteten Umstand weist

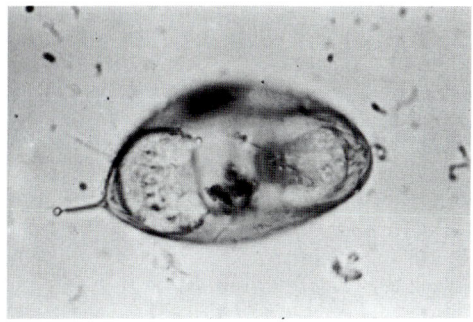

Abb. 69: Ei von *Trianchoratus acleithrium* mit schlupfbereitem Oncomiracidium. Am Hinterende ist bereits der Haptor mit den Marginalhäkchen sichtbar. Foto: R. BAUER

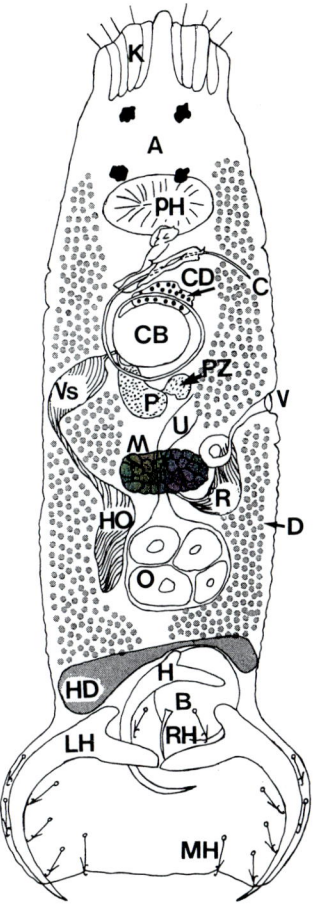

Abb. 68: *Trianchoratus acleithrium*.
A: Augen, **B**: Blase der Haptordrüse, **C**: Cirrus, **CB**: Cirrusbasis, **CD**: Cirrusdrüse, **D**: Dotterstock, **H**: medianer Haken, **HD**: Haptordrüse, **HO**: Hoden, **K**: Kopforgane, **LH**: lateraler Haken, **M**: Mehlisdrüse, **MH**: Marginalhäkchen, **O**: Ovar, **P**: Prostatablase, **PH**: Pharynx, **PZ**: Prostatadrüsenzelle, **R**: Receptaculum seminis, **RH**: reduzierter Haken, **U**: Uterus, **V**: Vagina, **VS**: Vesiculum seminis.
Abb.: R. BAUER

bereits BYCHOWSKY (1957) in seinem umfassenden Werk über Monogenea hin. Eierlegende Arten besitzen einen großen mächtigen Dotterstock, der fast den gesamten Körper ausfüllt. Daran sind die eierlegenden, monopisthocotylen Monogenea leicht von den Gyrodactyliden zu unterscheiden, denen dieser Dotterstock fehlt. Es entsteht immer nur ein Ei im Ootyp, welches über den Eileiter nach außen abgegeben wird, bevor das nächste gebildet wird. Die ovalen Eier besitzen an einem Ende einen typischen Dorn, der bei manchen marinen Formen als langer Faden ausgezogen sein kann. Mit diesem langen Faden können solche Eier auf den Kiemen der Fische haften. Eier ohne Haftfaden fallen aus den Kiemenspalten der Fische heraus und sinken auf den Boden. Hier entwickeln sich bewimperte Hakenlarven, die Oncomiracidien. Die Eientwicklung dauert je nach Wassertemperatur und Kiemenwurmart unterschiedlich lang und kann zwischen zwei Tagen und über drei Wochen betragen. Dies gestaltet eine erfolgreiche Bekämpfung der eierlegenden Kiemenwürmer äußerst schwierig, da die üblichen Medikamente gegen die Eier nicht wirken.

Ist die Entwicklung abgeschlossen, springt das Ei an einem vorgebildeten Deckel (Operculum) auf und das bewimperte Oncomiracidium schlüpft aus. Es sucht aktiv nach einem Fisch, heftet sich mit seinen Marginalhaken auf diesem fest und wirft sein Wimpernkleid ab. Jetzt erfolgt oft in sehr kurzer

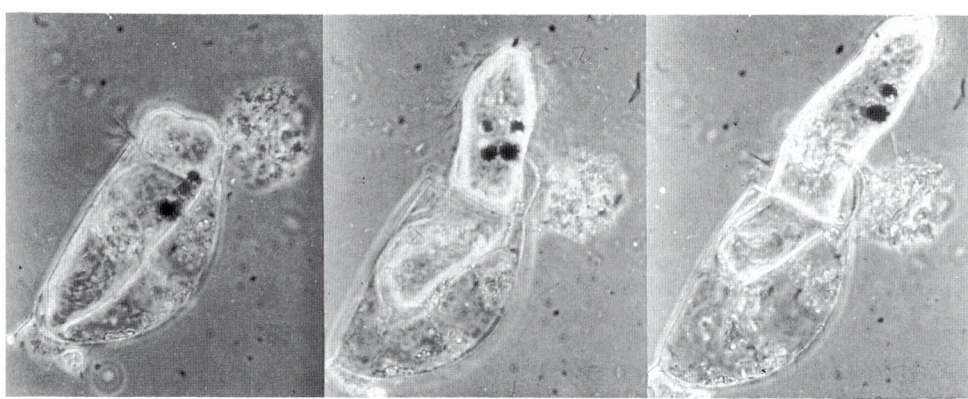

Abb. 70: Schlüpfendes Oncomiracidium von *Trianchoratus acleithrium*. Phasenkontrast. Foto: R. Bauer

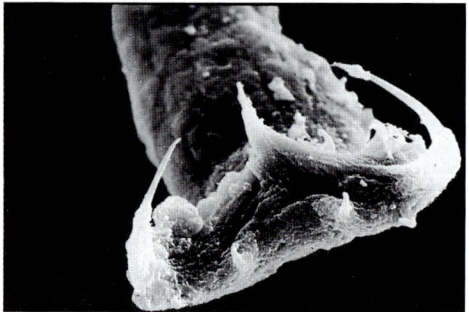

Abb. 71: Haptor von *Trianchoratus acleithrium* mit den drei großen Haken und 14 Marginalhaken. REM. Foto: R. Bauer

Zeit die Umwandlung zum erwachsenen Tier (postlarvale Entwicklung). Bei *Trianchoratus acleithrium*, einem 150 µm großen, auf dem »Küssenden Gurami« *Helostoma temminckii* parasitierenden Kiemenwurm, entwickelt sich in den 35 µm großen Eiern innerhalb von 6 Tagen (20 °C) das bewimperte Oncomiracidium. Bei Langtagen, d.h. wenn die Beleuchtungsdauer länger als 10 Stunden beträgt, schlüpfen die Oncomiracidien am Ende des sechsten Tages aus. Bei Kurztagen hingegen (Beleuchtungsdauer unter 10 Stunden) liegen die Larven dieser Kiemenwürmer bis zu drei Monaten im Ei und bleiben während dieser Zeit voll infektionsfähig (Bauer 1982). Die Lichtabhängigkeit der Eientwick-

lung bei Monogenea konnte auch schon von anderen Autoren beobachtet werden (Bychowsky 1957, Kollmann 1970). Das Oncomiracidium, das bereits die kleinen Randhäkchen am Haptor besitzt, ist in der Lage, mit Hilfe seiner Wimpernfelder sehr schnell zu schwimmen und neue Fische zu infizieren. Im Aquarium liegt die Befallsrate bei 100 %. Die Fortbewegung dieser Parasiten auf den Kiemen erfolgt mit Hilfe der Haftdrüsen (Kopforgane) am Vorderende des Körpers und des Haptors am Hinterende. Indem sich die Parasiten extrem strecken und zusammenziehen und sich abwechselnd mit dem Haftorgan und den Haken des Haptors festhalten, können sie sich relativ schnell über die Kiemen bzw. die Haut der Fische spannerartig fortbewegen. Saugnäpfe wie die Trematoden besitzen diese Tiere nicht. Mit Hilfe des Pharynx nehmen die Monogenea Gewebe, Schleim und Blut ihrer Wirte auf.

B. Symptome: Mit Kiemen- oder Hautwürmern infizierte Fische zeigen bei geringem Befall keine Symptome. Dies ist der Grund, weshalb solche Infektionen normalerweise nicht auffallen. Der überwiegende Teil der Aquarienfische ist in geringem Maße mit Monogenea infiziert. Erst wenn das Gleichgewicht zwischen Wirt und Parasit gestört wird, kommt es entweder zu einem Absterben der Kiemenwürmer oder zu einem Massenbefall mit für die Fische verheerenden Folgen. Bei starken Infektionen auf den Kiemen zeigen die Fische Atemnot, Apathie und Schreckfärbung. Bei Infektionen der Haut zeigen sich blutunterlaufene Stellen und vermehrte Schleimbildung. Die Fische scheuern sich an festen Gegenständen. In seltenen Fällen werden auch innere Organe befallen. Die Erreger der Gattung *Enterogyrus* parasitieren im Magen von Maulbrütern, z.B. beim kleinen Maulbrüter *Pseudocrenilabrus multicolor* (FUNK 1988) und bei verschiedenen Tilapia-Arten (PAPERNA 1963), ohne äußerlich sichtbare Symptome. Hier kommt es besonders bei Jungfischen zu plötzlichen Todesfällen ohne erkennbaren Krankheitsverlauf. Erst bei der Sektion fallen die Monogenea im Magen auf.

C. Befallene Organe: Bei Fischen können die zahlreichen Arten der monopisthocotylen Monogenea auf den Kiemen, auf der Haut und bei einigen Arten (Maulbrütern) im Magen vorkommen. Dabei lebt bis auf wenige Ausnahmen jede Kiemenwurmart nur auf einer spezifischen Fischart. Lediglich auf Fische nah verwandter Schwesternarten kann die Infektion übergreifen, ohne jedoch großen Schaden anzurichten, da die Parasiten auf den fremden Wirten keine optimalen Lebensbedingungen vorfinden und bald wieder absterben. Monopisthocotyle Monogenea findet man auf Süß- und Meerwasserfischen.

D. Pathogenität: Je nach Art und Menge der Monogenea kann die Infektion harmlos oder verheerend wirken. Oft werden leichte Infektionen übersehen, da diese keinerlei Symptome hervorrufen. Bei stärkerem Befall der Kiemen werden durch die scharfen Haken und durch Zellfraß der Parasiten die Epithelien soweit geschädigt, daß durch Zellwucherung der normalerweise einschichtigen Kiemenepithelien die Kiemenlamellen miteinander verwachsen und die Kiemenfunktionen beeinträchtigt werden. Die so geschädigten Kiemenepithelien bilden ideale Nährböden für fakultativ pathogene Bakterien. Da die Kiemenwürmer streng wirtsspezifisch sind, kann in einem Aquarium eine Fischart an einem Massenbefall der Monogenea sterben, während sämtliche anderen Fischarten keine Parasiten aufweisen.

E. Untersuchungsmethoden: Zur Untersuchung sind nur lebende oder frisch abgetötete Fische geeignet. Monogenea können

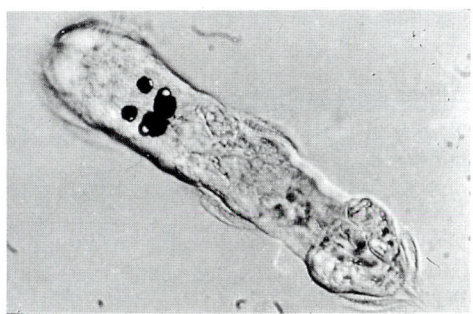

Abb. 72: Oncomiracidium von *Enterogyrus hemihablochromis,* einem magenbewohnenden Monogenea aus dem Kleinen Maulbrüter *(Pseudocrenilabrus multicolor).* Foto: G. SCHUBERT, Zool. Inst. Uni. Hohenheim

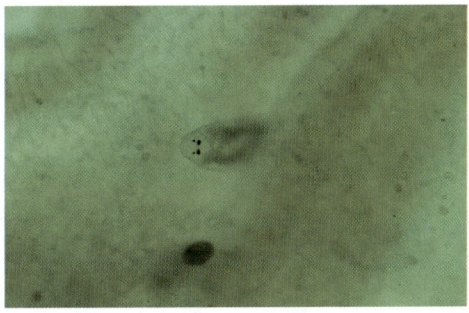

Abb. 73: *Enterogyrus hemihablochromis* in einer Schleimhautfalte des Magens von *Pseudocrenilabrus multicolor.*
Foto: R. BAUER

im Hautabstrich oder bei der Sektion in einem Kiemenpräparat nachgewiesen werden. Besteht der Verdacht, daß bei Maulbrütern der Magen mit Monogenea der Gattung *Enterogyrus* infiziert ist, wird der Magen der Länge nach aufgeschnitten und Futterreste werden vorsichtig entfernt. Erst dann werden die Erreger im Mikroskop sichtbar. Für die erfolgreiche Bekämpfung ist es besonders wichtig, zwischen lebendgebärenden (Fam. Gyrodactylidae) und eierlegenden Arten zu unterscheiden. Der Besitz von Augen sowie die Anzahl der Zipfel am Vorderende werden oft in der Nutzfischzucht verwendet, um die Gattungen *Gyrodactylus* und *Dactylogyrus* zu unterscheiden. Bei tropischen Zierfischen kommt jedoch die Gattung *Gyrodactylus* gar nicht vor. Sie ist lediglich auf Cypriniden beschränkt. Bei tropischen Fischen treten andersartig gebaute Monogenea der Fam. Gyrodactylidae auf, so daß diese Unterscheidungsmerkmale nicht genügen.

Aquarianer benützen immer wieder fälschlicherweise die Gattungsnamen *Gyrodactylus* und *Dactylogyrus* synonym für lebendgebärende und eierlegende Monogenea. Um Mißverständnisse auszuschließen, sollte für lebendgebärende Haut- und Kiemenwürmer von tropischen Zierfischen der Familienna-

me Gyrodactylidae oder der exakt bestimmte Gattungsname der gefundenen Species und nicht der Gattungsname *Gyrodactylus* verwendet werden. Das gleiche gilt entsprechend für die Gattung *Dactylogyrus*, auch hier muß von Dactylogyridae gesprochen werden. Das einzig sichere Unterscheidungsmerkmal zwischen diesen beiden Gruppen ist das Vorhandensein des Dotterstockes bei eierlegenden Arten. Da bei lebendgebärenden Arten die Embryonen, deren größter bereits gut entwickelte Haken besitzt und deutlich im Muttertier zu erkennen ist, vom

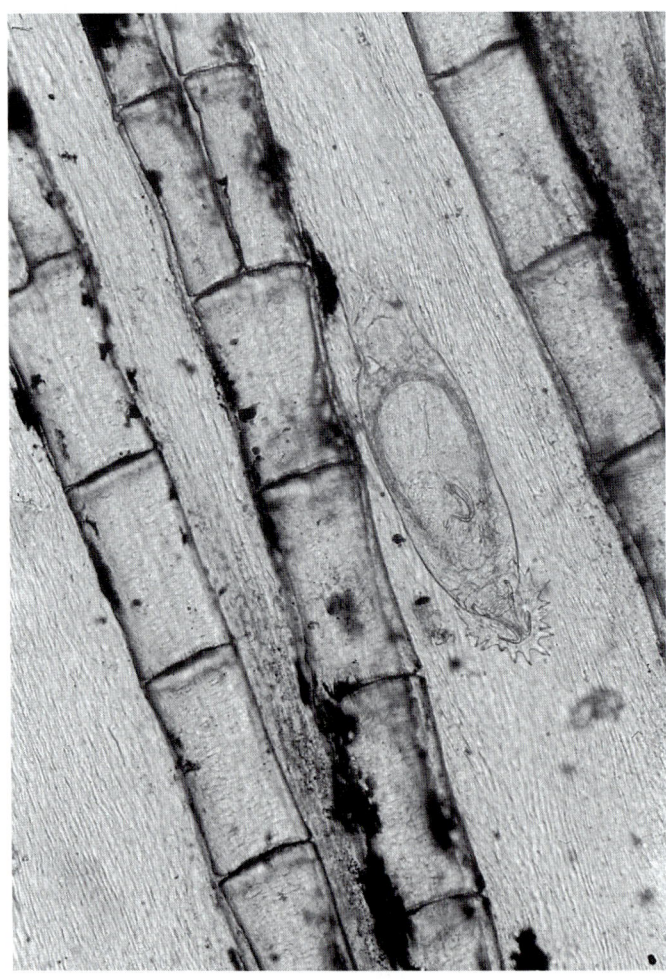

Abb. 74: *Gyrodactylus spec.* auf einer Fischflosse. Deutlich ist der große runde Embryo mit seinem Hakenpaar in der Körpermitte zu erkennen. Foto: R. Bauer

Uterus ernährt werden, ist hier kein Dotterstock vorhanden. Marine Monogenea legen typische Eier mit sehr langen Haftfäden, die sich in den Kiemen verfangen und bei der mikroskopischen Untersuchung auf den Kiemen von Meeresfischen nachgewiesen werden können.

F. Therapie: Lebendgebärende Arten sind leicht mit 0,5 mg/l Masoten zu behandeln. Hier genügt eine einmalige Behandlung im Quarantänebecken über einen Zeitraum von wenigen Tagen. Eierlegende Arten können bei der Bekämpfung Schwierigkeiten bereiten. Es ist bis jetzt kein Fall von echter Resistenz der erwachsenen Würmer oder der Larven gegen Masoten bekannt. In allen Fällen, in denen Masoten die Kiemenwürmer auf Dauer nicht beseitigen konnte, lag ein Behandlungsfehler vor. Da Masoten nicht gegen die Eier wirkt und die Eientwicklung sich durch äußere Faktoren (s.o.) verzögern kann, reicht es nicht aus, wenn nur einmalig mit Masoten behandelt wird. Auch eine Nachbehandlung im Abstand von einigen Tagen reicht nicht zur sicheren Bekämpfung aus.

Hat eine Behandlung nicht den gewünschten Erfolg gebracht, kann dies verschiedene Gründe haben: Entweder überdauern infektionsfähige Eier die zu kurze Behandlung oder der Abstand zwischen zwei Behandlungen ist so groß, daß aus den nicht abgetöteten Eiern Larven ausschlüpfen, wieder Fische befallen und sich in kurzer Zeit in geschlechtsreife Parasiten umwandeln können, welche bereits wieder Eier legen. Um diese Parasiten sicher abzutöten, geht man folgendermaßen vor: Die Filtersysteme des betroffenen Beckens werden abgeschaltet und dem Aquarium 0,5 mg/l Masoten zugesetzt. Nach 12 bis 24 Stunden sind alle Larven und erwachsene Parasiten auf den Fischen sicher abgetötet. Jetzt fängt man die Fische heraus und setzt sie in ein anderes Aquarium. In der Zwischenzeit wird das betreffende Aquarium sowie die Filteranlage geleert, gereinigt und desinfiziert, um alle infektionsfähigen Eier zu entfernen. Danach können die Fische wieder zurückgesetzt werden. Auch eine Kurzzeitbehandlung mit höheren Konzentrationen an Masoten ist zur Bekämpfung von Kiemen- und Hautwürmern sehr gut geeignet. Zuvor muß jedoch unbedingt die Verträglichkeit der erhöhten Konzentration an Masoten für die jeweilige Fischart getestet werden, um Ausfälle zu vermeiden.

Zur Behandlung werden die infizierten Fische aus dem Aquarium herausgefangen und in einem Kescher in die Medikamentenlösung gehängt. Je nach Verträglichkeit kann die Konzentration von Masoten bis 2 mg/l erhöht werden. In so hoch konzentrierten Lösungen dürfen die Fische nur sehr kurze Zeit verweilen. Nach 1–2 Minuten nimmt man die Fische wieder heraus und spült die Reste des Medikaments mit klarem Wasser von den Fischen ab. Danach setzt man die Fische in ein anderes Aquarium. Auf keinen Fall dürfen sie wieder in ihr altes Aquarium zurückgesetzt werden, ohne daß dieses ausgeräumt und desinfiziert wurde, da sie sich sonst wieder mit Kiemenwürmern infizieren.

Diese Behandlungsmethode, mit der in kurzer Zeit die Fische parasitenfrei sind, ist besonders für den Groß- und Einzelhandel zu empfehlen. In jedem Fall müssen die gegen Masoten resistenten Eier aus dem Aquarium entfernt werden, um einen hundertprozentigen Behandlungserfolg zu garantieren. Dies kann nur durch Ausräumen, Reinigen und Desinfizieren des betroffenen Aquariums erfolgen.

G. Prophylaxe: Das Einschleppen von Kiemen- und Hautwürmern durch Neuzugänge kann nur durch eine prophylaktische Behandlung mit Masoten verhindert werden, dabei geht man wie oben beschrieben vor.

H. Besonderes: Für wissenschaftliche Untersuchungen wurden ständig Kiemenwürmer *(Trianchoratus acleithrium)* vom »Küssenden Gurami« benötigt. Um die Infektion zu erhalten, mußte man die infizierten Fische alle 2 Wochen in ein neu gefülltes Aquarium umsetzen und das alte Aquarium leeren und austrocknen lassen. Nach zwei Wochen wurde das Aquarium wieder mit aufbereitetem Wasser gefüllt, die Fische wurden umgesetzt und das andere Aquarium geleert. Wurde dies nicht regelmäßig alle 2 bis 3 Wochen wiederholt, starb die Infektion von selbst aus.

Die Gründe dafür sind nicht bekannt. Eventuell werden in einem eingefahrenen Aquarium die Oncomiracidien von Rädertierchen oder Einzellern gefressen und dadurch die Infektion immer mehr ausgedünnt, bis alle Kiemenwürmer verschwunden sind.

10.2.1.2 Polyopisthocotylea

A. Ursache/Erreger: Diese zwischen einem Millimeter und vier Zentimeter großen Parasiten unterscheiden sich von den monopisthocotylen Monogenea durch das Vorhandensein eines Genitointestinalganges, d.h. eines Verbindungsganges zwischen Darm und Ootyp, dessen Bedeutung vollkommen unbekannt ist. Darüber hinaus wird während der postlarvalen Entwicklung ein Pseudohaptor gebildet, der den zuerst angelegten Haptor ersetzt. Dieser Pseudohaptor kann sehr abenteuerlich gestaltet sein. Oft weisen die Enden von den zahlreichen fingerförmigen Fortsätzen fangeisenartige Klammerapparate auf, mit denen sich die Parasiten auf den Kiemen festhalten. Innerhalb der Ordnung Polyopisthocotylea unterscheidet man 12 Familien mit vielen hundert Arten. Diese Parasiten sind ebenfalls wirtsspezifisch.

B. Symptome: Bei einem Befall mit einzelnen Polyopisthocotylea treten meist keine Krankheitssymptome auf. Bei einem stärkeren Befall der Kiemen kommt es zu Atemnot und Blutarmut.

C. Befallene Organe: Der überwiegende

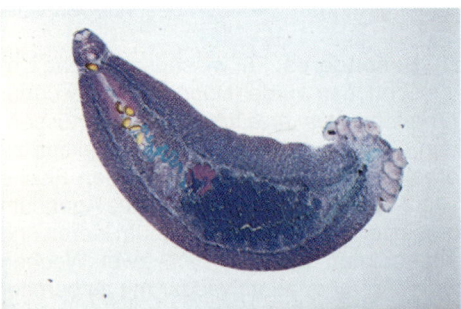

Abb. 75: *Discocotyle sagitata*, gefärbtes Totalpräparat. Foto: G. SCHUBERT, Zool. Inst. Uni. Hohenheim

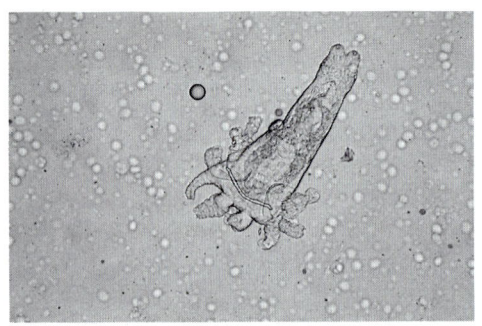

Abb. 76: *Cyclocotyle spec.* aus *Ancistrus punctatus*. Foto: G. SCHUBERT, Zool. Inst. Uni. Hohenheim

Teil dieser wirtsspezifischen Parasiten lebt auf den Kiemen oder der Haut von Meeresfischen, seltener von Süßwasserfischen. Einzelne Gruppen sind jedoch zu einer endoparasitischen Lebensweise übergegangen. So leben Arten der Gattungen *Dictyocotyle* und *Calicotyle* in der Leibeshöhle, der Kloake und im Eileiter von Rochen und Haien.

D. Pathogenität: Die Polyopisthocotylea sind bei weitem nicht so pathogen wie ihre kleineren Verwandten, die monopisthocotylen Monogenea. Sie treten auch viel seltener als diese auf und sind dann meist auf wenige Exemplare beschränkt. Trotzdem kann es unter Aquarienbedingungen zu einer Massenvermehrung dieser Parasiten und zu Ausfällen bei den infizierten Fischen kommen.

E. Untersuchungsmethoden: Bei der Sektion eines frisch getöteten Fisches findet man auf den Kiemen, selten auf der Haut oder im Körperinneren, einzelne, meist mehrere Millimeter bis einige Zentimeter große Polyopisthocotylea.

F. Therapie: Die erwachsenen Tiere sind problemlos mit 0,5 mg/l Masoten abzutöten. Da die Eier dieser Parasiten ebenfalls gegen dieses Medikament resistent sind, muß wie gegen monopisthocotyle Monogenea vorgegangen werden.

G. Prophylaxe: Das Einschleppen von Kiemen- und Hautwürmern durch Neuzugänge kann nur durch eine prophylaktische Behandlung mit Masoten verhindert werden, dabei geht man wie unter 10.2.1.1 beschieben vor.

H. Besonderes: Eine Besonderheit unter den Polyopisthocotylea stellen die Erreger der Gattungen *Diplozoon* und *Neodiplozoon* dar. Jedes Individuum bildet eine Bauchsauggrube und einen Rückenzapfen. Je zwei Tiere dieser Arten legen sich nach Eintritt der Geschlechtreife kreuzweise übereinander, wobei mit den Sauggruben jeweils die Rückenzapfen des anderen Tieres ergriffen werden. In dieser Haltung verwachsen die beiden Tiere miteinander und bleiben für den Rest ihres Lebens miteinander verbunden. Die so entstandenen Doppeltierchen befruchten sich gegenseitig und heften die einzelnen Eier, die mit langen Haftfäden versehen sind, an den Kiemen fest.

10.2.2 Cestoda (Bandwürmer)

Zu den Cestoda werden neben den einfach gebauten Gyrocotylidea und Amphilinidea die Caryophyllidea (Nelkenwürmer) und die Eucestoda (eigentliche Bandwürmer) gezählt. Die Cestoda sind ausschließlich endoparasitisch lebende, zwittrige Plattwürmer. Sie besitzen keinen Schlund und keinen Darm. Die Ernährung erfolgt über die Körperoberfläche. Allen Cestoda gemeinsam ist eine bewimperte Hakenlarve (EHLERS 1985).

10.2.2.1 Gyrocotylidea und Amphilinidea

Alle Formen dieser sehr seltenen Fischparasiten sind ungegliedert und entwickeln sich aus einer bewimperten Hakenlarve, mit 10 Häkchen. Die Gyrocotylidea sind bis zu 12 mm lang und besitzen ein rosetartiges Haftorgan am Hinterende. Ihr seitlicher Körperrand ist aufgefaltet und erscheint gekräuselt. Sie leben im Darm von Meerkatzen (Holocephali). Vermutlich infizieren die Larven direkt den Endwirt, da bis jetzt noch kein Zwischenwirt gefunden wurde. Die bis zu 25

mm lang werdenden Amphilinidea sind flache, extrem blattartige, weiß-graue Parasiten aus der Leibeshöhle von Stören (Acipenseridae). Ihre Larven machen ein Entwicklungsstadium in Bachflohkrebsen (Amphipoda) durch.

10.2.2.2 Caryophyllidea (Nelkenwürmer)

A. Ursache/Erreger: Diese ungegliederten, einige Zentimeter langen Würmer leben als geschlechtsreife Parasiten im Darm von Fischen. Ihr Vorderende ist in typischer Weise nelkenartig aufgefaltet. Die mit dem Fischkot abgegebenen Eier sinken auf den Boden und werden von Oligochäten (*Tubifex* und anderen) gefressen. Im Darm der Ringelwürmern schlüpft eine Hakenlarve (Oncosphaera) mit sechs Haken aus dem Ei und dringt in die Leibeshöhle des jeweiligen Wirtes ein. Dort entwickelt sie sich innerhalb einiger Monate zur zweiten Larve, dem 1 bis 2 mm großen Procercoid. Das Procercoid besitzt bereits die nelkenartigen Kopfanhänge und einen Schwanzfortsatz am Hinterende.

Diese Larven können mehrere Jahre in den Oligochäten überleben, dabei werden die Geschlechtsorgane der Ringelwürmer zerstört (parasitäre Kastration). Nach Aufnahme der Oligochäten durch einen Fisch wandelt sich die Parasitenlarve in das geschlechtsreife Tier um. Die Caryophyllidea sind in mehreren Gattungen weltweit verbreitet.

B. Symptome: Bei starkem Befall magern die Fische ab und bleiben im Wachstum zurück. Zudem wird die Darmschleimhaut durch die saugenden Parasiten verletzt, wodurch Geschwüre und Sekundärinfektionen durch fakultativ pathogene Bakterien entstehen können.

C. Befallene Organe: Caryophyllidea leben im Darm von Süßwasserfischen. Sie sind weltweit verbreitet.

D. Pathogenität: Einzelne Nelkenwürmer verursachen keine Krankheitssymptome. Erst bei einem Massenbefall werden die Fische geschwächt.

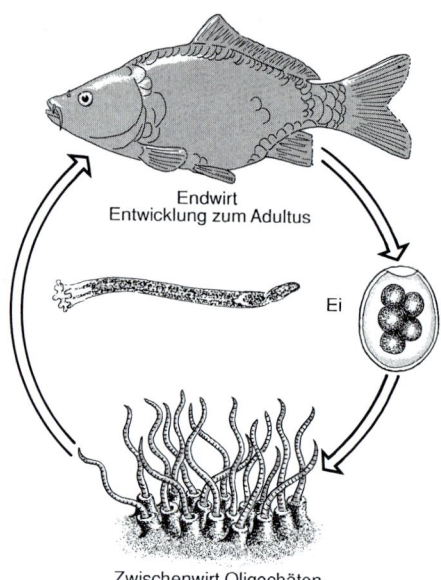

Endwirt
Entwicklung zum Adultus

Ei

Zwischenwirt Oligochäten
Entwicklung zum Procercoid

Abb. 77: Entwicklungskreislauf der Caryophillidea. Abb.: verändert nach W. BAUR & J. RAPP, (1988)

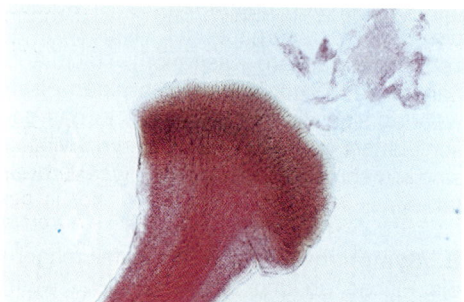

Abb. 78: Kopf eines *Caryophyllaeus*. Gefärbtes Totalpräparat. Foto: G. SCHUBERT, Zool. Inst. Uni. Hohenheim

E. Untersuchungsmethoden: Bei der Sektion eines frisch getöteten Fisches findet man im Darm die mehrere Zentimeter großen Würmer mit dem typischen nelkenartigen Kopf.

F. Therapie: Die Nelkenwürmer können mit Niclosamid beseitigt werden. Dieses Medikament wird den Fischen am besten mit Agarfutter verabreicht. Das von den Fischen wieder ausgeschiedene Niclosamid ist in Konzentrationen ab 0,2 mg/l für Fische giftig. Die Behandlung muß deshalb unbedingt in einem Quarantänebecken erfolgen. Es darf nur so viel Niclosamid dem Futter zugesetzt werden, daß Konzentrationen über 0,1 mg/l durch ausgeschiedenes Niclosamid nicht erreicht werden. Dazu dürfen in einem 100 Liter Quarantänebecken nicht mehr als 10 mg Niclosamid mit dem Futter verabreicht werden. Sobald die behandelten Fische Kot absetzt haben, sollte aus Sicherheitsgründen ein Wasserwechsel vorgenommen und der Kot abgesaugt werden.

G. Prophylaxe: Gegen das Einschleppen der Nelkenwürmer mit *Tubifex* sind keine prophylaktischen Maßnahmen möglich. Da dies jedoch nur sehr selten geschieht, muß auf eine Verfütterung von lebenden *Tubifex* nicht verzichtet werden. Nelkenwürmer werden vorwiegend mit Wildfängen in Aquarien eingeschleppt, können sich aber in Ermangelung eines Zwischenwirtes (Oligochäten) nicht weiter ausbreiten. Da nach einiger Zeit der erwachsene Wurm abstirbt, muß bei schwachem Befall nicht einmal behandelt werden.

H. Besonderes: Der bei uns heimische Nelkenwurm *Archigetes sieboldi* lebt als geschlechtsreife Larve in *Tubifex*. Er hat den Fisch als Endwirt aufgegeben und macht keinen Wirtswechsel mehr durch.

10.2.2.3 Eucestoda
(Eigentliche Bandwürmer)

A. Ursache/Erreger: Der Körper dieser bis zu 10 Meter lang werdenden Würmer ist platt und bandförmig. Er trägt am vorderen Ende einen mit Haken oder Saugnäpfen versehenen Kopf (Skolex), dem sich ein schmaler Halsteil und der aus mehr oder weniger vielen Gliedern bestehende Körper (Strobila) anschließt. Durch Teilung entstehen aus diesem Halsteil ständig neue Körperglieder (Proglotiden), die nacheinander geschlechtsreif werden und sich von der Strobila ablösen, sobald sie mit reifen Eiern gefüllt sind. Aus diesen Eiern schlüpft eine bewimperte Hakenlarve mit sechs Haken (Coracidium). Diese Hakenlarven sind einige Tage frei im Wasser lebensfähig. Während dieser Zeit müssen sie von Copepoden *(Cyclops, Diaptomus)*, bei einigen Arten von Amphipoden (Gammaridae) gefressen werden.

Wenn das Coracidium mit dem Atemwasser in die Mund- und Kiemenhöhle von Fischen gelangt, kann es sich zwischen den Kiemenblättchen als Oncospaera (unbewimperte Hakenlarve) festsetzen und einkapseln. Durch Abschlucken der Wimpernlarven gelangen sie auch in den Darm von Fischen und setzen sich an der Darmwand oder in der Leibeshöhle fest. In solchen Fällen ist der Fisch Irrwirt. Diese verirrten Oncosphaera-Larven entwickeln sich im Fisch nicht weiter, können aber bei verstärktem Auftreten auf den Kiemen zu Atemnot und Stoffwechselstörungen und schließlich zum Tod der Fische führen. Solche irrtümlichen Infektionen durch Coracidien treten vor allem bei südostasiatischen Freilandnachzuchten auf.

In ihren natürlichen Zwischenwirten, den planktonischen Copepoden, durchdringen die Bandwurmlarven den Darm der Krebse und wandern in die Leibeshöhle, in der sie sich zur Oncosphära und schließlich zum Procercoid entwickeln, das an seinem hinteren Ende noch einen winzigen, schwanzförmigen Fortsatz mit den sechs Eihaken besitzt. Die weitere Entwicklung kann je nach Bandwurmart sehr unterschiedlich sein. Die Übertragung auf weitere Zwischenwirte oder Endwirte erfolgt immer durch Auffressen des 1. oder 2. Zwischenwirts durch den nächsten Wirt. Ein aktives Aufsuchen des nächsten Wirtes durch die Bandwurmlarve erfolgt nicht.

Bei einigen Arten entwickeln sich die Procercoide, nachdem die planktonischen Krebse von einem Fisch gefressen wurden, im Fischdarm zum geschlechtsreifen Bandwurm. Die meisten fischpathogenen Bandwürmer benötigen für ihre Entwicklung jedoch einen zweiten Zwischenwirt. Dies sind in der Regel planktonfressende Fische. Die aufgenommene Bandwurmlarve durchbohrt den Darm und setzt sich in der Leibeshöhle, in der Leber, in der Darmwand oder in der

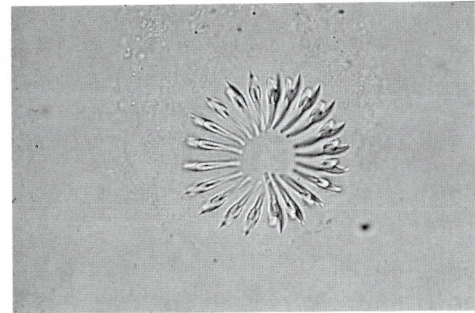

Abb. 79: Oncosphaera mit Hakenkranz *(Hymenolepis nana)*. Foto: G. Schubert, Zool. Inst. Uni. Hohenheim

Muskulatur fest. Hier entwickelt sich die Larve zum Plerocercoid und kann bei einigen Arten eine stattliche Größe erreichen. So wird das Plerocercoid von *Ligula intestinalis*, einer meist in Cypriniden parasitierenden Bandwurmlarve, bis zu 60 cm lang.

Als Endwirt der Bandwürmer mit zwei Zwischenwirten kommen Raubfische, Schildkröten, Krokodile, fischfressende Vögel (Möven, Reiher usw.) und Säugetiere (Otter) in Frage. Erwachsene Bandwürmer leben immer im Darm ihres Wirtes und ernähren sich vom Darminhalt.

Ordnung Pseudophyllidea: Der Skolex dieser im Süß- und Meerwasser lebenden Bandwürmer besitzt zwei Sauggruben und manchmal auch vier Doppelhaken, mit denen diese Würmer in der Darmwand von Fischen verankert sind. Als erste Zwischenwirte dienen Copepoden, als zweite Zwischenwirte planktonfressende Fische und als Endwirte Raubtiere aller Art (einschließlich Raubfische).

Ordnung Tetraphyllidea: Diese marin lebenden Bandwürmer besitzen am Skolex vier auffällige, blattförmige, saugnapfbewehrte Auswüchse. Als erste Zwischenwirte dienen Copepoden, als zweite planktonfressende Fische und als Endwirte Haie und Rochen.

Ordnung Trypanorhynchidea: Diese marin lebenden Bandwürmer besitzen am Skolex zwei oder vier Sauggruben und vier sehr lange hakenbewehrte Fortsätze, die eingezogen werden können. Als erste Zwischenwirte dienen Copepoden, als zweite planktonfressende Fische (Leibeshöhle und Muskulatur) und als Endwirte Haie und Rochen.

Ordnung Proteocephalidea: Bei diesen im

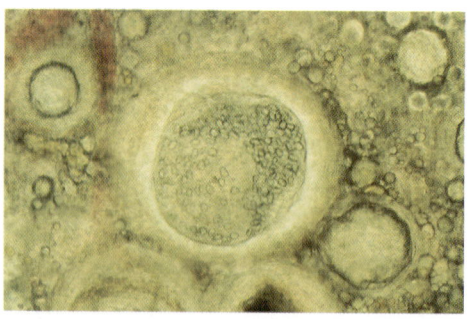

Abb. 80: Eingekapselte Bandwurmlarve (Plerocercoid) in der Leibeshöhle eines *Paracheirodon axelrodi*. Foto: G. SCHUBERT, Zool. Inst. Uni. Hohenheim

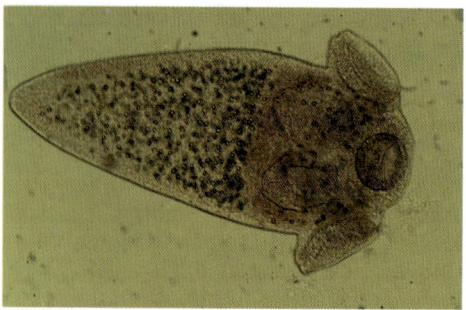

Abb. 81: Bandwurmlarve (Plerocercoid). Foto: G. SCHUBERT, Zool. Inst. Uni. Hohenheim

Süßwasser lebenden Bandwürmer treten am Skolex vier gleichgroße Saugnäpfe und bei einigen Arten ein zusätzlicher apikaler Saugnapf auf. Als Zwischenwirte dienen Copepoden, als Endwirte Süßwasserfische.

Ordnung Spathebothriidea: Diese Bandwürmer leben in den Pylorusanhängen von Süß- und Meerwasserfischen. Die kleinen Würmer sind äußerlich nicht gegliedert und besitzen keine Sauggruben am Kopfende. Als Zwischenwirte dienen Amphipoden, als Endwirte Fische.

B. Symptome: Bei einzelnen Bandwurmlarven oder erwachsenen Bandwürmern treten meist keine sichtbaren Krankheitssymptome auf. Infizierte Fische bleiben lediglich im Wachstum zurück. Anders ist dies bei einem Massenbefall. Die dann auftretenden Symptome können sehr vielfältig sein. Je nachdem, ob die Fische mit Oncosphaera, Plerocercoiden oder den erwachsenen Bandwürmern befallen sind, werden unterschiedliche Organe geschädigt und es können verschiedene Symptome auftreten.

Viele eingekapselte Oncosphaera-Larven auf den Kiemen von südostasiatischen Frei-

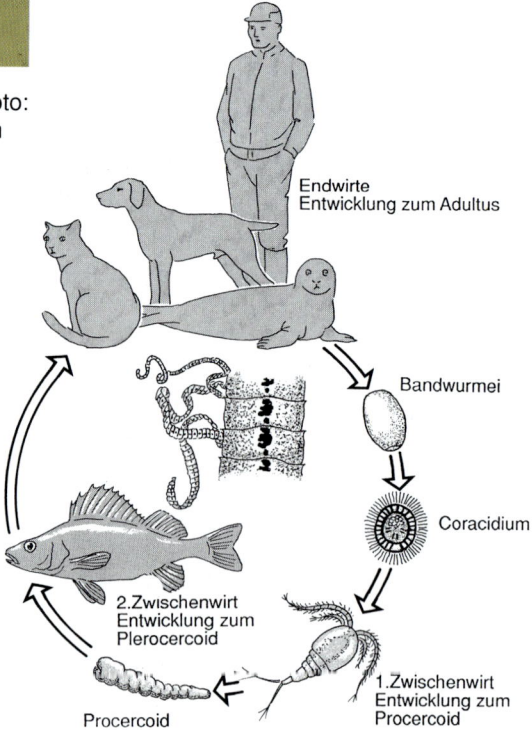

Endwirte
Entwicklung zum Adultus

Bandwurmei

Coracidium

1.Zwischenwirt
Entwicklung zum
Procercoid

2.Zwischenwirt
Entwicklung zum
Plerocercoid

Procercoid

Abb. 82: Entwicklungskreislauf von *Diphyllobotrium latum*. Der Fisch ist hier 2. Zwischenwirt. Endwirte sind Säugetiere und der Mensch. Abb.: verändert nach W. BAUR & J. RAPP, (1988)

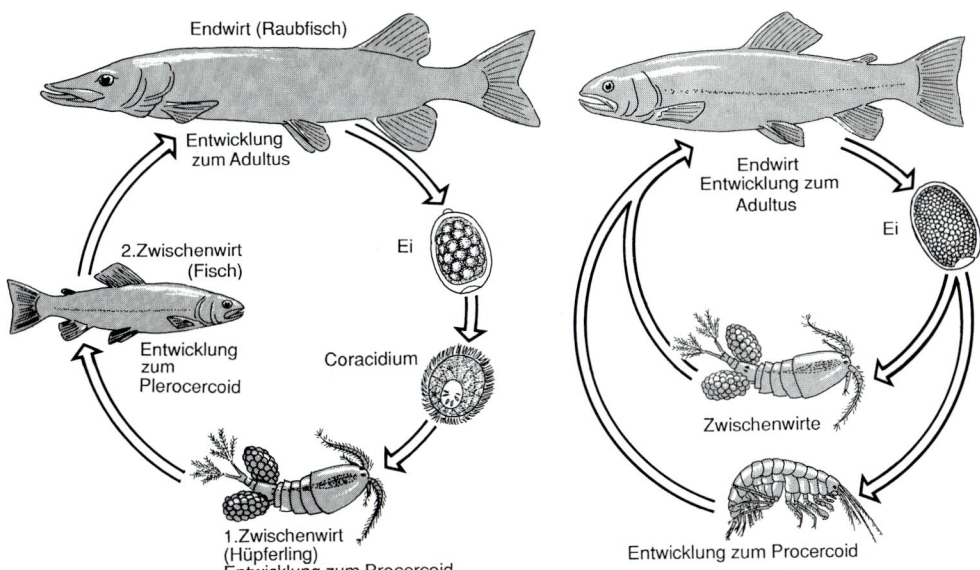

Abb. 83: Entwicklungskreislauf von *Triaeno-phorus*. Fische sind hier 2. Zwischenwirte und Endwirte. Abb.: verändert nach W. BAUR & J. RAPP, (1988)

Abb. 84: Entwicklungskreislauf von *Eubo-trium, Cyathocephalus* und *Proteocephalus*. Hier gibt es nur einen Zwischenwirt. Fische sind Endwirte. Abb.: verändert nach W. BAUR & J. RAPP, (1988)

landnachzuchten führen zu Atemnot und Stoffwechselschäden, an denen die Fische sterben können. Viele Plerocercoide in der Leber führen zu ihrer Verkalkung und zu Leberzirhose. Einzelne, sehr große Plero-cercoide von *Ligula, Digramma* und *Schisto-cephalus* in der Leibeshöhle von Süßwas-serfischen führen zu aufgetriebenen Bäu-chen und Bauchfellentzündung. Durch sol-che Bandwurmlarven wird bei den betroffe-nen Fischen Laichreife vorgetäuscht. Sie sind jedoch zur Fortpflanzung nicht mehr fähig, da durch Hemmung der Blutzufuhr die Ge-schlechtorgane degeneriert sind (parasitäre Kastration).

Die darmlosen Bandwurmlarven nehmen Körperflüssigkeit und die darin gelösten Eiweißstoffe ihrer Wirte auf und schwächen sie dadurch erheblich. Erwachsene Band-würmer, die im Fischdarm leben und sich vom Darminhalt ernähren, bewirken bei Fi-schen infolge Nahrungsmangel eine Abma-gerung.

C. Befallene Organe: Oncosphaera-Larven können auf den Kiemen, in der Darmwand und in der Leibeshöhle gefunden werden. Plerocercoide treten in der Leber, der Lei-beshöhle, der Darmwand und der Muskula-tur auf. Erwachsene Bandwürmer leben ausschließlich im Darm.

D. Pathogenität: Die Pathogenität der Band-würmer ist sehr unterschiedlich. Sie hängt von der Anzahl und der Art der Parasiten sowie von den befallenen Organen ab.

E. Untersuchungsmethoden: Bei der Sek-tion eines frisch getöteten Fisches sucht man die Kiemen und die inneren Organe nach Bandwurmlarven ab. Seltener findet man erwachsene Bandwürmer im Darm der Fi-sche. Die sehr kleinen Oncosphaera-Larven sind in einer Bindegewebshülle eingekap-selt. Sie bewegen sich innerhalb dieser Kapsel. Man erkennt sie an den zahlreichen Kalkkristallen im Körperinneren und den sechs Eihaken. Die Plerocercoide können

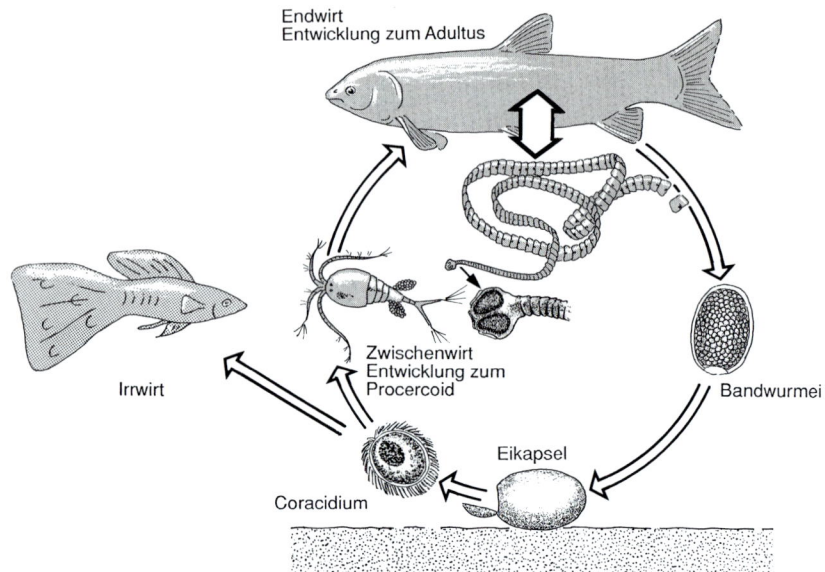

Abb. 85: Entwicklungskreislauf von *Bothriocephalus gowkongensis*. Hier gibt es nur einen Zwischenwirt. Fische sind Endwirte oder Irrwirte (siehe Text). Abb.: verändert nach W. BAUR & J. RAPP, (1988)

wenige Millimeter bis zu vielen Zentimetern lang sein. Sie sind bei manchen Arten mit einer vom Wirt gebildeten Bindegewebshülle umgeben. Die größeren Formen *(Ligula, Digramma, Schistocephalus)* besitzen bereits eine deutlich sichtbare Gliederung des Körpers. Sie liegen als weiße, riemenförmige Würmer frei in der Körperhöhle.

F. Therapie: Erwachsene Bandwürmer können mit Niclosamid beseitigt werden. Die Behandlung erfolgt wie gegen Nelkenwürmer. Bandwurmlarven darf man auf keinen Fall abtöten. Da die Wurmlarven in der Leibeshöhle, in den inneren Organen oder in der Muskulatur liegen und nicht ausgeschieden werden können, gehen die Fische nach einer solchen Behandlung an Eiweißvergiftung ein. Liegt ein starker Befall mit Bandwurmlarven vor, der die Fische schädigt, sollten diese aus tierschützerischen Gründen abgetötet werden. Ein leichter Befall muß nicht behandelt werden, da im Aquarium der Entwicklungskreislauf mangels Zwischen- und Endwirt

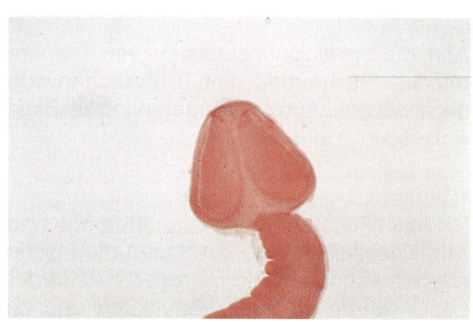

Abb. 86: Kopf eines *Bothriocephalus gowkongensis*. Gefärbtes Totalpräparat. Foto: G. SCHUBERT, Zool. Inst. Uni. Hohenheim

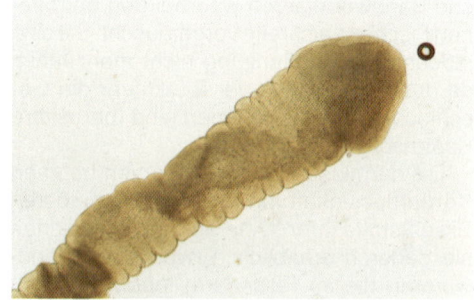

Abb. 87: Kopf von *Bothriocephalus acheiloqnathi*. Foto: G. SCHUBERT, Zool. Inst. Uni. Hohenheim

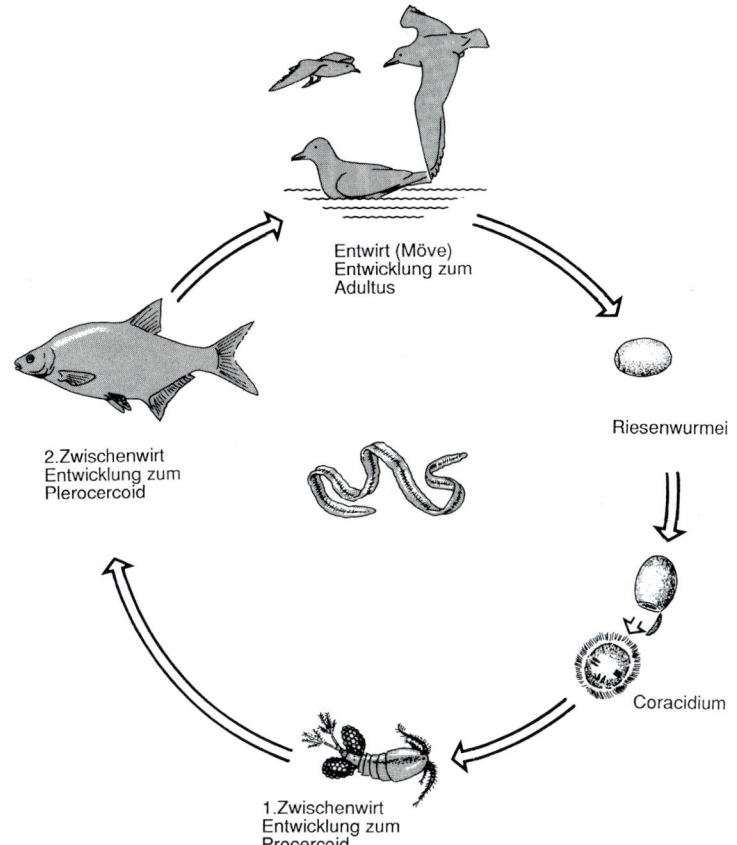

Entwirt (Möve)
Entwicklung zum
Adultus

Riesenwurmei

2.Zwischenwirt
Entwicklung zum
Plerocercoid

Coracidium

1.Zwischenwirt
Entwicklung zum
Procercoid

Abb. 88: Entwicklungskreislauf von *Ligula intestinalis*. Fische sind hier 2. Zwischenwirte. Endwirte sind fischfressende Vögel. Abb.: verändert nach W. BAUR & J. RAPP, (1988)

unterbrochen ist und die Parasiten sich nicht weiter ausbreiten können.

G. Prophylaxe: Aus prophylaktischen Gründen darf kein lebendes Plankton aus fischhaltigen Gewässern verfüttert werden. Copepoden (Hüpferlinge) und Amphipoden (Bachflohkrebse) übertragen die Bandwurmlarven auf planktonfressende Fische. Wenn Sie unbedingt Plankton aus fischhaltigen Gewässern verfüttern wollen, sollten Sie die Futtertiere vorher einfrieren, um die Bandwurmlarven abzutöten. In besonderen Fällen können auch in fischfreien Gewässern

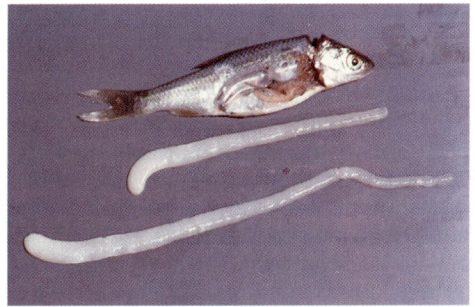

Abb. 89: *Ligula intestinalis*. Zwei Plerocercoide aus der Leibeshöhle einer Plötze *(Rutilus rutilus)*. Foto: G. SCHUBERT, Zool. Inst. Uni. Hohenheim

Bandwurmlarven enthalten sein, so zum Beispiel dann, wenn über den Kot von fischfressenden Vögeln (Möven, Taucher, Reiher usw.), die in solchen Fällen als Endwirt dienen, Eier in diese Gewässer gelangen. Die ausschlüpfenden Bandwurmlarven befallen dann die dort lebenden Copepoden. Da keine Fische vorhanden sind, ist der Entwicklungskreislauf der Bandwürmer in diesen Gewässern unterbrochen. Trotzdem bleiben die Wurmlarven infektionsfähig und können, falls Sie solches Plankton verfüttern, Ihre Fische infizieren.

Lebende Futterfische sollten ebenfalls auf Bandwurmlarven abgesucht werden, um eine Infektion der Raubfische zu vermeiden. Bei manchen Cypriniden, unter anderem auch bei Moderlieschen und anderen Futterfischen,

treten die sehr großen Plerocercoide von *Ligula, Digramma* und *Schistocephalus* auf. Solche Fische können bedenkenlos an Raubfische verfüttert werden, da als Endwirt für diese Bandwürmer nur fischfressende Vögel in Frage kommen.

H. Besonderes: Für einige fischpathogene Bandwürmer ist auch der Mensch Endwirt. Der sehr weit verbreitete Fischbandwurm *(Diphillobothrium latum)* mit einer Länge bis zu 12 Metern, kommt im Menschen besonders in Gegenden vor, in denen Organe (Leber) oder Fleisch von Süßwasserfischen roh verzehrt werden.

10.3   Digenea (Trematoda)

Von den über 7000 bekannten Digenea leben ca. 3000 als erwachsene Würmer in Fischen. Zählt man die fischpathogenen Larvenformen hinzu, liegt die Zahl der in Fischen lebenden Arten um einiges höher. Die Larven (Metacercarien) und die erwachsenen Tiere dieser endoparasitisch lebenden Plathelminthen besitzen als herausragendes Merkmal zwei Saugnäpfe, einen am Vorderende und einen in der Körpermitte auf der Bauchseite. Einzige Ausnahme bilden Digenea der Familie Sanguinicolidae, die im Blut der Fische leben und keine Saugnäpfe mehr besitzen. Die abgeplatteten, erwachsenen Parasiten, die in Fischen leben, erreichen eine Größe von 1 bis 30 mm. Sie besitzen einen zweischenkeligen, seltener sackförmigen Darm ohne After.

Die meisten Arten sind Zwitter. Es bestehen jedoch innerhalb der Digenea verschiedene Übergangsformen bis hin zu echten getrenntgeschlechtlichen Arten. Alle Digenea durchlaufen während ihres Entwicklungskreislaufs einen oder zwei Wirtswechsel zwischen Mollusken (Schnecken, Muscheln) und Wirbeltieren, gekoppelt mit einem Generationswechsel. Es vermehren sich also nicht nur die erwachsenen Würmer durch zweigeschlechtliche Fortpflanzung, sondern auch die Larven durch parthenogenetische Fortpflanzung. Dieser sehr komplizierte Entwicklungszyklus beginnt mit der Eiablage

durch die erwachsenen Würmer. Die freigewordenen Eier werden entweder von Mollusken gefressen oder es schlüpfen Wimpernlarven (Miracidien) aus, die aktiv in Mollusken eindringen. Dabei bevorzugt jede Trematodenart ganz bestimmte Molluskenarten. In diesem ersten Zwischenwirt entstehen aus den Miracidien fast organlose Keimschläuche (Muttersporocysten), die durch Parthenogenese zahlreiche Tochtersporocysten oder Redien mit Zentralnervensystem, Schlund, Darm und Geburtsöffnung der zweiten Generation erzeugen.

Aus der zweiten Generation (Tochtersporocysten oder Redien) gehen ebenfalls durch Parthenogenese als dritte Generation die Cercarien hervor. Jede Cercarie besitzt bereits einen Schlund, Darm, Ruderschwanz und zwei Saugnäpfe, jedoch noch keine Geschlechtsorgane. Diese Cercarien verlassen aktiv die Mollusken und schwimmen mit Hilfe ihres Ruderschwanzes frei umher. Treffen sie auf einen Fisch, dringen sie aktiv in diesen ein und wandeln sich unter Abwurf ihres Ruderschwanzes in eine Metacercarie um. Bei Arten aus den Familien Sanguinicolidae und Azygiidae entwickelt sich die Cercarie direkt zum adulten Parasiten. In diesem Fall ist der Fisch Endwirt und der einzige Zwischenwirt ein Molluske. Bei allen anderen Arten dient der Fisch, der die Cercarie aufnimmt, als zweiter Zwischenwirt. Die darin entstandene Metacercarie wandert in ihr Zielgewebe und wird bei manchen Trematodenarten von Bindegewebe eingekapselt.

Im Fisch kann die Parasitenlarve sehr lange überdauern, bis der infizierte Fisch vom Endwirt gefressen wird. Als Endwirte kommen alle fischfressenden Räuber in Frage. Je nach Trematodenart können dies Raubfische, Reptilien, Vögel oder Säuger sein. Im Endwirt entwickelt sich die Metacercarie zum erwachsenen Parasiten. Dieser sitzt je nach Art in der Mundhöhle, im Magen, im Darm, in der Haut, in der Gallenblase, in der Niere, in der Leibeshöhle oder in der Muskulatur.

10.3.1 Metacercarien

A. Ursache/Erreger: Fische können für Trematoden als zweiter Zwischenwirt dienen (siehe oben). Mit infizierten Schnecken aus Teichen, Seen und Fließgewässern können Trematoden ins Aquarium eingeschleppt werden. Die Larven (Cercarien) verlassen zu Hunderten die infizierten Schnecken und dringen in die Fische ein. Hier werfen die Cercarien ihren Ruderschwanz ab und wandeln sich in Metacercarien um. Die Metacercarie ruht im Fisch und kann diesen nicht mehr aktiv verlassen. Deshalb können Metacercariosen nicht von Fisch zu Fisch übertragen werden. Die Parasiten können nur als adulte Würmer an andere Fische weitergegeben werden. Dazu müssen zwei Bedingungen erfüllt sein. Erstens muß der infizierte Fisch von einem anderen Fisch gefressen werden, und zweitens muß der erwachsene Trematode Fische als Endwirt haben.

Metacercarien unterscheiden sich von adulten Trematoden in erster Linie durch ihre Größe und durch das Fehlen der Geschlechtsorgane.

B. Symptome: Durch die eindringenden und im Gewebe wandernden Cercarien kommt es zu Haut-, Muskel- und Organschäden. Durch die Invasion zahlreicher Cercarien bilden sich blutunterlaufene Stellen auf der Haut und in der Muskulatur. Während der Invasion der Cercarien schwimmen die Fische aufgeregt umher, scheuern sich an Steinen und am Bodengrund und atmen verstärkt. Nachdem die Metacercarien im Fisch zur Ruhe gekommen sind, wird das Verhalten der Fische wieder unauffällig. Im

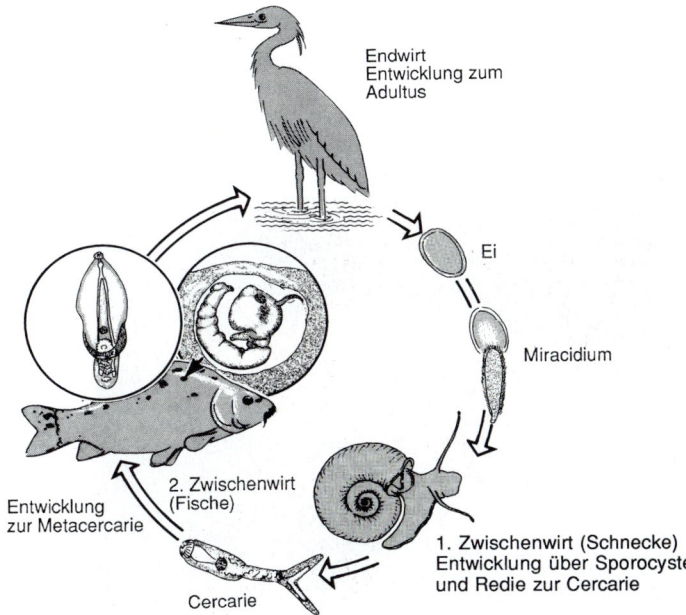

Endwirt
Entwicklung zum
Adultus

Ei

Miracidium

1. Zwischenwirt (Schnecke)
Entwicklung über Sporocysten
und Redie zur Cercarie

2. Zwischenwirt
(Fische)

Entwicklung
zur Metacercarie

Cercarie

Abb. 90:
Entwicklungskreislauf
von *Posthodiplostomum
cuticola.* Fische dienen
hier als 2. Zwischen-
wirte.
Abb.: verändert nach W.
BAUR & J. RAPP, (1988)

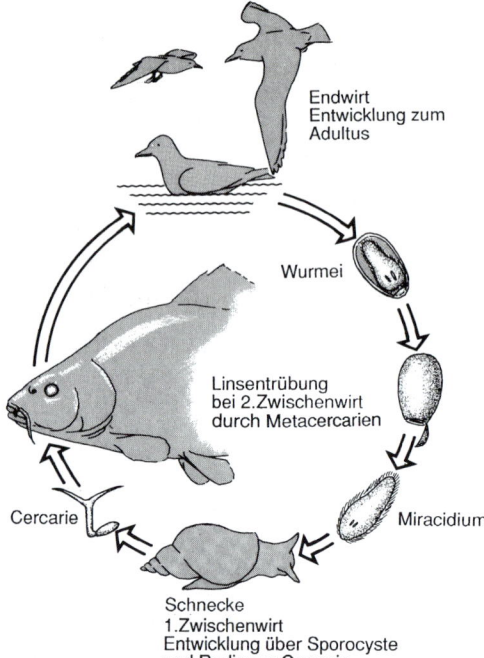

Abb. 91: Entwicklungskreislauf von *Diplosto-mum spathaceum.* Fische sind hier 2. Zwischenwirte. Abb.: verändert nach W. BAUR & J. RAPP, (1988)

Zielgewebe werden die Metacercarien mancher Arten mit Bindegewebe eingekapselt. Auch das Auftreten von schwarzem Pigment in dieser Bindegewebskapsel ist für einige Arten charakteristisch (Gattungen *Posthodi-*

plostomum, Apophallus u.a.). Die dadurch entstehenden schwarzen Flecke auf der Haut, Verdickungen und Knoten in der Haut und in der Muskulatur deuten auf einen Befall mit Metacercarien hin.

Metacercarien im Auge und in der Augenlinse führen mitunter zur Augentrübung und zur Erblindung der betroffenen Fische.

C. Befallene Organe: Metacercarien können in allen Organen der Fische vorkommen. Besonders gefährlich sind Metacercariosen der Augen, des Gehirns und der Eingeweide. Trematodenlarven findet man in Süß- und Meerwasserfischen.

D. Pathogenität: Einzelne Metacercarien im Fisch verursachen keine Krankheitssymptome. Ein Massenbefall kann bereits während der Invasionsphase der Cercarien innerhalb kurzer Zeit zum Tod der Fische führen. Durch zahlreiche Metacercarien in der Muskulatur wird diese teilweise zerstört und der Fisch in seiner Beweglichkeit eingeschränkt. Bei Infektionen der Augen kommt es zu Linsentrübung und Erblindung. Infektionen des Gehirns führen zu Gleichgewichtstörungen und Lähmungen.

E. Untersuchungsmethoden: Treten in der Haut oder der Muskulatur von Aquarienfischen kleine Knoten auf, wird von einem frisch getöteten Fisch an der betroffenen Stelle die Haut vorsichtig abgezogen und die Mukulatur freipräpariert. Ein Zupfpräparat aus der betroffenen Stelle wird unter dem Mikro-

Abb. 92: Lebender (!) *Helostoma temminckii* mit Metacercarienbefall. Durch Auflösungserscheinungen der Muskulatur liegen bereits die inneren Organe frei. Foto: G. SCHUBERT, Zool. Inst. Uni. Hohenheim

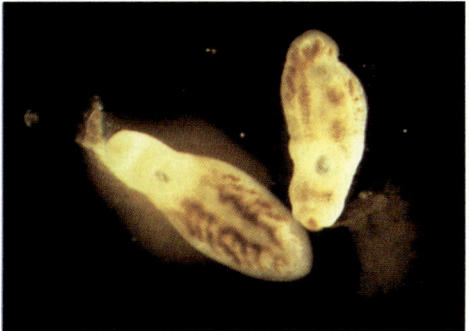

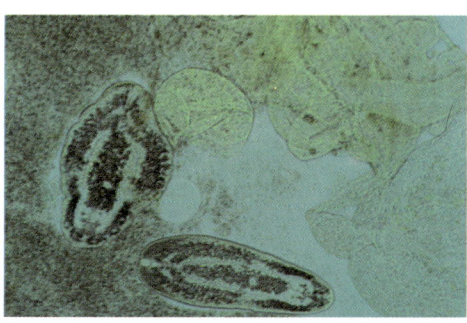

Abb. 93: Metacercarien aus *Helostoma tem-minckii*. Foto: G. SCHUBERT, Zool. Inst. Uni. Hohenheim

Abb. 95: Metacercarien aus der Leibeshöhle. Foto: R. BAUER

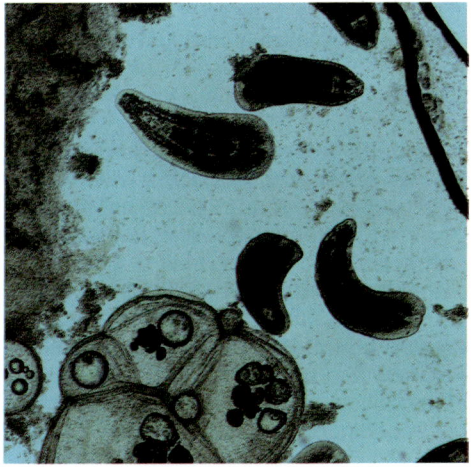

Abb. 96: *Aulonocara nyassae* mit Metacercarienbefall im Auge. Die Parasitenlarven sind frei beweglich und schwimmen in der Augenkammer umher. Foto: R. BAUER

Abb. 94: Freipräparierte Metacercarien aus der Leibeshöhle. Im unteren Bildteil ist noch die ehemalige bindegewebige Syncyste zu sehen. Als Syncyste werden mehrere zu Klumpen zusammenhängende Metacercariencysten bezeichnet. Foto: R. BAUER

skop nach Metacercarien abgesucht. Diese sind leicht an den beiden Saugnäpfen und dem zweischenkeligen Darm zu erkennen. Bei der Sektion findet man in der Leibeshöhle, in den inneren Organen, im Gehirn oder im Auge Metacercarien verschiedener Trematoden.

F. Therapie: Metacercarien dürfen auf kei-

Abb. 97: *Aulonocara nyassae*. Auge mit Metacercarienbefall. Detailaufnahme. Foto: R. BAUER

nen Fall medikamentös behandelt werden. Die absterbenden Metacercarien können vom Fisch nicht ausgeschieden werden und würden ihn durch Eiweißvergiftung töten. Ein geringer Befall durch Metacercarien, die eventuell sogar durch Bindegewebe abgekapselt sind, schadet dem Fisch nicht. Treten jedoch durch die Metacercarien typische Krankheitssymptome auf, wie Erblindung, Zerstörung der Muskulatur oder der inneren Organe sind die Fische aus ethischen Gründen zu töten.

G. Prophylaxe: Meist kommen Wildfänge oder Freilandnachzuchten bereits infiziert in unsere Aquarien. Infizierte Fische darf man nicht behandeln, um sie nicht einer Eiweißvergiftung auszusetzen. Andere Fische werden durch solche Metacercariosen ohnehin nicht angesteckt, da die Parasitenlarve den Fisch nicht verlassen kann. Deshalb ist eine Behandlung solcher Fische nicht nötig.

Schnecken aus tropischen und einheimischen Freilandgewässern können Sporocysten oder Redien von Trematoden enthalten. Die daraus freiwerdenden Cercarien infizieren die Aquarienfische und können große Schäden hervorrufen. Setzen Sie deshalb nur Schnecken aus anderen Aquarien in Ihre Becken ein, oder kontrollieren Sie, ob die in Freilandgewässern gesammelten Schnecken parasitenfrei sind, was sehr unwahrscheinlich ist. Sie werden in den meisten aus Freilandgewässern stammenden Schnecken in einem Quetschpräparat der Mitteldarmdrüse Redien und Sporocysten von Trematoden finden. Da man nicht weiß, ob es sich dabei um fischpathogene Trematoden handelt, sind solche Schnecken für ein Aquarium nicht geeignet.

H. Besonderes: Die Bindegewebskapsel in die die Cercarien eingehüllt sind können bei manchen Trematodenarten schwarz pigmentiert sein (DÖNGES 1967).

10.3.2 Trematoden im Darm

A. Ursache/Erreger: Geschlechtsreife Trematoden im Darm können nur auftreten, wenn lebende Futterfische verfüttert wurden oder wenn es sich um Wildfänge handelt, die in freier Natur Fische gefressen haben. Dann dienen die Fische den Trematoden als Endwirte. Die geschlechtsreifen Trematoden legen eine große Anzahl von Eiern, aus denen Miracidien schlüpfen. Diese können sich nur entwickeln, wenn geeignete Mollusken (Schnecken, Muscheln) vorhanden sind. Deshalb ist der Entwicklungskreislauf der Trematoden im Aquarium meist unterbrochen. Sie sind aufgrund der fehlenden Zwischenwirte nicht in der Lage, sich im Aquarium auszubreiten.

B. Symptome: Durch darmbewohnende Trematoden werden normalerweise keine Krankheitssymptome ausgelöst. Nur bei sehr großen Parasiten oder bei Massenbefall wird der Fisch geschwächt und für andere Erreger anfällig. Dann kann es auch gelegentlich zu Ausfällen kommen.

C. Befallene Organe: Dient der Fisch als Endwirt, sitzen die geschlechtsreifen Trematoden meist im Darm, selten in anderen Organen und Geweben, von Süß- und Meerwasserfischen. Einige wenige Arten kommen auf der Haut und den Kiemen vor.

D. Pathogenität: Die Darmschleimhaut der Fische wird durch die Saugtätigkeit der Trematoden mechanisch geschädigt, jedoch ist die Schädigung gering.

E. Untersuchungsmethoden: Bei der Sektion eines frisch getöteten Fisches findet man im Darm einzelne bis wenige, geschlechtsreife Trematoden. Diese sind leicht an den beiden Saugnäpfen und den deutlich ausgebildeten Geschlechtsorganen zu erkennen.

F. Therapie: Erwachsene Trematoden können mit Concurat beseitigt werden. Die abgestorbenen Trematoden werden mit dem Kot ausgeschieden.

G. Prophylaxe: Geschlechtsreife Trematoden können nur nach der Fütterung von lebenden Futterfischen auftreten. Um einen Befall mit erwachsenen Trematoden zu verhindern, müssen lebende Futterfische, die als Überträger der Metacercarien in Frage kommen, auf Trematodenlarven untersucht werden. Sind in den Futterfischen Metacercarien vorhanden, sollten die Fische vor dem Verfüttern eingefroren werden.

H. Besonderes: Durch den Genuß von unvollständig gegartem Fischfleisch können Trematoden (z.B. aus der Gattung *Heterophyes*) auch auf den Menschen übertragen werden.

10.3.3 Trematoden im Blut

A. Ursache/Erreger: Die Trematoden der Familie Sanguinicolidae nehmen eine Sonderstellung innerhalb der fischpathogenen Trematoden ein. Ihrer versteckten Lebensweise wegen werden sie sehr selten gefunden und sind so abweichend gebaut, daß die ersten Entdecker sie für endoparasitische Turbelarien oder für Cestoden hielten. Die Gattungen *Aporocotyle* und *Paradeontacylix* parasitieren im Blut von Meeresfischen, die Gattung *Sanguinicola* im Blut von Süßwasserfischen. Sie sitzen meist im Herzen, im Bulbus arteriosus und in den angrenzenden, größeren Blutgefäßen (Kiemenarterien). Diese 1 bis 2 mm langen Trematoden sind schlank, lanzettförmig und besitzen keine Saugnäpfe. Ihr Uterus enthält immer nur ein Ei. Die 30 bis 70 μm großen Eier haben eine typische, dreieckige bis mützenförmige Gestalt. Sie enthalten bereits ein Miracidium mit einem charakteristischen, schwarzen Pigmentfleck.

Die abgelegten Eier werden mit dem Blut durch das Gefäßsystem transportiert und bleiben durch ihre Form bedingt in den dünneren Kapillaren der Kiemen oder der Niere hängen. Die Blutgefäße der Kiemen werden durch die Eier verstopft. Hier schlüpft, abweichend von der Larvenentwicklung bei anderen Trematodenarten, das Miracidium im Fischblut aus und durchbricht das Kiemenepithel, um aktiv Schnecken aufzusuchen. Nach der bei Trematoden üblichen Entwicklung über Sporocysten und Redien werden Cercarien mit einem Gabelschwanz und einer typischen Membran gebildet, die beim Schwimmen mitschwingt und der Fortbewegung dient. Diese Cercarien befallen direkt wieder Fische und werden geschlechtsreif. Es gibt also neben den Fischen als Endwirt nur einen Zwischenwirt, die Schnecke. Werden infizierte Schnecken aus fischhaltigen Gewässern ins Aquarium gesetzt, so können Cercarien dieser Blutwürmer eingeschleppt werden.

B. Symptome: Die erwachsenen Würmer in den Blutgefäßen rufen keinerlei Symptome hervor. Erst die abgelegten Eier verstopfen die Blutkapillaren der Kiemen, wodurch Atemnot und Stoffwechselstörungen auftreten. Betroffene Fische hängen an der Wasseroberfläche und schnappen nach Luft. Wenn die Eier in die Niere gespült werden und die Nierenkapillaren verstopfen, kommt es zu einem Rückstau von Urin und zu allgemeiner Wassersucht. Durch Eindringen der Cercarien in den Fisch werden diegleichen Symptome erzeugt wie bei anderen Trematodenarten (siehe 10.3.1).

C. Befallene Organe: Trematoden aus der Familie Sanguinicolidae leben im Herzen, im

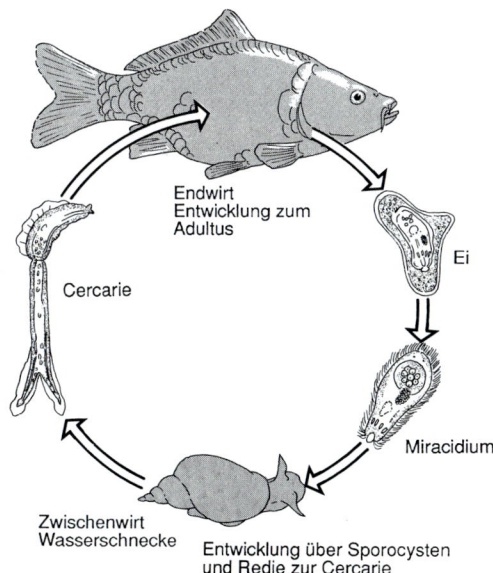

Endwirt
Entwicklung zum
Adultus

Ei

Cercarie

Miracidium

Zwischenwirt
Wasserschnecke

Entwicklung über Sporocysten
und Redie zur Cercarie

Abb. 98: Entwicklungszyklus von *Sanguinicola*. Fische sind hier Endwirte. Abb.: verändert nach W. BAUR & J. RAPP, (1988)

Bulbus arteriosus und in den angrenzenden, größeren Blutgefäßen (Kiemenarterien) von Süß- und Meerwasserfischen.

D. Pathogenität: Einzelne Trematoden und deren Eier sind meist harmlos und erzeugen keine Krankheitssymptome. Nur ein Massenbefall ist für Fische kritisch. Beim Eindringen zahlreicher Cercarien in den Fisch können kleine Exemplare durch die entstandenen Wunden innerhalb kurzer Zeit getötet werden.

E. Untersuchungsmethoden: Bei der Sektion eines frisch getöteten Fisches sind die Kiemenarterien, der Bulbus arteriosus und das Herz auf geschlechtsreife Trematoden der Familie Sanguinicolidae abzusuchen. In den Kiemen und in der Niere können die typischen, dreieckigen mützenförmigen Eier mit einem schwarzen Pigmentfleck gefunden werden.

F. Therapie: Eine medikamentöse Behandlung ist nicht anzuraten, um die Fische nicht zu gefährden (siehe 10.3.1). Um den Entwicklungskreislauf dieser Parasiten sicher zu unterbrechen, müssen alle Schnecken aus dem betroffenen Aquarium entfernt und vernichtet werden. Nur so ist gewährleistet, daß sich die Trematoden nicht weiter ausbreiten können. Die geschlechtsreifen Blutwürmer sterben nach einigen Wochen ab und bilden dann keine Gefahr mehr.

G. Prophylaxe: Aus prophylaktischen Gründen dürfen keine Schnecken aus fischhaltigen Gewässern ins Aquarium gesetzt werden. Sie können diese Trematoden auf Aquarienfische übertragen und als Zwischenwirte dienen.

H. Besonderes: In einzelnen Fällen können erwachsene Digenea bis zu 12 (!) Meter lang werden (Trematoden in der Muskulatur des Mondfisches).

11 Acanthocephala (Kratzer)

A. Ursache/Erreger: Diese Würmer leben als erwachsene Tiere im Darm von Wirbeltieren. Von den ca. 700 bekannten Arten leben ungefähr 320 im Darm von Fischen. Die rein parasitisch lebenden Acanthocephalen besitzen einen typischen, mit Haken versehenen, einziehbaren Rüssel, mit dem sie sich in der Darmwand verankern. Ein Magen-Darm-Kanal mit Schlund und After existiert nicht. Die Nahrung wird über die Körberoberfläche aufgenommen. Die Tiere sind getrenntgeschlechtlich.

Die Weibchen, erkenntlich an den zahlreichen Eiern in der Leibeshöhle, legen die schlanken, spindelförmigen Eier im Fischdarm ab. Diese Eier enthalten bereits voll entwickelte Larven (Acanthor), die im Darm eines Zwischenwirtes (Amphipoden, Isopoden, Insekten) ausschlüpfen. Sie durchbohren die Darmwand und entwickeln sich in der Leibeshöhle über Zwischenstadien (Acanthella) zu Invasionslarven (Cystacanthus), die vom Wirt mit Bindegewebe eingekapselt werden. Die Invasionslarve stellt keine echte Larve dar, sondern ist bereits ein Jugendstadium der Kratzer. Frißt ein Fisch die infizierten Krebse oder Asseln, erfolgt im Fischdarm die Entwicklung zum erwachsenen Tier. Werden die Zwischenwirte (Krebse, Asseln, Schlammfliegen) von Fischen gefressen, bevor die Acanthella-Larven sich zu Invasionslarven entwickeln konnten, dienen diese Fische als Stapelwirte (zweite Zwischenwirte), bei denen die Larven in die Leibeshöhle eindringen und dort die Entwicklung zu Invasionslarven beenden. Die Entwicklung zum erwachsenen Tier erfolgt erst, wenn der Stapelwirt von einem Raubfisch gefressen wird. Die selben Fische können also als Stapelwirte und als Endwirte dienen, je nachdem wie weit die Entwicklung der aufgenommenen Larven fortgeschritten ist. Auch eine Übertragung der erwachsenen Kratzer von Fisch zu Fisch konnte beobachtet werden (Postzyklusparasitismus). Über infiziertes Lebendfutter (Bachflohkrebse, Wasserasseln, Insektenlarven oder Futterfische) aus fischhaltigen Gewässern können Kratzer ins

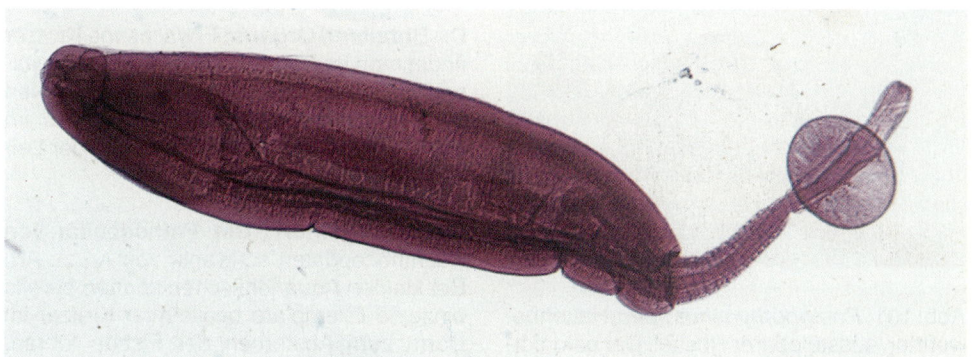

Abb. 99: *Pomphorhynchus spec.* Gefärbtes Totalpräparat. Foto: G. Schubert, Zool. Inst. Uni. Hohenheim

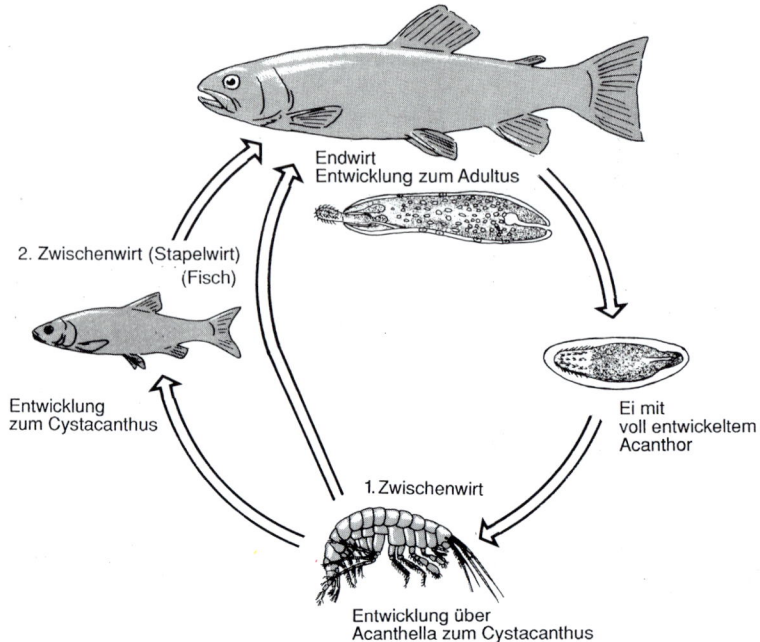

Endwirt
Entwicklung zum Adultus

2. Zwischenwirt (Stapelwirt)
(Fisch)

Entwicklung
zum Cystacanthus

Ei mit
voll entwickeltem
Acanthor

1. Zwischenwirt

Entwicklung über
Acanthella zum Cystacanthus

Abb. 100: Entwicklungskreisauf von *Acan-thocephala*. Fische können als Endwirt und/oder als Zwischenwirte (Stapelwirte) dienen. Erklärung im Text. Abb.: verändert nach W. BAUR & J. RAPP, (1988)

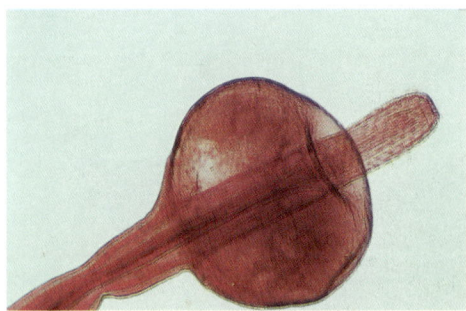

Abb. 101: *Pomphorhynchus spec.* Hakenbewehrter, ausstülpbarer Rüssel. Der balonförmige Kragen dient der besseren Verankerung im Wirtsgewebe. Gefärbtes Totalpräparat. Foto: G. SCHUBERT, Zool. Inst. Uni. Hohenheim

Aquarium eingeschleppt werden. Sie sind jedoch mangels Zwischenwirten nicht in der Lage, sich weiter zu vermehren.

B. Symptome: Durch Kratzer werden bei Aquarienfischen Blutarmut und Abmagerung hervorgerufen. Die hakenbewehrten Rüssel verursachen im Darm schwere Verletzungen, die zu Löchern im Darm, Darmentzündungen und Bauchwassersucht führen.

C. Befallene Organe: Erwachsene Kratzer findet man im Darm von Süß- und Meerwasserfischen. Von manchen Acanthocephalen können gleichzeitig erwachsene Tiere im Darm und deren Invasionslarven in der Leibeshöhle von Fischen auftreten.

D. Pathogenität: Die Pathogenität von Acanthocephalen schwankt von Art zu Art. Bei kleinen Aquarienfischen können bereits einzelne Exemplare bestimmter Kratzer im Darm zum Absterben der Fische führen, während von anderen Kratzerarten mehrere Tiere die Fische nicht töten.

E. Untersuchungsmethoden: Im Darm

eines frisch getöteten Fisches können Kratzer mit ihren typischen, hakenbewehrten Rüsseln gefunden werden. Außerdem ist bei der Sektion die Leibeshöhle auf eingekapselte Invasionslarven von Acanthocephalen abzusuchen. Die Invasionslarve besitzt bereits den hakenbewehrten Rüssel, der jedoch vollständig in die Rüsselscheide eingezogen ist.

F. Therapie: Eine Behandlung mit Concurat tötet die Kratzer sicher ab. Die Behandlung sollte in einem Quarantänebecken erfolgen. Die abgelegten Eier im Schau- oder Zuchtbecken können sich in Ermangelung von Zwischenwirten nicht weiterentwickeln, deshalb ist eine Desinfektion des Aquariums nicht nötig.

G. Prophylaxe: Um das Einschleppen von Kratzern in Aquarien zu verhindern, darf kein Lebendfutter aus fischhaltigen Gewässern verfüttert werden. Besonders Isopoden (Bachflohkrebse), Amphipoden (Wasserasseln), Ostracoden (Muschelkrebse) und Megalopteren (Schlammfliegen) können Kratzer übertragen.

H. Besonderes: Das unpaare Ovar junger Acanthocephalenweibchen löst sich bei älteren Tieren auf, dadurch liegen die Eier bei reifen Weibchen frei in der Leibeshöhle. Sie werden von einer muskulösen Uterusglocke aufgefangen und über einen Eileiter nach außen geschleust.

12 Nematoda (Fadenwürmer)

Nematoden sind dünne, langgestreckte Würmer, deren Körper mit einer festen, biegsamen, nichtzellulären Cuticula überzogen ist. Die zwischen 50 µm und 1 Meter großen Tiere besitzen lediglich eine Längsmuskulatur; Ring- oder Quermuskulatur fehlen. Die Fortbewegung erfolgt durch abwechselnde Kontraktion der am Bauch und Rücken gelegenen Längsmuskelstränge. Als Antagonist zur Längsmuskulatur dient der hohe Druck der Leibeshöhlenflüssigkeit (Hydrostatisches Skelett).

Als Besonderheit ist zu erwähnen, daß bei Nematoden Zellkonstanz auftritt: Alle Organe der Nematoden sind aus einer bestimmten, konstanten Anzahl von Körperzellen aufgebaut, so daß jedes Individuum einer Art immer aus der gleichen Anzahl von Körperzellen besteht. Diese konstante Zahl an Körperzellen liegt bereits in einem sehr frühen Stadium vor. Dann erfolgt ein weiteres Wachstum der Tiere nicht durch Zellvermehrung sondern lediglich durch Zellvergrößerung. Durch die hohe Determinierung der Körperzellen fehlt den Nematoden jegliches Regenerationsvermögen. Die Tiere sind nicht in der Lage, beschädigte Zellen oder Zellgruppen zu ersetzen. Bei der kleinsten Verletzung stirbt das Individuum.

Die über 12 000 Nematodenarten bevölkern alle Lebensbereiche der Erde. Es gibt freilebende Nematoden an Land, im Süß- und Meerwasser. Parasitäre Formen leben in Planzen und Tieren. Von den über 5200 Nematodenarten, die in Wirbeltieren parasitieren, kommen allein 650 Arten als geschlechtsreife Parasiten in Fischen vor. Zählt man die fischparasitären Nematodenlarven hinzu, liegt die Zahl bedeutend höher. Parasitäre Arten besitzen keine Sinnesborsten am Kopf und sind meist größer als die freilebenden Arten. Die Entwicklung dieser getrenntgeschlechtlichen Würmer erfolgt über vier Larvenstadien zum erwachsenen Tier, wobei manche Arten der fischpathogenen Nematoden keinen Wirtswechsel durchmachen, andere hingegen einen oder zwei Zwischenwirte in ihren Entwicklungskreislauf einschließen. Auch Stapelwirte können vorkommen.

Es gibt unter den fischparasitären Nematoden lebendgebärende und eierlegende Arten. In den abgelegten Eiern bildet sich bereits das erste Larvenstadium, aus dem zum Teil noch im Ei durch Häutung das zweite Larvenstadium entsteht. Die ersten beiden Larvenstadien leben entwed er frei am Grund des Gewässers oder dringen in einen Zwischenwirt oder Stapelwirt (z.B. *Cyclops*) ein. Bei einigen Arten muß dieser von einem zweiten Zwischenwirt (Fisch) gefressen werden. Im jeweils letzten Zwischenwirt entsteht das dritte Larvenstadium, das für den Endwirt (Fisch, Vogel, Säuger) infektiös ist. In diesem Endwirt entsteht durch Häutung das vierte Lavenstadium und schließlich das geschlechtsreife Tier. Fische können also für Nematoden Zwischenwirte oder Endwirte sein.

Die Nahrung besteht entweder aus Darminhalt, Gewebe, Gewebsflüssigkeit oder Blut des Wirtes und erfolgt über die Körperoberfläche oder mit Hilfe eines Magen-Darm-Kanals. Das dritte Larvenstadium im Zwischenwirt stellt meist ein Wartestadium dar, das keine Nahrung zu sich nimmt und durch

eine Bindegewebskapsel eingeschlossen sein kann.

Bei der Untersuchung von Fischen auf Nematodenbefall kann man sich ein Phänomen zunutze machen: Nematoden und Nematodenlarven fluoreszieren, wenn sie mit ultraviolettem Licht (360 nm) bestrahlt werden. Zur Untersuchung wird der Darm der Länge nach aufgeschnitten und mit einer 15 Watt starken UV-Lampe (360 nm) bestrahlt. Je nach Art leuchten die Nematoden blau-weiß oder gelb auf und können in einem

---

Tabelle 4: Fischpathogene Nematoda (nach verschiedenen Autoren kombiniert)

Stamm: Nematoda
  Klasse: Secernentea (= Phasmidia)
    Ordnung: Ascaridida
      Unterordnung: Ascaridata
        Familie: Anisakidae
          Gattung: *Anisakis*
          Gattung: *Phocanema*
          Gattung: *Terranova*
          Gattung: *Porrocaecum*
          Gattung: *Contracaecum*
          Gattung: *Raphidascaris*
          Gattung: *Thynnascaris*
          Gattung: *Paranisakis*
          Gattung: *Heterotyphlum*
        Familie: Goeziidae
          Gattung: *Goezia*
        Familie: Acanthocheilidae
          Gattung: *Acanthocheilus*
          Gattung: *Metanisakis*
          Gattung: *Pseudanisakis*
        Familie: Ascarididae
          Gattung: *Porrocaecum*
        Familie: Oxyuridae
          Gattung: *Oxyuris*
      Unterordnung: Cucullanata
        Familie: Cucullanidae
          Gattung: *Cucullanus*
          Gattung: *Cucullanellus*
    Ordnung: Spirurida
      Unterordnung: Spirurata
        Familie: Rhabdochonidae
          Gattung: *Comephoronema*
          Gattung: *Metabronema*
          Gattung: *Sterliadochona*
          Gattung: *Rhabdochona*
          Gattung: *Cystidicoloides*
          Gattung: *Cyclozone*
          Gattung: *Ascarophis*
          Gattung: *Cystidicola*
          Gattung: *Spinitectus*
        Familie: Haplonematidae

          Gattung: *Ichthyobronema*
          Gattung: *Haplonema*
          Gattung: *Cottocomephoronema*
        Familie: Pingidae
          Gattung: *Pingis*
        Familie: Desmidocercidae
          Gattung: *Desmidocercella*
        Familie: Gnathostomatidae
          Gattung: *Gnathostoma*
        Familie: Physalopteridae
          Gattung: *Proleptus*
          Gattung: *Dogielina*
      Unterordnung: Camallanata
        Familie: Dracunculidae
          Gattung: *Philometra*
          Gattung: *Clavinema*
          Gattung: *Coregonema*
          Gattung: *Philonema*
          Gattung: *Philometroides*
          Gattung: *Thwaitia*
        Familie Camallanidae
          Gattung: *Camallanus*
          Gattung: *Procamallanus*
          Gattung: *Spirocamallanus*
        Familie: Skrjabillanidae
          Gattung: *Skrjabillanus*
          Gattung: *Molnaria*
  Klasse: Adenophorea (= Aphasmidia)
    Ordnung: Trichocephalida
      Unterordnung: Trichicephalata
        Familie: Capilaridae
          Gattung: *Capillaria*
          Gattung: *Hepaticola*
        Familie: Cystoopsidae
          Gattung: *Cystoopsis*
      Unterordnung: Dioctophymata
        Familie: Dioctophymidae
          Gattung: *Dioctophyme*
          Gattung: *Eustrongylides*
          Gattung: *Hystrichis*

abgedunkelten Raum bereits mit bloßem Auge wahrgenommen werden. Durch Einfrieren getötete Nematoden leuchten erheblich stärker. Nachgewiesen wurde dieser Effekt bei den Gattungen *Anisakis, Contra-* *caecum* und *Phocanema* (PIPPY 1970). Es ist aber anzunehmen, daß auch andere Nematodenarten in ultraviolettem Licht fluoreszieren. Die Tabelle 4 zeigt einen Überblick über die fischpathogenen Nematodengattungen.

12.1 Ascaridida (Spulwürmer)

Die Mundöffnung dieser Nematoden ist mit drei Lippen ausgestattet. Der Ösophagus (Schlund) ist stark muskulös.

12.1.1 Anisakidae

A. Ursache/Erreger: Diese weißen, wenige Millimeter bis einige Zentimeter großen Würmer leben vorwiegend im Darm verschiedener Wirbeltiere. Ihr muskulöser, zylindrischer Ösophagus kann im hinteren Abschnitt etwas erweitert sein, enthält aber keinen Endbulbus. Im Verlauf ihrer Entwicklung kommt es zu einem Wirtswechsel, wobei Plankton und/oder Fische als Zwischenwirte dienen. Endwirte können Raubfische, Vögel oder Säugetiere sein. In Fischen kommen zahlreiche Gattungen und Arten vor, die nur von einem Fachmann unterschieden werden können. In tropischen Zierfischen findet man häufig in Bindegewebe eingekapselte Spulwurmlarven im Darm.

B. Symptome: Selbst bei starkem Befall mit Spulwurmlarven zeigen die betroffenen Fische keine Krankheitssymptome. Ein Massenbefall durch erwachsene Spulwürmer

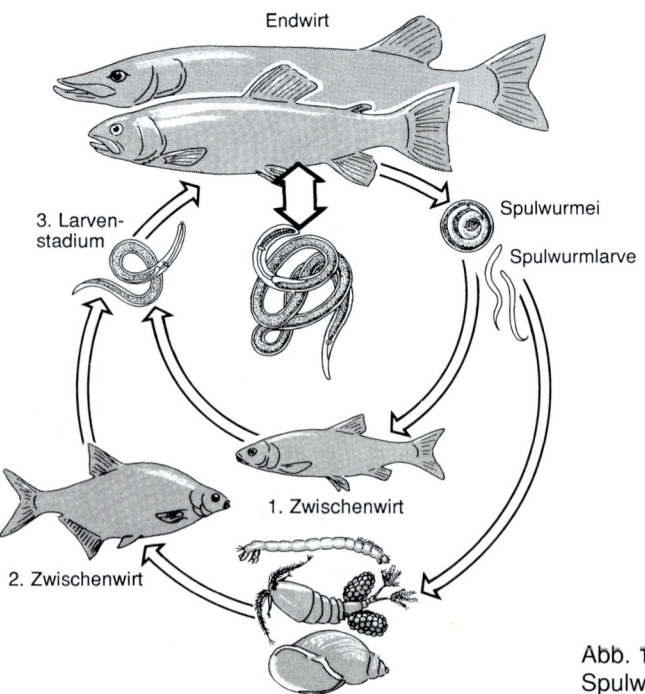

Endwirt

3. Larven-
stadium

Spulwurmei

Spulwurmlarve

1. Zwischenwirt

2. Zwischenwirt

1. Zwischenwirte

Abb. 102: Entwicklungskreislauf von Spulwürmern.
Abb.: W. BAUR & J. RAPP, (1988)

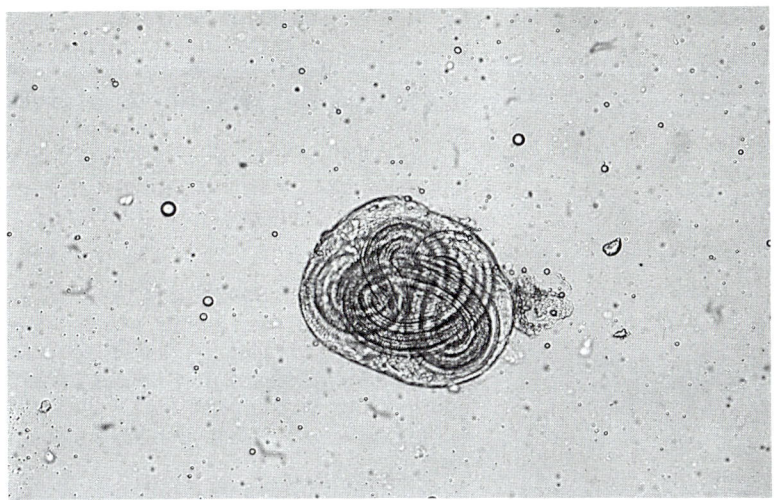

Abb. 103: Eingekapselte Spulwurmlarve aus der Leibeshöhle. Foto: R. BAUER

kann beim Endwirt (Raubfische) zu Darmverstopfung führen.

C. Befallene Organe: Spulwürmer sind weltweit verbreitet. Spulwurmlarven kommen vorwiegend im Darm und in den Darmanhangsdrüsen von Süß- und Meerwasserfischen vor. Geschlechtsreife Spulwürmer findet man nur im Darm von Raubfischen.

D. Pathogenität: Spulwürmer sind nicht sehr pathogen. Ihre Larven werden von den Organen mit Bindegewebe eingekapselt. Eine Infektion von Fisch zu Fisch findet nur statt, wenn Fische sich gegenseitig fressen.

E. Untersuchungsmethoden: Bei der Sektion eines frisch getöteten Fisches findet man im Darm die in Bindegewebe eingekapselten Spulwurmlarven. Erwachsene Spulwürmer fallen sofort durch ihre Größe, ihre weiße Farbe und ihre typische Form auf.

F. Therapie: Eine Therapie gegen eingekapselte Wurmlarven ist nicht möglich. Erwachsene Spulwürmer können mit Concurat-haltigen Mückenlarven beseitigt werden. Die Behandlung muß in einem Quarantänebecken erfolgen.

G. Prophylaxe: Um zu verhindern, daß Spulwurmlarven eingeschleppt werden, darf kein Plankton aus fischhaltigen Gewässern verfüttert werden.

H. Besonderes: Die Gattung *Anisakis* kann auch für den Menschen gefährlich werden. Sie ruft schwere Darmentzündungen hervor. Die Infektion erfolgt durch Verzehr von rohem, parasitenhaltigem Fischfleisch von Meeresfischen (Heringe, Makrelen usw.). Durch Salzen, Pökeln, Räuchern, Tiefgefrieren oder Erhitzen werden die Wurmlarven abgetötet. Danach kann das Fischfleisch bedenkenlos verzehrt werden.

12.1.2 Oxyuridae (Madenwürmer)

A. Ursache/Erreger: Im Darm von Diskusfischen wurden bereits öfter Nematoden aus der Familie Oxyuridae gefunden. Diese Madenwürmer besitzen einen kurzen, dikken Körper mit einem dünn auslaufenden, spitzen Schwanzende. Ihr muskulöser, zylindrischer Ösophagus enthält am hinteren Ende einen Endbulbus. Die Entwicklung erfolgt direkt, ohne Zwischenwirte.

B. Symptome: Infizierte Tiere färben sich dunkel und zeigen allgemeine Symptome

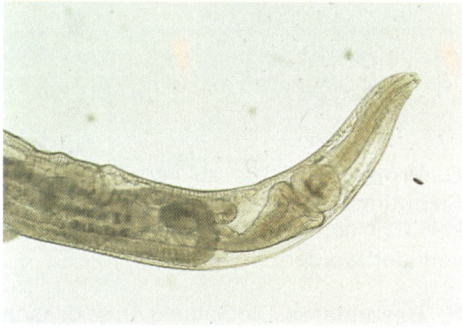

Abb. 104: *Oxyuris spec.*
A (oben). *Oxyuris spec.* aus einem Diskus *(Symphysodon aequifasciatus)*
B (unten). Kopfteil vergrößert
Foto: G. SCHUBERT, Zool. Inst. Uni. Hohenheim

des Unwohlseins. Bei starkem Befall verweigern die Fische das Futter und magern ab.

C. Befallene Organe: Madenwürmer fand man bis jetzt nur im Darm von Diskusfischen.

D. Pathogenität: Bei einem Massenbefall werden die Fische sehr in Mitleidenschaft gezogen. Da die Entwicklung dieser Parasiten nicht über Zwischenwirte verläuft, können sich die Madenwürmer im Aquarium vermehren.

E. Untersuchungsmethoden: Bei der Sektion eines frisch getöteten Fisches findet man im Darm zahlreiche Nematoden, die unter einem Mikroskop anhand des kurzen, spitzigen Schwanzes und des Ösophagusbulbus leicht als Madenwürmer zu erkennen sind.

F. Therapie: Zur Behandlung werden die Diskusfische in ein Quarantänebecken gesetzt und mit Concurat-haltigen Mückenlarven gefüttert. In der Zwischenzeit muß das Zucht- oder Schaubecken, aus dem die Tiere stammen, ausgeräumt, gereinigt und desinfiziert werden, um alle Wurmeier zu beseitigen.

G. Prophylaxe: Nur durch eine dreiwöchige Quarantäne für Neuzugänge kann das Einschleppen von Madenwürmern verhindert werden. Während dieser Zeit fallen Infektionen durch allgemeine Krankheitssymptome auf und können medikamentös beseitigt werden.

12.2 Spirurida

Diese Ordnung umfaßt neun fischpathogene Familien, deren zahlreiche Arten nur sehr schwer voneinander zu unterscheiden sind. Wegen ihrer größeren Bedeutung für Zierfische sollen hier nur die Fräskopfwürmer und Drachenwürmer näher besprochen werden.

12.2.1 Camallanidae (Fräskopfwürmer)

A. Ursache/Erreger: Seit 1967 tritt in Aquarien vermehrt der Fräskopfwurm *Camallanus cotti* auf. Der ursprünglich im fernen Osten beheimatete Parasit wurde mit Zierfischimporten nach Europa eingeschleppt. Infiziert werden Fische der Gattungen *Poeci-*

Abb. 105: Guppy-Weibchen *(Poecilia reticulata)* dem ein durch Wirtsblut rotgefärbtes *Camallanus cotti*-Weibchen aus dem After ragt. Foto: G. SCHUBERT, Zool. Inst. Uni. Hohenheim

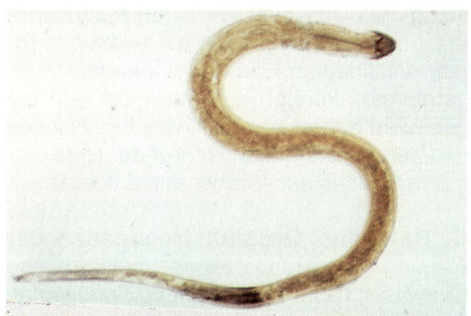

Abb. 106: *Camallanus cotti.* Foto: G. SCHUBERT, Zool. Inst. Uni. Hohenheim.

lia, Xiphophorus, Symphysodon, Pterophylum, Apistogramma, Macropodus, Coridoras u.a. Die Größe dieser im Darm von Fischen lebenden Nematoden ist abhängig von der Körpergröße der Fische (STUMPP 1975). Die Männchen erreichen eine Größe bis zu 0,5 cm, die Weibchen bis zu 1,5 cm. Charakteristisch für die Gattung *Camallanus* ist eine hellbraune, cuticuläre, aus festen Strukturproteinen gebildete Kopfkapsel, auf der mehrere Längsleisten sichtbar sind. Diese Kapsel besteht aus zwei an der Basis verwachsenen Klappen, mit deren Hilfe sich die Tiere an der Darmwand festhalten. Durch zwei Paar große Muskelstränge kann die Kopfkapsel geöffnet werden. Das Schließen erfolgt durch den antagonistisch wirksamen Druck der Körperflüssigkeit in Verbindung mit der festen Cuticula. Mit Hilfe starker Muskeln im Ösophagus sind die erwachsenen Parasiten in der Lage, Blut aus der Darmwand zu saugen. Erwachsene *Camallanus* sind deshalb blutrot gefärbt.

Die Nematoden der Gattung *Camallanus* sind lebendgebärend. Zur Entwicklung zum dritten, infektiösen Larvenstadium benötigen die Larven von *Camallanus cotti* nicht unbedingt einen Zwischenwirt. Zumindest über einige Generationen kommen sie ohne Zwischenwirt aus und entwickeln sich einfach am Grund des Aquariums. Andere Camallanus-Arten sind auf *Cyclops* als Zwischenwirte angewiesen. Die vom Fisch aufgenommenen Larven halten sich vor allem im Vorder- und Mitteldarm auf. Da sie noch keine Kopfkapsel besitzen, sind sie noch nicht in der Lage, Blut zu saugen. Sie ernähren sich vermutlich von Gewebe. Die erwachsenen Würmer halten sich vorwiegend im Enddarm auf, wobei geschlechtsreife Weibchen mit ihrem hinteren Körperabschnitt aus dem After der Fische herausragen und stündlich drei bis vier lebenden Larven direkt nach außen abgeben. Die weiblichen Parasiten scheinen länger am Leben zu bleiben, da nach ungefähr 12 Wochen nur noch mit Larven gefüllte Weibchen auftreten.

B. Symptome: Bei infizierten Fischen kommt es aufgrund des Blutverlustes zu Abmagerung, kyphose Rückgratverkrüm-

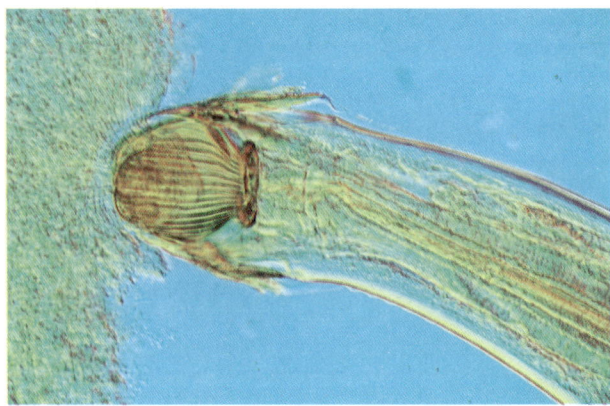

Abb. 107: *Camallanus cotti* mit
der Kopfkapsel an der Darmschleimhaut festgesaugt. Inter-
ferenzkontrast. Foto: G. SCHU-
BERT, Zool. Inst. Uni. Hohenheim

mung und Wachstumsstörungen. Auch Darmentzündungen, bei denen ein Stück des roten, entzündeten Enddarms aus dem After
herausragt, können auftreten. Oft wird bei
genauem Beobachten am After des Fisches
das heraushängende Hinterende eines blutroten Camallanus-Weibchens entdeckt.

C. Befallene Organe: Nematoden der
Gattung *Camallanus* leben im Darm von
Süßwasserfischen. Die Gattung *Spirocamal-
lanus*, deren Kopfkapsel spiralig gedrehte
Längsleisten besitzt, wurde im Darm von
Meeresfischen (z.B. *Forcipiger flavissimus*)
gefunden (PETTER 1976).

D. Pathogenität: Infizierte Fische können
lange mit diesen Nematoden leben. Durch
den ständigen Blutverlust werden sie jedoch
stark geschwächt, magern ab und werden

anfällig für Schwächeparasiten, denen sie
schließlich erliegen. Nach einer erfolgrei-
chen Therapie erholen sich die Fische sehr
schnell wieder, vorausgesetzt, sie werden
unter optimalen Bedingungen gehalten und
sind nicht mit weiteren Parasiten infiziert.

E. Untersuchungsmethoden: Bereits beim
lebenden Fisch kann am After das heraushängende Hinterende eines Camallanus-
Weibchens beobachtet werden. Bei der
Sektion fallen sofort die blutroten, bis zu 1,5
cm langen Nematoden im hinteren Abschnitt
des Darms auf.

F. Therapie: Diese Nematoden können sehr
hartnäckig sein und sich einer Bekämpfung
lange widersetzen. Besonders wenn in einem eingerichteten Schauaquarium medikamentös behandelt wird, kann der erhoffte

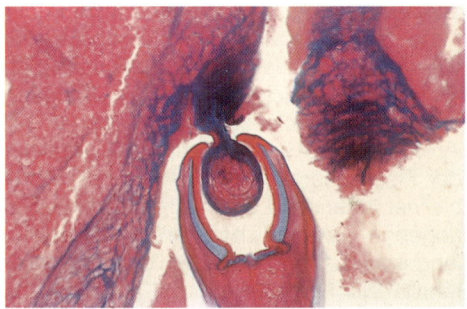

Abb. 108: Schnitt durch eine in der Darmwand
festgesaugte Kopfkapsel von *Camallanus
cotti*. Foto: G. SCHUBERT, Zool. Inst. Uni.
Hohenheim

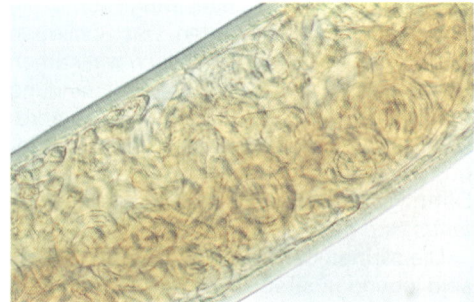

Abb. 109: *Camallanus cotti*. Erwachsene
Weibchen enthalten unzählige Junglarven.
Foto: G. SCHUBERT, Zool. Inst. Uni. Hohen-
heim

Erfolg ausbleiben. Um zu verhindern, daß das Medikament von der Einrichtung oder vom Filter absorbiert oder in unwirksame Verbindungen umgewandelt wird, muß die Behandlung unbedingt in einem Quarantänebecken erfolgen (siehe Kapitel 1.1 Quarantäne und Hygiene). Eine Masoten-Behandlung mit 0,4 mg/l bringt nicht immer den gewünschten Erfolg. Zur Bekämpfung werden Concurat-haltige, rote Mückenlarven verfüttert. In der Zwischenzeit sollte man das Zucht- bzw. Schaubecken, aus dem die Fische stammen, ausräumen, reinigen und desinfizieren, um die Nematodenlarven zu beseitigen.

Nach der Behandlung müssen die Fische einige Tage im Quarantänebecken zur Beobachtung bleiben. Da die Kopfkapseln dieser Nematoden passiv vom Druck der Körperflüssigkeit geschlossen gehalten werden, dauert es einige Zeit, bis die abgestorbenen

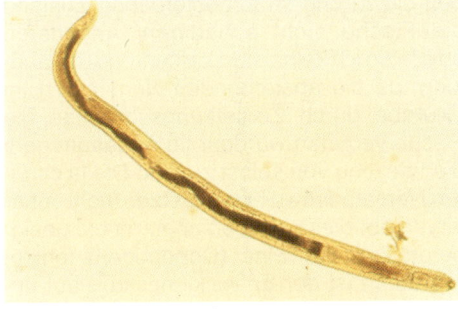

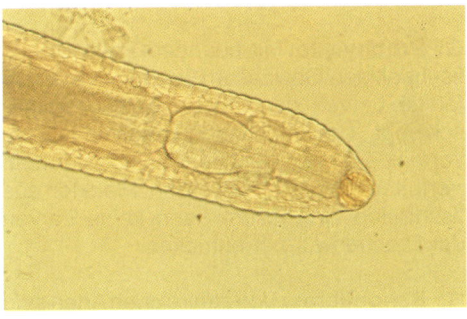

Abb. 110: *Spirocamalanus spec.*
A (oben). *Spirocamalanus spec.* aus Carnegiella striata
B (unten). Kopfteil vergrößert
Foto: G. Schubert, Zool. Inst. Uni. Hohenheim

Würmer sich von der Darmwand loslösen und mit dem Kot ausgeschieden werden. Erst wenn über mehrere Tage am After der Fische keine Camallanus-Weibchen mehr zu sehen sind, dürfen die Fische ins Schauaquarium zurückgesetzt werden.

G. Prophylaxe: Um eine Infektion mit Nematoden der Gattung *Camallanus* zu verhindern, muß man Neuzugänge einer strengen Quarantäne unterwerfen. Während dieser Zeit sind die Fische genau zu beobachten. Besonders auf den After der Fische muß geachtet werden, da hier das Hinterende der blutroten Camallanus-Weibchen sichtbar wird. Da lebendes Plankton aus fischhaltigen Gewässern Camallanus-Larven enthalten kann, sollte dieses vor dem Verfüttern eingefroren werden.

H. Besonderes: Präpariert man die erwachsenen *Camallanus* aus dem Darm heraus und setzt sie in Glasschalen mit physiologischer Kochsalzlösung, verlieren sie, da sie jetzt kein Blut mehr saugen können, nach einiger Zeit ihre blutrote Farbe.

12.2.2 Dracunculidae (Drachenwürmer)

A. Ursache/Erreger: Die Drachenwürmer durchlaufen einen Entwicklungskreislauf, der über Copepoden als Zwischenwirte und Fische als Endwirte läuft. Meist dauert dieser Kreislauf ein ganzes Jahr. Die Drachenwurmlarven werden lebend geboren und anschließend von einem Copepoden aufgenommen. Im Sommer entwickeln sie sich in den Copepoden zum infektionsfähigen, dritten Larvenstadium. Wenn Fische diese Copepoden fressen, durchbrechen die Nematoden die Darmwand und wandern in die Leibeshöhle, die inneren Organe, die Schwimmblase, das Blutgefäßsystem oder in die Innenseite der Kiemendeckel. Hier werden sie geschlechtsreif und paaren sich.

Die befruchteten Weibchen wandern im Herbst unter die Schuppen und setzen sich in den Schuppentaschen fest, während die Männchen meist absterben. Sobald im Früh-

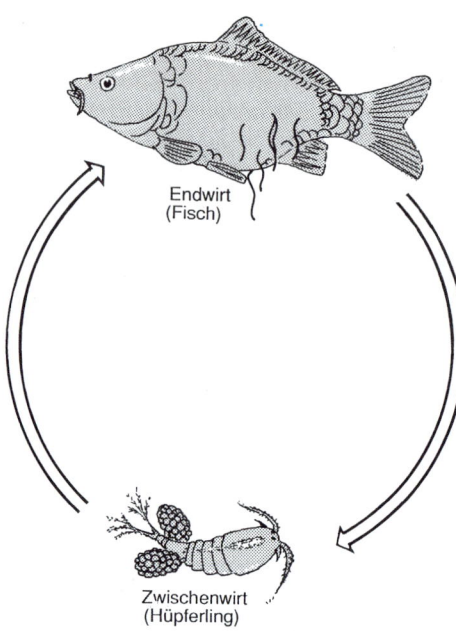

Endwirt
(Fisch)

Zwischenwirt
(Hüpferling)

Abb. 111: Entwicklungszyklus der Dracunculidae (Drachenwürmer). Erklärung im Text.
Abb.: R. BAUER

sommer die Embryonalentwicklung der Junglarven in den Weibchen abgeschlossen ist, verlassen die Weibchen die Fische und platzen. Die freiwerdenden Nematodenlarven werden wieder von Copepoden aufgenommen. Die Drachenwürmer ernähren sich von Blut und sind deshalb rot gefärbt.

B. Symptome: Befallene Fische sind geschwächt und wachsen langsam. Wenn die laichreifen Weibchen unter den Kiemendekkeln oder unter den Schuppen sitzen, stehen diese ab. Bei hellen Fischen sieht man dann die roten Nematodenweibchen durch die Schuppen hindurchschimmern.

C. Befallene Organe: Drachenwürmer findet man je nach Art und Entwicklungsstand in der Leibeshöhle, in den inneren Organen, in der Schwimmblase, an der Unterseite der Kiemendeckel oder unter den Schuppen. Sie

sind weltweit verbreitet und kommen sowohl im Süßwasser als auch im Meer vor.

D. Pathogenität: Diese Nematoden wirken durch ihre Ausscheidungsprodukte auf die befallenen Fische giftig. Außerdem werden die Fische durch Blutverlust geschwächt. Beim Umherwandern im Fischkörper werden die inneren Organe geschädigt. Eitrige Prozesse, Blutungen und Entzündungen sind die Folge. Bei kleinen Aquarienfischen führen bereits wenige Larven zum Tod.

E. Untersuchungsmethoden: Bei der Sektion eines frisch getöteten Fisches findet man im Gewebe verschiedener Organe oder in den großen Blutarterien rote, mehrere Millimeter lange Nematoden.

F. Therapie: Eine medikamentöse Behandlung ist nur sinnvoll, wenn die laichreifen Weibchen in den Taschen unter den Schuppen sitzen und im abgestorbenen Zustand die Fische nicht schädigen. Ansonsten empfehle ich keine medikamentöse Behandlung, da die absterbenden Nematoden im Gewebe durch Zersetzungsvorgänge die Fische vergiften würden. Im Aquarium geht die Infektion von selbst zurück. Die laichreifen Nematodenweibchen setzen wohl Junglarven ab, diese sterben aber, da die geeigneten Zwischenwirte (Copepoden) fehlen. Hierdurch ist der Entwicklungskreislauf unterbrochen.

G. Prophylaxe: Mit lebendem Plankton aus fischhaltigen Gewässern werden infektionsfähige Larven der Drachenwürmer eingeschleppt. Um Infektionen und Verluste zu vermeiden, muß solches Plankton vor dem Verfüttern eingefroren werden. Plankton aus fischfreien Gewässern kann keine Larven der Drachenwürmer enthalten.

H. Besonderes: Von zahlreichen Arten sind die Männchen unbekannt. Es wird vermutet, daß Männchen solcher Dracunculidae nach der Paarung absterben und vom Fisch absorbiert werden.

12.3 Trichocephalida

Charakteristisch für die Ordnung Trichocephalida sind Eier mit Pfropfen am Vorder- und Hinterende. Anhand dieses Merkmals sind Würmer aus dieser Ordnung leicht von anderen Nematoden zu unterscheiden. Die beiden Familien Capillaridae und Cystoopsidae besitzen ellipsoide, dünnwandige Eier mit den typischen Pfropfen an den Eipolen.

12.3.1 Capillaridae (Haarwürmer)

A. Ursache/Erreger: Im Darm von Süß- und Meerwasserfischen leben Nematoden der Gattung *Capillaria*. Durch ihre typische Gestalt und ihre mit Pfropfen verschlossenen Eier sind sie leicht zu erkennen. Es sind zahlreiche Arten bekannt. Es handelt sich dabei um sehr dünne, fadenförmige, weiße, zwischen 1 und 20 mm lange Würmer. Die erwachsene Weibchen enthalten zahlreiche Eier, die einzeln im Darm abgelegt werden und diesen mit dem Kot verlassen. Am Boden schlüpfen die Nematoden aus. Oligochäten (z.B. *Eiseniella tetraedra*) dienen als Zwischenwirte. Ist das infektiöse Larvenstadium erreicht, können durch Aufnahme mit der Nahrung neue Fische infiziert werden.

B. Symptome: Bei starkem Befall magern die Fische ab und sind anfällig gegen Schwächeparasiten, deshalb ist eine Capillaria-Infektion oft von anderen Infektionen begleitet (z.B. *Hexamita*). Eindeutige Krankheitsmerkmale treten jedoch nicht auf. Oft verenden einzelne Tiere über größere Zeiträume verteilt, ohne daß eine Infektion erkannt wird.

C. Befallene Organe: Nematoden aus dieser Familie kommen im Darm *(Capillaria)* oder in der Leber *(Hepaticola)* vor.

D. Pathogenität: Die Infektion verläuft schleichend, ohne daß es zu großen Verlusten kommt. Es treten immer nur einzelne Todesfälle auf. Die Infektion bleibt oft unerkannt.

E. Untersuchungsmethoden: Bei der Sektion eines frisch getöteten Fisches findet man im Darm oder in der Leber dünne, lange Nematoden und die typischen »Capillaria-Eier«.

F. Therapie: Soll die Behandlung erfolgreich sein, muß sie mit äußerster Sorgfalt durchgeführt werden. Zur Therapie kommen alle Fische eines infizierten Aquariums in ein Quarantänebecken und werden eine Woche

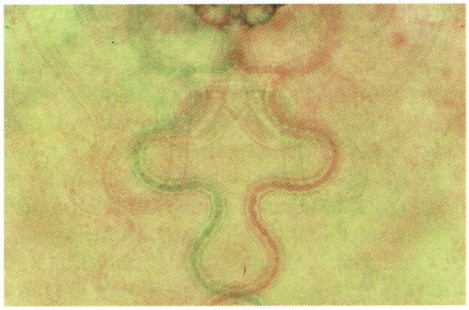

Abb. 112: *Capillaria spec.* Foto: R. BAUER

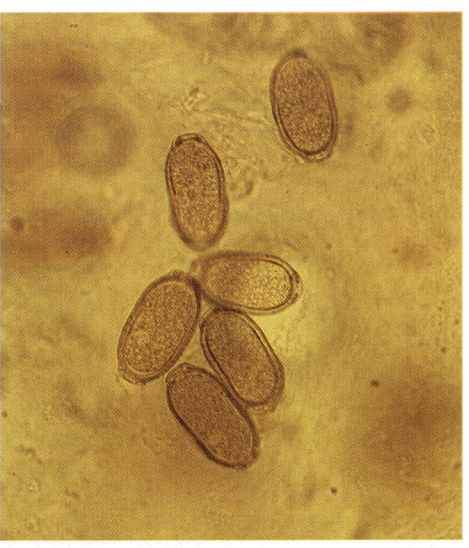

Abb. 113: Eier von *Capillaria spec.* mit den beiden typischen Pfropfen an den Eipolen. Foto: R. BAUER

lang, jeden Tag, mit Concurat-haltigem Futter (Rote Mückenlarven) gefüttert. (siehe Kapitel 16.6). Inzwischen wird das Schaubecken entleert, gereinigt und desinfiziert.

G. Prophylaxe: Eine wirksame Vorbeugung ist kaum möglich, da durch den schleichenden Verlauf der Infektion, die Krankheit während der Quarantänezeit oft nicht erkannt wird.

H. Besonderes: 1984 fand SCHUBERT (mündl. Mitteilung) unter den Schuppen von *Tropheus moori* einen bis dahin unbekannten Nematoden. In den folgenden Jahren konnte dieser Erreger vom Verfasser immer wieder bei verschiedenen Farbvarianten von *Tropheus moori* nachgewiesen werden. Der sehr kleine Wurm lebt unter den Schuppen in einer Hauttasche. Die taxanomische Stellung dieser Parasiten ist unbekannt.

Bei starkem Befall kann es durch zusätzliche Melaninbildung bei hellen Fischen zu schwarzen Flecken kommen. Die Eier werden von den Nematodenweibchen an den Schuppenrändern abgelegt. In einem Hautabstrich können keine Würmer und nur selten die Wurmeier nachgewiesen werden. Deshalb werden zur Untersuchung von verdächtigen Stellen mit einer Pinzette einige Schuppen entnommen und unter dem Mikroskop untersucht. Bei starker Vergrößerung findet man neben den sehr kleinen Würmern einzelne Wurmeier am äußeren Schuppenrand. Die Behandlung erfolgt im Quarantänebecken mit 0,4 mg/l Masoten über zwei Tage. Während dieser Zeit muß das Schau-

Abb. 114: Sterlet *(Acipenser ruthenus)* mit mehreren Beulen auf der Bauchseite durch *Cystoopsis acipenseris*. Foto: G. SCHUBERT, Zool. Inst. Uni. Hohenheim

aquarium gereinigt und desinfiziert werden.

12.3.2 Cystoopsidae

A. Ursache/Erreger: Unter der Haut von Stören lebt die ebenfalls zu der Unterordnung Trichocephalata gehörende Art *Cystoopsis acipenseris* WAGNER, 1867. Die Männchen erreichen eine Größe von 2–3 mm, die Weibchen bis 5 mm. Diese Würmer leben paarweise in Zysten, die große Mengen an Wurmeiern enthalten. Wenn die Zysten nach außen durchbrechen, werden diese Eier frei. Sie besitzen ebenfalls die typischen Pfropfen an den Eipolen. Die Larven werden von Amphipoden (Bachflohkrebsen) aufgenommen, die ihnen als Zwischenwirte dienen.

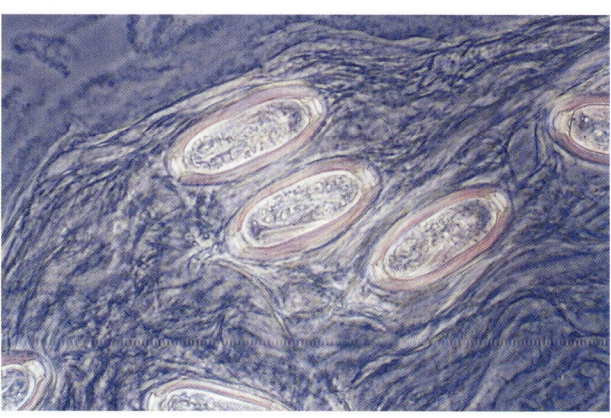

Abb. 115: Eier von *Cystoopsis acipenseris* aus dem Sterlet *(Acipenser ruthenus)*.
Foto: G. SCHUBERT, Zool. Inst. Uni. Hohenheim

B. Symptome: Bei verschiedenen Störarten treten auf der Bauchseite beulenartige Geschwüre auf, die mehrere Zysten mit Würmern und Eiern enthalten. Sie nehmen ständig an Größe zu, bis sie aufbrechen und Unmengen von Nematodeneiern freigeben. Danach verheilen die Wunden wieder.

C. Befallene Organe: *Cystoopsis acipenseris* kommt bei Sterlets und anderen Stören im Unterhautgewebe vor.

D. Pathogenität: Wenn die Lebensbedingungen gut sind und es an den offenen Geschwüren nicht zu Sekundärinfektionen kommt, überleben die Störe diese Infektion.

E. Untersuchungsmethoden: Bei der Sektion eines frisch getöteten Störs findet man in den beulenartigen Geschwüren Nematoden und zahlreiche Eier mit den typischen Pfropfen an den Eipolen.

F. Therapie: Über eine Therapie ist nichts bekannt.

G. Prophylaxe: Vorbeugende Maßnahmen sind nicht möglich.

H. Besonderes: Die bis 5 mm großen Cysten enthalten neben zahlreichen Eiern immer ein Weibchen und ein Männchen dieser Wurmart.

13 Hirudinea (Egel)

A. Ursache/Erreger: Die zu den Anneliden (Ringelwürmer) gehörenden Egel leben als Ektoparasiten oder Räuber im Süß- und Meerwasser, in den Tropen auch an Land. Die ca. 200 bekannten, bei Fischen parasitierenden Egel gehören bis auf eine Ausnahme im Süßwasser *(Acanthobdella peledina)* zu den Rüsselegeln. Diese besitzen typische, an den Körperenden liegende, deutlich sichtbare Saugnäpfe. Die konstante innere Gliederung von 33 Körpersegmenten wird durch die sekundäre äußere Ringelung überdeckt, wobei drei bis sechs Ringel auf ein Körpersegment kommen. Der erste Ringel eines jeden Segmentes ist mit Sinnesorganen ausgestattet. Die Mundöffnung mit dem vorstülpbaren Rüssel liegt in der Mitte des Kopfsaugnapfes, der After dorsal über dem hinteren Saugnapf. Egel besitzen keine Borsten. Bei den Rüsselegeln ist ein geschlossenes Blutgefäßsystem mit Lakunen vorhanden. Die Egel atmen über die Haut. Die Entwicklung dieser zwittrigen Parasiten erfolgt direkt ohne Wirtswechsel oder Larvenformen. Es werden hartschalige Eikokons abgelegt. Die Egel der Gattung *Hemiclepsis* betreiben Brutpflege. Sie heften die hartschalige Eikokons und die Jungtiere auf ihrer Bauchseite fest und tragen sie mit sich umher.

Zur Ernährung saugen die Egel mit dem ausstülpbaren Rüssel Blut. Dazu setzen sie sich auf Pflanzen oder Steinen mit dem hinteren Saugnapf fest und lauern auf Fische. Wird ein Fisch berührt, saugt sich der Egel blitzschnell mit dem Kopfsaugnapf an ihm fest und löst sich von der Unterlage. Mit dem Rüssel werden dann dem Fisch Wunden gesetzt und ein blutgerinnungshemmendes Sekret eingespritzt. Das austretende Blut wird aufgesaugt und in großen Magenblindsäcken gespeichert. So können lange Hungerperioden überstanden werden. Nach der Saugzeit (bis zu 48 Stunden!) sind die Egel satt und verlassen den Fisch.

Durch das eingespritzte Sekret können Blutparasiten (*Trypanosoma, Trypanoplasma*, Bakterien usw.) übertragen werden. Im Aquarium treten Fischegel selten auf. Die Eikokons oder die Egel können aber mit Steinen, Pflanzen oder Wurzeln aus fischhaltigen Gewässern eingeschleppt werden. Die Tabelle 5 zeigt die Systematik der fischparasitären Egel.

Tabelle 5: Fischparasitären Hirudinea (nach SCHÄPERCLAUS 1979; ergänzt)

Stamm: Annelida	Gattung: *Calliobdella*
Unterstamm: Clitellata	Gattung: *Malmiania*
Klasse: Hirudinea	Gattung: *Oceanobdella*
Unterklasse: Archihirudinea	Gattung: *Arctobdella*
Ordnung: Acanthobdellea	Gattung: *Hemibdella*
Familie: Acanthobdellidae	Gattung: *Janusion*
Gattung: *Acanthobdella*	Gattung: *Ottoniobdella*
Unterklasse: Euhirudinea	Gattung: *Oxytonostoma*
Ordnung: Achaetobdellea	Gattung: *Platybdella*
Unterordnung: Rhynchobdellae	Gattung: *Sanguinothus*
Familie: Piscicolidae	Gattung: *Trachelobdella*
Gattung: *Piscicola*	Gattung: *Codonobdella*
Gattung: *Cystobranchus*	Familie: Glossiphoniidae
Gattung: *Branchellion*	Gattung: *Hemiclepsis*
Gattung: *Pontobdella*	

B. Symptome: Die einige Zentimeter großen Parasiten, die mit einem oder beiden
Saugnäpfen am Fisch festsitzen, sind leicht
mit bloßem Auge zu erkennen. Hat der Egel
den Fisch bereits wieder verlassen, sind
punktförmige Wunden auf der sonst unver-
letzten Fischhaut zu sehen.

C. Befallene Organe: Fischegel sitzen auf
der Hautoberfläche von Süß- und Meerwasserfischen.

D. Pathogenität: Einzelne Fischegel können nur sehr kleinen Fischen gefährlich
werden. Größere Fische werden von ihnen
nicht sehr geschädigt. Viel gefährlicher ist
jedoch die Übertragung von Blutparasiten
durch Egel. Aus diesem Grunde muß unbedingt das Einschleppen von Fischegeln vermieden werden.

E. Untersuchungsmethoden: Am lebenden Fisch sind die typischen Fischegel sofort
zu erkennen. Hat der Egel den Fisch bereits
wieder verlassen sind sie nur sehr schwer
nachzuweisen. Dann muß das Aquarium
gründlich nach dem mehrere Zentimeter
großen Parasiten abgesucht werden.

F. Therapie: Eine Behandlung erfolgt mit
2,5%iger NaCl-Lösung oder mit 0,4 mg/l
Masoten.

G. Prophylaxe: Zur sicheren Vorbeugung
darf kein lebendes Plankton aus fischhaltigen Gewässern verfüttert werden. In diesem

Abb. 116: *Piscicola spec.* auf einem Hecht
(Esox luteus). Foto: G. SCHUBERT, Zool. Inst.
Uni. Hohenheim

Plankton können neben anderen Parasiten
Fischegel oder deren Eikokons enthalten
sein. Auch auf Steinen, Wurzeln oder Wasserpflanzen können Eikokons der Fischegel
sitzen. Gegenstände sollten deshalb gründlich gereinigt und desinfiziert werden, bevor
sie ins Aquarium eingebracht werden. Wasserpflanzen aus Freilandgewässern sind
Lebewesen und müssen wie Fische drei
Wochen in Quarantäre.

H. Besonderes: Von den ebenfalls zu den
Anneliden gehörenden Polychaeten sind nur
einzelne, seltene Arten parasitär. So kommt
auf den Flossen des Meeraals *(Conger)* der
Polychaet *Ichthyotomus sanguinarius* vor und
auf den Eiern und in der Kiemenhöhle von
marinen Dekapoden der Polychaet *Histiob-
della homari.*

14 Pentastomida (Zungenwürmer)

A. Ursache/Erreger: Die Zungenwürmer sind langgestreckte, mitunter zungenförmige Parasiten der Atemwege von Landwirbeltieren, in erster Linie von Reptilien. Sie werden aufgrund ihrer Morphologie als durch Parasitismus stark vereinfachte Arthropoden angesehen. Die Tiere besitzen einen Hautmuskelschlauch aus Ring-, Längs- und Transversal-muskulatur. Zirkulations-, Exkretions- und Atemorgane fehlen. Am vorderen Körperende in der Nähe der Mundöffnung besitzen die erwachsenen Tiere zwei Paar Krallen, die in Taschen zurückgezogen werden können. Die Körperoberfläche ist mit einer weichen, elastischen Schicht aus Chitin überzogen.

Pentastomiden sind getrenntgeschlechtlich. Bei der Entwicklung findet meist ein Wirtswechsel statt, wobei Fische für manche Pentastomiden als Zwischenwirte und fischfressende Reptilien (Krokodile, Schildkröten, Schlangen) als Endwirte dienen. Wie WINCH et al. (1986) für *Sebekia oxycephala*, einem Pentastomiden aus Südamerika und dem südlichen Nordamerika, berichten, schlüpft im Fischdarm aus den 70 μm großen Eiern die primäre Larve nach sechs Stunden aus und bohrt sich innerhalb von drei Tagen in die Darmwand ein. Sie wandert von dort in die Leber, Milz, Mesenterien oder verläßt die Leibeshöhle und siedelt sich in der Niere, der Muskulatur oder im Unterhautgewebe an. Dort kommt es durch Immunprozesse zu Entzündungen und Blutungen (BOYCE et al. 1987). Innerhalb mehrerer Monate werden jeweils nach einer Häutung sieben Larvenstadien durchschritten. Das siebte, für den Endwirt infektiöse Larvenstadium mit einer Größe von ca. 5 Millimetern wird vom Fisch mit einer Bindegewebskapsel eingeschlossen.

Nachdem der Fisch von einem Reptil (Krokodil, Schildkröte, Schlange) gefressen wurde, wandert die infektiöse Larve in die Atemwege und die Lunge und entwickelt sich zum geschlechtsreifen Tier. Im Aquarium können Pentastomidenlarven nur in Wildfängen und in Freilandnachzuchten aus tropischen Regionen auftreten, da die Fische nur dort die von Schildkröten, Schlangen oder Krokodilen ausgeschiedenen Eier der Zungenwürmer aufnehmen können. Neben der südamerikanischen Art *Sebekia oxycephala* kommen auch die Larven der afrikanischen Pentastomidenart *Leiperia cincinnalis* in Fischen vor (FAIN 1961).

B. Symptome: In der Haut und im Unterhautgewebe von Fischen kommt es durch Pentastomidenlarven zu weißen Knoten und Beulen. Entzündungen und blutunterlaufene Stellen um die eingekapselten Larven in der Muskulatur und der Leibeshöhle treten ebenfalls auf. Durch Anwesenheit von pigmentierten Makrophagen können die Bindegewebskapseln um die Parasiten dunkelbraun bis schwarz gefärbt sein (BOYCE et al. 1987).

C. Befallene Organe: Die Larven der Pentastomiden können in der Leibeshöhle, in den inneren Organe, in der Muskulatur oder im Unterhautgewebe von tropischen Süßwasserfischen liegen.

D. Pathogenität: Die Schädigung der Fische durch Pentastomidenlarven hängt vom Größenverhältnis Fisch – Parasit und von der Anzahl der Larven ab. Auch scheint die Resistenz der Fische von Art zu Art unterschiedlich zu sein.

E. Untersuchungsmethoden: Bei der Sektion eines frisch getöteten Fisches findet man in den Organen, in der Muskulatur oder im Unterhautgewebe in Bindegewebe eingekapselte Pentastomidenlarven. Diese sind eindeutig anhand der Bindegewebskapsel und der zwei Paar Chitinhaken in der Nähe der Mundöffnung von anderen Parasiten zu unterscheiden.

F. Therapie: Eine medikamentöse Behandlung ist nicht möglich. Um infizierte Fische nicht einer Eiweißvergiftung auszusetzen, dürfen sie auf keinen Fall behandelt werden (siehe Kapitel 10.3.1 Metacercarien). Die Infektion kann sich im Aquarium nicht weiter ausbreiten, da der Entwicklungskreislauf mangels Endwirt unterbrochen ist.

G. Prophylaxe: Vorbeugende Maßnahmen sind nicht möglich. Da diese Parasiten nicht von Fisch zu Fisch übertragen werden, treten im Aquarium Infektionen nur bei Wildfängen auf.

H. Besonderes: Eingekapselte Pentastomidenlarven, die nicht rechtzeitig von einem Endwirt aufgenommen werden, sterben ab und verkalken. Man findet dann im Gewebe weiße, kalkhaltige, mit Bindegewebe umgebene Knoten.

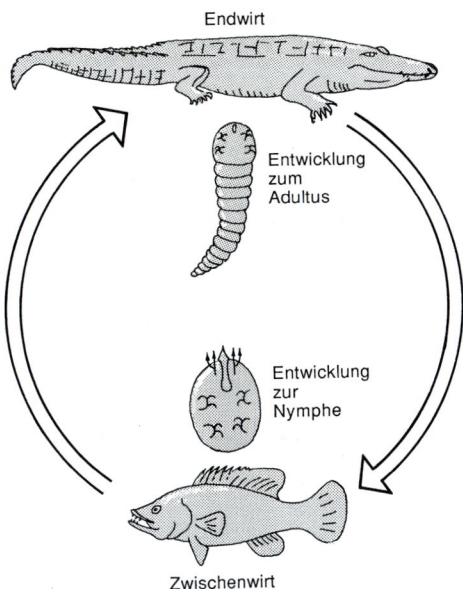

Abb. 117: Entwicklungskreislauf der fischparasitären Pentastomiden. Fische sind hier Zwischenwirte, Krokodile Endwirte. Erklärung im Text. Abb.: R. Bauer

15 Crustacea (Krebse)

Krebse in der typischen Form – als Flußkrebse, Hummer oder Krabben – sind wohl jedem bekannt. Parasitäre Krebse werden aber oft nicht als solche erkannt, da sie zum Teil eine bedeutende Reduktion ihrer Organe und Gliedmaßen durchgemacht haben und nur noch aufgrund ihrer typischen Larvenformen zu den Krebsen gestellt werden können. Bei den parasitären Krebsen gibt es von der typischen Krebsgestalt bis zu hochspezialisierten Formen, die praktisch nur noch aus Geschlechtsorganen bestehen und durch ihr Äußeres nicht im geringsten an Krebse erinnern, alle Zwischenformen. In der Tabelle 6 sind die systematischen Verwandschaftsverhältnisse der fischpathogenen Krebse bis zur Familie dargestellt.

Tabelle 6: Fischpathogene Crustacea (nach Bliss 1982)

Stamm: Crustacea
  Klasse: Maxillopoda
    Unterklasse: Copepoda
      Ordnung: Cyclopoida
        Familie: Lernaeidae
      Ordnung: Poecilostomatoida
        Familie: Bomolochidae
        Familie: Chondracanthidae
        Familie: Ergasilidae
        Familie: Philichthyidae
        Familie: Sarcotacidae
      Ordnung: Siphonostomatoida
        Familie: Caligidae
        Familie: Cecropidae
        Familie: Dichelesthiidae
        Familie: Eidactylinidae
        Familie: Euryphoridae
        Familie: Hatschekiidae
        Familie: Herpyllobiidae
        Familie: Lernaeopodidae
        Familie: Lernanthropidae
        Familie: Naobranchiidae
        Familie: Pandaridae
        Familie: Pennellidae
        Familie: Pseudocycnidae
        Familie: Sphyriidae
        Familie: Trebiidae
    Unterklasse: Branchiura
      Ordnung: Arguloida
        Familie: Argulidae
  Klasse: Malacostraca
    Unterklasse: Eumalacostraca
      Ordnung: Amphipoda
        Unterordnung: Gammaridea
          Familie: Laphystiidae
      Ordnung: Isopoda
        Unterordnung: Gnathiidea
          Familie: Gnathiidae
        Unterordnung: Flabellifera
          Familie: Aegidae
          Familie: Cirolanidae
          Familie: Cymothoidae
        Unterordnung: Epicaridea
          Familie: Bopyridae
          Familie: Dajidae
          Familie: Cryptoniscidae

15.1 Copepoda (Ruderfußkrebse)

Von den 1170 Gattungen und 8400 Arten der Copepoden leben ca. 20% als Parasiten auf oder in Fischen. Zu ihnen gehören Formen, die aufgrund ihrer äußeren Erscheinung nicht mehr als Krebse erkannt werden können, da sie als adulte Tiere mehr oder weniger nur noch aus Geschlechtsorganen bestehen. Diese Formen konnten nur anhand ihrer Larvenstadien systematisch eingeordnet werden. Die parasitären Copepoden machen während ihrer Entwicklung bis zu fünf Naupliusstadien und bis zu fünf Copepodidstadien durch. Jedes dieser Larvenstadien wird durch eine Häutung beendet. Es existiert jedoch innerhalb der parasitären Copepoden ein Trend, der durch Reduktion von freilebenden Larvenstadien eine besondere Anpassung zwischen Parasit und Wirt erkennen läßt.

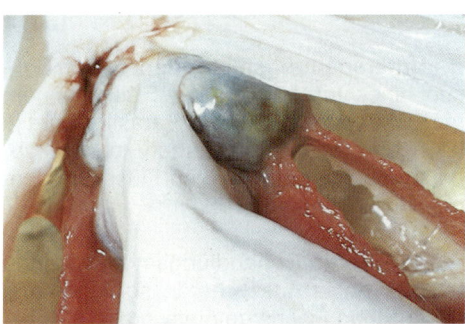

Abb. 118: Tintenbeutel (Sarcotacidae) in der Kiemenhöhle eines Petermännchens (Trachinus draco). Foto: G. Schubert, Zool. Inst. Uni. Hohenheim

Während die Sarcotacidae noch fünf freilebende Naupliusstadien besitzen, werden diese bei den anderen Gruppen innerhalb der Copepoden immer weiter reduziert bis hin zu Teilen der Lernaeopodidae bei denen nur noch ein freilebendes Naupliusstadium existiert. Auch bei den Copepodidstadien zeigt sich ein Trend einerseits zur Reduzierung der Anzahl und andererseits von freilebenden zu parasitären Stadien (Kabata 1981).

15.1.1 Sarcotacidae und ähnliche Copepoden (Tintenbeutel)

A. Ursache/Erreger: Die beiden Arten Sarcotaces arcticus und Colobomatus pupa, die beide zu den Sarcotacidae gehören, sind die einzigen parasitären Copepoden, von denen man weiß, daß sie fünf freilebende Naupliusstadien besitzen. Von den Copepodidstadien ist allerdings nur das erste bekannt. Ob weitere Stadien vorhanden sind, muß erst durch weitere Untersuchungen geklärt werden. Sarcotaces arcticus bildet in der Bauch- und Rumpfmuskulatur des Blauen Leng (Molva byrkelange) 2–7 cm große, mit Bindegewebe umhüllte Zysten, in denen der sackförmige Parasit sitzt. Der Parasit selbst

ist mit einer schwarzen Flüssigkeit angefüllt, daher der Name Tintenbeutel. Er ragt mit einem kleinen, zipfeligen Ende aus der Fischoberfläche heraus, der Rest des sackförmigen Körpers ist unsichtbar in der Muskulatur verborgen. Colobomatus pupa schmarotzt in den Seitenlinienkanälen von Meeräschen.

Zu der näheren Verwandtschaft dieser Gruppe zählen sicher die Arten Leposphilus labrei, die am Kopf von Astronotus ocelatus dicke Wucherungen hervorruft, und Ichthyotaces pteroisicola, die auffällige Geschwüre in der Muskulatur von Rotfeuerfischen (Pterois) verursacht. Alle Copepoden dieser Gruppe sind Endoparasiten und ernähren sich vom Blut ihrer Wirte.

B. Symptome: Bei einigen Copepoden aus dieser Gruppe treten beulenartige Geschwüre auf, die sofort auffallen, aber nicht als Copepodenbefall erkannt werden. Bei Sarcotacidae die tief in der Muskulatur liegen, treten oft keine äußeren Symptome auf.

C. Befallene Organe: Es wird vor allem die Rumpfmuskulatur befallen, aber auch Kiemenhöhle, Schädel, Seitenlinie und Unterhautgewebe. Copepoden aus dieser Gruppe sind weltweit im Süß- und Meerwasser verbreitet.

D. Pathogenität: Infizierte Fische sind durch den Blutverlust geschwächt und werden damit anfällig gegen Schwächeparasiten.

E. Untersuchungsmethoden: Bei der Sektion eines frisch getöteten Fisches findet man in Zysten sackartige Parasiten, die je nach Art mit einer schwarzen, aus Blutabbauprodukten bestehenden Flüssigkeit angefüllt sein können.

F. Therapie: Behandlungsmöglichkeiten bestehen nicht. Aus Sicherheitsgründen sollten infizierte Fische getötet werden.

G. Prophylaxe: Über eine wirksame Vorbeugung ist nichts bekannt. Fische infizieren sich in unseren Aquarien kaum. Genaue Angaben können jedoch nicht gemacht werden. Die Erreger werden meist mit Wildfängen eingeschleppt. Deshalb empfiehlt es sich, Neuzugänge während der Quarantäne genau zu beobachten.

H. Besonderes: Früher wurden die Sarcotacidae zu den Cirripedia (Rankenfüßer) gestellt. Neuere Untersuchungen zeigten jedoch die Zugehörigkeit zu den Copepoden.

15.1.2 Ergasilidae und ähnliche Copepoden (Kiemenkrebse)

A. Ursache/Erreger: Die Ergasiliden besitzen noch weitgehend die typische Gestalt freilebender Copepoden. Sie sind deutlich gegliedert und besitzen an den hinteren Körpersegmenten vier Schwimmbeinpaare. Das für freilebende Copepoden typische lang ausgezogene, zweite Antennenpaar ist nur noch bei den Männchen in der ursprünglichen Form vorhanden. Bei den Weibchen ist dieses Antennenpaar zu großen Klammerhaken umgebildet, mit denen sie sich an den Kiemen der Fische festhalten. Die Männchen leben frei planktonisch im Wasser. Jedes Weibchen besitzt zwei Eisäckchen am Hinterende, die mehrere hundert Eier enthalten. Dadurch können sich die Kiemenkrebse

massenhaft vermehren und zu erheblichen Schäden führen.

Die aus den Eiern schlüpfenden Larven machen drei freischwimmende Naupliusstadien und fünf freischwimmende Copepodidstadien durch, bis sie sich zum erwachsenen Tier umwandeln. Erst nach der Paarung setzen sich die Weibchen auf den Fischkiemen fest und ernähren sich dort von Kiemenepithel und Schleim. Ins Aquarium gelangen Ergasilidae mit Plankton aus fischhaltigen Gewässern. Besonders im Spätsommer, wenn im Freiland die größte Populationsstärke auftritt, können mit Futterplankton sehr große Mengen an Kiemenkrebsen eingeschleppt werden.

B. Symptome: Befallene Fische zeigen Atemnot und Stoffwechselstörungen. Durch die mechanische Reizung wuchert das Kiemenepithel und wird vielschichtig. Die Kiemenlamellen verkleben miteinander und behindern den Gas- und Stoffaustausch der Kiemen. Infizierte Fische sind geschwächt, magern ab und werden anfällig für Schwächeparasiten.

C. Befallene Organe: Ergasilidae leben auf den Kiemen von Süß- und Meerwasserfischen. Marine Formen sind normalerweise ohne Bedeutung.

D. Pathogenität: Durch die große Vermehrungsrate sind die Ergasilidae in der Lage, sich massenhaft zu vermehren. Werden große Mengen ins Aquarium eingeschleppt, kommt es zu einer erheblichen Schädigung der betroffenen Fische.

E. Untersuchungsmethoden: An leicht betäubten Fischen können die Kiemen auf Ergasilidenbefall untersucht werden. Dazu wird der Kiemendeckel mit einer Pinzette vorsichtig angehoben und Kiemen nach Parasiten abgesucht. Die Kiemenkrebse sind mit bloßem Auge erkennbar. Verwechslungsmöglichkeiten bestehen nicht.

F. Therapie: Masoten in einer Konzentration von 0,4 mg/l tötet die Kiemenkrebse sicher ab. Die Behandlung sollte in einem Quarantänebecken erfolgen. Das Schaua-

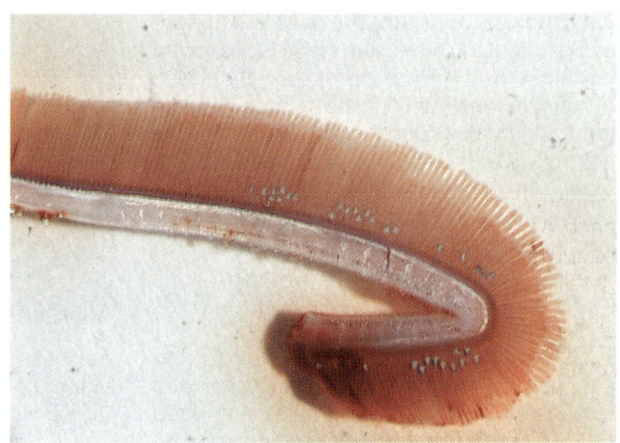

Abb. 119: *Ergasillus sieboldi* auf einer Hechtkieme *(Esox luteus)*. Foto: G. Schubert, Zool. Inst. Uni. Hohenheim

quarium muß während dieser Zeit nicht ausgeräumt werden, da die Kiemenkrebsnauplien sich im Aquarium mangels Futter nicht weiterentwickeln können. Sie verhungern.

G. Prophylaxe: Es darf kein lebendes Plankton aus fischhaltigen Gewässern verfüttert werden.

H. Besonderes: Bei Ergasiliden läßt sich das Alter der erwachsenen Weibchen auf den Fischkiemen anhand ihrer Pigmentierung ermitteln. Junge Ergasilusweibchen sind stärker pigmentiert als Weibchen, die schon längere Zeit auf den Fischkiemen sitzen.

15.1.3 Caligidae und ähnliche Copepoden

A. Ursache/Erreger: Diese 5 bis 20 mm großen, parasitären Copepoden ähneln auf den ersten Blick den Karpfenläusen (Familie: Argulidae, Ordnung: Arguloida, Unterklasse: Branchiura), unterscheiden sich aber von diesen durch den Besitz eines für die Copepoden typischen Stirnauges, während die Argulidae zwei Fassettenaugen besitzen. Die Gliederung des flachen Körpers ist mehr oder weniger zurückgebildet. Dem linsenförmigen Vorderkörper schließen sich zwei bis drei Glieder des Hinterkörpers an. Bei den Weibchen fallen die großen Genitalsegmen-

te mit den beiden Eisäckchen besonders auf. Bei den Caligidae hat eine weitere Reduzierung der Naupliusstadien stattgefunden. Die aus den Eiern schlüpfenden Larven machen lediglich zwei freischwimmende Naupliusstadien und fünf parasitäre Copepodidstadien durch.

Aufgrund der Anpassung an ihr parasitäres Leben werden die Copepodiden auch als Chalimuslarven bezeichnet. Sie sitzen mit einem Haftfaden auf der Fischoberfläche fest. Die geschlechtsreifen Tiere sind nicht mehr verankert und können auf den Fischen frei umherkriechen. Sie ernähren sich vom Blut der Fische, das sie mit ihrem röhrenförmigen Saugapparat aufnehmen.

B. Symptome: Befallene Fische zeigen kleine, blutunterlaufene Wunden auf der Haut. Bei genauerer Beobachtung sieht man die Copepoden auf dem Fisch herumkriechen.

C. Befallene Organe: Copepoden aus der Familie Caligidae und verwandte Arten schmarotzen vorwiegend auf Meeresfischen, seltener auf Süßwasserfischen. Sie sitzen auf der Haut, auf den Flossen oder in der Kiemenhöhle.

D. Pathogenität: Diese Copepoden scheinen den Fischen nicht sehr zu schaden. Bedeutender ist die Gefahr von Sekundärinfektionen durch andere Hautparasiten und Bakterien, die sich in den Wunden festsetzen und zu Entzündungen führen.

E. Untersuchungsmethoden: Bei genauer Beobachtung sieht man diese Copepoden mit bloßem Auge auf dem lebenden Fisch herumkriechen. An leicht betäubten Fischen kann auch die Mund- und Kiemenhöhle kontrolliert werden. Dazu wird das Maul mit einer Pinzette vorsichtig geöffnet und die Innenseite nach Parasiten abgesucht. Durch vorsichtiges Anheben der Kiemendeckel können die Kiemen auf Copepodenbefall untersucht werden.

F. Therapie: Masoten in einer Konzentration von 0,4 mg/l tötet diese Copepoden sicher ab. Die Behandlung sollte auf jeden Fall in einem Quarantänebecken erfolgen. In Meeresaquarien kann ein Befall durch Caligidae mit Putzerfischen bekämpft werden, die befallene Fische auf Parasiten absuchen und diese auffressen.

G. Prophylaxe: Auch hier gilt der Grundsatz: Kein lebendes Plankton aus fischhaltigen Gewässern verfüttern. Wenn Sie auf solches Futter angewiesen sind, frieren Sie das Plankton vorher ein.

H. Besonderes: Geschlechtsreife Caligidae, die sich vollgesaugt haben, verlassen des öfteren ihre Wirtsfische und schwimmen frei im Wasser. Sie können immer wieder in Planktonproben gefunden werden.

15.1.4 Lernaeidae und ähnliche Copepoden

A. Ursache/Erreger: Diese Copepoden haben als Erwachsene eine so abenteuerliche Gestalt, daß sie nicht ohne weiteres als Krebse erkannt werden können. Der unsegmentierte Körper der Weibchen ist mehr oder weniger wurmförmig und trägt am hinteren Ende zwei lange Eisäckchen. Er kann zwischen wenigen Millimetern und einigen Zentimetern lang sein. Das Vorderende trägt bizarr geformte, ankerähnliche oder wurzelförmige Fortsätze, mit denen die Parasiten tief im Fischgewebe verankert sind. Sie entziehen den Fischen beträchtliche Mengen an

Abb. 120: *Lernaea spec.* auf einem Guppy-Männchen *(Poecilia reticulata)*. Foto: G. SCHUBERT, Zool. Inst. Uni. Hohenheim

Blut, wodurch es zu erheblichen Schädigungen kommt.

Es werden mehrere Gruppen solcher Copepoden unterschieden, die unterschiedliche Entwicklungskreisläufe mit mehreren Nauplius- und Copepoditstadien besitzen. So besitzen die Lernaeidae drei freilebende Naupliusstadien und fünf parasitäre Copepoditstadien, die aufgrund ihrer Anpassung an das parasitische Leben auch als Chalimusstadien bezeichnet werden. Bei einigen Arten parasitieren die Copepoditstadien auf anderen Wirten als die Adulten. Es wird also in der Entwicklung ein Wirtswechsel eingeschaltet, während andere Lernaeidae zeitlebens auf einem Wirt leben (KABATA 1981). Während des fünften Copepoditstadium findet die Kopulation statt. Weibchen, die nicht kopulieren konnten, entwickeln sich nicht weiter. Befruchtete Weibchen entwickeln sich zum Präadultus, der sich am Wirt festsetzt und durch eine Metamorphose zum Adultus wird. Während der Metamorphose geht durch allometrisches Wachstum die ursprüngliche Copepodengestalt vollständig verloren. Die viel kleineren Männchen sterben nach der Kopulation ab.

Bei den Pennellidae hat eine weitere Reduktion der Larvenformen stattgefunden. Sie besitzen zwei freischwimmende Naupliusstadien und fünf parasitäre Copepoditstadien (Chalimusstadien). Der darauf folgende, wieder freischwimmende Präadultus sucht sich einen neuen Wirt und wird nach einer Metamorphose zum Adultus. Der End-

Abb. 121: Entwicklung von *Lernaea elegans*.
A. Erwachsenes weibliches Tier, freipräpariert
B. Nauplius
C. Metanauplius
D. Erster Copepodid
E. Sechster weiblicher Copepodid
F. Sechster weiblicher Copepodid mit zwei Spermatophoren. Der sechste, männliche Copepodid überträgt die Spermatophoren auf das Geschlechtssegment des sechsten weiblichen Copepodiden und stirbt ab. Der weibliche Copepodit setzt sich auf einem Fisch fest, wird erwachsen und produziert Eier.
Foto: G. W. Post, (1983)

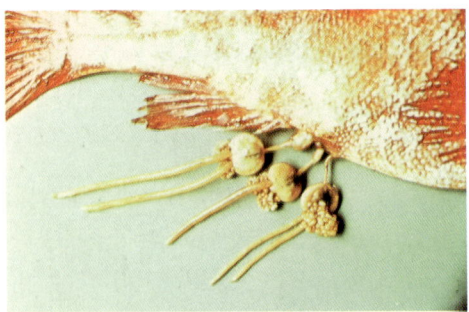

Abb. 122: *Sphyrion lumpi* auf einem Rotbarsch *(Sebastes marinus)*. Foto: G. SCHUBERT, Zool. Inst. Uni. Hohenheim

wirt kann sowohl derselben Art wie der Zwischenwirt angehören oder einer ganz anderen Fischart. Die Reduktion der Larvenformen erreicht bei den Lernaeopodidae ihren Höhepunkt. Copepoden aus dieser Familie lassen sich in zwei Gruppen aufspalten. Die eine Gruppe (*Salmincola* und andere) besitzt lediglich noch ein Naupliusstadium, das die Eihülle nicht einmal mehr verläßt. Das einzige freischwimmende Larvenstadium ist der infektiöse Copepodid, der aus dem Ei schlüpft und sich an einem Fisch festheftet. Hier werden vier weitere Copepoditstadien (Chalimusstadien) durchlaufen, bis über den Praeadultus durch Metamorphose das Adultstadium erreicht wird. Dies gilt für beide Geschlechter. Bei einigen Arten (z.B. *Lernaeopoda*) leben die viel kleineren Männchen als Zwergformen auf den fest verankerten Weibchen.

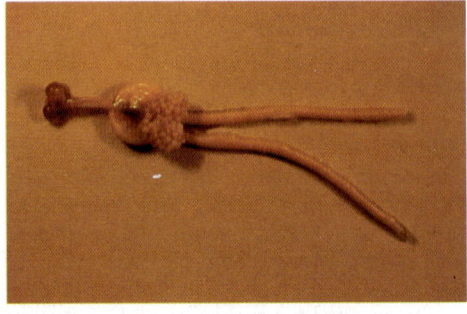

Abb. 123: *Sphyrion lumpi,* freipräpariert. Foto: G. SCHUBERT, Zool. Inst. Uni. Hohenheim

Die zweite Gruppe (*Clavella* und andere) innerhalb der Lernaeopodidae besitzt noch ein freischwimmendes Naupliusstadium, das sich in ein infektiöses Copepoditstadium umwandelt. Dieses heftet sich mit einem Filament am Fisch fest und wird direkt zum Praeadultus und durch weitere Metamorphose zum Adultus. Hier sind also lediglich zwei Larvenstadien ausgebildet, ein Nauplius und ein Copepodid (KABATA 1981). Infizierte Fische kommen meist aus Freilandhaltung zu uns. Eine Ausbreitung dieser Parasiten innerhalb unserer Aquarien findet kaum statt.

B. Symptome: Auf der Haut, den Flossen, in der Mundhöhle oder auf den Kiemen findet man die wurmförmigen Parasiten mit den zwei typischen Eischnüren. Sie sind mit dem Vorderkörper tief im Fischgewebe verankert. An der Festheftungsstelle kommt es zu Entzündungen, Blutergüssen und Geschwüren. Der hohe Blutverlust, verbunden mit bakteriellen oder parasitären Sekundärinfektionen, führt zu hohen Verlusten.

C. Befallene Organe: Diesen Copepoden befallen die gesamte Körperoberfläche, wie Haut, Flossen, Kiemen oder Augen. Jede Art bevorzugt ganz bestimmte Stellen auf dem Fisch. Die Parasiten sind weltweit verbreitet und kommen sowohl im Süß- als auch im Meerwasser vor.

D. Pathogenität: Die Lernaeidae und verwandte Copepoden sind für Fische sehr gefährlich. Sie führen zu tiefen Verletzungen meist verbunden mit Sekundärinfektionen, die oft zum Tode führen. Aufgrund ihrer tiefen Verankerung im Wirtsgewebe treten bei der Behandlung besondere Probleme auf.

E. Untersuchungsmethoden: Schon am lebenden Tier fallen dem Beobachter diese Parasiten auf der Haut oder den Flossen auf. Bei leicht betäubten Fischen kann auch die Mund- und Kiemenhöhle auf solche Parasiten abgesucht werden. Auf keinen Fall dürfen die Parasiten mit einer Pinzette abgezupft werden. Der Kopfteil bleibt dabei im Fisch zurück und führt zu schwersten Entzündungen.

F. Therapie: Eine wirksame Therapie ist nur in einzelnen Fällen möglich. Da die Parasiten tief im Wirtsgewebe verankert sind, hängen sie auch nach einer medikamentösen Behandlung am Fisch fest. Die abgetöteten Parasiten führen lokal zu starken Entzündungen, denen der Fisch zum Opfer fallen kann. Deshalb ist es nur sinnvoll, beim Auftreten einzelner Lernaeidae gegen diese medikamentös vorzugehen. Dazu werden die Fische in einem Quarantänebecken mit 0,4 mg/l Masoten behandelt. Nach einem Tag sind die Parasiten abgetötet, hängen aber weiterhin unverändert am Fisch fest. Es dauert einige Zeit, bis die abgetöteten Copepoden vom Organismus abgestoßen oder aufgelöst werden. Während dieser relativ langen Zeit können sich an den Festheftungsstellen schwere Entzündungen bilden. Die Fische müssen deshalb im Quarantänebecken bei sehr guten Haltungsbedingungen verbleiben und genau beobachtet werden. Erst wenn die Parasiten abgefallen und die Wunden verheilt sind, dürfen die Fische in ihr Aquarium zurückgesetzt werden. Stark befallene Fische sind nicht mehr zu retten und sollten abgetötet werden.

G. Prophylaxe: Im Aquarium breiten sich diese Parasiten selten aus, da die freilebenden Entwicklungsstadien hier meist keine Überlebensmöglichkeiten haben. Besonders betroffen sind jedoch Freilandzuchten aus Asien und Wildfänge aus aller Welt. Deshalb sollten die Fische vor dem Kauf genau auf Parasitenbefall inspiziert werden. Mit Lernaeidae infizierte Fische sollte man auf keinen Fall erstehen.

H. Besonderes: Einige dieser parasitären Copepoden (*Lernaeocera, Haemobaphes* und andere) verankern sich im Kiemengewebe und dringen mit ihrem Vorderteil in die Kiemenarterien ein. Im Laufe ihres Wachstums gelangen sie entlang der Arterien bis ins Herz. Mißbildungen am Fischherzen sind die Folge.

15.2 Brachiura (Karpfenläuse)

A. Ursache/Erreger: Innerhalb der Karpfenläuse unterscheidet man drei Gattungen: Die weltweit verbreitete Gattung *Argulus* mit mehr als 50 Arten, die südamerikanische Gattung *Dolops* mit ca. 10 Arten und die in Afrika und Asien vorkommende Gattung *Chonopeltis* mit einer Art. Allen Karpfenläusen gemeinsam ist ein stark abgeflachter Körper, der aus zwei Teilen besteht: einem großen, runden Vorderkörper (Cephalothorax) und einem kleinen, länglichen Hinderkörper (Pleon). Dazwischen können drei weitere Körpersegmente liegen, die aber meist vom Cephalothorax überdeckt werden.

Charakteristisch für die Gattung *Argulus* sind die beiden tellerförmigen Saugnäpfe (1. Maxillenpaar) und ein beweglicher Stachel in der vorderen Korpermitte. Mit Hilfe dieses Stachels werden dem Wirtsfisch Blut und Gewebsflüssigkeit entzogen und ein blutgerinnungshemmendes Sekret eingespritzt. Bei den Gattungen *Dolops* und *Chonopeltis* fehlt dieser abspreizbare Stechrüssel; die ersten Maxillen bestehen aus langen Klammerhaken. Bei der Gattung *Argulus* erfolgt die Fortpflanzung frei im Wasser. Nach der Befruchtung der Weibchen werden Eischnüre an Steinen und Pflanzen abgelegt. Die Parasiten durchlaufen noch in der Eihülle ihr Nauplius- und Metanaupliusstadium und schlüpfen bei 20 °C nach drei Wochen aus. Nach kurzer Zeit suchen die Jungtiere neue Fische auf und entwickeln sich nach mehreren Häutungen zu geschlechtreifen Tieren. Nach der Blutentnahme verlassen die Karpfenläuse ihre Wirte und schwimmen frei im Wasser, um sich nach einer zufälligen Begegnung mit neuen Fischen festzuheften und erneut Blut zu saugen.

B. Symptome: Befallene Fische sind schreckhaft und zeigen meist abnormes Verhalten. Durch Blutverlust sind sie anfällig gegen Schwächeparasiten. An der Hautoberfläche bilden sich infolge der Einstiche Schleimhautwucherungen und Entzündun-

Karpfenläuse beherbergen und werden dadurch stark geschwächt. Durch Sekundärinfektionen mit Bakterien und Schwächeparasiten kann es zu hohen Verlusten kommen.

E. Untersuchungsmethoden: Karpfenläuse sind bereits mit bloßem Auge auf den Fischen zu erkennen.

F. Therapie: Zur Behandlung werden die Fische einen Tag in einem Quarantänebekken mit 0,4 mg/l Masoten behandelt. Es empfiehlt sich, während dieser Zeit das betroffene Aquarium auszuräumen und zu desinfizieren, um die Eier sicher zu beseitigen. Wird dies nicht gemacht, kann es immer wieder zu erneutem Karpfenlausbefall kommen.

Abb. 124: *Argulus foliaceus.*
A. Oberseite
B. Unterseite
Foto: G. Schubert, Zool. Inst. Uni. Hohenheim

gen. Eventuell können auch bakterielle Erreger übertragen werden.

C. Befallene Organe: Karpfenläuse sitzen auf der gesamten Körperoberfläche, seltener auf den Kiemen.

D. Pathogenität: Kleine Fische können durch den Stich der Karpfenlaus getötet werden. Größere Fische können mehrere

Abb. 125: *Dolops spec.*
A (oben). *Dolops spec.* von einem Süßwasserrochen *(Paratryqon laticeps)*
B (unten). Kopf mit den hellgelben Facettenaugen
Foto: G. Schubert, Zool. Inst. Uni. Hohenh.

G. Prophylaxe: Karpfenläuse können über lebendes Plankton aus fischhaltigen Gewässern oder über lebende Futterfische eingeschleppt werden. Durch Einfrieren des Planktons werden Karpfenläuse sicher abgetötet. Infizierte Futterfische müssen mit Masoten behandelt werden.

H. Besonderes: Vermutlich können Karpfenläuse Viren, Bakterien und Blutparasiten von einem Fisch auf den anderen übertragen. Eindeutige Beweise sind meines Wissens jedoch nicht bekannt.

15.3 Isopoda (Asseln)

A. Ursache/Erreger: Die ca. 450 verschiedenen, 2 bis 6 cm großen, parasitären Asseln sind leicht an der Körpersegmentierung (7 Brust- und 6 Hinterleibssegmente) von anderen Crustaceen zu unterscheiden. Unter den Isopoda spielen vor allem die Asseln der Familien Cymothoidae und Aegidae als Fischparasiten eine größere Rolle. Der Übergang von freilebenden Asseln zu parasitären Formen findet aber bereits in der Familie Cirolanidae statt. Einige dieser mit scharfen Mundwerkzeugen ausgestatteten Räuber und Aasfresser sind in der Lage, von den Kiemenhöhlen aus in das Innere ihrer lebenden Opfer vorzudringen und sie auszuhöhlen, wie z.B. *Conilera cylindracea* (RICHARDSON 1905). Es handelt sich dabei eigentlich nicht um Parasiten, sondern um Räuber, die scharenweise auf geschwächte Fische Jagd machen. Beide Geschlechter dieser Cirolaniden sind gleich groß (SZIDAT 1955).

Die Asseln der Familie Aegidae leben teils als Ektoparasiten auf der Haut von Meeresfischen (Aega-Arten), teils in den Kiemenhöhlen von Meeresfischen (Rocinela-Arten) und besitzen bereits saugende Mundwerkzeuge. *Rocinela typus* kommt in Sumatra in den Kiemenhöhlen von Süßwasserfischen vor (SZIDAT 1955). Die beiden gleich großen Geschlechter dieser Arten verlassen ihre Wirte häufig und können auch freilebend angetroffen werden.

Als ständige Endoparasiten leben Weibchen der Familie Cymothoidae. Sie verlassen ihre Wirte nicht mehr. Sie sitzen in den Kiemen-, Mund- oder Leibeshöhlen von Fischen, während die viel kleineren Männchen als Ektoparasiten auf Fischen, Tintenfischen oder im Süßwasser auch auf Amphibienlarven leben. Die Männchen verlassen auf der Suche nach den Weibchen ihre Wirte und schwimmen frei herum, bis sie einen infizierten Fisch gefunden haben und befruchten dann die Weibchen (SZIDAT 1955). Innerhalb der Familie Cymothoidae tritt protandrischer Hermaphroditismus auf. Dies bedeutet, daß ein und dasselbe Tier nacheinander zuerst eine männliche Phase und dann eine weibliche Phase durchmacht. Aus den zwei Larvenstadien, bei denen nur 6 Beinpaare vor-

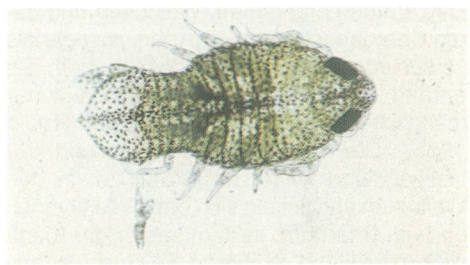

Abb. 126: Fischparasitäre tropische Assel. Foto: G. SCHUBERT, Zool. Inst. Uni. Hohenheim

Abb. 127: Fischparasitäre Assel aus der Fam. Cymothoidae. Foto: G. SCHUBERT, Zool. Inst. Uni. Hohenheim

handen sind, entstehen nach mehreren Häutungen erwachsene Männchen mit 7 Beinpaaren. Nach weiterem Wachstum und damit verbundenen Häutungen zeigen die Tiere typische sekundäre Geschlechtsmerkmale. Die Männchen sind naturgemäß immer viel kleiner als die Weibchen. Als gewandte Schwimmer haben sie Schwimmborsten am Telson und eine schlanke Körperform. Die zweiten Pleopoden tragen Kopulationsorgane. Die inneren Geschlechtsorgane bestehen aus den üblichen drei Hodenpaaren, denen sich die unentwickelten Ovarien anschließen. Die männliche Phase endet mit weiteren Häutungen, bei denen die männlichen Geschlechtsorgane und die männlichen sekundären Geschlechtsmerkmale verlorengehen und weibliche angelegt werden. Diese Umwandlung erfolgt nicht plötzlich, so daß bei ausgewachsenen Weibchen immer noch eine Zeit lang die Reste der Kopulationsorgane zu sehen sind.

Aufgrund dieser komplizierten Entwicklung wurden Männchen, Weibchen und deren Übergangsformen als Arten, ja sogar als verschiedene Gattungen beschrieben. So enthält die Gattung Aegathoa DANA nur männliche Tiere anderer Gattungen (SZIDAT 1955). Die Tiere nehmen während der Umwandlung weiter an Größe zu. In den Weibchen entwickeln sich dabei die Ovarien und ein Brutraum, in dem später die Eientwicklung abläuft. Während der Geschlechtsumwandlung findet ein Übergang von der freien, ektoparasitischen Lebensweise der Männchen zur stationären, endoparasitischen Lebensweise der Weibchen statt.

Aus den 7 Gattungen mit 13 Arten, die SZIDAT aus Südamerika erwähnt, lassen sich zwei Gruppen bilden. Die eine enthält Gattungen, die eine weltweite, marine Verbreitung haben und nur ausnahmsweise mit wenigen Arten im Süßwasser vorkommen (Nerocila, Livoneca). Die zweite enthält Gattungen, die morphologisch, biologisch und ökologisch von den marinen Formen abweichen und die sich offensichtlich über lange Zeiträume an das Leben im Süßwasser adaptiert haben (Artystone, Riggia). Diese Tiere zeigen eine bemerkenswerte Übereinstimmung mit der ostasiatischen Süßwassergattung Ichthyoxenus. Weibchen

dieser drei Gattungen leben in tief in die Bauchhöhle hineinragende Taschen der Bauchhaut ihrer Wirte.

Ichthyoxenus befällt Fische der Familie Cyprinidae während Artystone und Riggia vorwiegend Siluriden und Characiniden, in seltenen Fällen Cichliden befallen. Die Gattungen Braga, Telotha und Asotana stellen Übergangsformen dieser beiden Gruppen dar. Sie leben in den Mund- und Kiemenhöhlen verschiedener Süßwasserfische Südamerikas.

Besonders häufig ist Braga fluviatilis im Rio de la Plata und seinen Zuflüsssen Rio Parana und Rio Uruguay, wo sie vor allem auf Welsen der Familie Loricaridae lebt. Das Weibchen dieser Art klammert sich auf der Zunge der Welse fest und saugt Blut. Dadurch werden die Fische erheblich irritiert. Das viel kleinere Männchen sitzt auf der Bruttasche des Weibchens. Sehr kleine Männchen wurden als Ektoparasiten auf Fischbrut und auf Kaulquappen gefunden (SZIDAT 1955). Der weitaus größte Teil cymothoider Asseln mit vielen Gattungen lebt jedoch auf Meeresfischen.

B. Symptome: Ektoparasitisch lebende Asseln fallen durch ihre Größe auf der Körperoberfläche der Fische sofort auf. Die endoparasitisch lebenden Asseln rufen durch ihre Größe typische Merkmale hervor. Leben sie im Maul oder in der Kiemenhöhle, zeigen infizierte Fische einseitig abstehende Kiemendeckel oder sind nicht in der Lage, das Maul zu schließen. Bei Infektionen in der Leibeshöhle ist an der Körperoberfläche (Bauchseite) der Fische ein wenige Millimeter großes Loch zu sehen, welches die Tasche, in der die einige Zentimeter große weibliche Assel sitzt, mit der Außenwelt verbindet.

C. Befallene Organe: Während sehr junge Männchen cymothoider Asseln als Ektoparasiten auf Fischen, Amphibienlarven und Tintenfischen leben, gehen sie im Laufe ihrer Entwicklung immer mehr zur endoparasitischen Lebensweise über. Geschlechtsreife Männchen sitzen in der Nähe oder auf den Bruttaschen ihrer Weibchen. Nach der Umwandlung zu geschlechtsreifen Weibchen leben sie in der Mund- oder Kiemenhöhle von Süß- und Meerwasserfischen. Die Weibchen einiger südamerikanischer und ostasiatischer Cymothoiden schmarotzen in taschenförmigen Einstülpungen der Bauchhaut von Süßwasserfischen und dringen damit tief in die Leibeshöhle ihrer Wirte ein.

D. Pathogenität: Diese nur bei Wildfängen auftretenden Parasiten können die infizierten Fische stark irritieren. Verluste treten jedoch selten auf.

E. Untersuchungsmethoden: Beim Auftreten der typischen Symptome kann am lebenden, leicht betäubten Fisch vorsichtig das Maul geöffnet und die Maul- und Kiemenhöhle untersucht werden. Die mehreren Zentimeter großen Asseln fallen sofort auf.

F. Therapie: Parasitäre Asseln sind leicht mit Masoten (0,4 mg/l) abzutöten. Parasiten auf der Haut können vom leicht betäubten Fisch abgelesen werden. Sitzen die Erreger in der Maul- oder Kiemenhöhle, muß der tote Parasit nach der Masotenbehandlung mit einer Pinzette entfernt werden, da er sich mit seinen Beinen an der Zunge oder den Kiemen der Fische festhält. Die Cymothoiden, die in Taschen in der Leibeshöhle sitzen, sollten nicht abgetötet werden, da diese Erreger zu groß sind, um sie durch die wenige Millimeter große Öffnung ihrer Höhle hindurch zu entfernen.

G. Prophylaxe: Da diese Parasiten nur mit Wildfängen zu uns kommen und sich im Aquarium nicht weiter vermehren, sind prophylaktische Maßnahmen nicht nötig. Es genügt, wenn Neuzugänge auf Asseln abgesucht werden.

H. Besonderes: Asseln aus der Unterordnung Epicaridea leben parasitisch auf anderen Crustaceen. Die in dieser Unterordnung enthaltenen drei Familien (Bopyridae, Dajidae, Cryptoniscidae) zeigen zum Teil erhebliche Anpassungen an die parasitäre Lebensweise. So bestehen die erwachsenen Asselweibchen aus der Familie Cryptoniscidae lediglich aus einem einfachen, mit Eiern gefüllten Sack (RICHARDSON 1905).

16 Medikamente und ihre Anwendung

Medikamente zur Behandlung von Zierfischkrankheiten unterliegen grundsätzlich den Bestimmungen des Arzneimittelgesetzes. Bei Medikamenten für Heimtiere (Zierfische, Zier- und Singvögel, Terrarientiere und Kleinnager usw.) gelten hinsichtlich der Zulassungspflicht, der Apothekenpflicht sowie der Herstellungsvorschriften Ausnahmeregelungen. Diese Ausnahmen waren aus wirtschaftlichen Gründen notwendig, um eine Versorgung von Heimtieren mit Medikamenten zu gewährleisten. Diese Ausnahmeregelungen gelten nicht für verschreibungspflichtige Medikamente oder Inhaltsstoffe (z.B. Antibiotika). Aufgrund § 60 Abs. 1 AMG sind nicht verschreibungspflichtige Medikamente für Heimtiere von einer Prüfung auf Wirkung, Qualität und Unbedenklichkeit befreit. Dies ist beim Kauf von Handelspräparaten im Zoofachhandel zu berücksichtigen.

Durch die großzügige gesetzliche Regelung ist es möglich, Medikamente gegen Fischkrankheiten auf den Markt zu bringen, ohne den Nachweis ihrer Wirksamkeit erbringen zu müssen. In den Kapiteln 16.1 bis 16.14 werden verschiedene Medikamente und Inhaltsstoffe mit genauer Dosierung und Wirksamkeit beschrieben. Diese Angaben gelten für gutes, sauerstoffreiches Aquarienwasser ohne Zusatz von Wasseraufbereitungsmittel.

Wasseraufbereitungsmittel enthalten Chelatoren, die die Wirksamkeit von Medikamenten herabsetzen oder ganz ausschalten können. Um eine optimale Wirksamkeit der Medikamente zu erreichen, sind die Bedingungen, wie sie in Kapitel 1.1 »Quarantäne und Hygiene«, und bei den jeweiligen Krankheitserregern beschrieben wurden, unbedingt einzuhalten.

16.1 Kochsalz

Formel: NaCl

Übliche Dosierung: 10–15 g/Liter

Behandlungsdauer: Kurzbad bis 20 Minuten. Fische ständig beobachten, wenn sie anfangen zu taumeln, sofort aus dem Kurzbad entfernen.

Therapie gegen: Ektoparasiten

Giftigkeit: Kann bei zu langer Behandlungsdauer zu Osmoseschock bei Fischen führen. Regelmäßige Zugaben von Kochsalz ins Aquarienwasser führen zur Aufsalzung des Wassers und damit zu Osmosestreß bei Süßwasserfischen. Für Meeresfische ungeeignet.

Besonderes: Die wohl älteste Therapie gegen Ektoparasiten.

16.2 Kupfersulfat

Formel: $CuSO_4$

Übliche Dosierung: 1,5 mg/l (Stammlösung: 1,5 g/l, davon 1 ml auf 1 l Aquarienwasser)

Behandlungsdauer: Je nach Erreger 3–10 Tage

Therapie gegen: Ektoparasiten

Giftigkeit: Cu-Verbindungen sind für Fische sehr giftig! Durch Denaturierung von Eiweißen in den Fischkiemen kommt es zur Zerstörung der Kiemenepithelien und zu Atemstörungen. Durch Aufnahme von Kupfer in den Körper werden innere Organe geschädigt und deren Funktion gestört. Nach Aufnahme von Kupfer über längere Zeit kommt es zu chronischen Vergiftungen. Schnecken, Muscheln, Krebse und andere niedere Tiere werden von Kupfersulfat abgetötet. Auch Pflanzen (Meeresalgen und höhere Wasserpflanzen) reagieren auf Kupfer empfindlich. In einem Seewasseraquarium, in dem mit Kupfer behandelt wurde, wachsen lange Zeit keine niederen Tiere und Meeresalgen mehr.

Besonderes: Kupferionen fallen nach kurzer Zeit als schwerlösliche Karbonate oder Hydroxide aus, lagern sich im Bodengrund oder im Filter ab und sind im freien Wasser nicht mehr nachzuweisen. Durch pH-Wertänderungen oder anaerobe Prozesse können sich Kupferionen aus dem Boden oder dem Filter lösen und zu chronischen Kupfervergiftungen bei Zierfischen führen. Eine Behandlung mit Cu-Verbindungen muß deshalb immer in einem Quarantänebecken erfolgen.

16.3 Acriflavin (Trypaflavin)

Formel: Acridinderivate

Übliche Dosierung: 10 mg/l

Behandlungsdauer: 1 Tag

Therapie gegen: Einzeller

Giftigkeit: Manche Fischarten reagieren auf Acridinverbindungen empfindlich. Um Ausfälle zu vermeiden, sollte vor der Behandlung die Verträglichkeit getestet werden. Eventuell muß die Dosis halbiert werden.

Besonderes: Acridinverbindungen werden in Humanmedizin zur Wundbehandlung verwendet.

16.4   Malachitgrünoxalat

Formel: N,N-Dimethyl-4-(p-(dimethylamino)-diphenyl methlyen)-2,5-cyclohexa-dienylide-nammoniumoxalat

Übliche Dosierung: 0,04 mg/l

Behandlungsdauer: Je nach Erreger zwischen 1 und 7 Tage.

Therapie gegen: Einzeller.

Giftigkeit: In oben angegebener Dosierung für alle Fische verträglich. Das im Handel erhältliche Malachitgrünsulfat ist für Fische giftiger als das Oxalat.

Besonderes: Es hat sich bewährt, eine Stammlösung mit 4,0 g/l Malachitgrünoxalat anzusetzen. Die Stammlösung ist lichtempfindlich und muß deshalb im Dunkeln aufbewahrt werden. Von dieser Stammlösung werden 1 ml auf 100 l Aquarienwasser (am besten mit einer Einmalspritze) abgemessen.

16.5   Trichlorphon (Masoten, Neguvon)

Formel: o,o-Dimethyl-2,2,2-Trichlor-1-hydroxyäthyl-phosphorsäureester

Übliche Dosierung: 0,4 mg /l

Behandlungsdauer: Je nach Parasit zwischen 1 und 7 Tage.

Therapie gegen: Kiemen- und Hautwürmer, Krebstiere

Giftigkeit: Extrem giftig! Manche Fischarten reagieren sehr empfindlich auf trichlorphonhaltige Medikamente (Piranhas, Welse, manche Salmler usw.). Es empfiehlt sich, vor der Behandlung einen Verträglichkeitstest zu machen. Wegen der hohen Giftigkeit nur im Quarantänebecken anwenden!

Besonderes: Reste dieser Medikamente müssen mit Natronlauge neutralisiert werden, bevor sie weggeschüttet werden.

16.6   Concurat

Formel: (-)-2,3,5,6-Tetrahydro-6-phenylimidazol(2, 1-b)thiazol

Übliche Dosierung: Einem Liter Wasser werden 2 g Concurat (10%ig) zugesetzt. In diese Lösung legt man lebende rote Mückenlarven (Chironomidenlarven). Die Chironomidenlarven bleiben in der Lösung, bis sie nach wenigen Minuten beginnen, an dem aufgenommenen Gift zu sterben. Dann werden sie zur Wurmbehandlung direkt an Fische verfüttert oder eingefroren.

Behandlungsdauer: 3 bis 5 Tage.

Therapie gegen: Darmbewohnende Nematoden.

Giftigkeit: In obiger Dosierung gut verträglich.

Besonderes: Concurat ist ein Antihelminthikum für Säugetiere.

16.7 Niclosamid

Formel: 2',5-Dichlor-4'-nitrosalicylanilid

Übliche Dosierung: 50 mg Niclosamid werden in wenig Alkohol aufgelöst und zu 10 g Trockenfutter gegeben. Nach dem Trokknen des Alkohols wird das Futter an erkrankte Fische verfüttert.

Behandlungsdauer: 3 bis 5 Tage.

Therapie gegen: Erwachsene Bandwürmer im Darm.

Giftigkeit: Das von den Fischen wieder ausgeschiedene Niclosamid ist in Konzentrationen von 0,2 mg/l für Fische giftig. Die Behandlung muß deshalb unbedingt in einem Quarantänebecken erfolgen. Es darf dem Futter nur so viel Niclosamid zugesetzt werden, daß Konzentrationen über 0,1 mg/l durch ausgeschiedenes Niclosamid nicht erreicht werden, d.h. es dürfen in einem 100 l Quarantänebecken nicht mehr als 10 mg Niclosamid mit dem Futter verabreicht werden. Sobald die behandelten Fische Kot abgesetzt haben, sollte aus Sicherheitsgründen ein Wasserwechsel vorgenommen und der Kot abgesaugt werden.

Besonderes: Niclosamid ist in Wasser nahezu unlöslich.

16.8 Enheptin

Formel: 2-Amino-5-Nitrothiazol

Übliche Dosierung: 5 mg/l

Behandlungsdauer: 5 Tage

Therapie gegen: *Hexamita, Spironucleus.*

Giftigkeit: Nicht überdosieren oder über längere Zeit anwenden.

Besonderes: Wird in der Humanmedizin gegen Trichomonaden eingesetzt.

16.9 Metronidazol (z.B. Clont)

Formel: 2-Methyl-5-Nitroimidazol-1-Äthanol

Übliche Dosierung: 5 mg/l

Behandlungsdauer: 5 Tage

Therapie gegen: *Hexamita, Spironucleus.*

Giftigkeit: Nicht überdosieren oder über längere Zeit anwenden, da es Niere und Leber schädigt.

Besonderes: Es muß mit der Möglichkeit krebsauslösender und erbgutschädigender Wirkungen gerechnet werden.

16.10 Nitrofurane

Formel: 5-Nitro-furfural-Derivate

Übliche Dosierung: 0,2–1,0 mg/l

Behandlungsdauer: 7 Tage und länger.

Therapie gegen: grampositive und gramnegative Bakterien. Mycobakterien sind resistent gegen Nitrofurane.

Giftigkeit: Bei Behandlung über längere Zeit

kann es zu Hautläsionen und bei Jungfischen zu Verkrüppelungen kommen. Im allgemeinen werden Nitrofurane aber gut vertragen.

Besonderes: Zur Behandlung von Fischen müssen die verabreichten Nitrofurane wasserlöslich sein. Im Zoohandel ist Nifurpirinol erhältlich.

16.11 Sulfonamide

Formel: Amide der Sulfanilsäure

Übliche Dosierung: Sulfonamide müssen in hohen Dosen von 100–250 mg/l als Stoßtherapie verabreicht werden.

Behandlungsdauer: 7 Tage und länger.

Therapie gegen: Bakterien

Giftigkeit: Da Wirbeltiere selbst keine Fol-

säure synthetisieren können, sondern auf Folsäure als Vitamin angewiesen sind, stellen Sulfonamide keine Antimetaboliten für Fische dar und sind deshalb für sie ungiftig. Bei längerer Anwendung und Überdosierung kann es zu Ablagerungen in der Fischniere kommen.

Besonderes: Mykobakterien sind gegen Sulfonamide resistent.

16.12 Trimethoprim (z.B. in Bactrim)

Formel: 2,4-Diaminopyrimidin-Derivat. Bactrim ist eine Trimethoprim-Sulfamethoxazole-Kombination.

Übliche Dosierung: täglich 1 Tablette Bactrim (80 mg Trimethoprim, 400 mg Sulfamethoxazole) auf 70 l Aquarienwasser. Täglich das Aquarienwasser zur Hälfte erneuern und entsprechend nachdosieren.

Behandlungsdauer: 1 Woche

Therapie gegen: Bakterien

Giftigkeit: Die Giftigkeit für Fische ist gering, da die Affinität zu Bakterienenzymen um 3–4 Zehnerpotenzen höher liegt als zum Wirbeltierenzym.

Besonderes: Durch die Kombination dieser Wirkstoffe besteht kaum die Gefahr einer Resistenzbildung.

16.13 Antibiotika

Formel: Die einzelnen Substanzen können hier nicht aufgeführt werden.

Übliche Dosierung: Im Aquarium hat sich folgende Dosierung bewährt: Die Hersteller von Antibiotika geben die therapeutische Dosierung in mg/kg Körpergewicht oder in g/kg Körpergewicht an. Diese Dosierung kann für 1 l Aquarienwasser übernommen werden. Als Beispiel wird für Tetracyclin, Chlortetracyclin, Oxytetracyclin und Demeclocyclin eine

durchschnittliche Tagesdosis von 15–30 mg/kg Körpergewicht empfohlen. Zu einem 100 l fassenden Aquarium sind demnach 1500–3000 mg (1,5–3,0 g) dieser Substanzen zuzugeben.

Behandlungsdauer: Je nach Erkrankung 1 Woche und länger.

Therapie gegen: Bakterien

Giftigkeit: Antibiotika sind unterschiedlich giftig. Bei richtiger Dosierung gibt es jedoch kaum Ausfälle.

Besonderes: Infolge jahrelanger falscher Anwendung durch Züchter, Importeure, Händler und Aquarianer sind in unseren Aquarien sehr viele gegen Antibiotika resistente Bakterienstämme entstanden. Deshalb ist eine Behandlung mit Antibiotika meist wirkungslos. Da ein Resistenztest normalerweise nicht durchgeführt werden kann, ist vom Einsatz von Antibiotika abzuraten.

16.14 Mercurochrom

Formel: 2,7-Dibrom-4-hydroxymercurifluorescein-dinatrium

Übliche Dosierung: Dieses Medikament ist nur zur äußerlichen Wundbehandlung geeignet. Zu behandelnde Fische werden aus dem Aquarium genommen, die Wunde mit einem Wattestäbchen abgetrocknet und mit Mercurochrom betupft. Danach muß der Fisch in ein Quarantänebecken gesetzt werden.

Behandlungsdauer: Behandlung im Abstand von einigen Tagen wiederholen, bis die Wunde abgeheilt ist.

Therapie: Zur Wundbehandlung nach Verletzungen, Operationen usw., Hautläsionen, offene Geschwüre.

Giftigkeit: Nicht auf die Fischkiemen bringen (!) und nur im Quarantänebecken anwenden, sonst besteht die Gefahr einer Quecksilbervergiftung.

Besonderes: Andere Wunddesinfektionsmittel aus der Humanmedizin können in gleicher Weise verwendet werden.

17 Betäubungsmittel

Beim Transport lebender Fische empfiehlt es sich, besonders bei großen Fischen, diese vorher mit Medikamenten ruhigzustellen. Durch die Betäubung wird die Motorik, der Sauerstoffverbrauch und die Ausscheidung von Stoffwechselprodukten herabgesetzt. Darüber hinaus verringert man den Streß für die tranportierten Fische. Auch für Untersuchungen von Wunden, bei Operationen oder Hautabstrichen ist es besonders bei großen Fischen zweckmäßig, die Tiere zu narkotisieren. In den weiteren Kapiteln folgt ein Überblick über die wichtigsten Betäubungsmittel, die für Fische geeignet sind (SCHMID 1978).

Erläuterung:

$LC_{50}/15$ min = tödliche Konzentration für 50% der Fische in 15 min

EC_{50} = Übliche Einzelkonzentration, um bei 50% der Fische nach einer vorgegeben Zeit eine Wirkung zu erzielen.

17.1   Alkohole

Formel: tert-Pentanol: 2-Methyl-2-butanol
Meparfynol: 2-Athinyl-2-butanol
Chlorbutanol: 1,1,1,-Trichlor-2-methyl-2-propanol

Übliche Dosierung: 50 mg/l Chlorbutanol für eine sedierende Wirkung beim Transport. Die Konzentrationen von Meparfynol und tert-Pentylalkohol liegen etwas darüber.

Giftigkeit: Als $LC_{50}/15$ min für Chlorbutanol werden 265 mg/l angegeben.

Besonderes: Durch die gute Lipidlöslichkeit werden diese tertiären Alkohole schnell über die Kiemen aufgenommen. Dadurch kommt es dosisabhängig schnell zu einer Sedierung bzw. Narkose. Die Wirkung wird durch sinkenden Sauerstoffgehalt und steigende Temperaturen verstärkt. In Abhängigkeit von der verabreichten Dosis sinkt der Sauerstoffverbrauch der betäubten Fische.

17.2   Chloralhydrat:

Formel: 2,2,2-Trichlor-1,1-äthandiol

Übliche Dosierung: 100 mg/l Chloralhydrat für eine sedierende Wirkung beim Transport, mit einer max. Wirkungsdauer von 10 Stunden. Für die Narkose von Zierfischen für Untersuchungen werden Konzentrationen von 3800 mg/l Chloralhydrat benötigt (EC_{50} = 3800 mg/l).

Giftigkeit: Bei Überdosierung wird das Atemzentrum gelähmt, die Fische ersticken. Bei Warmblütern kommt es durch Chloralhydrat zu Leberschäden.

Besonderes: Die Wirkung ist ebenfalls konzentrationsabhängig, sie geht mit steigendem Wirkstoffgehalt von der Sedierung oder Hypnose in die tiefe Narkose über. Chloralhydrat wird ebenfalls über die Kiemen aufgenommen, jedoch langsamer als Chlorbutanol.

17.3 Tricain (MS-222)

Formel: 3-Aminobenzoesäureäthylester-Methansulfonat

Übliche Dosierung: 10–40 mg/l Tricain für eine sedierende Wirkung beim Transport (abhängig von Fischart und Größe). Zur Narkose werden Konzentrationen bis 150 mg/l benötigt. Die Fische sind ständig zu beobachten und nach dem Eintreten der Narkose in frisches sauerstoffreiches Wasser umzusetzen. Nach dem Umsetzen in frisches Wasser erholt sich der Fisch schnell.

Giftigkeit: Bei zu hohen Dosen und zu langer Exposition wird die Atemmuskulatur gelähmt und die Fische ersticken. Bei den besonders für Tricain empfindlichen Forellen liegt die LC_{50}/15 min bei 82 mg/l Tricain. Tricain zersetzt sich langsam in wäßriger Lösung, besonders unter Lichteinwirkung und wird dadurch fischtoxisch.

Besonderes: In den USA ist Tricain z.Z. die einzige zugelassene Verbindung, um Fische während des Transports ruhigzustellen. Im Salzwasser ist Tricain nicht geeignet.

17.4 Chinaldin-Sulfat

Formel: 2-Methylchinolin-Sulfat

Übliche Dosierung: 5–12 mg/l Chinaldin-Sulfat für eine sedierende Wirkung beim Transport. Auch Konzentrationen von 20 mg/l werden problemlos vertragen. Seine Anwendung ist besonders im Seewasser zu empfehlen.

Giftigkeit: Nebenwirkungen von Chinaldin-Sulfat sind nicht bekannt.

Besonderes: Chinaldin-Sulfat ist nicht im Handel erhältlich, kann jedoch leicht selbst hergestellt werden (BLASIOLA 1977).

17.5 Propoxat

Formel: DL-1-(phenyläthyl)-5-(propoxylcarbonyl)-imidazol-Hydrochlorid

Übliche Dosierung: 0,25–1,0 mg/l Propoxat für eine sedierende Wirkung beim Transport.

Giftigkeit: unbekannt

Besonderes: Propoxat besitzt eine starke sedierende bzw. narkotisierende Wirkung. Die Erholungszeit nach einer Narkose kann sehr lang sein. Im Vergleich zu anderen Fischbetäubungsmitteln liegt die zu verabreichenden Dosis extrem niedrig.

18 Desinfektionsmittel

Ziel einer Desinfektion von Aquarien, Filter, Einrichtungsgegenständen usw. ist die Beseitigung sämtlicher lebender Parasiten und Mikroorganismen und deren Dauerstadien, um eine Neuinfektion von Fischen mit diesen Krankheitserregern zu unterbinden. Um ein Aquarium zu desinfizieren, muß es ausgeräumt, gereinigt und dann jedes Teil (Aquarium, Filter, Dekoration usw.) desinfiziert werden. Bei den Desinfektionsmitteln handelt es sich meistens um toxische Stoffe, die auch Fische und Pflanzen schädigen und töten können. Deshalb müssen die eingesetzten Chemikalien nach der Desinfektion gründlich mit klarem Wasser abgespült wer-

den. Nur so können Schäden an den später eingesetzten Fischen und Pflanzen vermieden werden.

Die wohl einfachste und ungiftigste Methode, um ein Aquarium zu desinfizieren, ist das Trocknen. Dazu stellt man alle Gegenstände und Dekorationsmittel offen an einen warmen Ort, bis sie vollkommen abgetrocknet sind. Aquarienkies muß dabei öfter gewendet werden, damit er vollkommen abtrocknet. Bis auf ganz wenige Ausnahmen (z.B. Bakterien) überleben Krankheitserreger, Dauereier und Zysten diese Prozedur nicht.

18.1 Oxidierende, anorganische Desinfektionsmittel

Formel: Wasserstoffperoxid: H_2O_2
Kaliumpermanganat: $KMnO_4$

Übliche Dosierung: 3%ige Lösung mehrere Stunden einwirken lassen oder mit konzentrierter Lösung auswaschen.

Giftigkeit: Wasserstoffperoxid ist sicher ein ideales Desinfektionsmittel, da es vollständig zerfällt und seine Zerfallsprodukte ungiftig sind. **Vorsicht:** Wasserstoffperoxid wirkt

auf der Haut ätzend (Schutzbrille und Gummihandschuhe tragen!).

Besonderes: Beide Stoffe spalten atomaren Sauerstoff ab und wirken daher desinfizierend. Wasserstoffperoxid zerfällt dabei in Wasser und Sauerstoff. Kaliumpermanganat zerfällt zu Sauerstoff und Braunstein (MnO_2), der als brauner Niederschlag ausfällt. Dadurch können Steine und Dekorationgegenstände braun verfärbt werden.

18.2   Aldehyde

Formel: Formaldehyd: HCHO

Übliche Dosierung: 1–2%ige Lösung mehrere Stunden einwirken lassen.

Giftigkeit: Extrem giftig! Besonders beim Einatmen der Dämpfe besteht Vergiftungsgefahr!

Besonderes: Durch die hohe Toxizität ist von einem Einsatz von Formaldehyd als Desinfektionsmittel abzuraten.

18.3   Alkohole

Formel: Äthanol (Brennspiritus): C_2H_5OH
n-Propanol: C_3H_7OH
Isopropanol: C_3H_7OH

Übliche Dosierung: Auswaschen der Gegenstände mit Äthanol (70%ig), n-Propanol (50–60%ig) oder Isopropanol (60–70%ig) genügt.

Giftigkeit: Da Alkohole leicht flüchtig sind und schnell verdunsten, besteht für Fische und Pflanzen keine Gefahr.

Besonderes: Alkohole wirken sehr rasch. Selbst Mykobakterien (TB) werden nach einer Minute abgetötet. Bakteriensporen werden dagegen nicht beeinflußt.

18.4   Handelsübliche Desinfektionsmittel

Handelsübliche Desinfektionsmittel enthalten meist eine Mischung aus Alkoholen, Aldehyden, Phenolderivaten Jod-Komplexen und waschaktiven Substanzen. Meist sind handelsübliche Desinfektionsmittel für den Aquarianer nicht geeignet, da sie einerseits zu teuer sind und andererseits verbleibende Reste im Aquarium zu Vergiftungen führen können. Nach dem Einsatz solcher Desinfektiosmittel muß mit viel klarem Wasser nachgespült werden, um alle Reste waschaktiver Substanzen vollständig zu beseitigen.

19 Anhang

19.1 Literatur

ADAMS, J. R., 1966: A new group of Dactylogyroids from Malayan Labyrinth Fishes. Proc. Inst. Congr. Parasitol. (1st), Rome, Sept. 21–26 1, 541.

AHNE, W., 1980: Fish Diseases, Third COPRAQ-Session. Berlin, Heidelberg, New York: Springer.

AMLACHER, E., 1986: Taschenbuch der Fischkrankheiten. 5. Aufl. Stuttgart: Fischer.

AWERINZEFF, S., 1925: Über eine neue Art von parasitischen Tricladen. Zool. Anz. **64**, 681–684.

AX, P., 1984: Das Phylogenetische System. Systematisierung der lebenden Natur aufgrund ihrer Phylogenese. 349 pp. Stuttgart, New York: G. Fischer.

BAUER, O. N., 1984: Soviet investigations on the population biology of fish. J. Fish Biol. **25**, 545–550.

BAUER, R., 1982: Zu Biologie, Pathologie und zum Infektionsmodus von *Trianchoratus acleithrium* Price und Berry 1966 (Plathelminthes, Monogenea). Diplomarbeit, Zool. Inst. Uni. Hohenheim, BRD.

BAUER, R., 1986: Untersuchungen zur Ultrastruktur von *Trianchoratus acleithrium* Price und Berry 1966. Dissertation, Zool. Inst. Uni. Hohenheim, BRD.

BAUR, W., & J. RAPP, 1988: Gesunde Fische. Berlin, Hamburg: Paul Parey.

BLASIOLA, G. C., 1977: Quinaldine sulphate, a new anaesthetic formulation for tropical marine fishes. J. Fish Biol. **10**, 113.

BLAZER, K. S., & R. E. WOLKE, 1979: An Exophiala-like fungus as the cause of a systemic mycosis of marine fish. J. Fish Dis. **2**, 145–152.

BLISS, D. E., 1982: The Biology of Crustacea 1. Systematics, the Fossil Record, and Biogeography. New York, London: Academic Press.

BOYCE et al., 1987: Pathology of Pentastomid Infections *(Sebekia mississippiensis)* in Fish. J. Wildl. Dis. **23**, 689–692.

BRAUN, M. G. C., 1896: Vermes. Bronn's Klassen und Ordnungen des Thierreichs **4(1a)**, 401–560.

BRUMPT, E., 1949: Precis de Parasitologie. 6e edition. Paris: Masson.

BURNETT, A. L., 1973: Biology of *Hydra*. New York, London: Academic Press.

BYCHOWSKY, B. E., 1957: Monogenetic trematodes, their systematic and phylogeny. Akad. Nauk. SSSR. Translated by Hargis, Am. Inst. Biol. Sci. 1–509.

BYKHOVSKAYA-PAVLOVSKAYA, I. E., et al., 1962: Key to the Parasites of Freshwater Fish of the USSR. Israel Programm for Scientific Tranlations. Jerusalem 1964.

BYLUND, G., & O. SUMARI, 1981: Laboratory tests with Droncit against Diplostomiasis in rainbow trout, *Salmo gairdneri* RICHARDSON. J. Fish Diseases **4**, 259–264.

CAMPBELL, R. A., R. L. HAEDRICH & T. A. MUNROE, 1980: Parasitism and ecological Relationships among Deep-Sea Bentic Fishes. Marine Biology **57**, 301–313.

CAMPBELL, W. C., 1986: The Chemotherapy of Parasitic Infektions. J. Parasitol. **72(1)**, 45–61.

CAMPBELL, W. C., & R. S. REW, 1986: Chemotherapy of Parasitic Diseases. New York and London: Plenum Press.

CHEUNG, P. J., R. F. NIGRELLI & G. D. RUGGIERI, 1979: Studies on Cryptocarioniasis in marine fish: effect of temperature and salinity on the reproductive cycle of *Cryptocarion irritans* BROWN 1951. J. Fish Dis. **2**, 93–97.

CHEUNG, P. J., R. F. NIGRELLI & G. D. RUGGIERI, 1980: Studies on the morphology of *Uronema marinum* DUJARDIN (Ciliatea: Uronematidae) with a description of the histopathology of the infection in marine fishes. J. Fish Dis. **3**, 295–303.

CHIEN et al., 1979: Studies of Ichthyophonus disease of fishes IV–VII. Bull. Fac. Fish 6.

CONE, D. K., & P. H. ODENSE, 1984: Pathology of five species of Gyrodactylus NORDMANN, 1832 (Monogenea). Can. J. Zool. **62**, 1084–1088.

CORLISS, J. O., 1960: Tetrahymena chironomi sp. nov., a ciliate from midge larvae, and the current status of facultative parasitism in the genus Tetrahymena. Parasitology **50**, 111–153.

CROLL, N. C., 1976: The Organization of Nematodes. London, New York: Academic Press.

CULBERTSON, J. R., & R. W. HULL, 1962: Species identification in Trichophrya (Suctorida) and the occurrence of the genus. J. Protozool. **9**, 455–459.

DA CUNHA, A. M., & J. C. N. PENIDO, 1926: Nouveau protozoaire parasite des poissons: Zelleriella piscicola n. sp. C. R. Soc. Biol., Paris **95**, 1003–1005.

DAWES, B., 1946: The Trematoda. With special reference to British and other European forms. Cambridge: Univ. Press.

DAWES, B., 1947: The trematoda of British fish. Roy. Soc. Ser. **131**.

DÖNGES, J., 1964: Der Lebenszyklus von Posthodiplostomum cuticola (v. NORDMANN, 1832) DuBOIS 1936 (Trematoda, Diplostomatidae). Z. Parasitenkd. **24**, 169–248.

DÖNGES, J., 1965: Der Lebenszyklus von Posthodiplostomum brevicaudatum (Trematoda), eines Parasiten in den Augen von Süßwasserfischen. Zoologica, Stuttgart **40(114)**, 39.

DÖNGES, J., 1967: Parasitär induzierte Melaninbildung in Fischen. Z. Parasitenkd. **29(4)**, 310–312.

DOSE, H. 1978: Artemia-Zystenenthüllung. DATZ **31**, 320–323.

DUKES, G. H., et al., 1971: Sebekia oxycephala (Pentastomida) in largemouth bass from Lake St. John, Concordia Parish, Louisiana. J. Parasitol. **57**, 1028.

DYKOVA, I., & J. LOM, 1981: Fish coccidia: critical notes on life cycles, classification and pathogenicity. J. Fish Dis. **4**, 487–505.

EHLERS, U., 1985: Das Phylogenetische System der Plathelminthes. Stuttgart, New York: G. Fischer.

ELLIOT, 1973: The Biology of Tetrahymena. Stroudsburg, Pennsylvania: Dowden, Hutchinson & Ross.

EPSTEIN, H. V., 1926: Infektion des Nervensystems von Fischen durch Infusorien. Arch. Russ. Protist. **5**, 169–180.

ESSER, K., 1986: Kryptogamen, Berlin…: Springer.

FAIN, A., 1961: Les Pentastomides de l'Afrique centrale. Musee Royal de l'Afrique Centrale (Tervuren), Belgique Annales Serie 8, Sciences Zoologiques

FEWKES, J. W., 1887: On certain Medusae from New England: Hydrichthys mirus gen. et sp. nov. Bull. Mus. Comp. Zool. **13**, 224–232.

FITZGERALD, P. R., 1983: Coccidia of cartilaginous and bony fish. 1st International Symposium of Ichthyoparasitology, Ceské Budejovice, CSSR. »Parasites and parasitic diseases of fish«.

FOISSNER, W., 1979: Taxonomische Studien über die Ciliaten des Großglocknergebiets (Hohe Tauern, Österreich). Familien Microthoracidae, Chilodonellidae und Furgasoniidae. Österr. Akad. Wiss. Mathem.-naturw. Kl., Abt. I **188**, 27–43.

FOISSNER, W., & G. SCHUBERT, 1977: Morphologie der Zooide und Schwärmer von Heteropolaria colisarum gen. nov., spec. nov. (Ciliata, Peritrichida), einer symphorionten Epistylidae von Colisa fasciata (Anabantoidei, Belontiidae). Acta Protozool. **16**, 231–247.

FOISSNER, W., G. SCHUBERT & N. WILBERT, 1979: Morphologie, Infraciliatur und Silberliniensystem von Protoopalina symphysodonis nov. spec. (Protocoa: Opalinata), einer Opalinidae aus dem Intestinum von Symphysodon aequifasciata (Percoidei: Cichlidae). Zool. Anz. Jena **202**, 71–85.

FOURNIER, A., 1981: Sensor and Effectors: Ultrastructure of some sense organs. In: Biology of monogeneans (Workshop 4, EMOP 3). Parasitol. **82**, 61–61.

FRANK, W., 1976: Parasitologie. Stuttgart: E. Ulmer.

FUNK, O. 1987: Untersuchungen zur Feinstruktur und zur Entwicklung von Enterogyrus hemihaplochromii Bender 1979 (Plathelminthes, Monogenea), einem magenbewohnenden Parasiten in Hemihaplochromis multicolor (Pisces, Cichlidae) Dissertation, Zool. Inst. Uni. Hohenheim, BRD.

HALTON, D. W., 1974: Hemoglobin absorption in the gut of a monogenetic trematode, Diclidophora merlangi. J. Parasitol. **60**, 59–66.

HARE, G. M., & C. FRANZI, 1974: Abundance and potential pathology of parasites infecting salmonids in Canadian Maritime hatcheries. J. Fish. Res. Bd. Can. **31**, 1013–1036.

HARE, G. M., & M. D. BURT, 1975: Abundance and population dynamics of parasites infecting Atlantic salmon (Salmo salar) in Trout Brook, New Brunswick, Canada. J. Fish. Res. Bd. Can. **32**, 2069–2075.

HARE, G. M., & M. D. BURT, 1976: Parasites as potential tags of Atlantic salmo (Salmo salar) smolts in the Miramichi River system, New Brunswick. J. Fish. Res. Bd. Can. **33**, 1139–1143.

HOFFMAN, G. L., et al., 1975: A disease of freshwater fishes caused by Tetrahymena corlissi Thompson 1955, and a key for identification of holotrich ciliates of freshwater fishes. J. Parasitol. **61**, 217–223.

HOFFMAN, G. L., 1960: Synopsis of the Strigoidea (Trematodes) of Fishes and their Life Cycles. Fish. Bull. **60**, 437–469.

HOFFMAN, G. L., 1967: An unusual case of fish disease caused by *Ophryoglena* sp. (Protozoa: Hymenostomatida). Bull. Wildl. Dis. As. **3**, 111–112.

HOWARD, 1983: Fungi Pathogenic for Humans and Animals (in three parts). New York, Basel: M. Dekker.

JANKOWSKI, A. W., 1967: (Systematics of the genus *Chilodonella* and a proposed new genus *Trithigmostoma* gen. n.). Zool. zh. **46**, 1247–1250 (in Russian).

KABATA, Z., 1981: Copepoda (Crustacea) parasitic on fishes: problems and perspectives. Adv. Parasit. 19, 1–71.

KEARN, G. C., 1963: The egg, oncomiracidium and larval development of *Entobdella solea*, a monogenean skin parasite of the common sole. Parasitol. **53**, 435–447.

KEARN, G. C., 1967: Experiments on host-finding and host-specificity in the monogenean skin parasite *Entobdella solea*. Parasitol. **57**, 585–605.

KEARN, G. C., 1971: The attachment site, invasion route and larval development of *Trochopus pini*, a monogenean from the gills of *Trigla hirundo*. Parasitol. **63**, 513–525.

KEARN, G. C., 1974: The effects of fish skin mucus on hatching in the monogenean parasite *Entobdella soleae* from the skin of the common sole (Solea solea). Parasitol. **68**, 173–188.

KEARN, G. C., 1973: An endogenous circadian hatching rhythm in the monogenean skin parasite *Entobdella solea*, and its relationship to the activity rhythm of the host *(Solea solea)*. Parasitol. **66**, 101–122.

KHAJURIA, H., & T. V. R. PILLAY, 1952: On a new species of *Zoothamnium* Stein (Protozoa, Vorticelidae) from the grey Muller Mugiltade. Forsk. Rec. Ind. Mus. **49**, 55–58.

KOOPS et al., 1969: Blumenkohlkrankheit bei Aalen. Archiv für Fischereiwiss. **20**, 1–52.

KRASCHENINNIKOW, S., 1953: The silver-line system of *Chilodonella cyprini* (MOROFF). J. Morph., Philadelphia 92(1), 79–114.

KUDO, 1966: Protozoology. Springfield/USA: C. C. Thomas.

KULDA, J., & J. LOM, 1964: Remarks on the diplomastigine flagellates from the intestine of fishes. Parasit. **54**, 753–762.

LAVIER, G., 1936: Protoopalina duboscqui n. sp. opaline parasite d'un poisson marin. Ann. Parasitol. **14**, 272–277.

LEE, J. J., S. H. HUTNER & E. C. BOVEE, 1985: Illustated guide to the Protozoa. Laurence/USA: Society of Protozoologists, Allen Press.

LEIBOVITZ, L., 1980: Monogenetic Trematode infections. Javma **176(7)**, 608–609.

LEVINE, N. D., et al., 1980: A newly revised classification of the protozoa. J. Protozool. **27**, 37–58.

LEVINE, N. D., 1978: *Perkinsus* gen. n. and other new taxa in the protozoan phylum Apikomplexa. J. Parasitol. **64**, 549.

LLEWELLYN, J., 1956: The host-specificity, microecology, adhesive attitudes, and comparative morphology of some trematode gill parasites. J. Mar. Biol. Ass. UK **35**, 113–127.

LLEWELLYN, J., 1963: Larvae and larval development of monogeneans. »Advances in Parasitology« (Ed. Ben Dawes), London: Academic Press. **1**, 287–326.

LLEWELLYN, J., 1965: The evolution of the parasitic platyhelminths. Third Symposium of the British Society of Parasitology. Oxford: Blackwell 47–79.

LLEWELLYN, J., 1968: Larvae and larval development of monogeneans. »Advances in Parasitology« (Ed. Ben Dawes), London: Academic Press **6**, 373–383.

LLEWELLYN, J., 1970: Taxonomy, genetics, and evolution of parasites. Technical Review (Proc. 2nd Int. Congress Parasitol., 6–12 Sept. 1970, Washington D. C.). J. Parasitol. **56(4)**, Sect. II, Pt. 3: 493–504.

LLEWELLYN, J., 1972: Behavior of monogeneans. »Behavioural Aspects of Parasite Transmission« Zool. J. Linn. Soc. **51**, 19–30.

LLOID, R. E., 1907: *Nudiclava monocanthi*, the type of a new genus of hydroids parasitic on fish. Rec. Indian Mus. **1**, 281–289.

LOM, J., 1970: Protozoa causing diseases in marine fishes. Am. Fish. Soc. spec. Pupl. **5**, 101–123.

LOM, J., 1979: Biology of the Trypanosomes and Trypanoplasms of Fish. In »Biology of the Kinetoplastida« Edited by LUMSDEN and EVANS. London, New York: Academic Press.

LOM, J., 1981: Fish invading dinoflagellates: a synopsis of existing and newly proposed genera. Folia Parasit. **28**, 3–11.

LOM, J., & G. SCHUBERT, 1983: Ultrastructural study of *Piscinoodinium pillulare* (Schäperclaus, 1954) Lom, 1981 with special emphasis on its attachment to the fish host. J. Fish Diseases **6**, 411–428.

LOM, J., & J. CORLISS, 1971: Morphogenesis and cortical ultrastructure of *Brooklynella hostilis*, a dyctoriid ciliate ectoparasitic on marine fishes. J. Protozool. **18**, 261–281.

Lom, J., & R. F. Nigrelli, 1970: *Brooklynella hostilis* n. g., n. sp., a pathogenic cyrtophorine ciliate in marine fisches. J. Protozool. **17**.

MacKenzie, K., 1969: *Scyphidia (Gerda) adunconucleata* n. sp. and *Trichodina borealis* (Dogiel, 1940) Shulman et Shulman-Albova, 1953 (Protozoa, Ciliata) from Young Plaice in Scottish Waters. J. Fish Biol. **1**, 239–247.

Malmberg, G., 1970: The excretory system and the marginal hooks as a basis for the systematics of *Gyrodactylus* (Trematoda, Monogenea). Ark. Zool. **23**, 1–235.

Malmberg, G., 1982: On evolutionary processes in monogenea, Biomedical Press, Parasites – their world and ours, (Ed. Mettrick & Desser) 198–203.

Mann, H., 1970: Copepoda and Isopoda as parasites of marine Fishes. Aus: Symp. Disease of fishes and shellfishes. Washington 1970. 177–189.

Martin, W. E., 1975: *Hydrichtys pietschii,* new species, (Coelenterata) parasitic on fish, *Ceratias holboelli.* Bull. S. Calif. Acad. Sci. **74**, 1–5.

Mathes, D., 1982: Seßhafte Wimperntiere. Brehm-Bücherei, Wittenberg, Lutherstadt/DDR: Ziemsen.

Matthes, D., 1971: Parasitische Suktorien. Zool. Anz. **186**, 272–291.

McGinnis, M. R., & L. Ajello, 1974: A new species of Exophiala isolated from channel catfish. Mycologia **66**, 518–520.

McVicar, A. H., & R. Wooten, 198: Disease in farmed juvenile Atlantic Salmon caused by Dermocystidium sp. In: Ahne (Ed.): »Fish diseases. Third COPRAQ-session« Berlin: Springer. 165–173.

Merkewitch, 1956: Parasitic copepodes on the Fish of the USSR. Translated and puplished by Indian National Scientific New Dehli: Documentation Centre.

Metcalf, M. M., 1940: Further Studies on the opalinid ciliate infusorians and their hosts. Proc. U. S. Nat. Mus. **87**, 465–634.

Migala, K., & S. L. Kazubski, 1972: Occurrence of non-specific ciliates on carps *(Cyprinus carpio)* in winter ponds. Acta Protozoologica (Warsaw) **9(22)**, 329–337.

Migala, K., & S. L. Kazubski, 1971: Non-specific ciliates on cyprinid fishes in water ponds. J. Prot. **18** (Suppl.) 31.

Miyashita, Y., 1941: On the occurrence of a new *Hydrichthys* in the Pacific coast of Japan. Annot. Zool. Japon. **20**, 151–153.

Moewus, L., 1962: Studies on a marine parasitic *Tetrahymena* species. J. Protozool. **9** (Suppl.) Abstract 34.

Möller, H., & K. Anders, 1983: Krankheiten und Parasiten der Meeresfische. Kiel: H. Möller.

Mutschler, 1981: Arzneimittelwirkungen. 4. Aufl. Stuttgart: Wissenschaftliche Verlagsgesellschaft.

Nigrelli, R. F., & G. D. Ruggieri, 1966: Enzootics in the New York Aquarium caused by *Cryptocaryon irritans* Brown 1951 (= *Ichthyophthirius marinus* Sikama, 1961), a histophagus Ciliate in the Skin, Eyes and Gill of marine Fishes. Zoologica **51**, 97–102.

Odening, K., 1983: Einige Gedanken zum Thema Parasitismus und Evolution. Biol. Rdsch. **21**, 93–102.

Paperna, I., 1963: Dynamics of *Dactylogyrus vastator* Nybelin (Monogenea) populations on the gills of Carp fry in fish ponds. Bamidgeh **15**, 31–49.

Paperna, I., & I. Sabnai, 1980: Epitheliocystis disease in fishes. In: Ahne (Ed.): »Fish diseases. Third COPRAQ-session«, Berlin: Springer. 228–234.

Petter, A., 1976: *Spirocamallanus* (nématode) parasite de Forcipiger. Rev. fr. Aquariol. 1, février 1976. 1er Symp. int. d'aquariol. 24–26 oct. 1975, Nancy. 22.

Pfitzner, I., & G. Schubert, 1969: Ein Virus aus dem Blut mit Blumenkohlkrankheit behafteter Aale. Z. Naturf. **24**, 790.

Pippy, J. H. C., 1970: Use of ultraviolet light to find parasitic nematodes in situ. J. Fisheries Res. Board Canada **27**, 963–965.

Post, G. W., 1983: Textbook of Fish Health. Neptune City: T. F. H. Puplications.

Price, C. E., 1967: Two new subfamities of Monogenetic Trematodes. Quart. J. Fla. Acad. Sci. **29(3)**, 199–201.

Price, C. E., & W. S. Berry, 1966: *Trianchoratus*, a new genus of Monogenea. Proc. Helminthol. Soc. Wash. **33(2)**, 201–203.

Prost, M., 1963: Investigation on the development and pathology of Dactylogyrus anchoratus (Dujardin 1845) and D. extensus Mueller and Cleave 1932 for breeding carps. Acta Parasitol. Pol. **11**, 17–47.

Puffer, H. W., & M. L. Beal, 1981: Control of parasitic infestation in Killifish *(Fundulus parvipinnis).* Laboratory Animal Science **31(2)**.

Purdom, C. E., & A. E. Howard, 1971: Ciliate infestation: a problem in marine fish farming. J. du Conseil int. pour l'Expl. de la Mer **33**, 511–514.

Putz, R. E., & G. L. Hoffman, 1966: *Urocleidus fliere* n. sp. (Trematoda, Monogenea) from the Flier Sunfish. Proc. Helminth. Soc. Wash. 33, 46–55.

RAIKOVA, E. V., 1983: Adaptation of *Polpodium hydriforme* Ussov, a coelenterate parasitic in sturgeon oocytes, to feeding at variuos stages of its life cycle. 1st International Symposium of Ichthyoparasitology Ceské Budejovice, CSSR. »Parasites and parasitic diseases of fish«.

RAMALINGAM, K., 1973: Chemical nature of monogenean sclerites.I.Stabilization of clamp-protein by formation of dityrosine. Parasitol. **66**, 1–7.

REICHENBACH-KLINKE, H.-H., 1958: Ein neuer Ergasilide in europäischen Süßwasseraquarien. Z. Parasitenkd. **18**, 292–296.

REICHENBACH-KLINKE, H.-H., 1980: Krankheiten und Schädigungen der Fische. Stuttgart, New York: G. Fischer.

REICHENBACH-KLINKE, H.-H., & W. AHNE, 1979: Fisch und Umwelt, Band 9, »Fisch und Tierschutz«. Stuttgart, New York: G. Fischer.

REICHENBACH-KLINKE, H.-H., & W. AHNE, 1982: Fisch und Umwelt, Band 11, »Gesundheitsprobleme des Menschen im Zusammenhang mit Fischen«. Stuttgart, New York: G. Fischer.

RIBBINK et al., 1983: A preliminary survey of the cichlid fishes of rocky habitats in lake Malawi. South Afr. J. Zool. **18**, 149–310.

RICHARDSON, H., 1905: Monograph of the Isopods of North America. Bull. Un. Stat. Nat. Mus. **54**, 1–727.

RICHARDSON, H., 1913: The Isopod Genus *Ichthyoxenus* HERKLOTS, with description of a new species from Japan. Proc. U. S. Nat. Mus. **45**, 559–562.

ROHDE, K., 1971: Phylogenetic origin of trematodes. »Perspektiven der Cercarienforsch.« (Ed. Odening) Parasit. Schrift. **21**, 17–27.

SANDON, H., 1949: Opalinids from Nil fish. Nature (London) **164**, 410.

SCHÄPERCLAUS, W., 1979: Fischkrankheiten, Band 1 + 2. Berlin/DDR: Akademie-Verlag.

SCHEUBEL, J., 1973: Die sessilen Ciliaten unserer Süsswasserfische unter besonderer Berücksichtigung der Gattung *Apiosoma* BLANCHARD. Zool. Jahrb. (Syst.) **100**, 1–63.

SCHLÜTER, M., & J. GROENEWEG, 1981: Mass production of freshwater rotifers on liquid wastes. I. The influence of some environmental factors on population growth of *Brachionus rubens* EHRENBERG 1838. Aquaculture **25**, 17–24.

SCHLÜTER, M., & J. GROENEWEG, 1981: Mass production of freshwater rotifers on liquid wastes. I. Mass production of *Brachionus rubens* EHRENBERG 1838 in the effluent of high-rate algal ponds used for the treatment of piggery waste. Aquaculture **25**, 25–33.

SCHMID, A., 1978: Medikamentöse Ruhigstellung von Fischen beim Transport. Du und das Tier **1**, 34–37.

SCHMIDT, W. J., 1954: Über Bau und Entwicklung der Zähne des Knochenfisches *Anarhichas lupus* und ihren Befall mit »*Mycelites ossifragus*«. Z. Zellforsch. mikrosk. Anat. **40**, 25–48.

SCHOLTYSECK, E., 1979: Fine Structure of the Parasitic Protozoa. Berlin: Springer.

SCHUBERT, G., 1959: *Oodinium* – nicht nur ein Hautparasit. DATZ **12**, 20–21.

SCHUBERT, G., 1966: The Infektive Agent in Carp Pox. Bull. Off. int. Epiz. **65**, 1011–1022.

SCHUBERT, G., 1967: Ein trübes Kapitel – »Hauttrüber«. Aquarienmagazin **10**, 414–417.

SCHUBERT, G., 1967: Importierte Krankheiten. Aquarienmagazin **1**, 8–10.

SCHUBERT, G., 1967: Fischfeind Nummer eins. Der »Ichthyo«. I. Aquarienmagazin **3**, 93–94.

SCHUBERT, G., 1967: Fischfeind Nummer eins. Der »Ichthyo«. II. Aquarienmagazin **6**, 261–263.

SCHUBERT, G., 1968: Flossenfäule und Wasserschimmel. Aquarienmagazin **6**, 226–227.

SCHUBERT, G., 1968: Kiemen- und Hautwurm. Aquarienmagazin **2**, 54–56.

SCHUBERT, G., 1968: Warum ist der Diskus ein Problemfisch? Aquarienmagazin **11**, 462–463.

SCHUBERT, G., 1968: Es muß nicht immer Ichthyo sein. Aquarienmagazin **8**, 341–343.

SCHUBERT, G., 1968: Elektronenmikroskopische Untersuchungen zur Sporenebtwicklung von *Henneguya pinnae* SCHUBERT (Sporozoa, Myxosporidea, Myxobolidae). Z. Parasitenkd. **30**, 57–77.

SCHUBERT, G., 1968: The Injurious Effects of Costia necatrix. Bull. Off. int. Epiz. **69**, 1171–1178.

SCHUBERT, G., 1969: Wenn die Fische Schwindsucht kriegen ... Aquarienmagazin **3**, 104–105.

SCHUBERT, G., 1969: Wie prüft man Filterkohle? Aquarienmagazin **2**, 74–76.

SCHUBERT, G., 1969: Das Geißeltierchen Costia – elektronenmikroskopisch betrachtet. Mikrokosmos **5**, 148–152.

SCHUBERT, G., 1969: Exophthalmus caused by thyroid tissue in the choroid layer of the eye in *Coris gaimard*. Bull. Wildl. Dis. Assoc. **5**, 113.

SCHUBERT, G., 1971: Bedroht ein neuer Feind unsere Fischbestände? Aquarienmagazin **8**, 311–313.

SCHUBERT, G., 1971: Vorsicht bei Schmarotzerkrebsen. Aquarienmagazin **12**, 512–513.

SCHUBERT, G., 1971: Echte und falsche Neonkrankheit. Aquarienmagazin **10**, 406–407.

SCHUBERT, G., 1972: Wie krank sind unsere Diskusfische? Aquarienmagazin **9**, 390–393.

SCHUBERT, G., 1974: Ist unser Hobby gefährlich? Aquarienmagazin **5**, 212–214.

SCHUBERT, G., 1976: *Camallanus cotti* un danger, pas seulement pour les poissons exotiques. Rev. fr. Aquariol.1, février 1976. 1er Symp. int. d'aquariol. 24–26 oct. 1975, Nancy. 19–21.

SCHUBERT, G., 1979: Ein neues Mittel gegen bakterielle Erkrankungen bei Fischen. Aquarienmagazin **7**, 354–357.

SCHUBERT, G., 1981: Anatomy and physiology of the digestive systems of commercially used fish. Animal Research and Development **14**, 36–53.

SCHUBERT, G., 1964: Krankheiten der Fische. Stuttgart: Frankh'sche Verlagshandlung.

SCHUBERT, G., & G. MEYER, 1959: Licht- und elekronenmikroskopische Untersuchungen zur Pokkenkrankheit des Karpfens. Verhand. Deutschen Zool. Gesellschaft 472–477.

SCHUBERT, G., V. SPRAGUE & R. REINBOTH, 1975: Observations on a new species of *Unicapsula* (Myxosporida) in the fish *Maena smaris* (L.) by conventional and elektronmicroskopy. Z. Parasitenkd. **46**, 245–252.

SLUYS, R., & H. DE JONG, 1984: Chromosome morphological studies of *Dugesia gonocephala* S. L. (Platyhelminthes, Tricladida). Caryologia **37(1/2)**, 9–20.

SMYTH, J. D., 1951: Egg-shell formation in trematodes and cestodes as demonstrated by the methyl or malachite green techniques. Nature (London) **168**, 322–323.

SMYTH, J. D., & J. A. CLEGG, 1959: Egg-shell formation in trematodes and cestodes. Exp. Parasitol. **8**, 286–323.

SPRAGUE, V., 1965: *Ichthyosporidium* the name of a genus of fungi or a genus of sporozoans? Syst. Zool. **14**, 110–114.

SPRAGUE, V., 1979: Classification of the Haplosporidia. Marine Fish. Rev. **41**, 40–44.

SPROSTON, N. G., 1946: A synopsis of the monogenetic trematodes. Trans. zool. Soc. London **25**, 188–600.

SRINIVASACHAR, H. R., & A. SUNDARABAI, 1971: A new copepod parasite, *Lernea* sp. nov. on a cyprinodont fish, *Lebistes reticulatus* (Peters). Current Science **17**, 453–455.

SRIVASTAVA, R. C., 1979: Aphanomycosis – a new threat to fish population. Mykosen **22**, 25–30.

SRIVASTAVA, R. C., 1980: Studies in fish-mycopathology – a review. Part I, II, III. Mykosen **23**, 325–332, 380–391, 462–469.

STEINECK, W., 1985: Fischwachstum und Wasserqualität in geschlossenen Systemen in Abhängigkeit von Filtermethode und Besatzstärke. Dissertation, Zool. Inst. Univ. Hohenheim, BRD.

STUMPP, M., 1927: Untersuchungen zur Morphologie und Biologie von *Camallanus cotti* (FUJITA, 1927). Z. Parasitenkd. **46**, 277–290.

SUPPES, V. C., & F. P. MEYER, 1975: *Polypodium* sp. (Coelenterata) infection of Paddlefish Eggs *(Polyodon spatula)*. J. Parasitol. **61**, 772–774.

SUYDAM, E. L., 1971: The micro-ecology of three species of monogenetic trematodes of fishes from the Beaufort-Cape Hatteras area. Proc. Helminthol. Soc. Wash. **38**, 240–246.

SZIDAT, L., 1955: Beiträge zur Kenntnis der Reliktfauna des La Plata-Stromsystems. Arch. Hydrobiol. **51**, 209–260.

SZIDAT, L., 1943: Die Fischtrematoden der Gattung *Asymphylodora* LOOSS und Verwandte. Z. Parasitenkd. **13**, 25–61.

SZIDAT, L., 1944: Weitere Untersuchungen über die Trematodenfauna einheimischer Süßwasserfische. II. Die Gattung *Sphaerostomum* und Verwandte. Z. Parasitenkd. **13**, 183–214.

SZIDAT, L., 1951: Neue Arten der Trematodenfamilie *Aporocotylidae* aus dem Blut und der Leibeshöhle von Süßwasserfischen des Rio de la Plata. Z. Parasitenkd. **15**, 70–86.

THOMPSON, J. C., & L. MOEWUS, 1964: *Miamiensis avidus* n. g., a marine facultative parasite in the ciliate order Hymenostomatida. J. Protozool. **11**, 378–381.

TRIPATHI, Y. R., 1954: Studies on Parasites of Indian Fishes. III. Potozoa 2: (Mastigophora and Ciliophora). Rec. Ind. Mus. **52**, 221–230.

TRIPATHI, Y. R., 1955: Studies on the Parasites of Indian fishes. II. Monogenea, Family: Dactylogyridae. Indian J. Helminth. **7**, 5–24.

TRIPATHI, Y. R., 1953: Studies on Parasites of Indian Fishes. I. Potozoa: Myxosporidia together with a Check-list of parasitic Protozoa described from Indian Fishes. Rec. Ind. Mus. **50**, 63–88.

TSUDA et al., 1972: Algal growth on beaks of live parrotfishes. Pacif. Sci. **26**, 20–23.

WARREN, E., 1916: On *Hydrichthys boycei*, a hydroid parasitic on fishes. Ann. Durban Mus. Novit. **1**, 172–187.

WILKIE, D. W., & H. GORDIN, 1969: Outbreak of cryptocaryoniasis in marine aquaria at Scripps Institution of Oceanography. Calif. Fish Game **55**, 227–236.

WILLIAMS, J. B., 1961: The dimorphism of *Polystoma integerrimum* (FRÖLICH) RUDOLPHI and its bearing on relationships within the Polystomatidae: Part I. J. Helminth. **34**, 151–192.

WILLOMITZER, J., 1980: Therapy of major ectoparasitoses on Grascarp *(Ctenopharyngodon idella)* fry and fingerlings. Acta Vet. **49**, 279–282.

WINCH, J. M., & J. RILEY, 1986: Morphogenesis of larval *Sebekia oxycephala* (Pentastomida) from a South America crocodilian *(Caiman sclerops)* in experimentally infected fish. Z. Parasitenkd. **72**, 251–264.

WOLF, K., 1972: Advances in Fish Virology: A Review, 1966–1971. In: Diseases of Fish, London: Academic Press 305–331.

WOLF, K., 1976: Fish viral diseases in North America, 1971–1975, and recent research of the Estern Fish Disease Laboratory, USA. Fish Pathol. **10(2)**, 135–154.

19.2   Sachverzeichnis

Ronald J. Roberts (Hrsg.)
Grundlagen der Fischpathologie
mit einer Einführung in die Anatomie, Physiologie, Pathophysiologie und Immunologie sowie in den aquatischen Lebensraum der Knochenfische. Übersetzt und neu bearb. von H.-J. Schlotfeldt. 1985. 437 Seiten mit 348 Abb., davon 67 auf 9 Farbtafeln, und 48 Tabellen. Gebunden DM 198,-

Dagmar Keiz-Großkopf
Fischkrankheiten
1983. 39 Seiten und 30 Tafeln mit 62 farbigen Schwarzweißabbildungen. Kartoniert DM 19,80

John Norman
Die Fische
Eine Naturgeschichte für Sport- und Berufsfischer, Aquarianer, Biologen und Naturfreunde. Dt. Ausg. bearb. und erw. von Karl H. Lüling. 1966. 458 Seiten mit 21 Abbildungen auf 10 Tafeln und 393 Zeichnungen. Gebunden DM 58,-

Karl-Heinz Zeitler
Muscheln, Schnecken, Krebse
1990. 122 Seiten mit 83 Abbildungen, davon 76 farbig. Kartoniert DM 19,80

Der interessierte Naturfreund, Angler oder Gartenteichbesitzer findet alles über das Zusammenleben der Wassertiere in Gräben, Flüssen und Teichen, ihre Bedeutung, Körperbau und Lebensweise, Fortpflanzung, Nahrung, Gefährdung und Schutz und bei den Krebsen auch über die erlaubten Fangmöglichkeiten.

Günther K. H. Zupanc (Hrsg.)
Praktische Verhaltensbiologie
Pareys Studientexte, Nr. 61. 1988. 274 Seiten mit 109 Abbildungen und 17 Tabellen. Kartoniert DM 39,80
In dreizehn Kapiteln werden zahlreiche Beobachtungen und Versuche zur Verhaltensbiologie vorgestellt und in ihrer theoretischen Bedeutung sowie praktischen Durchführung ausführlich beschrieben. Ergänzt wird dies durch mehrere Beiträge, in denen die Autoren Ratschläge für die Haltung von Versuchstieren und für die Auswertung der Experimente geben. Die Beobachtungen und Versuche sind für Schüler der gymnasialen Oberstufe und für Studenten in ethologischen Kursen bestimmt. Jedes Kapitel zeigt aber auch Perspektiven für selbständiges Arbeiten auf, etwa im Rahmen einer schulischen Facharbeit oder als Grundlage für eigene wissenschaftliche Untersuchungen.

Verlag Paul Parey · Berlin und Hamburg

Werner H. Baur

Gewässergüte bestimmen und beurteilen

Praktische Anleitung für Gewässerwarte und alle an der Qualität unserer Gewässer interessierten Kreise.
2., völlig neubearbeitete Auflage. 1987. 141 Seiten mit 158 Einzeldarstellungen in 68 Abbildungen und 20 Tabellen. Kartoniert DM 24,-

In dieser anschaulichen Anleitung zum Bestimmen und Beurteilen der Gewässergüte zeigt der Autor in Wort und Bild und an vielen einleuchtenden Vergleichen, welche biologischen, chemischen und physikalischen Indikatoren Auskunft über die Verfassung eines Gewässers geben, welche Anzeichen sich ohne Mikroskop und Lupe schon an Ort und Stelle ausmachen und beurteilen lassen, wie man Wasserproben entnimmt und wie man sie untersucht. Zahlreiche Zeichnungen, Grafiken und Tabellen erleichtern das Verständnis und unterstreichen die wesentlichen Aussagen. Baurs Bestimmungsbuch, eine Art Gewässergüte-ABC, ist in kurzer Zeit zum selbstverständlichen Arbeitsmittel von Gewässerwarten und allen anderen an der Gewässerqualität interessierten Fachkreisen geworden.

Werner H. Baur/Jörg Rapp

Gesunde Fische

Praktische Anleitung zum Vorbeugen, Erkennen und Behandeln von Fischkrankheiten. 1988. 238 Seiten mit 80 Abbildungen, davon 19 farbig, im Text und auf 4 Tafeln, und 36 Tabellen. Kartoniert DM 36,-

Seit die heimischen Süßwasserfische nicht mehr so sprichwörtlich "gesund wie der Fisch im Wasser" sind und Schäden in Millionenhöhe durch Fischkrankheiten und Parasiten entstehen, müssen sich nicht nur Wissenschaftler und Tierärzte mit Bakterien, Pilzen, Viren, Würmern und anderen krankmachenden Organismen auseinandersetzen, sondern auch Sportfische, Teichwirte, Wasserbauingenieure und andere nichtfischende Biotop- und Artenschützer. Jetzt liegt endlich neben der schwergewichtigen Fachliteratur für die wissenschaftliche Arbeit am Schreibtisch auch ein handliches Nachschlagebuch für den Praktiker vor, das er bei seiner Alltagsarbeit mit ans Fischwasser nehmen kann und das ihm die dort auftretenden Fragen schnell, übersichtlich und kompetent beantwortet. Der umfangreiche Bestimmungsschlüssel hilft bei der vorläufigen Diagnose und zeigt, welche Probleme sich durch sachgerechte Maßnahmen lösen lassen.

Verlag Paul Parey · Berlin und Hamburg

Tierärztliche Heimtierpraxis

Peter C. Berghoff (Hrsg.)
Diese Reihe wendet sich vor allem an praktizierende Tierärzte; jedoch können auch Züchter, Zoofachhändler und Heimtierhalter viel von der leichtverständlichen Darstellung profitieren, wenn es um Haltungsbedingungen, Pflege und Fütterung und um die Vorbeugung und Verhütung von Krankheiten geht. Sie lernen erkennen, ob und wann der Gang zum Tierarzt erforderlich ist.

Peter C. Berghoff
Band 1: Kleine Heimtiere und ihre Erkrankungen
1989. 132 S. mit 14 Abb. und 17 Zeichn. Kart. DM 29,80

Die Haltung kleiner Heimtiere hat in den letzten Jahren stark zugenommen. Dazu gehören die kleinen Nagetiere ebenso wie Ziervögel, Reptilien, Amphibien und Zierfische, die immer häufiger mit ihren Erkrankungen dem Tierarzt vorgestellt werden. Mit einer neuen, auf vier Bände konzipierten Buchreihe wird das Spezialwissen der Heimtiermedizin vermittelt. Der erste Band behandelt die kleinen Nager. Nach Organsystemen gegliedert, werden die Erkrankungen von Meerschweinchen, Kaninchen, Hamstern, Hörnchen, Mäusen, Ratten und Chinchillas und ihre Therapie beschrieben. Daneben werden historische und biologische Hinweise zu den einzelnen Tierarten gegeben, physiologische Daten mitgeteilt sowie die speziellen Untersuchungsgänge für jede Tiergattung dargestellt. Ein umfangreiches Literaturverzeichnis sowie Empfehlungen für Arzneimittel und ihre Dosierung schließen sich an.

Die weiteren Bände dieser Reihe:
Band 2: Ziervögel und ihre Erkrankungen (iVb);
Band 3: Reptilien/Amphibien und ihre Erkrankungen (iVb);
Band 4: Erkrankungen der Aquarienfische.

Verlag Paul Parey · Berlin und Hamburg